高等院校经济学实验课程系列教材

国际贸易实务综合实验教程

过晓颖　编著

南开大学出版社
天　津

图书在版编目(CIP)数据

国际贸易实务综合实验教程 / 过晓颖编著. —天津：南开大学出版社，2014.6(2023.7重印)
高等院校经济学实验课程系列教材
ISBN 978-7-310-04485-6

Ⅰ.① 国… Ⅱ.①过… Ⅲ.① 国际贸易－贸易实务－高等学校－教材 Ⅳ.①F740.4

中国版本图书馆 CIP 数据核字(2014)第 095785 号

版权所有　侵权必究

国际贸易实务综合实验教程
GUOJI MAOYI SHIWU ZONGHE SHIYAN JIAOCHENG

南开大学出版社出版发行
出版人：陈　敬
地址：天津市南开区卫津路 94 号　　邮政编码：300071
营销部电话：(022)23508339　营销部传真：(022)23508542
https://nkup.nankai.edu.cn

天津创先河普业印刷有限公司印刷　全国各地新华书店经销
2014 年 6 月第 1 版　　2023 年 7 月第 5 次印刷
260×185 毫米　16 开本　19.75 印张　501 千字
定价：49.00 元

如遇图书印装质量问题，请与本社营销部联系调换，电话：(022)23508339

总 序

2012年3月16日,《教育部关于全面提高高等教育质量的若干意见》(教高〔2012〕4号)明确提出要把提升高等学校实验教学水平作为提高高等教育质量的组成部分,同时教育部和各省市把建设国家级和省级实验教学中心作为推动高等学校实验教学水平的重要举措,通过实验教学示范中心的建设促进高等学校实验教学的改革和创新,为高等教育质量的提升发挥积极作用。

天津商业大学经济与统计实验教学中心组建于2011年,其前身是2006年成立的经济学院经济学基础实验室和2010年成立的统计学实践基地。2011年根据学科交叉、优势互补的原则,经学校主管部门批准双方合作成立了跨学院的实验教学中心。作为实验中心的依托主体——天津商业大学经济学院,现有金融学、经济学、国际经济与贸易、财政学、信用管理五个本科专业,应用经济学为一级学科硕士点,有产业经济学、国际贸易学、金融学、区域经济学、财政学、数量经济学等二级学科学术硕士点,以及国际商务专业硕士点。金融学为国家特色专业,2012年被确定为天津市级专业综合改革试点专业(津教委办【2012】28号),2013年被确定为首批国家级专业综合改革试点专业,"金融学专业教学团队"2013年获批为天津市级教学团队,国际经济与贸易、金融学专业为天津市品牌专业。应用经济学为天津市重点学科。隶属于理学院的统计学专业是2009年经教育部批准的新办专业,于2010年正式招收本科学生。2011年统计学专业(风险管理与精算学)成功申报为天津市"战略性新兴产业相关专业"。这些专业建设和学科建设平台的取得为实验教学示范中心的建设打下了良好的基础。

天津商业大学是以培养复合型创业型应用人才为目标的教学研究型大学,多年来一直重视实验教学,经济与统计实验教学中心作为经济学院和理学院统计学专业实验教学的主体,近年来以专业为依托积极探索实验教学的改革与创新,根据人才培养目标和专业方向,在理论课教学的基础上,逐步凝练实验教学理念,改革创新实验教学内容,通过实验项目和实验课程的精心设计,开设了多门实验课程,在培养学生的创新精神和创新思维,提高学生的实践能力和创新能力中发挥了积极作用,取得了良好的效果。2012年11月,经济与统计实验教学中心入选为天津市普通高校实验教学示范中心建设单位,实验教学示范中心的评审工作有力地促进了中心实验教学工作的进一步发展,为进一步提高和完善中心的实验教学体系,我们在多年实验课程开设的基础上出版了首批系列实验教材,它们是《国际贸易实务综合实验教程》、《Excel统计学基础实验教程》、《金融投资开放实验教程》和《期货交易实验教程》。

我们在实验教程的编写过程中力求实现以下几点：一、针对性。依据实际教学的需要，由浅入深，便于学生掌握。二、操作性。依托实验中心软件资源，结合了国内当前广泛使用的实训软件，以便能够更好地提高学生的实验能力和操作能力。三、生动性。每个实验前都有理论要点介绍，实验的每个步骤都有详实的图片、数据和文字说明，方便使用者的实际操作。四、选择性。实验教程提供了丰富的实验课程，使用者可根据自身实际需要自由选择、组合，以满足教与学的需要。

本实验教程系列的出版是学科和专业改革的成果之一，得到了天津市高校"十二五"综合投资项目资金的支持，本系列实验教程的出版还得到了南开大学出版社的大力支持。希望教程的出版能在我国应用性财经专业人才的培养中发挥积极作用。在实验教程的编写中由于水平能力所限，难免有疏漏甚至错误，敬请批评指正，以便我们进一步修正和改善。

刘小军、王常柏

2014 年 5 月

前　言

　　国际贸易实务综合实验课程是建立在国际经济学、国际贸易、世界贸易组织、国际贸易实务、国际商务、国际商务谈判、外贸函电、国际结算等前期国际贸易相关理论与实务类课程学习的基础上，为加强学生从进出口贸易磋商谈判、函电、单证、保险、结算等实际业务能力而设计开发的一套全流程综合模拟实验教学课程。该课程的重点在于通过真实的进出口贸易及相关角色，比如出口商、进口商、工厂、进口地银行和出口地银行等角色的嵌入和扮演，让学生必须通过个人的实际业务操作去运用以往所学过的全部贸易理论和实务相关课程的要点，在真实的模拟外贸环境条件下，通过相互业务磋商完成合同订立以及合同履约的整个贸易过程。因此，国际贸易实务综合实验课程的目标定位为：在模拟真实外贸环境的条件下，理解和掌握国际贸易惯例，了解并掌握国际贸易市场调查和目标客户搜寻及相关贸易商品选择的方法，掌握国际贸易磋商和谈判的要点以及相关外贸函电的书写规范，掌握订立国际贸易合同时必须纳入合同文本的主要内容、重点及容易引起纠纷的矛盾点，掌握国际贸易合同履约过程中所有相关单据，特别是信用证、报关单、报检单、装箱单、保险单等缮制格式与内容的完整和正确。希望通过本课程的教学，能够培养和提升学生灵活地进行外贸业务的谈判和磋商、熟练地订立和履行进出口合同的实际业务能力、沟通协调能力及创新能力。

　　就国内现有的国际贸易实务模拟操作软件系统开发和设计而言，虽有多款教学软件，但是通过教学实践和摸索，发现很多软件对实验课教师自身能力的依赖性很强，甚至有些软件在教学运用的过程中，一门课程需要多名教师同时参与或者团队合作才能完成有针对性地指导学生，与目前很多高校的师资力量并不配套。鉴于南京世格公司所推出国际贸易单证、外贸实习平台（SimTrade）等软件已经被众多高校在实验教学中广泛使用且反响良好，特别是 SimTrade 模拟软件有系统内置的学习帮助和自动评分系统，学生可以根据自身的能力和进度自主完成实验过程，教师只在学生学习过程中遇到问题的时候，有针对性的辅助学生克服各种不同的问题，因此是一款非常适合国际贸易实务综合实验模拟演练的教学软件。

　　但是从多年来的实际教学过程来看，很多学生反映目前缺乏与 SimTrade 软件平台十分贴近和指导配套的国际贸易实务综合实验课程的教学用书，尤其是学生在最初接触 SimTrade 软件平台的时候，尽管有系统内置的帮助学习系统，但是学生能够做到快速领会学习仍然比较困难。虽然有老师的课上演示操作和指点，但是学生在前期国际贸易理论、外贸函电、国际贸易实务、国际贸易谈判、国际贸易结算等相关课程中的学习掌握程度参差不齐，对老师在每次实验课程的前端讲解的即时学习吸收和反应的速度也大相径庭，因此，亟需一本能够作为实验操作手册一样的实验教学参考用书。这也正是我想要编写这本《国际贸易实务综合实验教程》的初衷所在。另外，我任教的国际经济与贸易系已经成功申报天津市"十二五"

品牌专业，学院和系领导对我编写此教材给予肯定和多方帮助；同时正当我着手开始此项工作的时候，我校经济与统计实验教学中心又成功获批天津市实验教学示范中心，学校教务处、设备处和学院主管实验教学的领导都非常鼓励实验课程出系列教材。因此，本着"高标准、严要求、出精品"意识，本教材的编写历时整整一年之久才付梓出版。

根据应用型复合人才的培养特征，本书以商品进出口贸易操作实践为主线，依托南京世格的 SimTrade 软件平台，介绍从交易前的准备到交易合同的订立及合同的履行整个国际贸易业务流程的各环节基本操作技巧与要点。本书的主要特点如下：

1. 本书比其他同类教材更加偏重实验部分，是以实验带动理论知识点的运用，而且突出综合实验特色，因为依托的 SimTrade 软件平台是包含进口商、出口商、工厂、进口地银行和出口地银行等多个角色的真实贸易环境和流程的模拟实验软件，因此几乎涵盖了外贸企业真实业务的所有操作环节和流程，综合性特别明显。

2. 本书不仅介绍国际贸易进出口具体的实验操作流程及其相关单据的缮制，而且将通过单人多角色模拟流程实验（初级阶段）与单角色多人贸易对抗竞争实验（高级阶段）的教学安排，让学生通过实验方式充分掌握国际贸易实务相关知识与实际操作业务技巧。初级阶段着重于学生对单一贸易流程中主要操作环节和流程要点的掌握，了解贸易业务流程所涉及的主要参与者和相关机构如海关、检验检疫机构、保险公司等相互之间的业务关系，更全面的领会和掌握国际贸易的全局和整体流程；高级阶段着重于站在进出口贸易商的角度上，如何在激烈的贸易环境竞争中获得贸易企业的竞争优势，因此诸如贸易商品的选择、新市场的开拓和贸易伙伴的选择、贸易谈判与磋商、贸易价格的综合测算和确定等都是非常值得深入思考并在实践中探索解决的问题。

3. 在各章节中结合知识点，单独开辟小贴士专栏，将贸易流程中容易出错的环节和要点给予特别提示，对于国际贸易惯例和相关法律的特殊规定等通常在课本上不容易学习到，但又是实务操作过程中经常会遇到的一些难题也进行必要的说明。

总之，本书内容新颖、结构合理、重点突出，具有较强的系统性与逻辑性，注重技能训练，易于学习。本书可作为高等院校经济与管理类专业国际贸易实务综合实验课程和使用南京世格 SimTrade 软件教学的直接配套教材，也可作为开设国际贸易实务课程的相关专业学校加强实务操作和训练的参考教材，甚至可用于从事国际商务、电子商务、运输、保险、银行、海关、商检等其他相关专业及实际工作人员进行国际贸易实务的相关培训教材和参考读物。

本书的编写由过晓颖构思框架、主笔总撰和修改定稿。在初稿的写作过程中，研究生程路天和王俊萍参与了第一篇和第二篇的基础资料包括文字和图片等搜集、整理和部分写作，赵鑫鹏参与了第三篇的基础资料包括文字和图片等搜集、整理和部分写作，研究生王世强也参与了部分书稿的整理和修改。另外，书稿基本定稿后，还请曾经学过本课程的学生侯悦欣、王玉凤、马雪琴、覃晓勤同学参与了稿件的审读校对，吸取和采纳了学生使用者对本书的修改建议。

本书在编写的过程中参考了国内外有关国际贸易的著作、教材及文献资料，特别吸收了 SimTrade 软件平台内置的帮助资料中的精华，在此一并致谢，恕不一一详列。由于时间仓促，加之编者水平有限，不足之处在所难免，敬请读者批评指正。

过晓颖

2013 年 11 月

目 录

第一篇 国际贸易业务操作流程及 SimTrade 平台简介 1
第一章 国际进出口业务操作流程概览 3
  第一节 国际进出口业务操作流程 3
  第二节 国内采购操作流程 9
  第三节 SimTrade 操作平台下的国际贸易履约流程表 9
第二章 认识 SimTrade 外贸实习平台 15
  第一节 SimTrade 外贸实习平台系统简介 15
  第二节 认识和使用 SimTrade 中的交易功能性图标 20
第二篇 SimTrade 平台下单人多角色操作 35
第三章 交易前的准备 37
  第一节 创建企业（银行） 37
  第三节 确立主营业务和开拓市场 44
第四章 交易磋商 57
  第一节 进口商与出口商的磋商 57
  第二节 出口商与工厂的磋商 64
第五章 合同的签订 72
  第一节 国内购销合同签订及履约 72
  第二节 外销合同——出口商起草合同 85
  第三节 外销合同——进口商确认合同 99
第六章 信用证的操作及相关知识 104
  第一节 信用证的相关知识 104
  第二节 信用证的申请 106
  第三节 信用证的开立 114
第七章 租船订舱和报检 128
  第一节 出口托运 128
  第二节 出口报检 138
第八章 报 关 152
  第一节 申领核销单 152
  第二节 出口报关 156
第九章 装船出运及结汇 163
  第一节 装船出运 163

第二节　申请产地证及结汇 168
　　第三节　结汇 174
第十章　出口核销及退税 179
　　第一节　出口核销 179
　　第二节　出口退税 182
第十一章　办理保险及进口报检 185
　　第一节　办理保险 185
　　第二节　进口报检 191
第十二章　进口报关、提货、付汇核销及销货 198
　　第一节　进口报关 198
　　第二节　进口付汇核销 204
第十三章　不同的贸易术语下操作流程 208
　　第一节　认识不同的贸易术语 208
　　第二节　信用证方式下 CIF 术语与 FOB 术语的操作差异 211
　　第三节　信用证方式下 CFR 术语与 FOB 术语的操作差异 217
第十四章　不同结算方式下的贸易操作流程 221
　　第一节　认识不同的结算方式 221
　　第二节　FOB 术语下托收与信用证的操作 223
　　第三节　FOB 术语下的汇付与信用证的操作 233
第十五章　其他贸易方式与结算方式组合下的操作流程 237
　　第一节　CIF 和 CFR 与 D/A 组合下的贸易操作流程 237
　　第二节　CIF 和 CFR 与 D/P 组合下的贸易操作流程 242
　　第三节　CIF 和 CFR 与 T/T 组合下的贸易操作流程 246

第三篇　SimTrade 平台下单角色多人贸易对抗 251

第十六章　贸易商品的选择 253
　　第一节　贸易商品选择的意义 253
　　第二节　市场调研 262
　　第三节　单位运费下的商品利润 267
　　第四节　税率及监管条件 269
第十七章　贸易方式与结算方式 275
　　第一节　贸易方式 275
　　第二节　结算方式 276
　　第三节　不同贸易方式及结算方式的选择使用 280
第十八章　价格核算 287
　　第一节　利润构成 287
　　第二节　出口价格核算 289
　　第三节　进口价格核算 300

第一篇　国际贸易业务操作流程及SimTrade平台简介

　　第一篇作为国际贸易实务综合实验课程的开篇内容，主要是回顾和总结国际货物贸易的一般业务操作流程，并简单介绍与本课程配套的国际贸易实务模拟操作平台 SimTrade 的基本界面，旨在使学生在具体操作和使用 SimTrade 平台进行模拟业务操作之前，对整个业务流程有一个清晰的轮廓，从而能够形成对具体的业务流程操作的基本指引。

　　这里需要说明的是，通常广义的国际贸易泛指世界各国或地区之间进行的商品和劳务（或货物、服务、知识）的交换。其中，商品贸易（或称货物贸易）是最早、最基本的国际贸易形式。按照世界贸易组织对国际贸易统计，商品贸易是目前占全球贸易比重最多、各国经济往来最主要的贸易形式。就国际贸易实务的现有教材和国内大学有关国际贸易实务课程的讲授而言，仍然是以货物贸易的实际进出口流程为主要内容。同时，就国内现有的国际贸易实务模拟操作软件系统开发和设计而言，也都是围绕着货物贸易进出口函电、单证、保险、结算及全流程模拟等来进行的。因此，本课程的研究对象是国家或地区间有形商品贸易的具体运作流程及其在模拟操作软件系统平台下的实际操作规程，另外，还需要强调的是即使是有形商品贸易运作流程，本课程所涉及的是以直接贸易为主的货物进出口贸易运作流程。同时，本课程主要采用的配套实验软件为南京世格公司开发的 SimTrade 4.0[①]系统操作平台。

---

　　① SimTrade 4.0 是南京世格公司全新升级后的新系统，优化了系统操作画面，较以往版本系统在程序、功能和帮助菜单内容等方面均有修改，更贴近进出口贸易的实际。但是对于采用以往版本进行课程学习的学生来说，本教材的主要内容仍然具有指导意义，只是案例所附系统操作画面效果有所差别，系统主体内容上并没有大的改变。

第一章 国际进出口业务操作流程概览

【本章学习目标】
1. 熟悉并掌握以进口商和出口商为主的国际进出口业务操作流程。
2. 熟悉并掌握以工厂为主的国内采购操作流程。
3. 熟悉并掌握基于 SimTrade 平台的国际贸易单笔业务的主要操作流程图。

根据 SimTrade 国际贸易模拟操作平台的应用需要,本章将国际贸易业务流程分为以进口商和出口商为主的国际进出口业务操作流程和以工厂为主的国内采购操作流程。在此基础上介绍 SimTrade 外贸实习平台的主界面和主要功能操作要点。

第一节 国际进出口业务操作流程

国际贸易最基本的内容和过程就是贸易商品买卖过程,这一过程以交易条件和合同条款为重点,以国际贸易惯例和法律规则为依据。因此,国际贸易业务流程一般可分为四个阶段:交易前的准备、交易磋商、订立合同和履行合同。

交易前的准备阶段是交易磋商能否顺利进行的保证,也是履行合同的基础。

交易磋商是订立合同的前提和基础,也是明确买卖双方权利、义务的主要谈判过程。

订立合同是交易磋商的结果,也是以书面形式确定的买卖双方责任的具有法律效力的文本。

履行合同是订立合同后的执行完成过程,也是买卖双方按照合同各自履行义务(卖方交货、买方付款)和获得权利(买方接货、卖方收款)的过程。

一、交易前的准备

交易前的准备阶段包括国际市场调研、寻找目标客户、调查客户资信、广告宣传和商标注册等。在调研基础上制定进出口商品经营方案。本书第二篇第三章将介绍具体的操作流程。

对于**出口商**而言,在实际业务中,一般通过国际市场调查,制定出口商品经营方案,包括确定主营商品的目标市场地区范围和价格方案,及时与生产、供货企业落实货源,刊登广告、参加商品展览会、交易会、通过互联网发布信息、其他客户介绍等多种途径来寻找新的交易对象，主动出击与目标客户建立贸易联系。在 SimTrade 中，这些主要通过淘金网来完成，可以通过淘金网寻找目标客户，获取目标客户的联系方式，进而建立业务关系。

对于**进口商**而言，在实际业务中，进口商要从商品的供应、价格、规格、技术水平等方面对供应国的出口商或厂商进行筛选，也可以通过市场调查、浏览互联网信息、主动发布需求信息、机构推荐、其他客户介绍等途径主动与产品的供应方联系，从而在国际贸易中掌握主动权。为销售其已购买的产品，进口商通过参与市场调查、接受客户委托等多种途径选择国内买方。在 SimTrade 中，进口商在淘金网中发布需求信息，可以被动接受出口商的联系并建立业务关系，也可以先在淘金网上主动选择交易对象，联系卖方进而建立业务关系。

二、交易磋商

交易磋商作为国际贸易单笔业务开始的阶段，其磋商结果决定了交易双方在交易过程中的利益、责任、风险的划分。磋商可通过当面谈判、交换函电、网上在线约谈、在线视频、电话、电报、电传等多种方式进行，一般需要经过询盘、发盘、还盘和接受四个环节。本书第二篇第四章将以 SimTrade 平台中的电子邮件的形式为例，介绍具体的磋商操作流程。

询盘是交易的一方向另一方询问是否买进或卖出某商品以及要求什么样的交易条件的口头或书面表示。

发盘，又称报盘、报价和发价，是交易的一方（发盘人）向另一方（受盘人或者询盘方）提出购买或者出售某种商品的各项交易条件，一旦有效发盘被接受，发盘人就有义务按照发盘中所规定的条件与对方订立合同。

还盘，又称还价，是受盘人收到发盘后，对发盘的内容不同意或不完全同意而进一步提出修改建议或增加限制性条款。一笔交易通常要经过多次的发盘、还盘、再还盘的往复过程，也就是交易双方就交易条件进行多番讨价还价，以便使贸易条件可接受并对自己有利才能最终敲定。

接受是受盘人接到对方的发盘或还盘后，经过交易磋商，双方就交易条件达成一致，这是交易磋商的最后一步，双方接受的贸易条件将作为合同中的主要内容。在 SimTrade 中，交易磋商是通过淘金网和交易双方的电子邮件往来函电完成的。

三、合同的签订

合同的条款内容包括商品品名、品质、数量、包装、价格、装运、支付方式、商品检验检疫、索赔、不可抗力和争议的处理办法等。买卖双方就各项交易条件达成协议后，并不意味着此项合同一定有效。关于国际货物买卖合同成立所涉及的法律问题，我国《合同法》和《联合国国际货物销售合同公约》都做了明确的规定。根据各国合同法规定：一项合同除买卖双方就交易条件通过发盘和接受达成协议外，还需具备下列有效条件，才是一项有法律约束力的合同。第一，当事人必须具有订约的行为能力；第二，当事人之间必须达成协议；第三，合同必须有对价格合法的约因；第四，合同的标的和内容必须合法；第五，合同要符合法律规定的形式；第六，当事人的意思表示必须真实。合同是确定买卖双方当事人权利和义务的法律文件，并涉及有关国家的政策、法律。因此，拟定并签订合同时必须慎重对待。本书第二篇第五章将会具体介绍合同的签订流程与注意事项。

无论是在实际业务中还是在 SimTrade 中，合同的签订既可以由出口商起草并寄送进口商签字确认，也可由进口商起草并寄送给出口商进行签字确认。

在 SimTrade 中，合同起草完成后，在寄送交易对象前需要做预算，收到的一方进行签字确认前也要填写预算表后方可确认。做进出口的业务预算是进口商与出口商根据预计的成本与费用，来估算整笔业务的利润，其准确与否关系着企业的资金周转及与其他业务的协调情况。为此，SimTrade 中在对学生的操作能力进行评估的时候也将其预算能力作为考核的一项指标。

四、合同的履行

由于在国际贸易中，进出口商是按照合同的条款各自履行自身的职责，所以这里将出口商和进口商的合同履行分别进行介绍。

另外，由于 CIF 和 FOB 术语是国际贸易业务中经常使用的术语，因此，以这两个术语来介绍出口商和进口商的履约过程。

出口商的合同履行以 CIF+L/C 为例，主要包括准备货物、租船订舱、办理出口报检、申请产地证、办理保险、发送装船通知、押汇结汇、核销退税等环节，如图 1-1 所示。

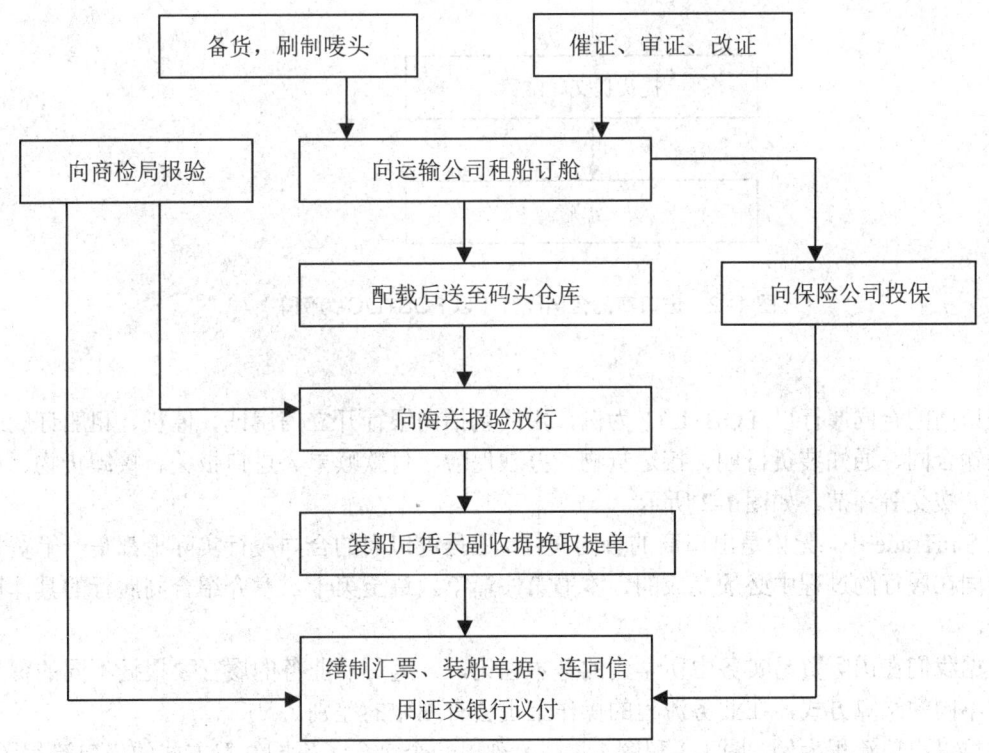

图 1-1　出口商的合同履行（以 CIF+L/C 为例）

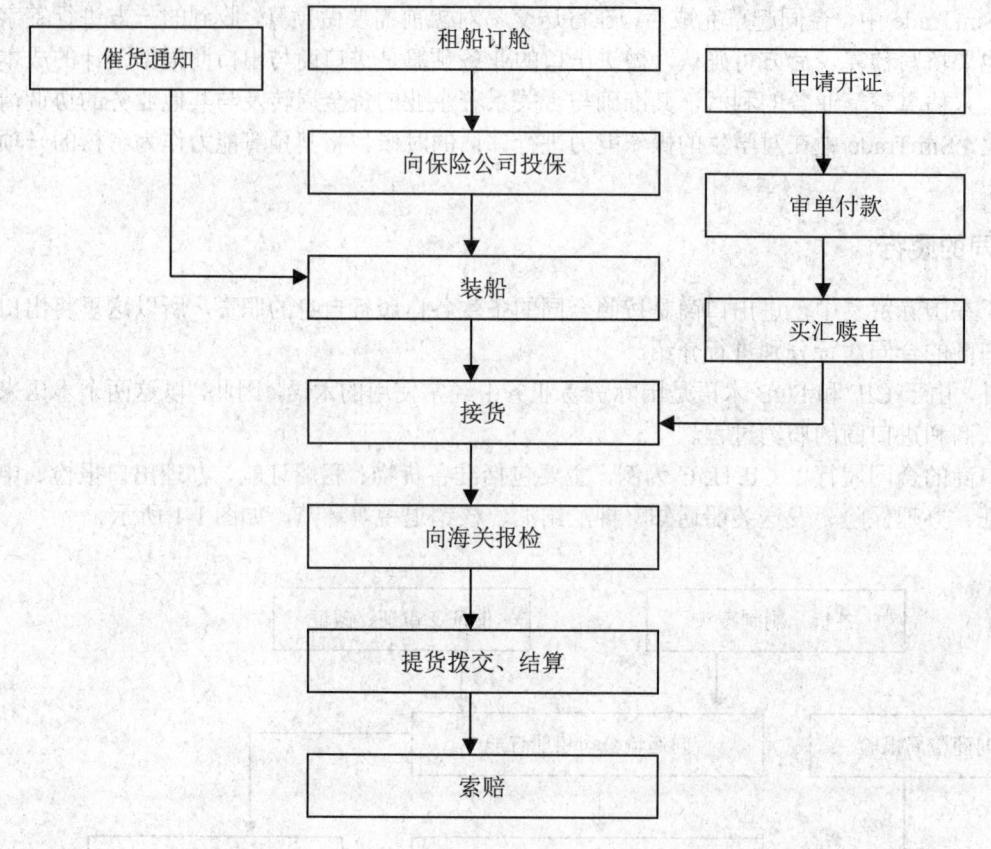

图 1-2 进口商的合同履行（以 FOB+L/C 为例）

进口商的合同履行以 FOB+L/C 为例，主要包括向银行开立信用证、催货、租船订舱或订立运输合同、通知装货日期、接运货物、办理保险、付款赎单、进口报关、接卸货物、进口报检、拨交等环节，如图 1-2 所示。

在 SimTrade 中，无论是出口商的合同履行，还是进口商的合同履行实际上都是一笔贸易业务合同在履行的过程中必须完成的，本书第二篇第六章至第十二章介绍合同履行的具体操作流程。

根据我们在国际贸易实务中所学到的基本理论，一笔贸易业务的履行要根据不同的贸易术语和不同的结算方式，在业务流程的操作上也会有细微的差别。

这里以出口流程为例，图 1-3 和图 1-4 简单列出一个包含了不同结算方式的出口流程图，供大家在具体认识和操作单笔业务之前，形成整体的贸易流程框架。

在此基础上，本书第二篇第十三章至第十四章将详细介绍不同贸易术语和不同结算方式的具体操作差别。

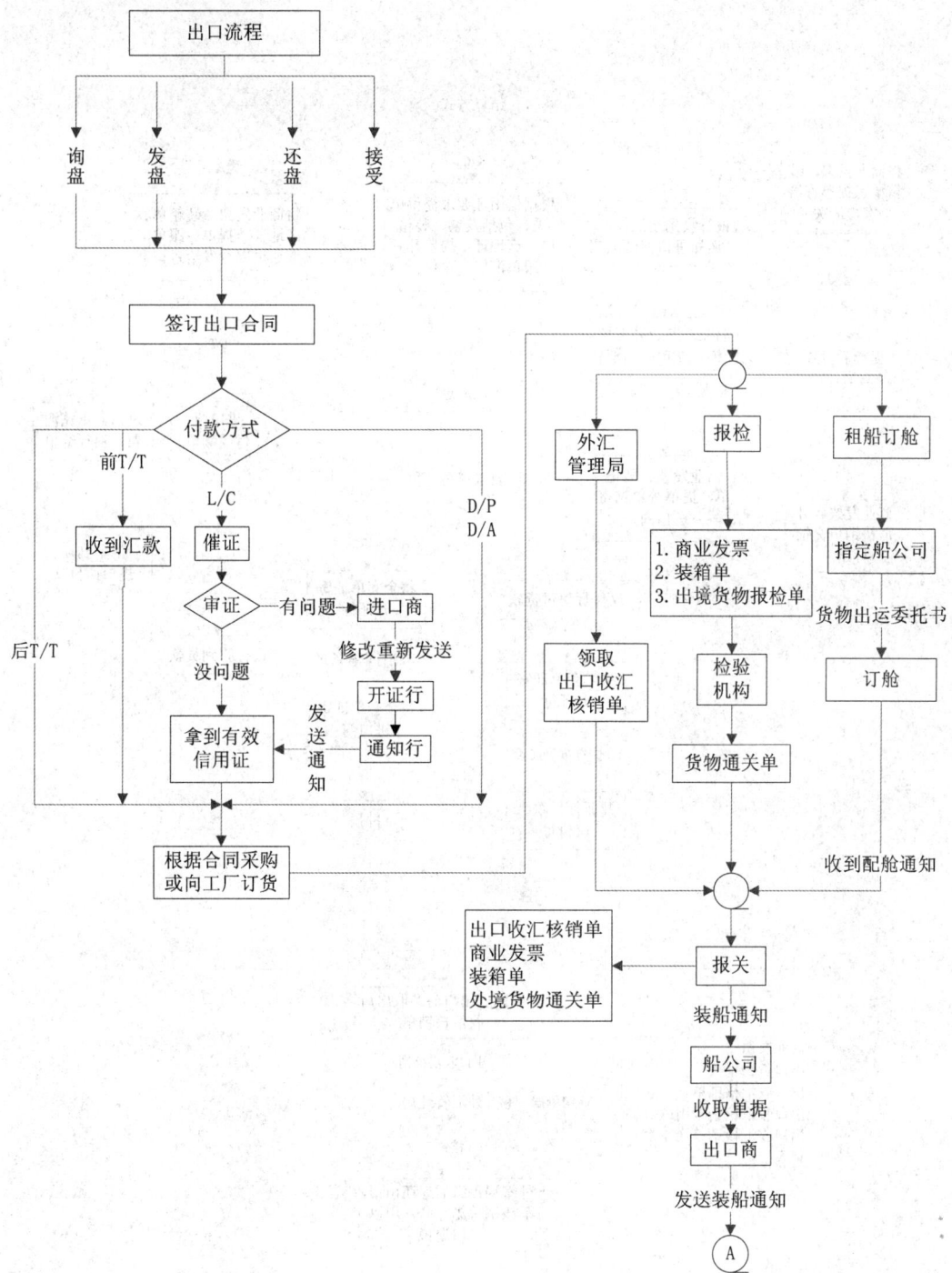

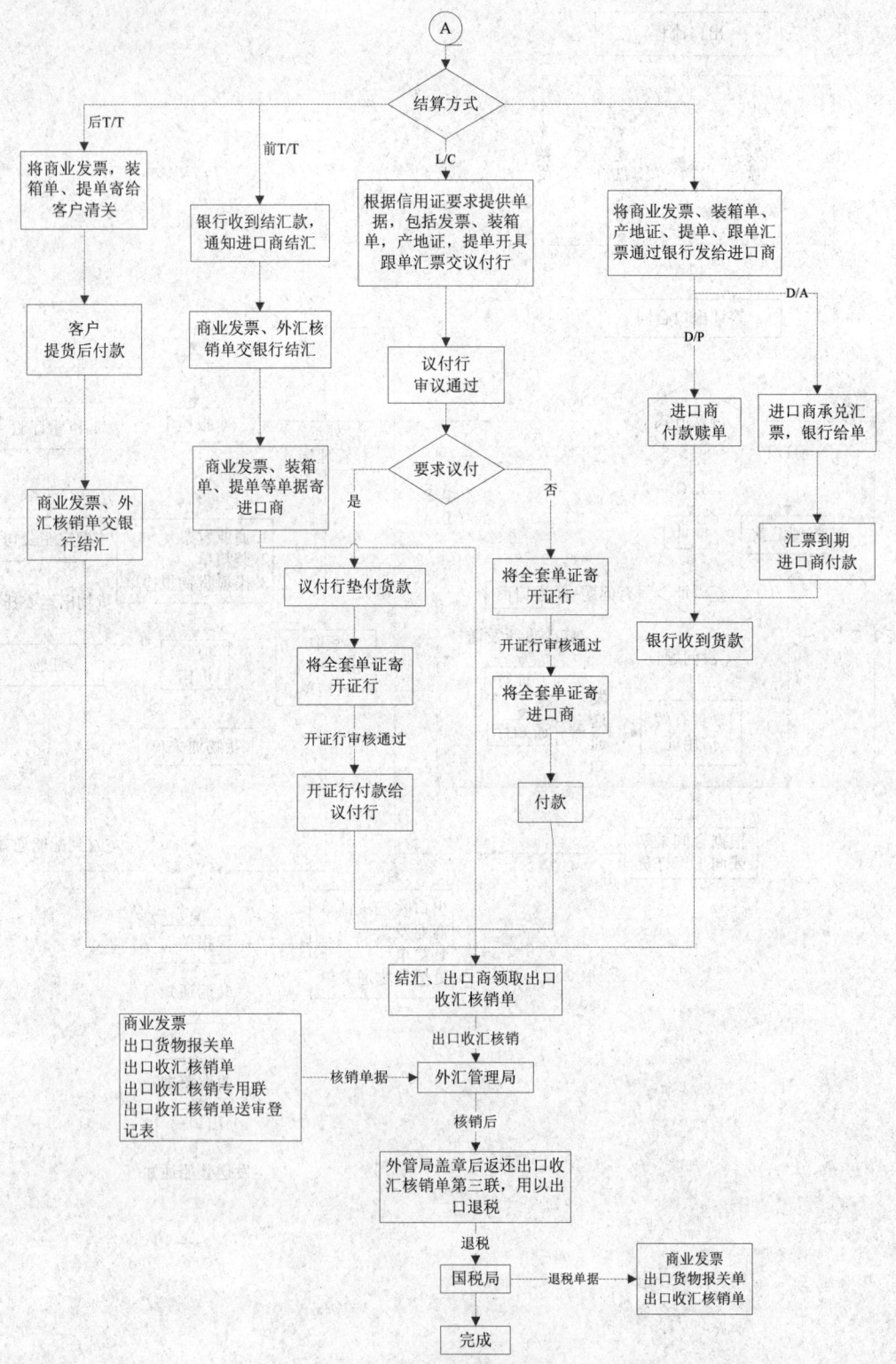

图1-3 出口贸易流程图

第二节　国内采购操作流程

实际业务中，出口商需要从国内工厂采购相关产品。相对于国际业务的操作流程，国内采购的过程比较简单。在 SimTrade 中，出口商出口的产品均为其向工厂采购而来，详细的操作步骤可参考第二篇第五章第一节内容。

国内采购流程大致分为三个阶段：交易准备阶段，交易磋商阶段和国内采购合同签订和履行。

一、交易准备阶段

国内采购的交易准备阶段，即工厂自身资料的完善以及在淘金网寻找合适的交易对象。既可以由工厂根据自身生产的产品和市场中对产品的需求信息主动联系出口商，也可以由出口商根据其需求主动联系工厂。在 SimTrade 中厂商可以生产市场里的任何产品，实际中厂商都有自己的主营业务。

二、交易磋商阶段

与国际业务的交易磋商一样，国内采购合同也需要双方就交易条件进行多番磋商。工厂与出口商就交易产品的型号、数量、价格、交易条件、交易地点、付款等重要条件进行反复的讨价还价，直到最后达成一致的交易条件。

三、合同签订和履行

双方就交易条件达成一致后，由一方起草合同，另一方签字确认。然后工厂即开始组织生产货物，生产完成后，放货给出口商，收到出口商货款。最后工厂向国税局缴税。这样就完成了国内采购操作的整笔交易。

第三节　SimTrade 操作平台下的国际贸易履约流程表

在前两节中，我们分别了解了国际贸易中的国际进出口业务部分和国内采购部分的操作流程。本节中，我们主要以 FOB 下的信用证方式为例，通过操作步骤列表的形式，来体现操作的连贯性，以期能够以更为清晰的方式来认识国际贸易的整体操作流程。

通过前面章节的流程图及对其业务环节和内容的讲解，我们已经对国际贸易业务的操作有一个整体的概念框架，但是就其实际的应用，即依托 SimTrade 外贸实习平台进行操作而言，可能还有一些需要从不同角色加以确认的内容，即明确每个业务操作环节都由谁来具体完成。为此，我们这里以列表的形式列出 FOB 术语下信用证方式的履约步骤，如表 1-1。

表 1-1 L/C+ FOB 履约流程和步骤参考

\multicolumn{5}{c}{L/C+ FOB 履约流程}				
No.	工厂	出口商	出口地银行	进口地银行	进口商
1.		起草外销合同			
2.		添加并填写出口预算表			
3.		合同送进口商			
4.					添加并填写进口预算表
5.					签字并确认外销合同
6.					到银行领取并填写"进口付汇核销单"
7.					添加并填写开证申请书
8.					发送开证申请
9.				根据申请书填写信用证	
10.				送进口商确认	
11.					对照合同查看信用证
12.					同意信用证
13.				通知出口地银行	
14.			审核信用证		
15.			填写信用证通知书		
16.			通知出口商		
17.		对照合同审核信用证			
18.		接受信用证			
19.		起草国内购销合同			指定船公司
20.		合同送工厂			
21.	签字并确认购销合同				
22.	组织生产				
23.	放货给出口商				
24.	到国税局缴税				
25.		添加并填写"货物出运委托书"			
26.		洽定舱位			
27.		添加并填写"报检单、商业发票、装箱单"			
28.		出口报检			
29.		添加并填写产地证明书			
30.		到相关机构申请产地证			
31.		到外管局申领并填写"核销单"			

续表

No.	工厂	出口商	出口地银行	进口地银行	进口商
		L/C+ FOB 履约流程			
32.		到海关办理核销单的口岸备案			
33.		添加并填写"报关单"			
34.		送货到海关			
35.		出口报关,货物自动出运			
36.		到船公司取提单			
37.		添加并填写装船通知"Shipping Advice"			
38.		发送装船通知			
39.		添加并填写"汇票"			查看装船通知
40.		向出口地银行交单押汇			添加并填写"投保单"
41.			审单		到保险公司投保
42.			发送进口地银行		
43.		到银行办理结汇		审单	
44.		添加并填写"出口收回核销单送审登记表"		通知进口商取单	
45.		到外管局办理核销			到银行付款
46.		到国税局办理出口退税			取回单据
47.					到船公司换提货单
48.					添加并填写"报检单"
49.					进口报检
50.					添加并填写"报关单"
51.					进口报关
52.					缴税
53.					提货
54.					添加并填写"进口付汇到货核销表"
55.					到外管局办理进口付汇核销
56.					到消费市场销货

与此履约流程表相对应,下面将简单介绍一笔完整的国际贸易中可能会涉及到的环节及内容:

1. 推销。进出口商要将产品打进国际市场,必须先开拓市场,寻找合适的交易对象。可以通过寄送业务推广函电(Sale Letter)或在计算机网络、国外杂志、报刊上刊登产品广告来推销自己,同时也可通过参加商展、实地到国外考察等途径来寻找交易对象,增进贸易机会。

2. 询盘。又称为询价。进口商收到出口商的业务推广函电或看到广告后,根据自己的需要，对有意进一步洽商的出口商予以询盘（Inquiry），以期达成交易。

3. 发盘。又称为报价。出口商按买主来函要求，先向供货的工厂询盘，然后计算出口报价回函给进口商。这期间可能需要函电多次往返接洽，最后得到关于价格条款的一致意见。

4. 签订合同。国外买主与出口商经一番讨价还价后，就各项交易条件达成一致，正式签订外销合同（Contract 或 Agreement）。在 SimTrade 中，外销合同可以由出口商起草，也可以由进口商起草，**注意起草与确认合同时双方都需填写预算表。**

5. 领核销单。为保证企业严格按照正常贸易活动的外汇需要来使用外汇，杜绝各种形式的套汇、逃汇、骗汇等违法犯罪行为，我国规定企业对外付汇要通过国家审核，实行进口付汇核销制度。采用信用证结算方式时，进口商须在开证前到外汇指定银行领取《贸易进口付汇核销单（代申报单）》，凭以办理进口付汇手续；其他结算方式下则在付款前领此单。

6. 申请开信用证。进口商填妥付汇核销单后，再开具《不可撤销信用证开证申请书》（Irrevocable Documentary Credit Application），向其有往来的外汇银行申请开立信用证。

7. 开信用证。开证银行接受申请并根据申请书开立信用证（Letter of Credit；L/C），经返还进口商确认后，将信用证寄给出口地银行（在出口国称通知银行），请其代为转送给出口商。

8. 通知信用证。出口地银行填妥《信用证通知书》（Notification of Documentary Credit），将信用证通知出口商。

9. 接受信用证。出口商收到通知银行送来的信用证后，经审核无误，接受信用证，即可开始备货、装船等事宜。如信用证有误，可要求进口商修改。

10. 指定船公司。在 CIF 或 CFR 术语下，出口商一边备货，一边还要寻找合适的船公司，以提前做好装运准备；在 FOB 术语下，此步骤则应由进口商完成。本书第二篇是以 FOB 术语为例的，因此是由进口商来指定船公司的。

11. 订舱。确定好船公司后，出口商即应根据相应的船期，配合装运期限进行订舱，经船公司接受后发给配舱通知，出口商凭以填制其他单据，办理出口报关及装运手续。

12. 申请检验。出口商根据信用证的规定填写《出境货物报检单》（Application for Certificate of Export Inspection），并备齐商业发票、装箱单等相关文件向出入境检验检疫局申请出口检验。

13. 取得检验证明。检验机构经对商品检验合格后，签发《出境货物通关单》；并根据出口商的要求，签发相应的商检证书，如品质证书、健康证书等。

14. 申请产地证。出口商填妥相应的产地证明书向相关单位申请签发，其中《原产地证明书》（Certificate of Origin）与《普惠制产地证明书》（Generalized System of Preferences Certificate of Origin "Form A"）应向出入境检验检疫局申请，而《输欧盟纺织品产地证》则应向商务部授权的纺织品出口证书发证机构（图上未标出）申请。

15. 签发产地证。相关机构经过审核，根据出口商的申请，签发相应的产地证书。

16. 办理保险。**在 CIF 术语下，保险由出口商办理，在 FOB 术语下，保险是由进口商**

办理，无论是出口商还是进口商，须根据信用证的规定填写《货物运输保险投保单》（Cargo Transportation Insurance Application），并附商业发票向保险公司投保。

17. 取得保险单。保险公司承保后，签发《货物运输保险单》（Cargo Transportation Insurance Policy）给进口商。
18. 申领核销单。我国法律规定，境内出口单位向境外出口货物，均应当办理出口收汇核销手续。出口商在报关前，须到外汇管理局申领《出口收汇核销单》。
19. 核销备案。填妥核销单后，出口商即可凭以向海关申请核销备案。
20. 货物送到指定地点。出口商办完以上各项手续后，将货物送抵指定的码头或地点，以便报关出口。
21. 报关。送出货物后，出口商填妥《出口货物报关单》，并备齐相关文件（出口收汇核销单、商业发票、装箱单、出境货物通关单等），向海关投单报关。
22. 办理出口通关手续。海关审核单据无误后即办理出口通关手续，签发加盖验讫章的核销单与报关单（出口退税联）给出口商，以便其办理核销与退税。
23. 装船出运。通关手续完成后，货物即装上船，开航。
24. 取回提单（B/L）。船公司须等到货物已装上船（B/L 上有记载 On Board Date），并启航后才签发提单，因此货物出运后，出口商就可到船公司领取《海运提单》(Bill of Lading；B/L)。
25. 发送装运通知。出口商将货物运出后，应向买主寄发《装运通知》(Shipping Advice)。**尤其是在 FOB、CFR 术语下，保险由买方自行负责时，出口商须尽快发送装运通知以便买方凭此办理保险事宜。**
26. 备齐相关单据办理押汇。货物装运出口后，出口商按 L/C 上规定，**备妥相关文件（商业发票、装箱单、海运提单、货物运输保险单、商检证书、产地证、信用证等）**，并签发以进口商为付款人的汇票（Bill of Exchange），向出口地银行要求押汇（Negotiation）。以出口单据作为质押，向银行取得融资。
27. 通知结汇，给付收汇核销单。押汇单据经押汇银行验审与信用证的规定相符，即拨付押汇款，通知出口商可以结汇，同时收取一定押汇费用。此外，银行还将出具加盖"出口收汇核销专用联章"的《出口收汇核销专用联》给出口商。
28. 核销。出口商凭出口收汇核销专用联及其他相关文件（出口收汇核销单送审登记表、报关单、出口收汇核销单、商业发票等）向外管局办理核销，办理完成后，外管局发还出口收汇核销单（第三联）。
29. 出口退税。核销完成后，出口商再凭出口收汇核销单（第三联）、报关单（出口退税联）与商业发票前往国税局办理出口退税。
30. 议付后交单。押汇银行议付后，将押汇单据发送到国外开证银行，要求偿付押汇款。
31. 拨付货款。开证银行审单与信用证条款核对无误后，拨付押汇款（即承兑）给出口地银行。
32. 通知赎单。开证银行向进口商要求缴清货款。由于当初进口商在向开证银行申请开立信用证时，大部分的信用证金额尚未付清，而出口商已经在出口地押汇（抵押融资），所以开证银行通知进口商缴清余款，将押汇单据赎回。
33. 付款。进口商向开证银行缴清货款，同时需将之前领取的贸易进口付汇核销单交给银行审核。

34. 给付单据。进口商付款后,自开证银行取回所有单据(即出口商凭以押汇的文件)。
35. 到货通知。此时,货物已运抵进口国的目的港,船公司通知进口商来换取提货单。
36. 交提单,换取提货单。进口商向船公司缴交提单(B/L)换取提货单(Delivery Order; D/O)。尤其当进口商是在 FOB 术语下买入货物时,进口商唯有向船公司缴清运费及杂费,并用 B/L 向船公司换取 D/O,才能向海关提出要求报关,表明进口商已获得船公司同意可以提领货物。
37. 申请检验。进口商填写《入境货物报检单》(Application for Certificate of Import Inspection),并备齐提货单、商业发票、装箱单等文件向出入境检验检疫局申请进口检验。
38. 取得检验证明。检验机构经对商品检验合格后,签发《入境货物通关单》给进口商。
39. 报关。进口商备齐进口货物报关单、提货单、商业发票、装箱单、入境货物通关单、合同等文件,向海关投单报关。
40. 缴税。进口商向海关缴清各项税款,应纳税捐包括进口关税、增值税与消费税等。
41. 办理进口通关手续。海关审单通过,办理进口通关手续。
42. 提货。海关放行后,进口商即可至码头或货物存放地提领货物。
43. 付汇核销。最后,进口商还要凭进口付汇到货核销表、进口货物报关单及进口付汇核销单到外汇管理局办理付汇核销。

小贴士

外销合同可以由出口商或进口商起草,国内购销合同也可以由出口商或工厂起草,然后送对方签字确认即可,这里仅以出口商起草的情况为例。

对于使用 SimTrade 平台的学生而言,如果是参与单人多角色的操作实验,则可以根据表 1-1 中所列的步骤序号进行即可(其详细操作可参见本书第二篇相关章节);如果是参与多人单角色的对抗操作,学生也可以根据表 1-1 中的履约步骤进行操作,只是应该参考对应角色的步骤(即参考表中的某一列的内容)。

第二章 认识 SimTrade 外贸实习平台

【本章学习目标】
1. 了解本课程配套的 SimTrade 外贸实习平台的基本界面操作系统
2. 了解 SimTrade 中与国际贸易实务操作和应用有关的主要功能图标

国际贸易作为一门实践性较强的学科,对于将来从事外贸工作的学生来说,掌握扎实的理论基础固然重要,但能够将学到的知识运用于实践中,才是未来的外贸工作人员需要解决的问题。

SimTrade 外贸实习平台正是为学生提供了一个可以恰当运用所学知识,模拟实际业务操作的平台。在这一平台中,学生可以在网上进行国际货物买卖的实务操作,从而很快地了解进出口业务涉及的有关成本核算、询盘、发盘及还盘等的基本技巧,从整体上熟悉国际贸易的物流、资金流与业务流的运作方式。

在这一系统中,学生可以切身体会到,在国际贸易的过程中,不同当事人所面临的具体工作以及他们之间的互动关系。通过自己对相关业务的操作,也能够感受外贸公司利用各种方法控制成本以达到最大利润的过程。在整个的操作过程中,指导教师通过在淘金网发布新闻、控制商品价格、调整汇率及各项业务费用等方式,创设不断变化的国际贸易环境,使学生充分发挥主观能动性,真正掌握和吸收国际贸易实务、外贸函电、商务谈判等前期相关课程所学的知识,为将来切实从事外贸实际工作打下基础。本章将着重认识 SimTrade 外贸实习平台操作界面,各个图标的功能与操作方法在以后的具体应用,以及进行操作实验前的相关准备。

第一节 SimTrade 外贸实习平台系统简介

SimTrade 外贸实习平台是以软件为基础,创设的可模拟国际贸易环境和业务流程操作的系统平台。这个软件囊括了几乎所有基本的国际贸易实务流程及涉及的国际贸易角色和单据。系统的角色除管理员和指导教师外,主要分为五个角色:出口商、进口商、工厂、进口地银行、出口地银行。这五个角色之间都有互动性的业务环节操作。除这五个角色之外,软件还设置了很多虚拟业务中心,例如国税局、海关、船公司、保险公司等,它们是完成单笔贸易业务所必须涉及的管理机构和企业组织。另外,软件还设有淘金网这个虚拟网站提供五种不同角色间交流信息的平台。可以说，SimTrade 这个软件其实就是一个微缩版的贸易世界，学生们通过使用这个仿真软件平台，实现从贸易理论到贸易实践的跨越。

一、SimTrade 平台的登录界面

本书中，我们所介绍的系统版本为 SimTrade 外贸实习平台 V4.0。当进入 SimTrade V4.0 平台时，首先看到以学生可扮演的五种角色和以授课教师可参与的指导教师和系统管理员等登录界面，如图 2-1。

图 2-1　SimTrade 平台主页面

1.出口商——作为独立的经营单位，自主制定销售策略且负责执行，在淘金网中搜索交易对象，同工厂、进口商建立业务联系，就一笔或多笔业务进行磋商，灵活运用各种贸易术语及结算方式完成业务，随时掌握公司的业务、库存与资金状况以便及时发现问题、解决问题。

2.进口商——紧跟本国消费市场与国际市场的变化，选择利润较高的项目，加快公司的资金周转率，从选择可靠的交易对象开始逐步完成具体的业务。

3.工厂——生产商品且出售，从中获得利润，最重要的是判断产品是否具有市场需求，由于盲目生产会面临巨大的风险，而市场变化又很难准确预测。所以，以销定产是一个很好的方式，这就要求工厂建立广泛且稳定的客户资源。

4.进口地银行和出口地银行——向各个经营者提供经营服务包括贷款、国际汇款、信用证业务、国际托收业务等。

5.指导教师——制定实习操作计划，为参与实习的学生分配角色，在淘金网发布通知与市场信息。

安排学生的实习，控制商品的生产成本与销售价格，调整汇率、保险费率、海运费率等各项业务费用。为恰当的使贸易进行，还要及时修改国别等信息。设定实习评分标准，实时

监控学生的操作,最终利用评分系统对学生的实习结果进行评定。

6.管理员——管理所有参与实习操作的班级资料、指导教师资料与通知内容。

由于出口商、进口商、工厂、出口地银行及进口地银行的操作界面类似,我们以下关于系统的介绍均以出口商为例。学生根据指导教师安排,进入 SimTrade 外贸实习平台,即可看到如图 2-1 的界面,图中标出了所有 SimTrade 平台涉及到的各种角色。

由于 SimTrade 中的操作是基于不同角色实现的,因此在实际操作前必须选择一种角色。此行下方的空白栏,分别填写使用者的用户名及密码。一般在操作中,学生的用户名是由指导教师统一注册的,通常为学生的学号,初始密码由指导教师先期设置,通常为空,所以学生用自己的学号首次登录后就应该自己修改初始密码,设置一个容易记忆并不容易被人获知的密码。

二、出口商主界面

以出口商为例,输入用户名与密码进入出口商主页面,如图 2-2。

图中最上方的一系列图标是出口商进行贸易业务操作时使用的主要功能性图标,关于这些图标的含义和使用操作要点将在本章第二节加以详细叙述。

打开出口商主界面后,可以收到指导教师通知、交易伙伴的邮件等提示。主页面显示的出口商等级用"★"标出,每一颗金钻代表 10 分,每一颗白钻代表 5 分,最高可得到 10 个金钻。

图 2-2 出口商主页面

点击"实习要求"——学生可以看到系统提出的实习指导思想、实习主要内容以及实习具体安排的要求。

点击"在线列表"——可看到同时使用系统的所有成员,以便决定交易与否。

点击"系统提示"——可以看到系统对出口商操作情况的总体评价，如图 2-3。系统提示可以帮助出口商分析目前的经营情况，以便及时地改进相关操作，提高实习成绩。

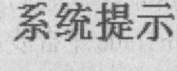

图 2-3　系统提示

点击"我的公文夹"——可以进入文件管理页面，如图 2-4。

我的公文夹是 SimTrade 中的文件管理中心，"我的文件"是用户在 SimTrade 已经和正在完成的合同和相关单据，"我的收藏"显示的是出口商收藏的信息、产品资料等。

学生也可通过"我的状态"看到出口商现在的等级、存款及贷款。点击"我的成长"，可以看到柱形图，也可以选择曲线图，如图 2-5，以查看出口商操作的综合能力、单据填写熟练程度、业务流程熟练程度及预算能力。

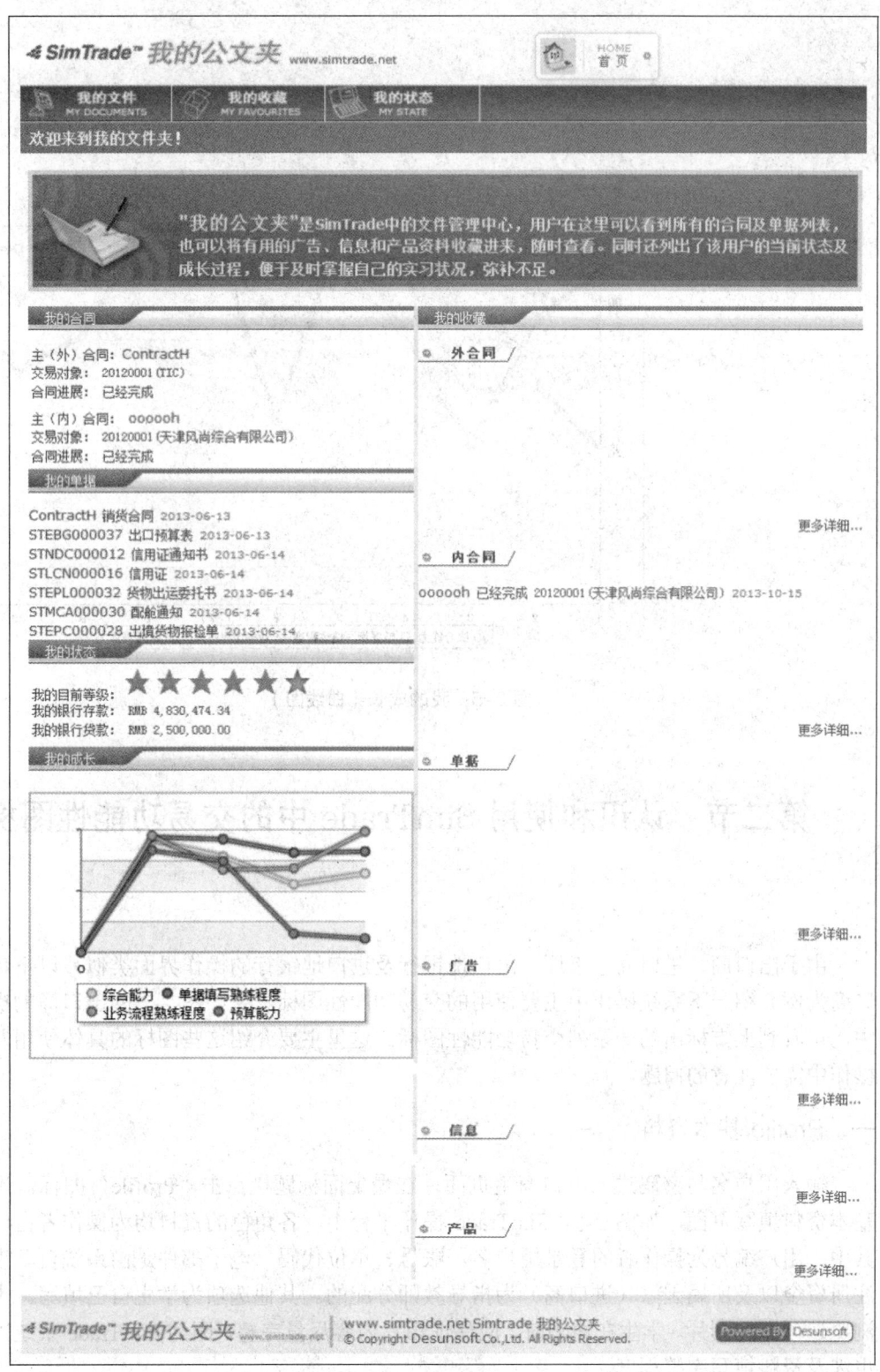

图 2-4　我的公文夹

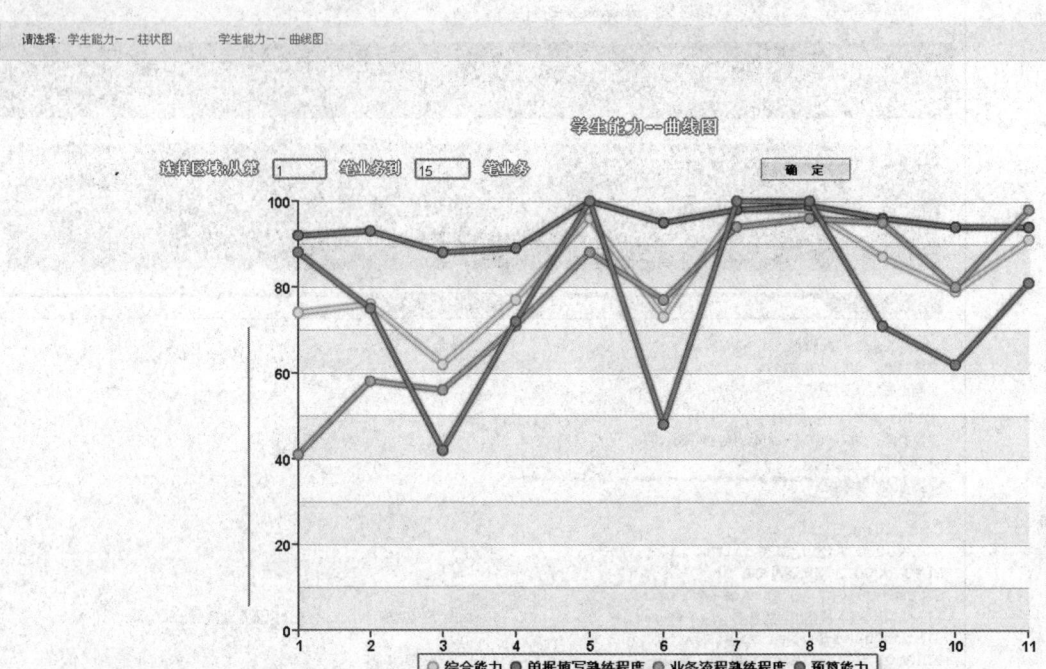

图 2-5 我的成长（曲线图）

第二节 认识和使用 SimTrade 中的交易功能性图标

由于出口商、进口商、工厂、出口地银行及进口地银行的操作界面类似，以下仍然以出口商为例介绍一下系统操作中主要使用的交易功能性图标。在如图 2-2 的出口商的操作界面中，可看到上方标出的一系列交易功能性图标。这里主要介绍这些图标的具体使用及在具体操作中需要注意的问题。

一、Profile 基本资料

输入用户名与密码进入出口商主页面，在最上面标题栏点击"Profile"图标，进入公司基本资料填写页面，如图 2-6。SimTrade 操作平台中，各角色的资料均为操作者自己填写。其中，用户编号为操作者的登录用户名。账号、单位代码、电子邮件是由系统自动设定的。注册资金以及所属国家（进口商）为指导教师分配的。其他选项为学生自己填写。也可通过浏览选项添加图片。学生在填写时，应保证填写内容尽量完整，因为 SimTrade 系统评分标准也涉及资料填写完整程度。

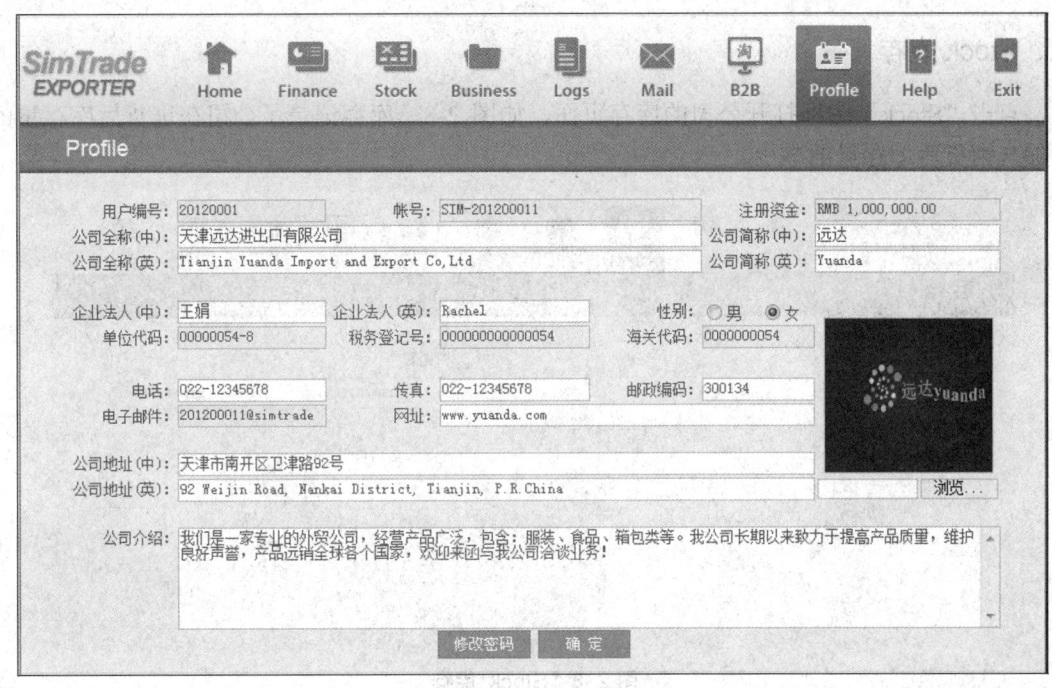

图 2-6 Profile 资料

二、Finance 财务

点击"Finance"图标，打开公司的财务页面，如图 2-7。其中，日记账记录公司所有往来的业务收支，贷款明细记录公司所有有关贷款的信息。

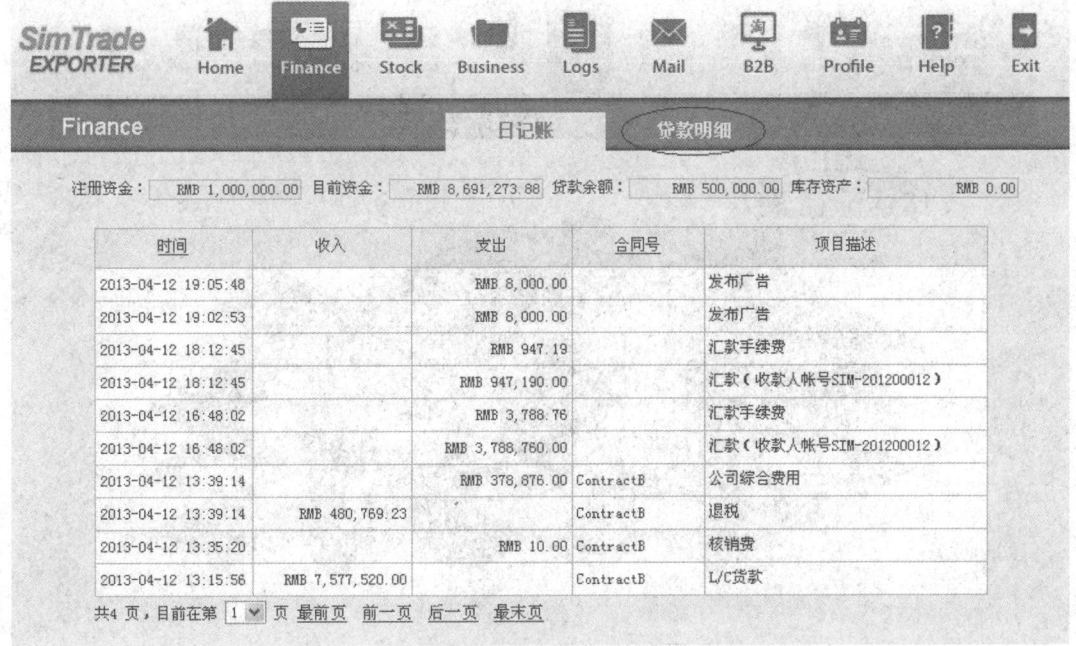

图 2-7 Finance 财务

三、Stock 库存

点击"Stock"图标打开公司的库存页面,如图 2-8。库存记录了公司在进货后库存量的增加与销货后库存量的减少。

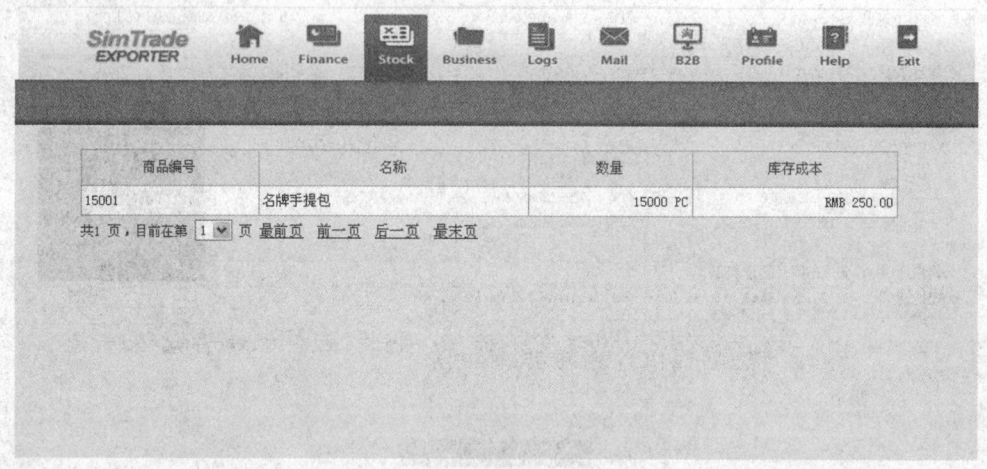

图 2-8 Stock 库存

四、Business 业务中心

点击"Business"图标,打开出口商的业务中心,如图 2-9。业务中心是 SimTrade 中很重要的操作界面,这里有众多建筑物分别代表了出口商在进行交易过程中可能会涉及到的业务。点击显示机构名称即可看到对应建筑物的名称。

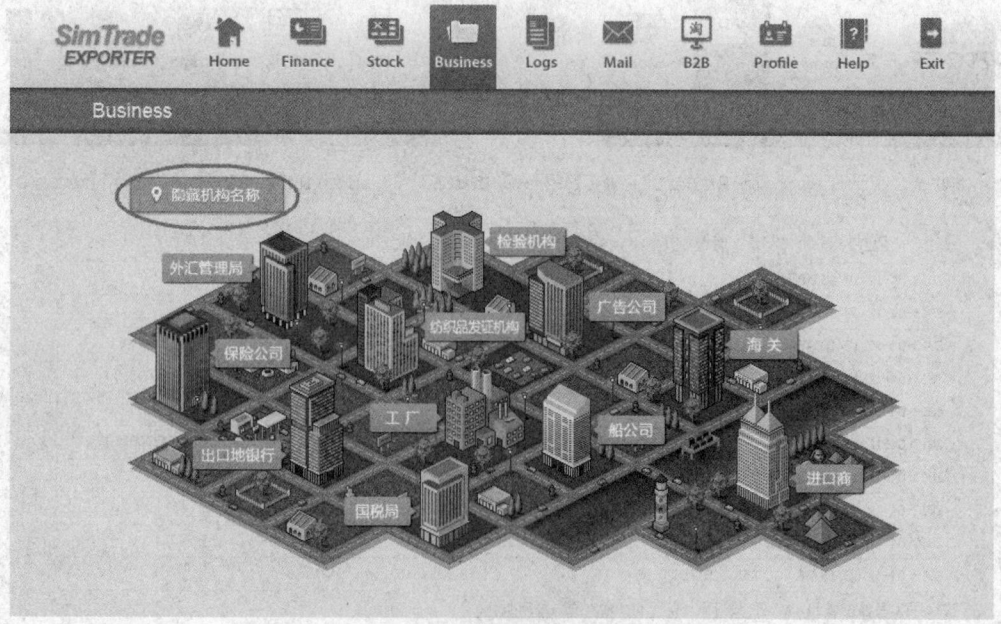

图 2-9 Business 业务中心

出口商在以后进行的业务操作中会涉及这些机构的相关操作。

因此，这里仅以"进口商"建筑物为例，简单介绍。在出口商与进口商进行往来的过程中，作为出口商，凡是涉及到进口商的操作，如合同的签订、添加填写单据等，都要在这里进行。

点击"进口商"建筑物会出现如图 2-10 所示的窗口。这里显示的是当前正在进行的主合同的信息，出口商可以点击"切换合同"，切换正在进行的主合同。

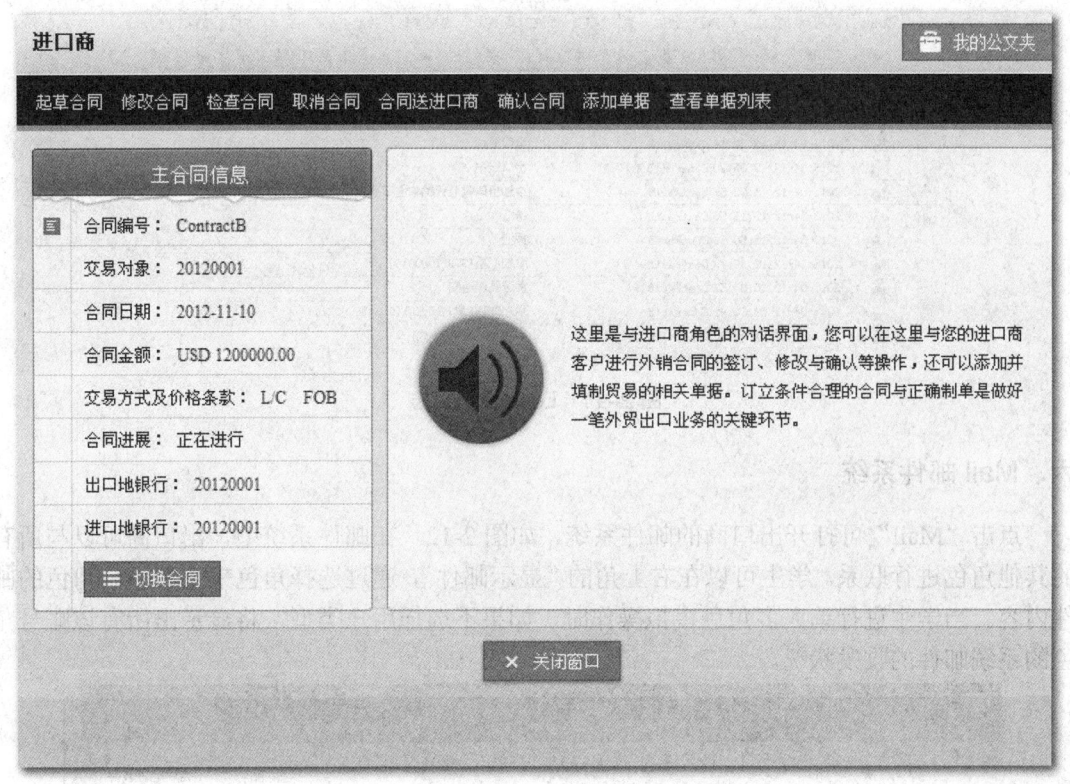

图 2-10　业务中心进口商操作窗口

五、Logs 业务日志

点击"Logs"图标，可以看到出口商的业务日志，如图 2-11。

其中出口业务反映了出口商正在进行的主合同的进展情况以及出口合同详细事务日志。国内业务则记录国内采购合同的进展情况以及国内采购合同详细事务日志。

如出口商想要查看合同及操作的成果可在这里点击查看，如报关、报检是否成功。

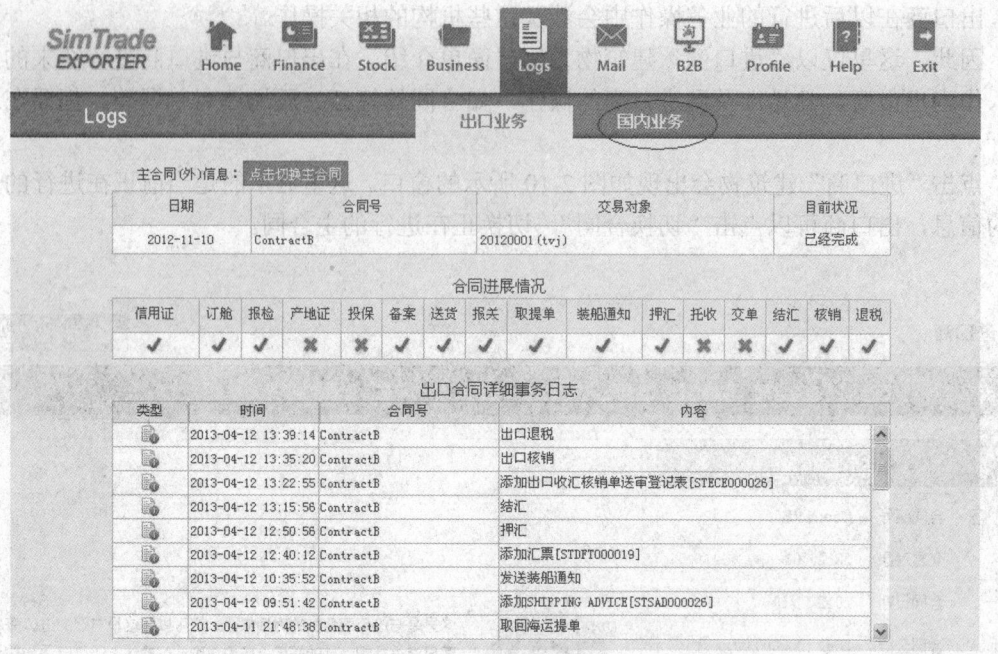

图 2-11　Logs 业务日志

六、Mail 邮件系统

点击 "Mail" 可打开出口商的邮件系统，如图 2-12。在邮件系统中，出口商可以与所有的其他角色进行联系。学生可以在右上角的"显示邮件"，通过选择角色来查看不同角色的邮件内容。当学生进行单人多角色模拟操作时，如果不选择用户类型，将显示出所有该账号角色的系统邮件的收发状况。

图 2-12　Mail 邮件系统

七、B2B 淘金网

点击"B2B"图标，可打开淘金网主页面，如图 2-13。淘金网是仿真的电子商务系统，提供了仿真的商业环境。各交易者可以在此进行企业的宣传、发布信息及搜索各种资源。

图 2-13 B2B 淘金网

在淘金网首页列有的市场信息为指导教师发布的实验相关信息、市场行情等。其他的厂商信息，可供出口商了解市场最新供求信息，以便随时寻求商机。淘金网设有关键词搜索功能，可以快速地帮助出口商查找所需要的信息，如图 2-14。

图 2-14 关键词搜索界面

<u>淘金网的各功能简介：</u>
1. 产品展示

点击"产品展示"即可进入产品列表画面，如图 2-15。为便于交易，SimTrade 中的交易商品应当限于其淘金网中所列出的产品。

图 2-15 产品展示

出口商可以在这些产品中选择一个或几个进行交易，点击选中的产品，即可查看其详细资料，如图 2-16（要不要把产品广告方框下边的"more"说明一下？）。

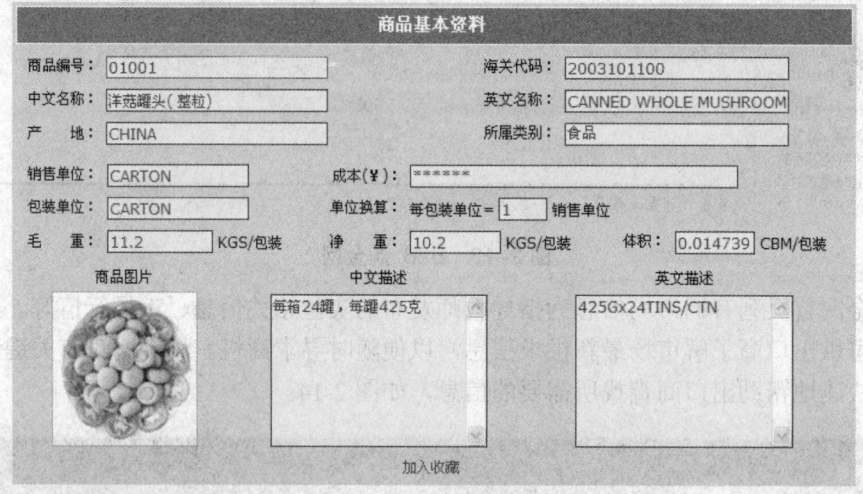

图 2-16 洋菇罐头的详细资料

小贴士

　　淘金网中的产品信息，在后续的操作中非常重要，如在进出口预算、合同、信用证及其他相关单据的填写中，都将涉及产品资料，特别是在单据的填写中，对于产品描述一般要求与系统中的产品信息一致，根据实际操作经验来看，有一部分同学正是由于忽略了这一点，而导致单据及合同填写的错误。

2. 公司库

点击"公司库"即可进入公司库信息主页面，如图 2-17。

图 2-17　公司库主页面

在公司库主页面可以查看系统中的所有进口商、出口商、工厂的详细信息，以及左侧"榜上有名"所列出的优秀公司的排名。另外，还可以点击上图右上角"more"查看各厂商发布的公司广告，如图 2-18。

- 本公司经营各式皮鞋(208进出口有限公司)
- 本公司专业经营各式皮鞋(208进出口有限公司)
- 本公司专业经营各式竹制品(208进出口有限公司)
- 供应各类箱包(天津远达进出口有限公司)
- Bags import company(Turkey Import Corporation)

图 2-18　公司广告

出口商可以直接点击或通过输入"关键词"来查看或选择其交易伙伴的详细信息,如图2-19。出口商在其后续的与工厂和进口商进行交易的过程中,如果有需要填写交易对象资料的时候,均可以从这里查看。

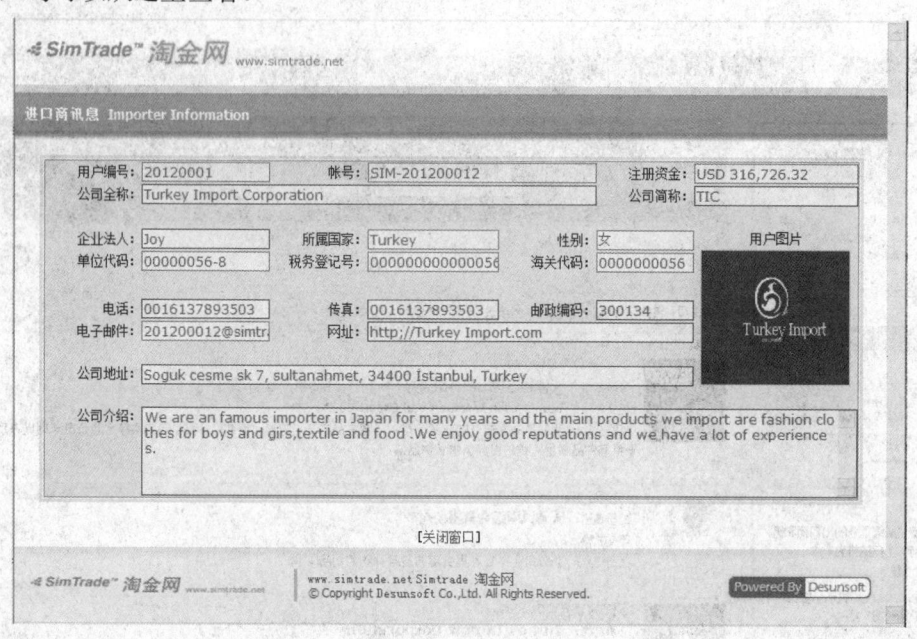

图 2-19　公司库里的进口商详细资料

3. 银行

点击"银行"进入银行主页面,可以看到所有银行信息,如图2-20。在银行主页面,出口商可以查看所有银行的详细资料及汇率牌价。在进行信用证业务以及贷款的申请时需要从这一页面查询银行编号等信息。

图 2-20　银行主页面

4. 运费查询

点击"运费查询"可以进入运费查询主页面，如图 2-21。

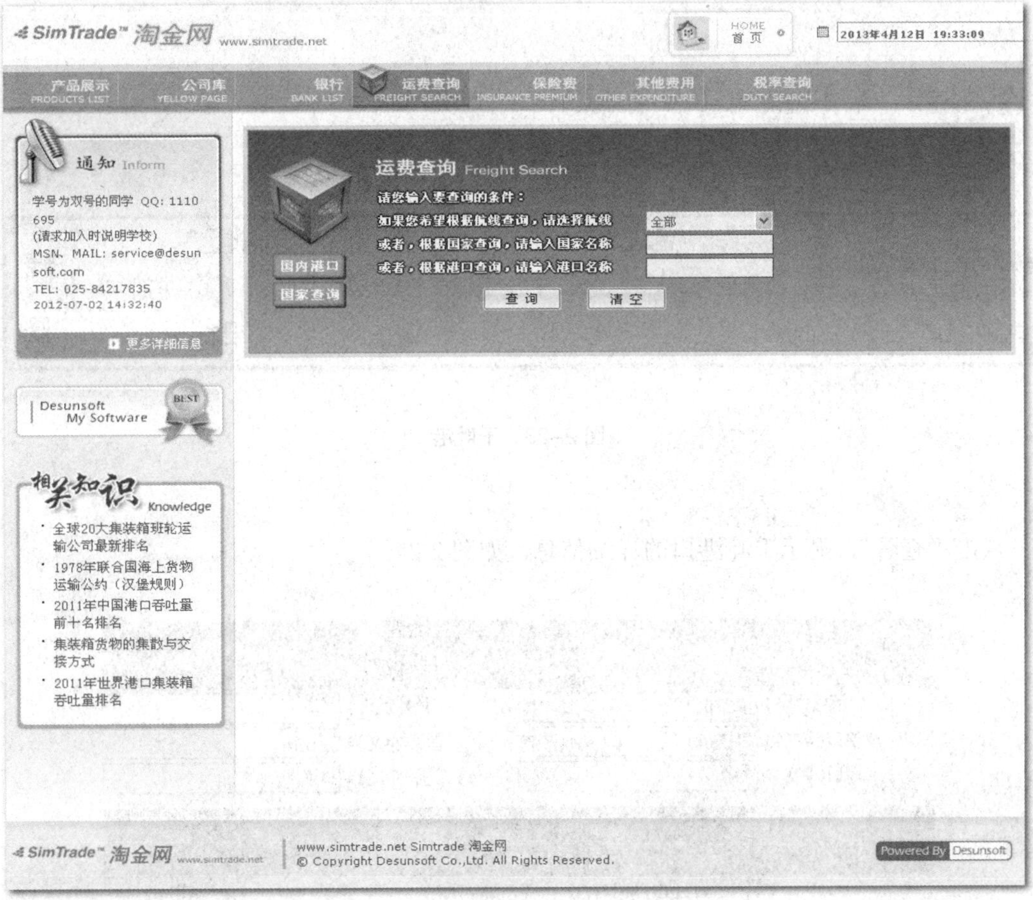

图 2-21 运费查询主页面

出口商在运费查询页面，可以查询到所有港口的运费信息及相关货运知识。如我们要查询日本的"千叶"港口，可在关键词搜索中输入，如图 2-22 所示的关键词。

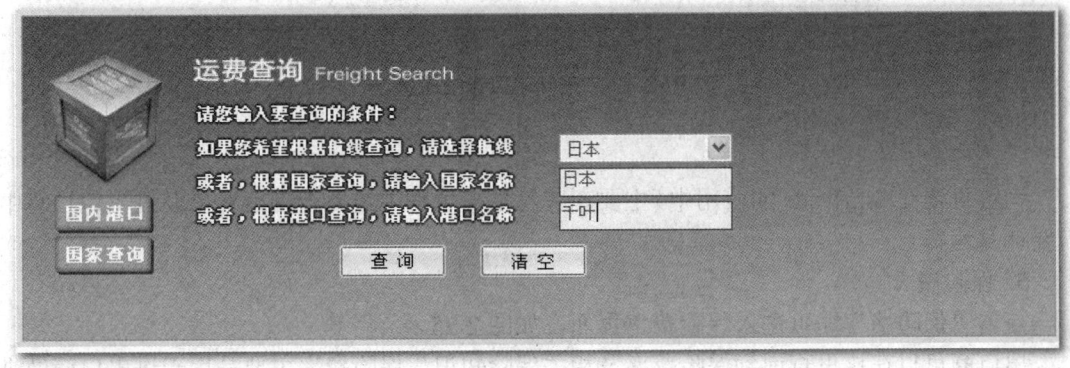

图 2-22 查询页面

点击"查询"即可查询到千叶港口的信息，如图2-23。

港埠代码	所属航线	港口名称		国家与地区		查看
		英文	中文	英文	中文	
JPCHB	日本	CHIBA	千叶	Japan	日本	

图2-23 千叶港

点击"查看"，显示千叶港口的详细信息，如图2-24。

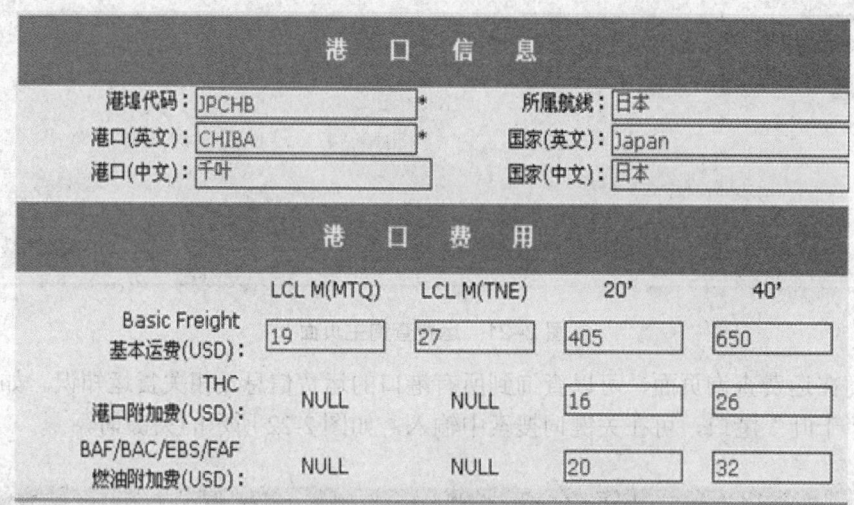

图2-24 千叶港口详细信息

运费查询在SimTrade的应用中，主要在贸易单据填写中需要查询运费以及进出口预算中需要计算运费。

5. 保险费

点击"保险费"即可进入保险费主页面，如图2-25。

出口商可以在这里查询到保险费率及相关保险知识。保险费率主要是用于进出口商做进出口预算的时候使用。

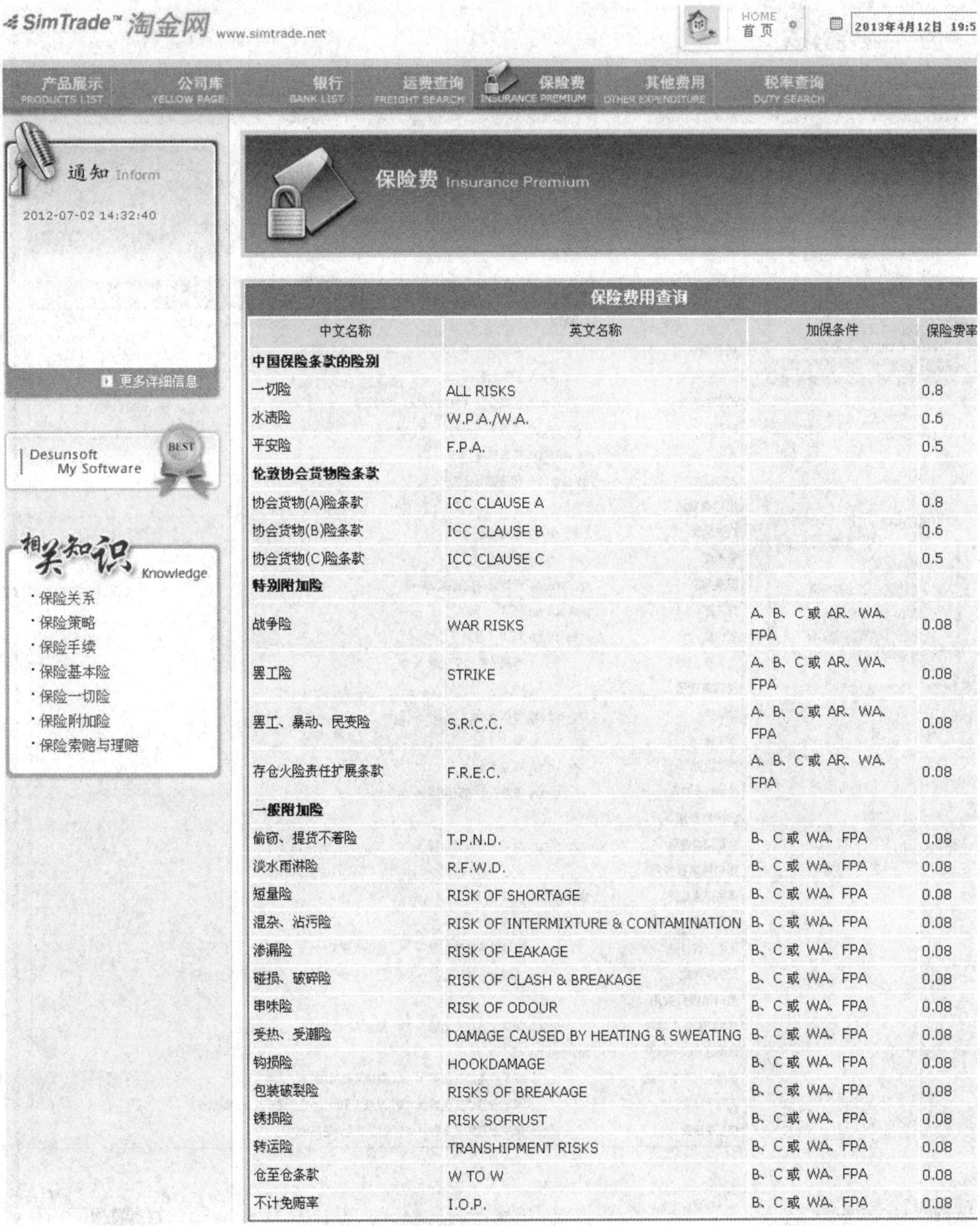

图 2-25 保险费主页面

中文名称	英文名称	加保条件	保险费率
中国保险条款的险别			
一切险	ALL RISKS		0.8
水渍险	W.P.A./W.A.		0.6
平安险	F.P.A.		0.5
伦敦协会货物险条款			
协会货物(A)险条款	ICC CLAUSE A		0.8
协会货物(B)险条款	ICC CLAUSE B		0.6
协会货物(C)险条款	ICC CLAUSE C		0.5
特别附加险			
战争险	WAR RISKS	A、B、C 或 AR、WA、FPA	0.08
罢工险	STRIKE	A、B、C 或 AR、WA、FPA	0.08
罢工、暴动、民变险	S.R.C.C.	A、B、C 或 AR、WA、FPA	0.08
存仓火险责任扩展条款	F.R.E.C.	A、B、C 或 AR、WA、FPA	0.08
一般附加险			
偷窃、提货不着险	T.P.N.D.	B、C 或 WA、FPA	0.08
淡水雨淋险	R.F.W.D.	B、C 或 WA、FPA	0.08
短量险	RISK OF SHORTAGE	B、C 或 WA、FPA	0.08
混杂、沾污险	RISK OF INTERMIXTURE & CONTAMINATION	B、C 或 WA、FPA	0.08
渗漏险	RISK OF LEAKAGE	B、C 或 WA、FPA	0.08
碰损、破碎险	RISK OF CLASH & BREAKAGE	B、C 或 WA、FPA	0.08
串味险	RISK OF ODOUR	B、C 或 WA、FPA	0.08
受热、受潮险	DAMAGE CAUSED BY HEATING & SWEATING	B、C 或 WA、FPA	0.08
钩损险	HOOKDAMAGE	B、C 或 WA、FPA	0.08
包装破裂险	RISKS OF BREAKAGE	B、C 或 WA、FPA	0.08
锈损险	RISK SOFRUST	B、C 或 WA、FPA	0.08
转运险	TRANSHIPMENT RISKS	B、C 或 WA、FPA	0.08
仓至仓条款	W TO W	B、C 或 WA、FPA	0.08
不计免赔率	I.O.P.	B、C 或 WA、FPA	0.08

6. 其他费用

点击"其他费用"进入其他费用主页面，如图 2-26。这里列出了进出口商在进行预算中可能用到的各项相关费用，为厂商预算成本与利润提供精确的预算数据。

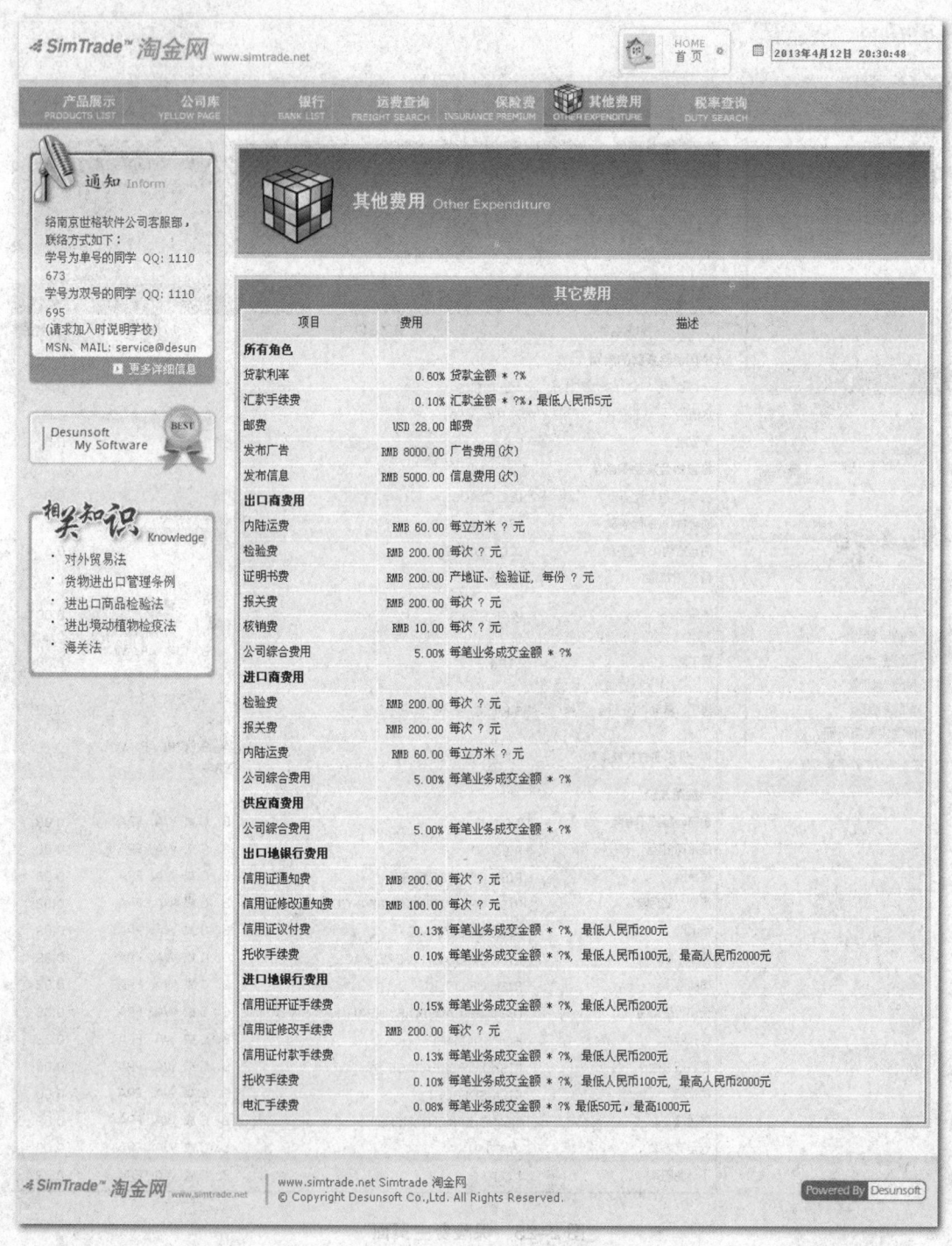

图 2-26 其他费用主页面

7. 税率查询

点击"税率查询"进入税率查询主页面,如图 2-27。在这里可以查询到各类商品应缴纳税款的税率。

第二章　认识 SimTrade 外贸实习平台

图 2-27　税率查询主页面

出口商查询税率，可在查询框中输入海关代码，也可以输入货物名称，还可以使用分类查询，如图 2-28。

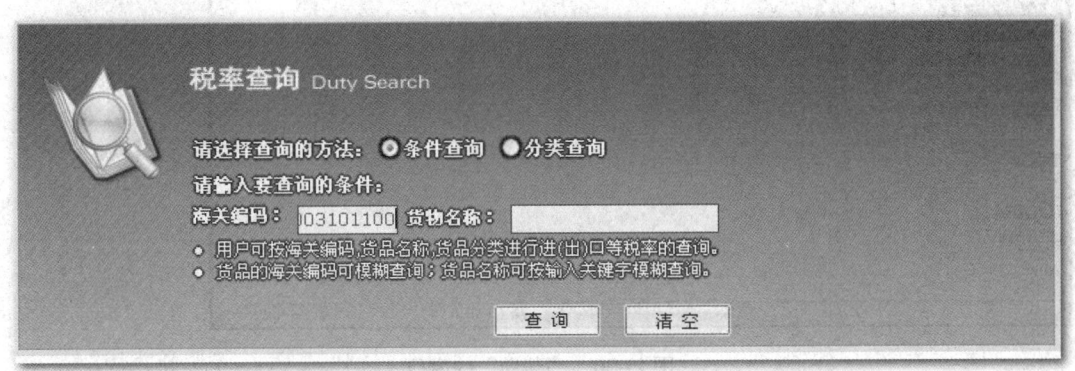

图 2-28　查询税率

点击"查询"，可以看到对应产品的税率情况，如图 2-29。其中，标出的 AB 为监管条件，在第三章的第二节介绍主营商品时会具体介绍有关监管条件的内容。

海关编码	附加码	货名	进口税%		出口税%	增值税%	消费税%		退税%	单位	监管条件
			普通	优惠			从量	从价			
2003101100		小白蘑菇罐头(指洋蘑菇,用醋或醋酸以外其他方法制作或保藏的)	90	25	0	17	0	0	15	千克	AB

图 2-29　税率查询结果

八、Help 帮助和 Exit 退出

点击"Help"图标可以打开系统的帮助页面,与在操作主页面打开的在线帮助页面是一样的,如图 2-30。点"Help"或"查阅在线帮助"会弹出"帮助"的窗口,在弹出窗口的左侧有对本软件以及做业务期间所可能遇见的问题的详细说明,在实验过程中遇到相应问题,可点击相应的"帮助"查看,学习完成"帮助"页面的提示后将"帮助"窗口关闭。点击"Exit"图标,可以退出角色登录系统,回到登录的主页面。在 SimTrade 系统中,如果进行单人多角色的交易,就需要实习者在其所扮演的不同角色之间进行切换操作,因此,如果想更换角色,则需要从当前角色页面退出,这时即可点击"Exit"图标退出。

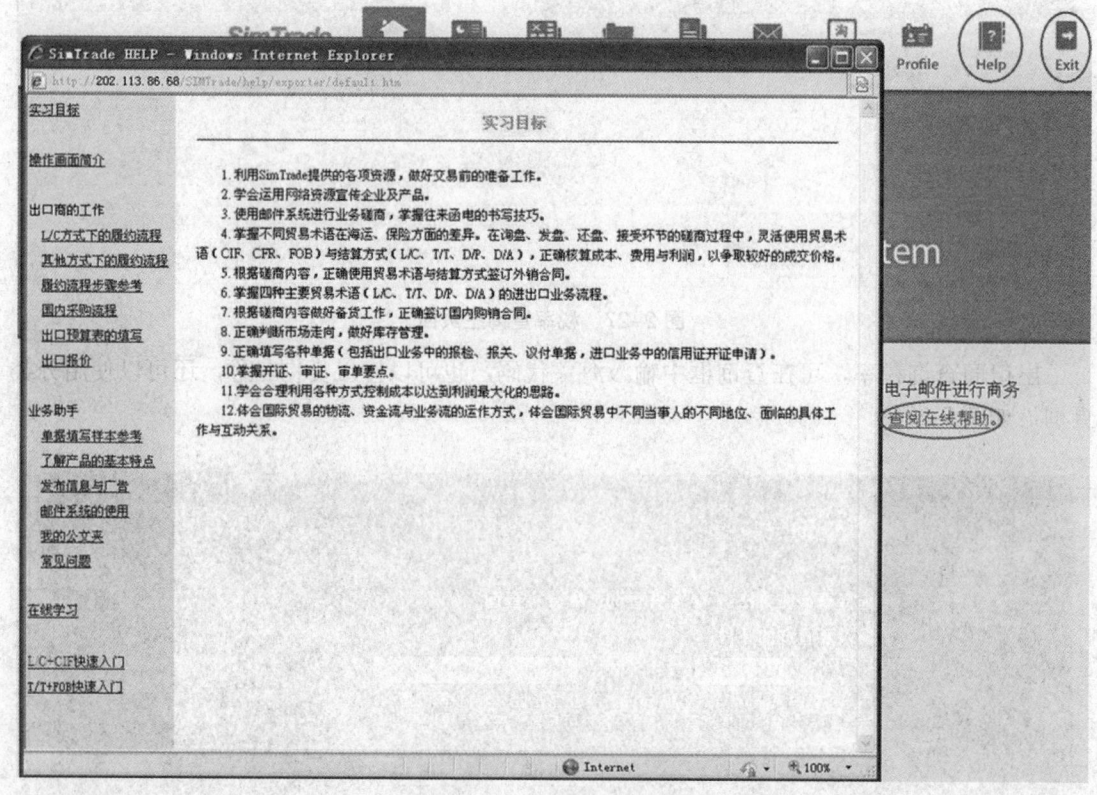

图 2-30 "帮助"的窗口

到本章结束,我们已对 SimTrade 平台有了系统全面的了解,接下来开始以单人多角色的实习演练为例,详细说明在实际做外贸业务时可能产生的一些问题及解决办法。

第二篇 SimTrade 平台下单人多角色操作

根据第一篇对 SimTrade 系统操作平台的界面认识，学生在实验中可扮演出口商、进口商、工厂、出口地银行和进口地银行等五种角色。那么为了进行国际贸易实务业务的模拟流程操作，首要环节和任务就是要求指导教师对学生进行角色分配。按照以往学生以 SimTrade 平台为基础所进行的实验教学经验来看，建议指导教师首先让学生单人进行五种角色的综合模拟演练。这不仅可以避免多人分组合作实验中因某人缺席或业务不熟练而耽误全组同学的实验进度，而且可以使学生快速熟悉 SimTrade 中这五种角色的业务操作，能够尽快完成国际贸易单笔业务流程的模拟操作，为第三篇所需的贸易模拟对抗实验的顺利进行打下良好的个人综合业务能力基础。

本书整个第二篇的实验内容讲解主要是围绕着 SimTrade 平台下单人多角色模拟操作的示范规程来进行的，因此本篇中不仅涉及不同贸易术语下的贸易业务流程操作，而且涉及不同结算方式下的国际贸易业务模拟演练。由于贸易术语和结算方式在现实贸易中的使用频度不同和篇幅所限，本教材所涉及的都是现实业务中常见的贸易术语（FOB、CIF 和 CFR）和结算方式（L/C、T/T、D/A 和 D/P）。这样，按照每一种贸易术语和结算方式的不同组合，就有 12 种不同贸易业务流程。本篇不可能对每一种贸易业务流程都进行逐一介绍，并且考虑到 SimTrade 平台内置的帮助系统已经提供的 CIF+L/C 和 FOB+T/T 的案例提示，本篇以 FOB+L/C 为示范案例，介绍在 SimTrade 平台下的贸易业务通常的流程环节和主要操作规程，这部分内容可以参见第三章到第十二章。对于其他的贸易业务流程分别在本篇最后三章对 L/C 方式下不同贸易术语、FOB 贸易术语下不同结算方式以及贸易术语和结算方式不同组合下的其他贸易业务流程进行概述，并特别列举与 FOB+L/C 示范案例在业务操作上有所区别的业务环节并进行局部操作演示讲解。

第三章　交易前的准备

【实验目的】
学生熟悉各角色创建的基本操作，掌握广告宣传与市场调查的方法。

【实验任务】
1. 在了解 SimTrade 基本用法的前提下，开始创建公司（或银行），包括为企业起名和设计 LOGO 等。
2. 以出口商、进口商、工厂、进口地银行、出口地银行等不同角色登录，完成公司（或银行）的注册和基本资料的填写录入。
3. 选择目标产品与交易对象，做好市场调查。
4. 发布广告及供求信息。

第一节　创建企业（银行）

在 SimTrade 系统操作平台下，共有出口商、进口商、工厂、出口地银行和进口地银行五种学生可参与的角色，那么为了进行国际贸易实务业务的模拟流程操作，首先需要根据老师分配的角色来创建自己的公司（或银行）。现实中，按照进出口经营资格，外贸企业分为流通型外贸企业和生产型外贸企业。流通型外贸企业（出口商或进口商）具有外贸流通经营资格，可进行除国家限定或禁止的各类商品和技术的进出口经营。生产型外贸企业具有生产企业自营进出口资格，可经营本企业自产产品的出口业务和本企业所需机械设备、零配件、原辅料的进口业务。由于 SimTrade 系统所包含的工厂是具有生产作业条件并为进出口企业唯一供货的企业，因此 SimTrade 系统下的出口商和进口商都是流通型外贸企业。现实中，流通型外贸企业创建主要需要办理《企业法人营业执照》、《税务登记证》、《组织机构代码证书》等一般纳税人企业必须具备的证照，此外，还需要申请进出口经营权，办理外汇、银行、税务、检验检疫、海关登记等相关手续，办理"中国电子口岸"的入网手续。而在 SimTrade 系统下的企业创建仅仅是设定企业名称、填写企业地址、联系电话等基本资料和设计企业 LOGO 等。

一、出口商的创建

1. 登录

学生以出口商角色登录，如图 3-1，选择"出口商"图标，输入自己的用户名（如学号

20120001），并输入密码，点"登录系统"按钮，进入出口商业务主页面。

图3-1 出口商登录

2. 创建公司

（1）点击上方的"Profile"按钮，填写公司的基本资料，注意公司注册资金、帐号、单位代码、海关代码、税务登记号、邮件地址等资料为系统自动设定给出，其他资料包括公司全称（中文、英文）、公司简称（中文、英文）、企业法人（中文、英文）、电话、传真、邮政编码、网址、公司地址（中文、英文）、公司介绍等需要逐项填写。学生可以给自己的企业设定公司名称、法人、办公电话、地址等信息，并且可以给公司设计LOGO，系统允许自由添加图片。

另外，因为在SimTrade系统中，出口商基本上是默认为中国的出口商，因此，出口商的基本资料的填写很多就需要中英文的对照。

公司全称（中文）：天津远达进出口有限公司
公司全称（英文）：Tianjin Yuanda Import and Export Co，Ltd
公司简称（中文）：远达
公司简称（英文）：Yuanda
企业法人（中文）：王娟
企业法人（英文）：Rachel
电话：86-22-12345678
传真：86-22-12345678
邮政编码 300134
网址：www.yuanda.com
公司地址（中文）：天津市南开区卫津路92号
公司地址（英文）：92 Weijin Road, Nankai District, Tianjin, P.R.China
公司介绍：我们是一家专业的外贸公司，经营产品广泛，包含：服装、食品、箱包类等。我公司长期以来致力于提高产品质量，维护良好声誉，产品远销全球各个国家，欢迎来函与我公司洽谈业务！

小贴士
在进行企业LOGO图片粘贴的时候，最好使用GIF或JPG格式的图片，尺寸建议在120*120（像素）左右。

（2）填写完毕后，点"确定"。建立出口商资料如图3-2。

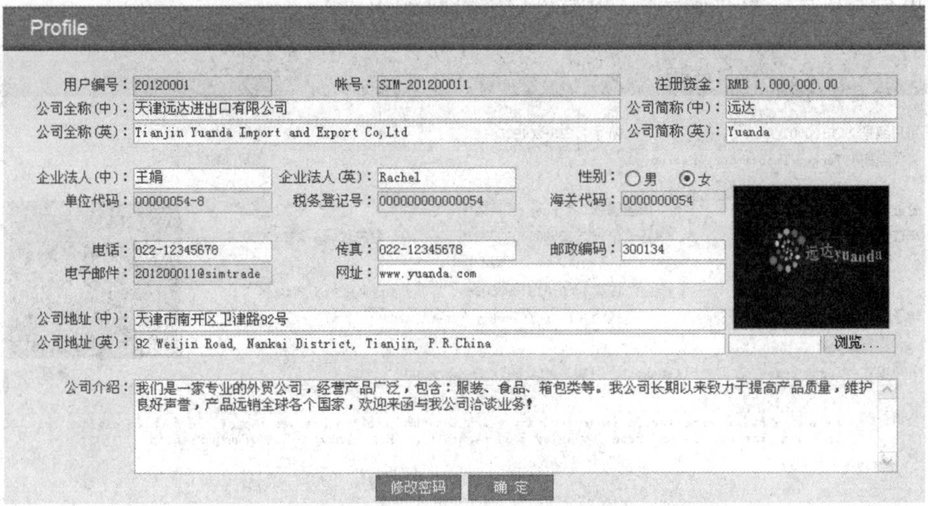

图 3-2　出口商资料

二、进口商的创建

1. 登录

学生以进口商角色登录（方法同出口商登录），选择"进口商"图标，输入自己的用户名（如学号 20120001），并输入密码，点"登录系统"按钮，进入进口商业务主页面。

2. 创建公司

（1）点击"Profile"按钮，填写公司的基本资料。进口商需要填写的资料与出口商基本一致，但是需要填写的项目要少于出口商，公司注册资金、帐号、所属国家、单位代码、海关代码、税务登记号、邮件地址等资料仍然由系统自动给定，其他资料包括公司全称、公司简称、企业法人、电话、传真、邮政编码、网址、公司地址、公司介绍等需要逐项填写，还可以给公司设计 LOGO，系统允许自由添加图片。

公司全称：Turkey Import Corporation
公司简称：TIC
企业法人：Joy
电话：0016137893503
传真：0016137893503
网址： http；//Turkey Import.com
公司地址：Soguk cesme sk 7，sultanahmet，34400 İstanbul，Turkey
公司介绍：
We are an famous importer in Japan for many years and the main products we import are fashion clothes for boys and girls，textile and food .We enjoy good reputations and we have a lot of experiences.

这里需要提醒的是进口商所属国家由系统自动设定，因此当学生填写公司名称、地址、法人等信息的时候，注意应根据所属国家来填写，特别是地址的填写，要注意给定的国家。

(2) 填写完毕后，点"确定"。填写进口商资料如图 3-3。

Profile

用户编号：20120001	帐号：SIM-201200012	注册资金：USD 316,726.32
公司全称：Turkey Import Corporation		公司简称：TIC
企业法人：Joy	所属国家：Turkey	性别：○男 ●女
单位代码：00000056-8	税务登记码：000000000000056	海关代码：0000000056
电话：0016137893503	传真：0016137893503	邮政编码：300134
电子邮件：2012000012@simtrade	网址：http://Turkey Import.com	
公司地址：Soguk cesme sk 7, sultanahmet, 34400 Istanbul, Turkey		浏览...
公司介绍：We are an famous importer in Japan for many years and the main products we import are fashion clothes for boys and girs,textile and food .We enjoy good reputations and we have a lot of experiences.		

修改密码　确定

图 3-3　进口商资料

三、工厂的创建

1. 登录

学生以工厂角色登录（方法同出口商登录），选择"工厂"图标，输入用户名（如 20120001），并输入密码，点"登录系统"按钮，进入工厂业务主页面。

2. 创建工厂

（1）点击"Profile"按钮，填写工厂的基本资料，工厂需要填写的资料与进、出口商基本一致，但是需要填写的项目较少，工厂的注册资金、帐号、税务登记号、邮件地址等资料仍然由系统自动给定，其他资料包括公司全称、公司简称、企业法人、电话、传真、邮政编码、网址、公司地址、公司介绍等需要逐项填写，还可以给公司设计 LOGO，系统允许自由添加图片。

公司全称：　天津风尚综合有限公司
公司简称：　风尚
企业法人：　张龙
电话：022-12366888
传真：022-12366888
邮政编码：　300134
网址：　http：//T-FASHION.com
公司地址，天津市北辰区津霸公路东口
公司介绍：我公司生产各种男女服装及各种纺织制品、食品，质量优越，多年与出口企业合作出口，品质优越，有良好的声誉。

（2）填写完毕后，点"确定"。填写工厂资料如图 3-4。

图 3-4 工厂资料

工厂作为出口商产品的供应商，其可以主动发布公司广告，也可以发布其生产的产品的供应信息。这一部分，可以参考第二节内容。

3. 查看生产成本

对于工厂来说，其与进出口商的不同之处在于，要生产产品，就必须涉及产品生产成本这一项。这里介绍一下工厂如何查看生产成本，其过程如下：

（1）在工厂业务主页面下，点"Business"里标志为"市场"的建筑物，如图 3-5；

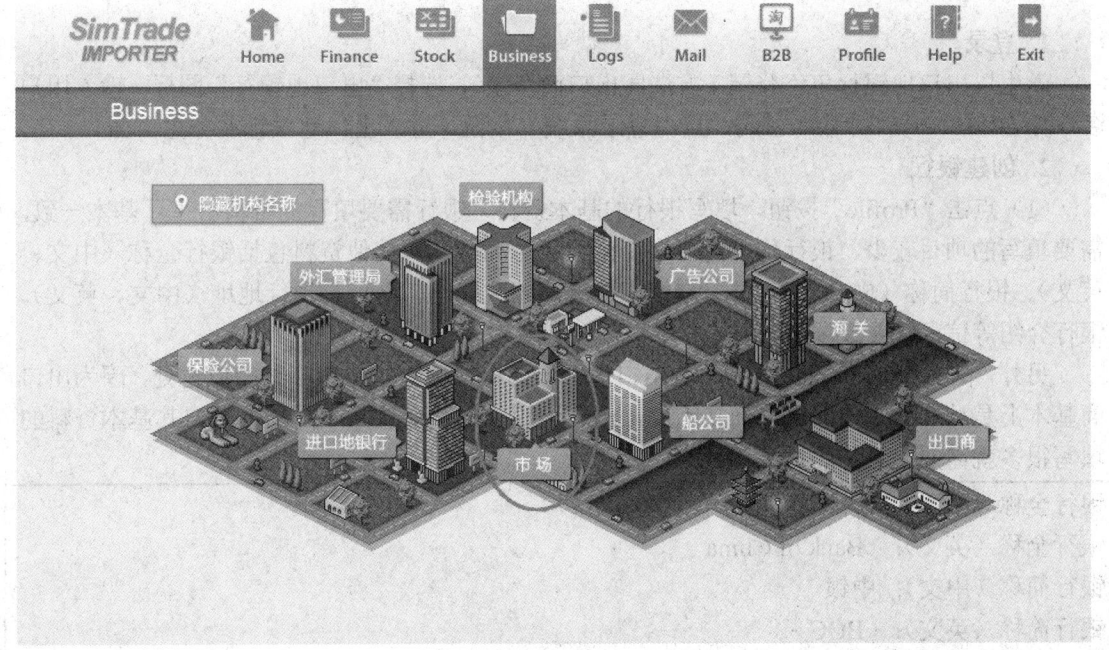

图 3-5 市场

（2）再点击"查看市场"，例如可看到 02002 男式 T 恤的生产价格。如图 3-6。

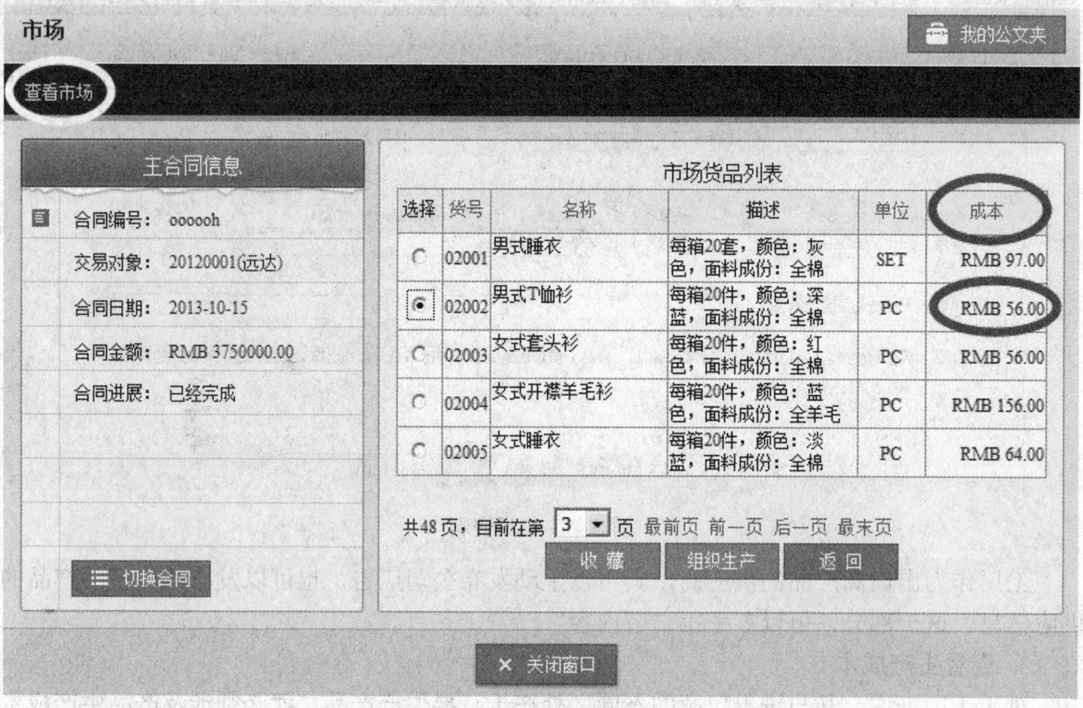

图 3-6 查看工厂生产成本

四、出口地银行的设立

1. 登录

学生以出口地银行角色登录（方法同出口商登录），选择"出口地银行"图标，输入用户名（如 20120001），并输入密码，点"登录系统"按钮，进入出口地银行业务主页面。

2. 创建银行

（1）点击"Profile"按钮，填写银行的基本资料，银行需要填写的资料与工厂基本一致，需要填写的项目较少，银行除了注册资金由系统自动给定，其他资料包括银行全称（中文、英文）、银行简称（中文、英文）、电话、传真、邮政编码、网址、银行地址（中文、英文）、银行介绍等信息需要逐项填写。

另外，因为在 SimTrade 平台中，出口地银行的资料填写与出口商有相似之处，因为出口商基本上是默认为中国的出口商，因此，出口地银行也被默认为中国的银行，其基本资料的填写很多就需要中英文的对照。

银行全称（中文）：中国银行
银行全称（英文）： Bank of China
银行简称（中文）：中银
银行简称（英文）： BOC
电话：86-22-1238888
传真：86-22-1238888

邮政编码：300134

网址：www.BOC.com

银行地址（中文）：天津市北辰区卫津路8号

银行地址（英文）： 8 Weijin Road BeiChen District Tianjin,China

银行介绍： 我行长年办理国际国内资金借贷与投资等业务，拥有良好信誉与业务能力，欢迎前来我行洽谈业务！

（2）填写完毕后，点"确定"。填写出口地银行资料如图3-7。

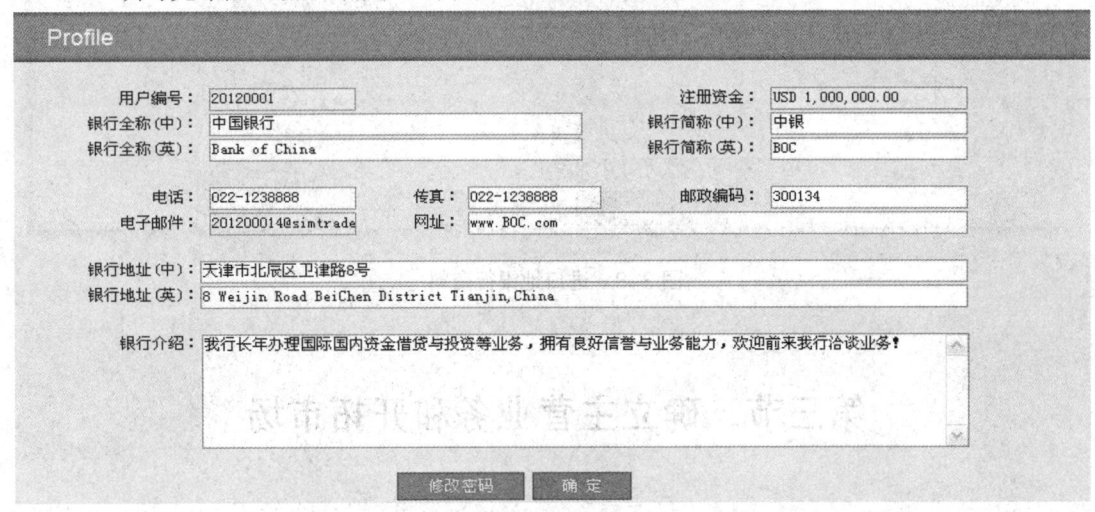

图3-7　出口地银行资料

五、进口地银行的设立

1. 登录

学生以进口地银行角色登录（方法同出口商登录），选择"进口地银行"图标，输入用户名（如20120001），并输入密码，点"登录系统"按钮，进入进口地银行业务主页面。

2. 创建银行

（1）点击"Profile"按钮，填写进口地银行的基本资料，进口地银行需要填写的资料与出口地银行基本一致，银行除了注册资金由系统自动给定，其他资料包括银行全称、银行简称、电话、传真、邮政编码、网址、银行地址、银行介绍等信息需要逐项填写。

银行全称： Bank of Turkey

银行简称： BOT

电话： 010-1231-3213

传真： 010-1231-3213

网址： www.bot.com

银行地址： Soguk cesme sk 7, sultanahmet, 34400 İstanbul, Turkey

银行介绍： We major in International Loan and Investment！

（2）填写完毕后，点"确定"。填写进口地银行资料如图3-8。

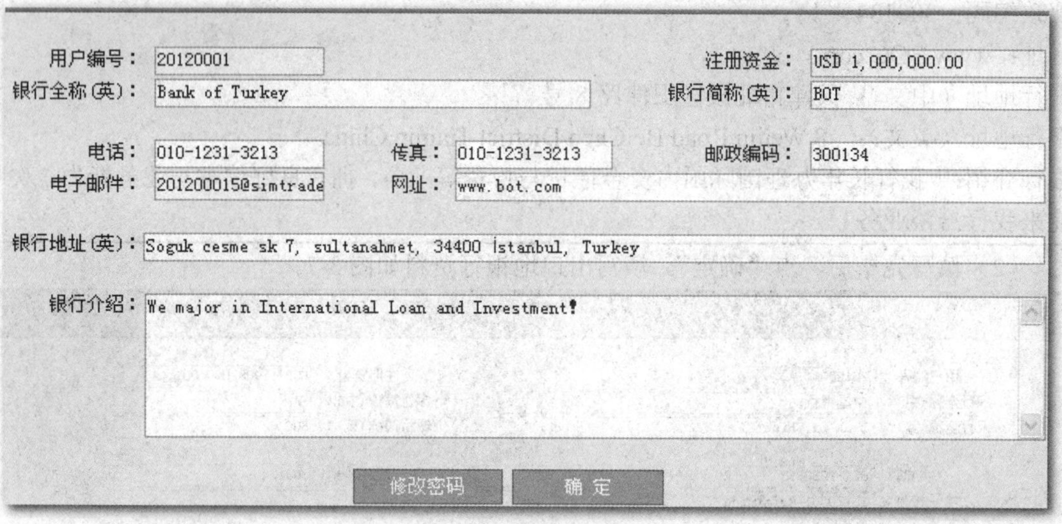

图 3-8　进口地银行资料

第三节　确立主营业务和开拓市场

对于 SimTrade 中的各角色而言，既然是在模拟的仿真商业环境中进行模拟交易，那么其交易的目标与实际业务中的企业一样，要追求利润最大化。在实际的操作中，企业在进行一笔交易前，通常要做一番考察，而 SimTrade 中的出口商、进口商及工厂，在创建了企业之后，就需要开始在 B2B 淘金网中选择适合于本企业发展的经营商品作为主营业务，并且确立企业的市场定位，同时通过淘金网中广告宣传等手段来开拓市场，寻找企业的目标客户。

一、选择主营贸易商品

在实际的外贸操作中，所有的进出口企业不是随意地选择其主要经营产品。对于一家新成立的贸易企业来说，在选择出口产品时，一般要遵循这样几个原则：一是选择具有比较优势的产品，即选择本地市场上有充足供给，且在国外市场具有价格竞争优势的商品；二是选择易耗品，因为易耗品使用寿命短，使用周期短，需求量较大；三是选择远洋产品，由于地理空间上的阻隔而导致进出口双方的信息不对称，价格谈判和利润获取空间大；四是不宜选择价格低、体积大的泡货，尤其是考虑到运输成本等费用支出分摊到单个商品的利润将非常有限。因此，准确的选择产品是企业制定经营战略中的一部分。比如，P&G 公司在全球范围内经营战略中重要一环，即准确定位自己的产品。因此，在 SimTrade 中，贸易参与者特别是进出口商需要谨慎地根据市场需求、自身生产能力来选择产品。各角色对其产品的选择所要考虑的基本要素相同，这里依然以出口商为例，介绍主营贸易商品的选择。

对于新创建的出口商，其经营产品首先应该考察当前市场的需求。学生登录出口商主页面，点击"B2B"，进入淘金网首页，如图 3-9，可以看到当前国际市场主要进口商的需求信息。

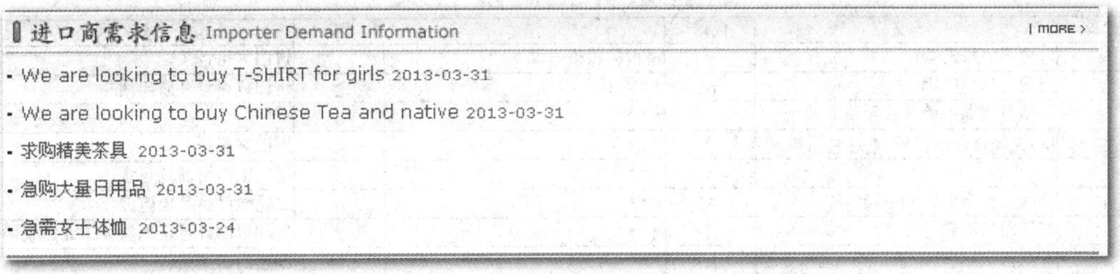

进口商需求信息 Importer Demand Information | MORE >
- We are looking to buy T-SHIRT for girls 2013-03-31
- We are looking to buy Chinese Tea and native 2013-03-31
- 求购精美茶具 2013-03-31
- 急购大量日用品 2013-03-31
- 急需女士体恤 2013-03-24

图 3-9 进口商需求信息

从图中可看到，有大量对女士 T 恤衫的需求信息，这可以作为一个参考点。但是，需要注意的是并不是说出口商必须选择当前需求最多的产品作为主营商品，因为还需要查看产品的具体信息，以便了解此种商品是否盈利空间充足、原材料及生产工艺在当地是否可得到等诸多信息。为此，出口商还要查看系统中所列出的女士 T 恤衫的详细情况。在淘金网的产品展示中可以看到如图 3-10 的详细资料。

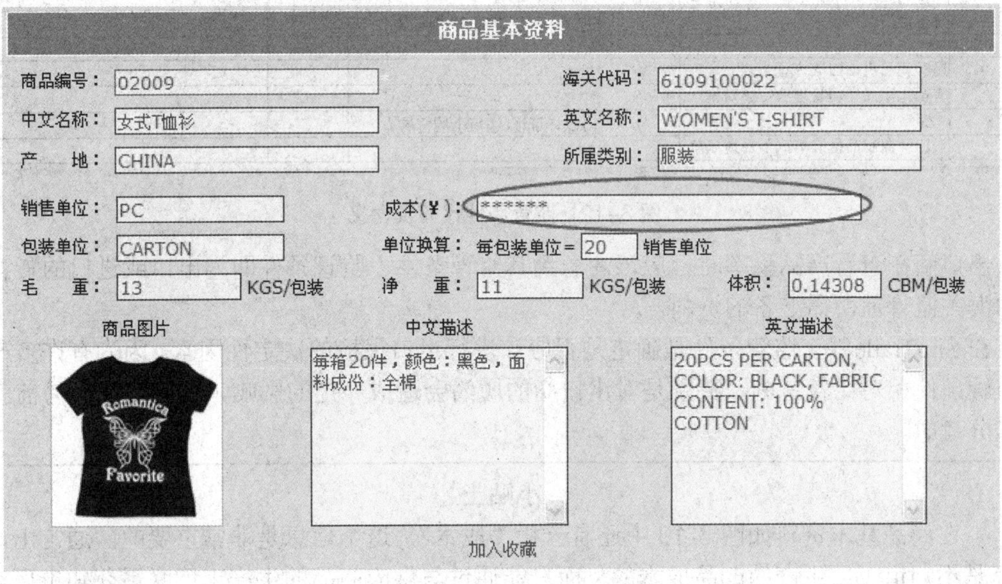

商品基本资料

商品编号：02009	海关代码：6109100022
中文名称：女式T恤衫	英文名称：WOMEN'S T-SHIRT
产地：CHINA	所属类别：服装
销售单位：PC	成本(¥)：******
包装单位：CARTON	单位换算：每包装单位 = 20 销售单位
毛重：13 KGS/包装	净重：11 KGS/包装	体积：0.14308 CBM/包装

商品图片 / 中文描述：每箱20件，颜色：黑色，面料成份：全棉 / 英文描述：20PCS PER CARTON, COLOR: BLACK, FABRIC CONTENT: 100% COTTON

加入收藏

图 3-10 商品基本资料

从图中商品的基本资料中，需要特别关注的是其包装单位、销售单位、毛重、净重及体积，以便在后续出口商做出口预算时使用。还有，在这里出口商还要根据产品的海关代码，到淘金网"税率查询"中查询其相关税率（见图 3-11）及监管条件（见图 3-12）。

海关编码	货名	进口税% 普通	进口税% 优惠	出口税%	增值税%	消费税 从量	消费税 从价%	退税%	单位	监管条件
6109100022	其他棉制针织或钩编女式T恤衫(内衣除外)	90	14	0	17	0	0	16	件(千克)	AB

图 3-11 税率

监管条件代码及含义					
代码	含义	代码	含义	代码	含义
A	入境货物通关单	a	请审核预核签章	1	进口许可证
B	出境货物通关单	b	***	2	进口许可证（轿车用）
C	入境货物通关单（民用商品验证）	c	***	3	***
D	出/入境货物通关单（毛坯钻石用）	d	***	4	出口许可证
E	***	e	***	5	定向出口商品许可证
F	濒危物种进出口允许证	f	***	6	旧机电产品禁止进口
G	被动出口配额证	g	***	7	自动进口许可证或重要工业品证明
H	***	h	***	8	禁止出口商品
I	精神药物进（出）口准许证	i	***	9	禁止进口商品
J	金产品出口证或人总行进口批件	j	***		
K	***	k	***		
L	***	l	***		
M	***	m	***		
N	机电产品进口许可证	n	***		
O	自动进口许可证（新旧机电产品）	o	***		
P	进口废物批准证书	p	***		
Q	进口药品通关单	q	***		
R	***	r	预归类标志		
S	进出口农药登记证明	s	适用ITA税率商品用途认定证明		
T	银行调运外币现钞进出境许可证	t	关税配额证明		
U	白银进口准许证	u	进口许可证（加工贸易,保税）		
V	***	v	***		
W	麻醉药品进出口准许证	w	***		
X	有毒化学品环境管理放行通知单	x	***		
Y	***	y	出口许可证（边境小额贸易）		
Z	进口音像制品批准单或节目提取单	z	***		

图 3-12 监管条件代码及含义

出口商在查看产品税率时，应该注意到其监管条件，监管条件即为出口或进口的货物在交由海关监管前所需准备的资料。

在 SimTrade 中，监管条件是确定是否应该进行出口报检的决定性因素。因为有许多产品的监管条件相对比较苛刻，特别是对出口商的履约会造成一定的影响，这应该在交易前就予以充分考虑。

> **小贴士**
>
> 在商品基本资料如图 3-10 中还有一栏"成本"，这个信息是非常重要的，通常出口商是不知道工厂生产的产品成本的，而只能通过与供应商品的生产工厂联系获知工厂对商品的报价。但是对于本篇的单人多角色实验环境而言，学生可以通过变换角色，即以工厂角色登录查看到商品的生产成本。其查看成本过程可参考前述第一节工厂的建立部分。

在市场中点击"查看市场"，如图 3-13，即可看到市场货品列表，能够清楚地知道商品（女式T恤衫）生产的成本。

对于出口商而言，其交易前在产品方面的准备，主要是查看相关产品是否能本地生产、是否能盈利、是否能妥善办理清关等信息。

对于进口商而言，其对产品的选择则是根据其本国市场对产品的需求情况来决定。与进出口商相比，工厂的交易前准备比较简单，因为在 SimTrade 中工厂的操作相对简单，基本是销定产，即由出口商的需求来决定其生产的产品的种类及数量。

图 3-13 成本列表

二、企业开拓市场

在实践中，企业若想开启业务，在选好主营商品业务之后，就要进行开拓市场和选择交易对象。在 SimTrade 平台中的市场开拓就是厂商需要在广告公司发布公司广告和公司主营产品广告，即发布企业相关需求或供应信息。另外，企业也可以主动寻找交易对象。

1. 发布公司广告

在 SimTrade 平台中，各角色主页面的"Business"中都有"广告公司"建筑物，企业为进行市场开拓，就需要首先在广告公司对自己进行宣传，包括发布广告和信息。

（1）出口商发布公司广告

出口商企业发布公司广告主要是为了提高本公司的知名度。企业发布的广告，其他用户可以在"淘金网"中的"公司库"中查找到。在 SimTrade 平台中，出口商企业在建立后，通常会选择"Business"的"广告公司"里发布广告。其实验步骤如下：

①点"Business"按钮，再点标志为"广告公司"的建筑物，如图 3-14，在弹出页面中点"发布广告"，如图 3-15，逐项填写如下：

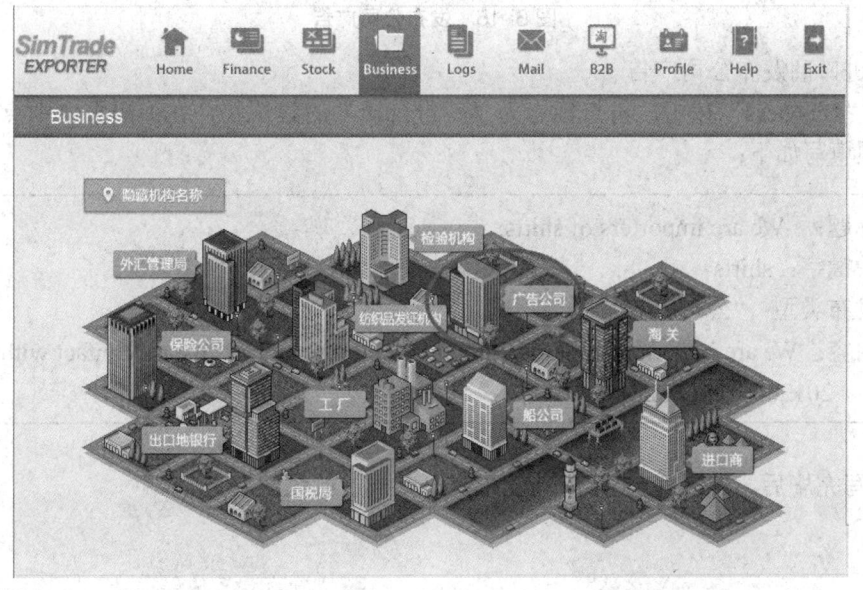

图 3-14 广告公司

> 输入标题：我公司经营各类男女时尚服装
> 输入关键字：服装
> 选择发布类型："公司广告"
> 输入内容：我公司常年经营男女时尚服装多款，信誉卓著，欢迎来函来电洽谈！
> email：201200011@SimTrade

②填写完毕后，点"确定"，成功发布公司广告，如图3-15。

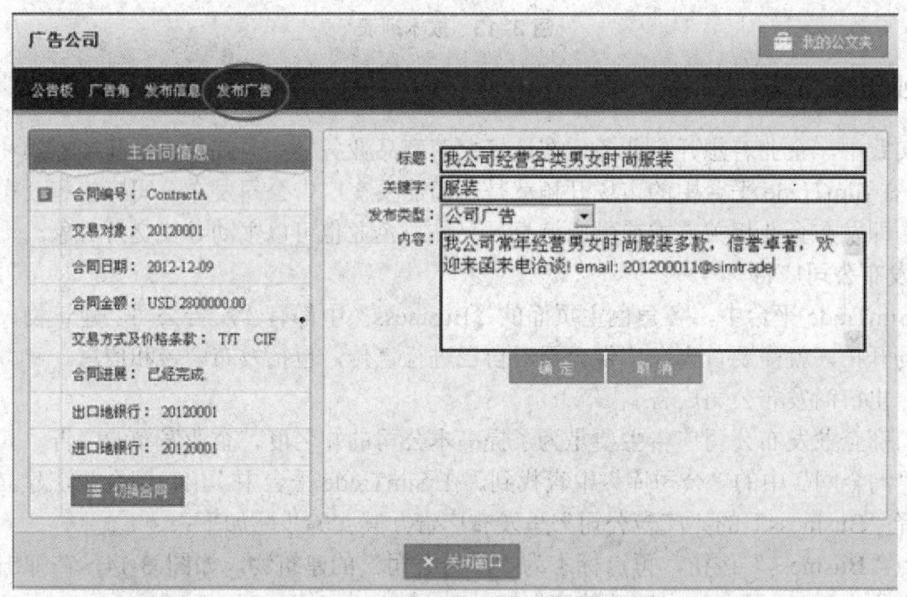

图3-15　发布公司广告

（2）进口商发布公司广告

①点"Business"按钮，再点标志为"广告公司"的建筑物，在弹出页面中点"发布广告"，逐项填写如下：

> 输入标题：　We are importers of shirts.
> 输入关键字：shirts
> 选择发布类型："公司广告"
> 输入内容：We are importers of shirts enjoying good reputation，please contact with us!
> email：　201200012@SimTrade

②填写完毕后，点"确定"，成功发布公司广告，如图3-16。

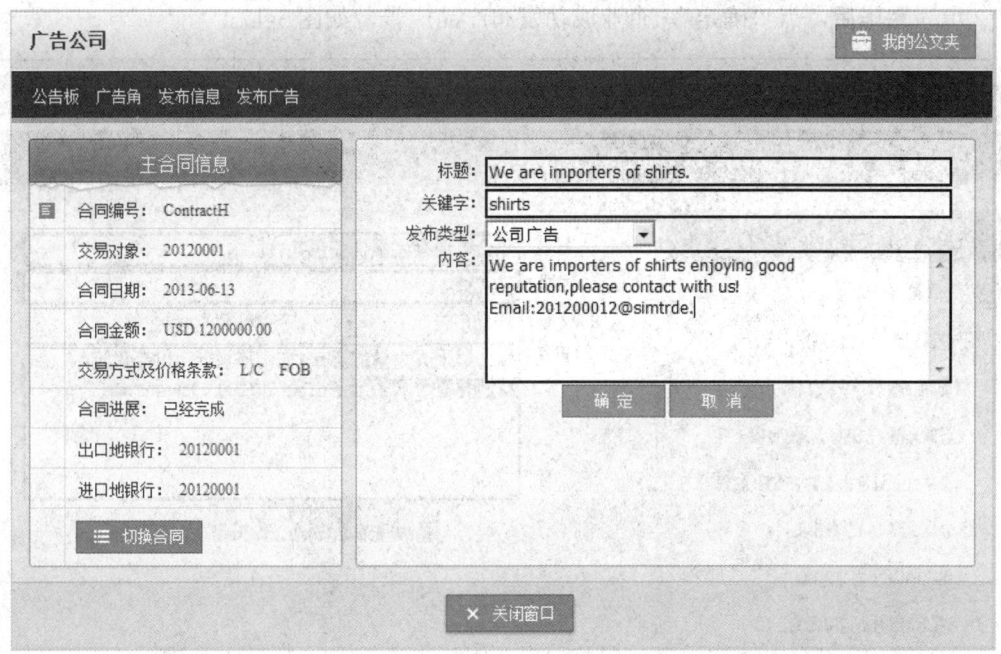

图 3-16 进口商发布公司广告

> **小贴士**
> 　　如果是单人多角色模拟实验，每一个用户可以同时扮演五个角色，那么每一个角色在 SimTrade 平台中都拥有自己的邮件地址。比如同一用户名下出口商的邮件地址为教师给定学号账号后面加 1，进口商的邮件地址就是教师给定学号账号后面加 2，工厂就是给定学号账号后面加 3。如果记不清楚也不要紧，不同角色的电子邮件地址可在该角色登录后通过"Profile"公司基本资料页面中查到（详情查看本章第一节）。

2. 发布产品广告

　　在 SimTrade 中，对于供应产品的出口商和工厂而言，应该通过发布产品广告，提高其产品的知名度，从而为将来的产品交易打好基础。同样的，在"淘金网"中，其他有关厂商可以在"产品展示"中查看到产品信息。

　　（1）出口商发布产品广告

　　①在出口商的"Business"里，点击"广告公司"建筑物。在弹出页面中点"发布广告"，然后逐项填写如下：

> 输入标题：我公司现有大量优质男式 T 恤
> 输入关键字：男式 T 恤
> 选择发布类型为"产品广告"
> 输入内容：我公司现有大量的男式 T 恤，质量好，价格优越，欢迎有意者来函来电洽谈！201200011@SimTrade

②填写完毕后,点"确定",企业成功发布产品广告,如图3-17。

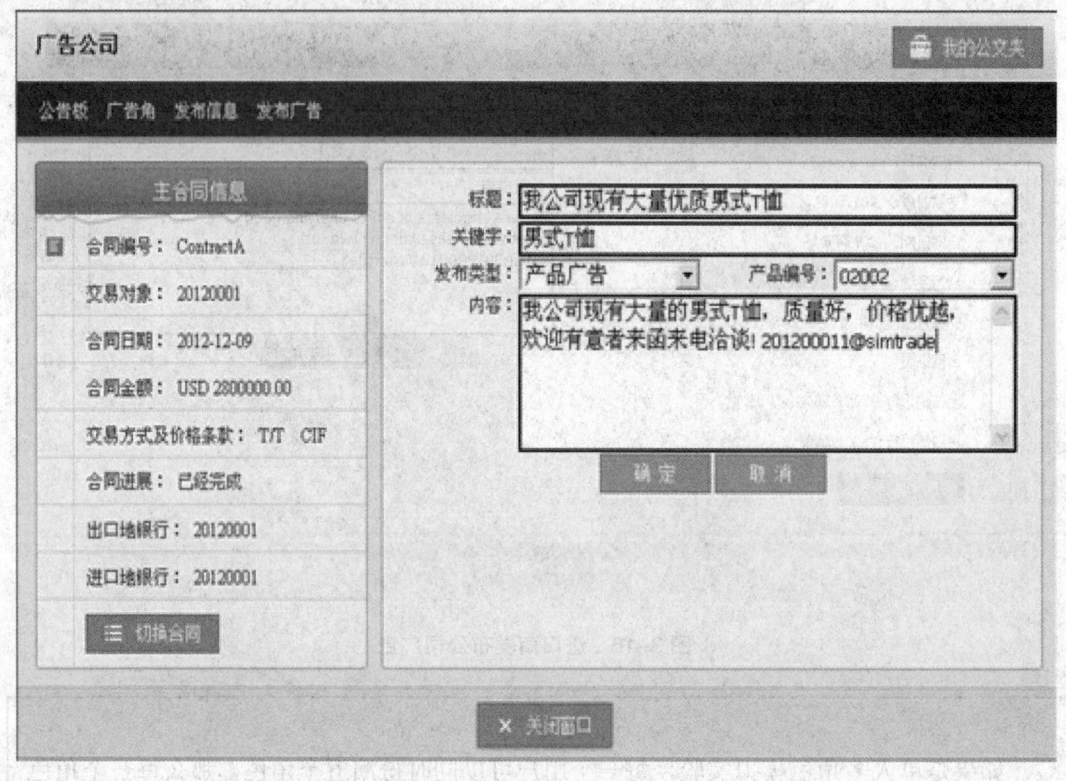

图 3-17 发布产品广告

(2)工厂发布国内产品广告

①在工厂主页面,点击"Business",打开"广告公司"页面,点击"发布广告"。然后逐项填写如下:

> 输入标题: 我公司生产优质男式 T 恤
> 输入关键字:男式 T 恤
> 选择发布类型为"产品广告"
> 输入内容: 我公司生产男式 T 恤,质量好,价格优越,欢迎有意者来函来电洽谈! 201200013@SimTrade。

②填写完毕后,点"确定",工厂成功发布产品广告,如图3-18。

3. 发布信息

在 SimTrade 平台中,企业如有一定量的产品供应或者对产品有确切需求时,可以直接到广告公司发布供应信息和需求信息。我们这里以出口商发布国内采购信息和工厂发布供应信息、进口商发布需求信息为例进行介绍。

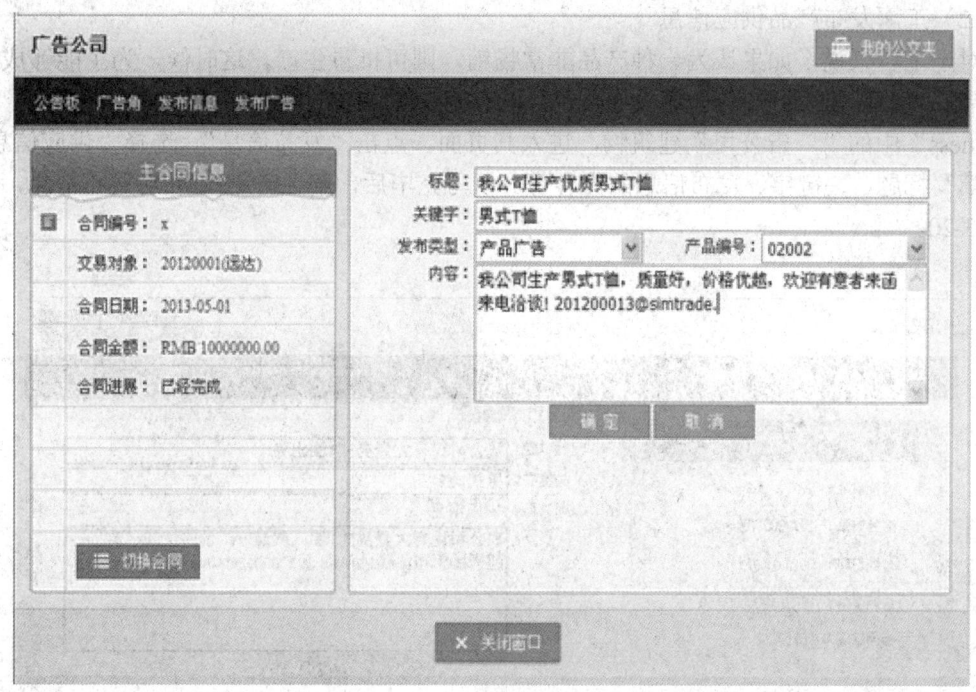

图 3-18　工厂发布产品广告

（1）出口商发布国内采购信息

在出口商主页面，点击"Business"中的"广告公司"，进入主页面。点击"发布信息"，选择"需求信息"，逐项填写标题，关键字，发布信息的内容等。填写完毕后，点"确定"，成功发布信息，示例如图 3-19。

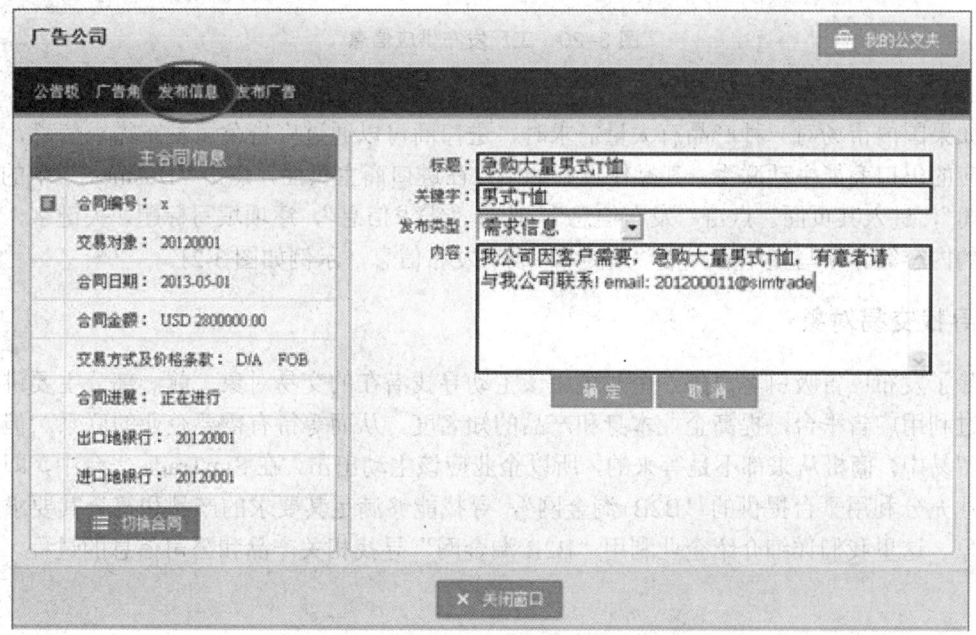

图 3-19　出口商发布国内采购信息

（2）工厂发布产品供应信息

对于工厂来说，如果认为一种产品非常畅销，则可批量生产，这时候，为了能够成功销售产品，企业则需要到广告公司发布产品供应信息。其操作过程如下：在工厂主页面，点击"Business"中的"广告公司"建筑物，进入其页面。点击"发布信息"，选择"供应信息"，逐项填写标题、关键字、发布信息的内容等。填写完毕后，点"确定"，成功发布信息，示例如图3-20。

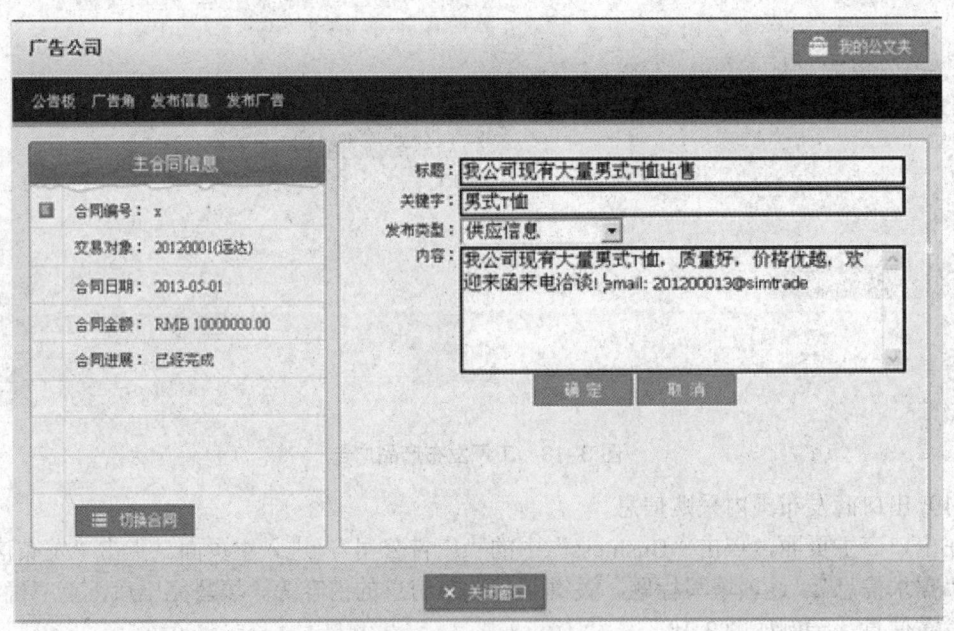

图3-20 工厂发布供应信息

（3）进口商发布需求信息

如果国内市场对一种产品有大量需求时，进口商可以通过广告公司发布需求信息，以便有供应的出口商能主动联系。其操作过程如下：在进口商主页面，点击"Business"中的"广告公司"，进入其页面。点击"发布信息"，选择"需求信息"，逐项填写标题，关键字，发布信息的内容等。填写完毕后，点"确定"，成功发布信息，示例如图3-21。

三、寻找交易对象

除了发布广告吸引客户外，企业还应该主动寻找潜在的交易对象。前一部分主要讲解企业通过利用广告平台，提高企业本身和产品的知名度，从而等待有需要企业的联系。但是，国际贸易中，商机从来都不是等来的，所以企业应该主动出击，在SimTrade平台中，即表现为企业充分利用平台提供的"B2B 淘金网"，寻找能够满足其要求的产品和符合其要求的交易对象。这里我们详细介绍企业利用"B2B 淘金网"寻找相关产品和公司信息的过程。

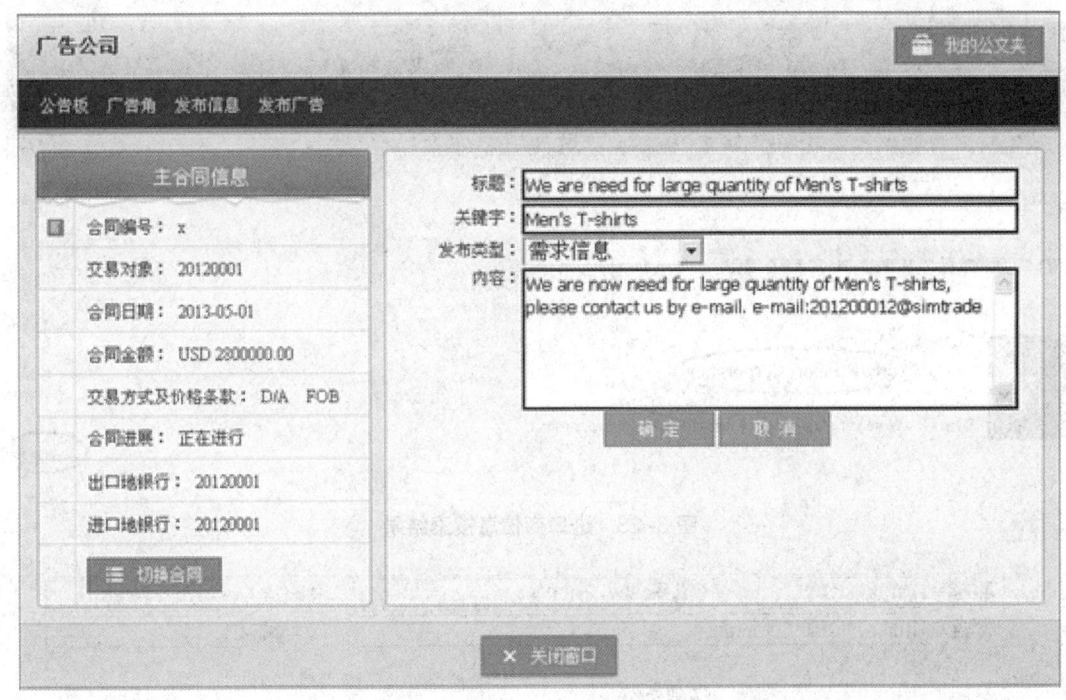

图 3-21　进口商发布需求信息

1. 查找交易对象

以出口商为例,出口商在淘金网上可以看到很多进口商发布的公司广告,那么如果某进口商的经营范围正好是出口商的主营业务范围,该进口商就很可能成为出口商的潜在交易对象。而在建立业务关系之前,需要先对该进口商的基本资质状况进行调查研究。在淘金网上可以通过输入关键字来查看该公司的基本信息。

主要操作过程如下:

(1)进入淘金网,点"公司库",可看到所有公司的资料,具体方法可参考第二章第二节淘金网各项功能简介。

(2)输入关键词"Turkey Import Corporation",选择类别为"进口商",点"搜索"按钮,找到对应的公司,如图 3-22。

图 3-22　进口商信息查询

(3)直接点"公司名称"或点"详细情况",查看 Turkey Import Corporation 公司的具体信息,如图 3-23、图 3-24。

· 54 ·　国际贸易实务综合实验教程

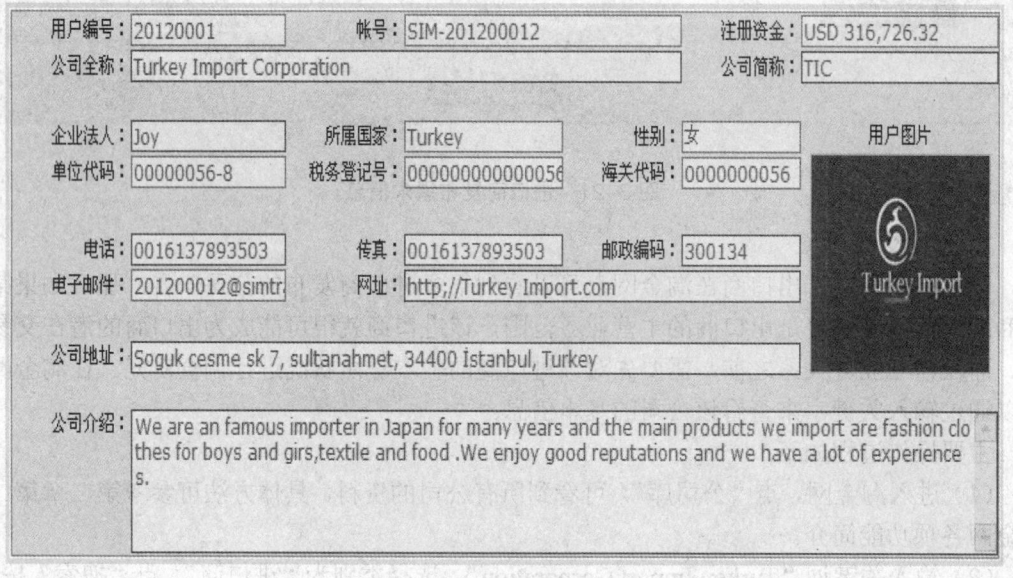

图 3-23　进口商信息搜索结果

图 3-24　进口商详细信息

2. 查看交易商品

以出口商为例，出口商在淘金网上可以看到很多进口商和工厂发布的产品供求信息，那么如果某进口商所需的商品或者工厂生产的商品正好是出口商的贸易商品范围，那么出口商就需要了解该商品的基本信息。

主要操作过程如下：

（1）在淘金网上点"产品展示"，可看到所有产品的资料。

（2）输入关键词"男式 T 恤"，点"搜索"，找到对应的产品，如图 3-25。

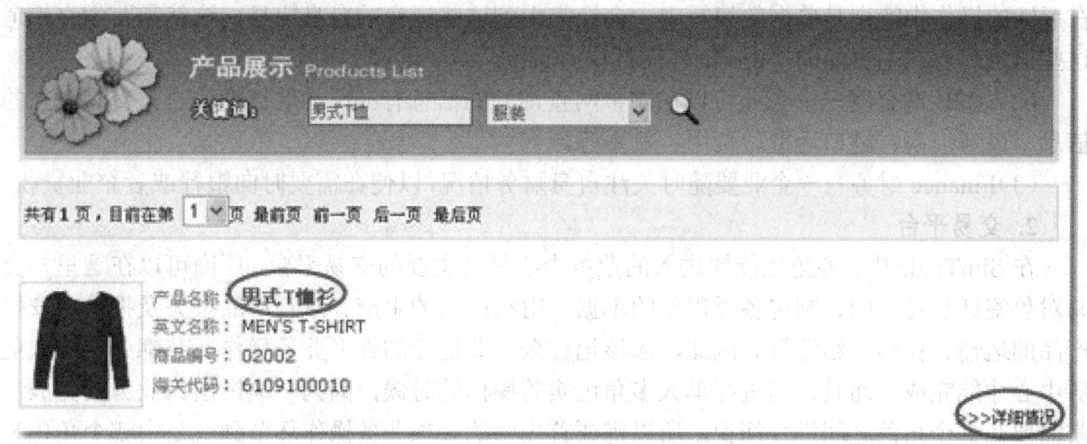

图 3-25 产品信息查询页面

(3) 直接点"产品名称"或点"详细情况",查看商品具体资料,如图 3-26。

图 3-26 产品信息详情

四、SimTrade 系统中交易前准备的小结

对于 SimTrade 平台中的角色而言,在交易前熟悉操作系统,相当于实际业务中的市场环境考察。在进行交易前,各角色应该能熟知系统,这里对系统中信息查询平台、交易平台、交易情况的反馈查询等的操作提示进行归类总结。仍然以出口商为例。

1. 信息查询平台

在 SimTrade 中,无论是出口商还是进口商,都应该熟知以下信息查询平台:
(1) Profile 资料——查询企业资料信息包括账号、单位代码、海关代码、税务登记号等。

在后续的操作中特别是单据的填写中，会经常用到这些厂商的自身信息，这就需要学生知道这些信息均可在主页面的"Profile"图标中查询到。

（2）B2B 淘金网——企业可以在淘金网查询到的信息有：产品的详细信息、交易对象的信息、最新汇率、港口运费、费用、税率等。

（3）Finance 财务——企业要随时关注自身财务情况，以便在需要时向银行或者企业贷款。

2. 交易平台

在 SimTrade 中，各角色能够进入的业务中心是其主要的交易平台，厂商可以在这里与交易对象签订交易合同、制定各类需要的单据、组织产品的生产、进行产品报关及报检、安排产品的运输、核销、结汇等。因此，应该记住今后要进行的许多业务操作环节都必须进入业务中心才能完成。而且，当进行单人多角色实验操作的时候，因为一笔进出口业务的完成经常需要在多个角色之间进行切换，所以需要首先明确某项业务操作环节到底是由哪个角色来完成的，再进入其业务中心相对应的建筑物图标，填制并履行相应的单据、表格和合同等。

3. 交易情况的反馈

在 SimTrade 中，企业可以通过以下途径查看交易情况的反馈：

（1）企业可以通过财务查看企业资金情况的变动，从资金角度查看交易结果。

（2）企业也可以通过业务日志查看厂商全部的操作情况，从业务操作角度查看交易结果。

（3）企业还可以从主页面通过系统的提示，直接查看系统的评价。也可以根据做完一笔交易后的分数变动情况，更为直观地查看交易结果的反馈，从而有利于今后业务流程中薄弱操作环节的强化演练。

第四章 交易磋商

【实验目的】
1. 参与国际贸易买卖合同的磋商，熟悉询盘、发盘、还盘和接受环节的实践过程。
2. 熟悉价格术语的使用，掌握报价核算方法。

【实验任务】
1. 通过 SimTrade 内置的邮件系统进行交易磋商，要求出口商和进口商之间的往来业务函电必须使用英文。
2. 完成出口商与工厂间的价格磋商。

【实验步骤与案例讲解】
上一章已学习了如何在 SimTrade 平台中建立公司、分析产品、发布企业和产品供求广告、开拓市场等操作实验，这为接下来开始进行的正式交易做好了准备。本章将介绍国际贸易实务流程中最为重要的交易磋商环节的业务操作，这其中包括进口商与出口商之间进行的磋商和出口商与工厂之间的磋商等实验演练。

第一节 进口商与出口商的磋商

交易磋商阶段，作为整个贸易过程的初始环节，是整个交易过程中非常重要的一个环节。其磋商的结果决定着合同条款的具体内容，从而关系着合同双方的权利和义务。交易磋商中，买卖双方通常以品质、数量、包装、价格、交货（包括货物运输保险）和支付条件为主要内容，但也会涉及检验、索赔、仲裁条件等其他内容。在实际业务中，交易磋商一般采取的形式有：(1) 书面洽谈方式。包括信函（现在主要是电子邮件的方式）、电报、电传 (telex) 和传真 (fax)。(2) 口头洽谈方式。包括邀请国外客户来访、参加各种交易会、派遣业务员、贸易代表团、委托驻外机构在当地洽谈等。

SimTrade 中的磋商形式主要是邮件往来的形式，通过 SimTrade 内置的邮件系统完成往来函电的传递。SimTrade 平台并不提供可进行口头谈判的环境和条件，只能通过电子邮件形式完成，所以本章是通过邮件磋商的方式，来介绍交易磋商阶段的操作流程。

交易磋商的一般程序可以简单概括为"询盘"、"发盘"、"还盘"和"接受"这四个环节。其中发盘和接受是达成交易、合同成立的不可缺少的两个基本环节和必经的法律步骤。那么在 SimTrade 平台下如何完成这一磋商过程呢？

一、建立业务关系

磋商通常是在双方建立业务关系的基础上来进行的。在 SimTrade 中，建立业务关系是在企业创立以后确立了主营业务，并发布产品和企业广告后针对目标客户而进行的重要业务操作。建立业务往来关系的邮件可由出口商主动发送，也可由进口商主动发送，本章以出口商主动建立业务关系为例，具体操作步骤如下：

1. 首先以出口商的身份登录，进入出口商业务主页面，点"Mail"，进入邮件系统，如图 4-1。

图 4-1　出口商选择进入邮件系统

2. 点左上角"新建"，填写与进口商建立业务关系的邮件内容，如图 4-2。

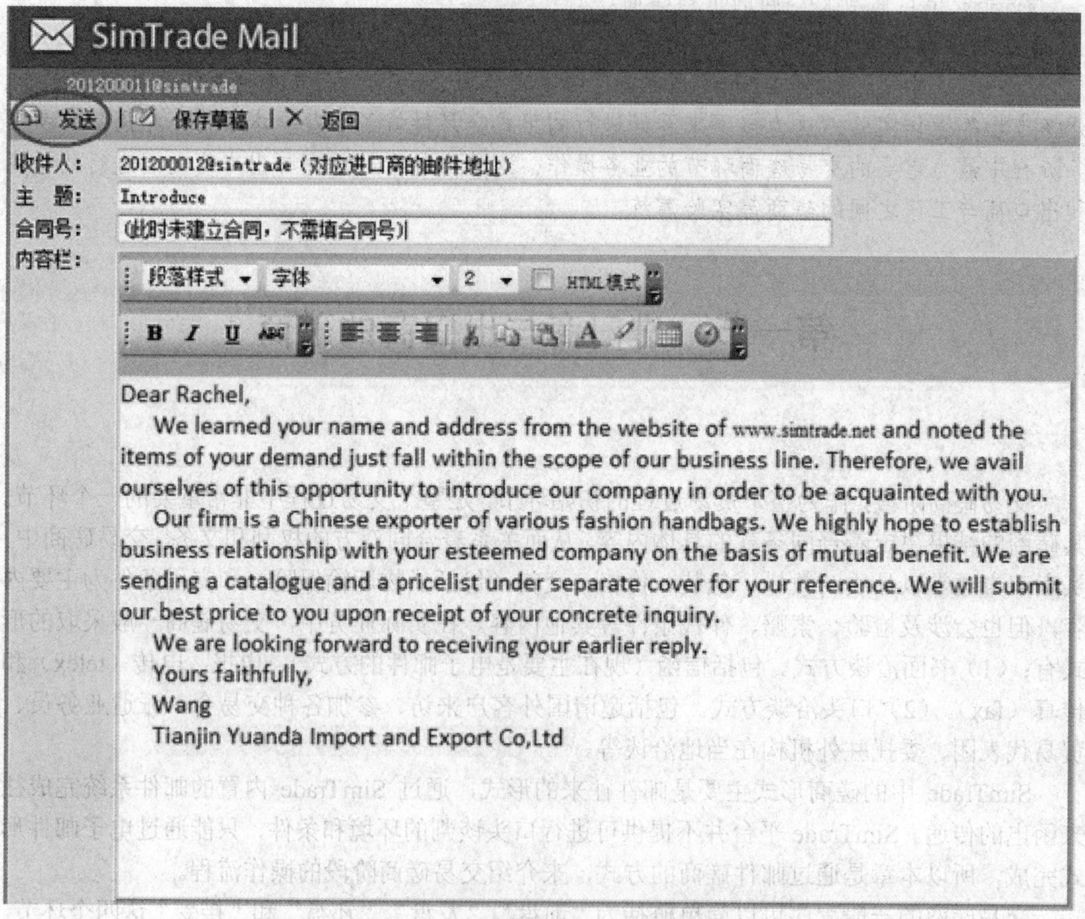

图 4-2　出口商填写建立业务关系的邮件

3. 邮件填写完毕后，点击"发送"即可。

此时会弹出发送成功窗口（部分浏览器会拦截弹窗，将其设置为允许弹窗即可），如图 4-3。

图 4-3　出口商成功发送邮件

二、询盘

询盘是指交易的一方准备购买或出售某种商品，向对方询问买卖该商品的有关交易条件。询盘的内容可涉及价格、规格、品质、数量、包装、装运以及索取样品等，而多数只是询问价格。

因此，询盘也称作询价。询盘可采用口头或书面形式，在 SimTrade 中主要通过邮件系统来完成。询盘分为买方询盘和卖方询盘，其中买方询盘是买方主动发出的、向国外厂商询购所需货物的函电；卖方询盘是卖方向买方发出的、征询其购买意见的函电。

这里接着上面出口商成功发送建立业务关系的函电后的实验操作，演示 SimTrade 中买方询盘的磋商过程。

步骤如下：

1. 首先从出口商页面退出，即点击出口商页面的"Exit"按钮退出并回到系统主界面，在主界面用同一账户进入进口商业务主页面，如图 4-4。

图 4-4　切换至进口商主页面

2. 进口商登录后会在右下角收到出口商发来邮件的通知，如图 4-5。

图 4-5 进口商收到新邮件通知

3. 可以点击"View Mailbox"按钮,直接进入邮件系统,也可以通过在进口商主页面下点击"Mail"按钮进入邮件系统,然后点击"收件箱",找到出口商发来的希望建立业务关系的邮件,回复该邮件,即向出口商发询盘邮件,询盘的内容填写如图 4-6。

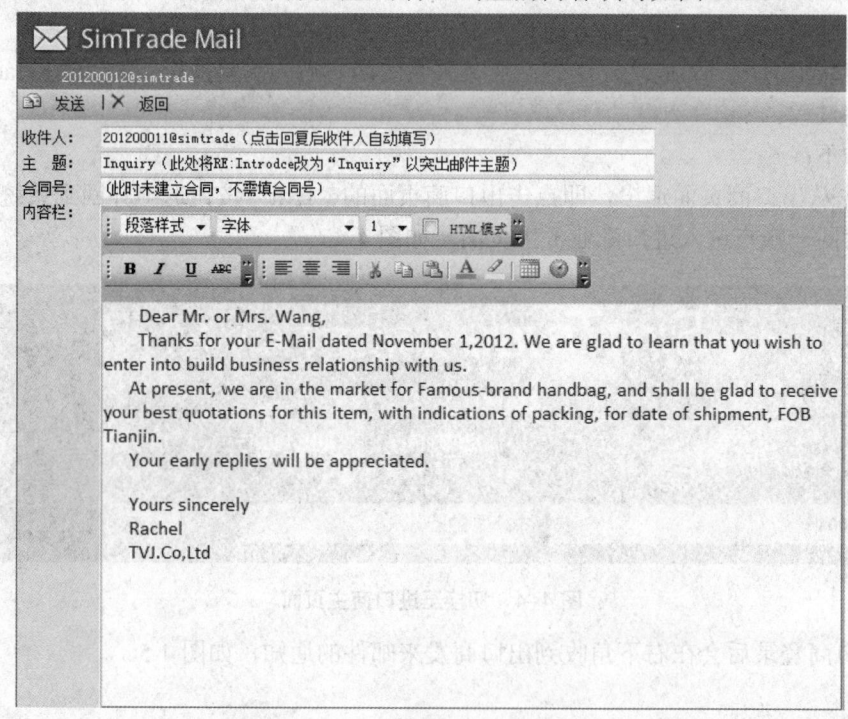

图 4-6 进口商填写询盘邮件内容

4. 填写完毕后，点"发送"，同样会出现发送成功的状态栏，其后等待出口商发盘。

小贴士

在 SimTrade 中，进口商所属的国家与币别是随机分配的，因此，在使用时，需首先在公司基本资料中找到自己所属国家，然后到"淘金网"的"运费查询"中查询该国家所对应的港口，从中选择一个作为自己的交易港口，并在邮件中告知出口商。

三、核算成本并发盘

发盘，是指交易的一方（发盘人）向另一方（受盘人）提出各项交易条件，并愿意按这些条件达成交易的一种表示。又称为报盘、发价、报价，法律上称之为"要约"。在 SimTrade 中，出口商可以根据工厂的报价，核算出成本与利润后，再向进口商发盘。

接着前面进口商成功发送询盘邮件后的操作，继续演示 SimTrade 中出口商核算成本并向进口商发盘的实验过程，步骤如下：

1. 出口商登录后，点"邮件"，进入邮件系统，收取进口商询盘的邮件，并查看进口商询盘的邮件内容。

2. 收取工厂报价的邮件，出口商与工厂之间的具体磋商过程参看本章第二节。

3. 进入"在线帮助"，点"出口报价"，如图 4-7，根据"出口报价"中的说明逐一计算各项成本。

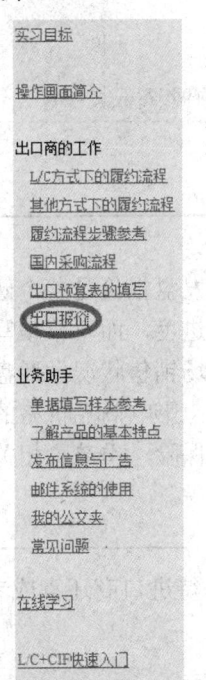

图 4-7 出口报价

4. 核算出各项成本与利润后，确定报价。

5. 向进口商发盘。打开进口商询盘邮件，然后进行回复即发盘报价，点"回复"，填写邮件内容，如图4-8。

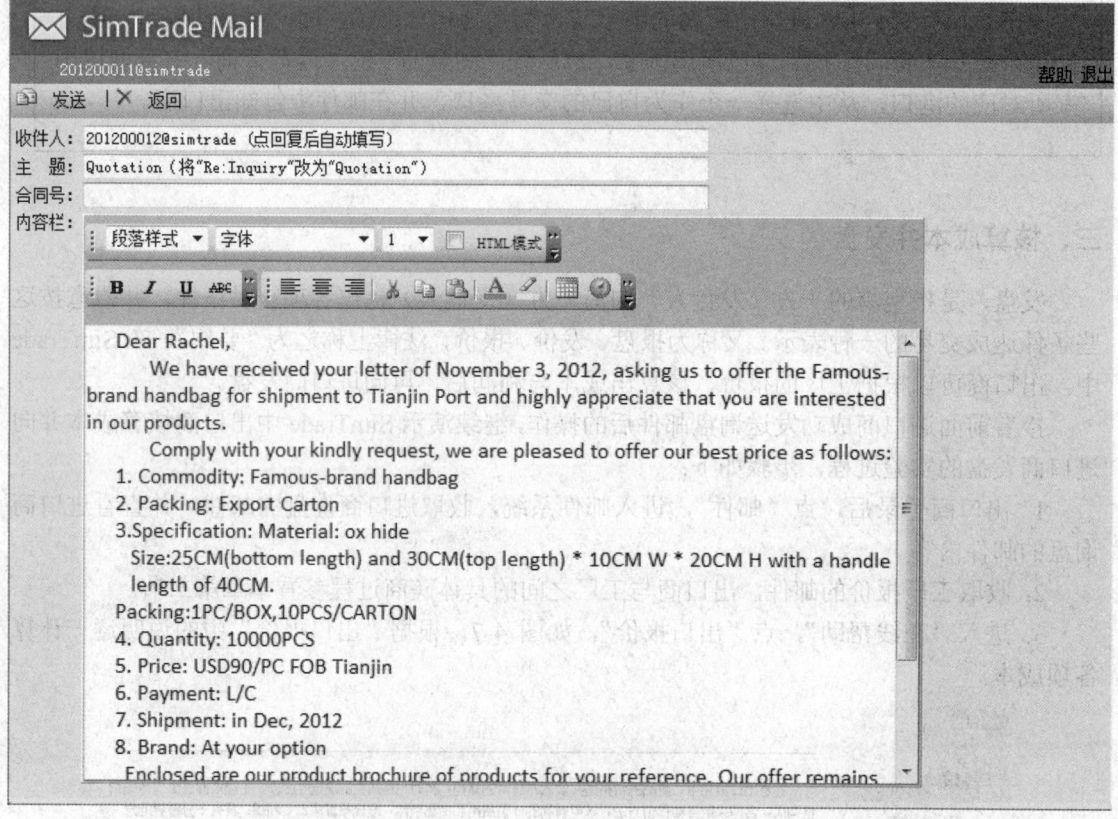

图4-8 出口商填写发盘邮件内容

小贴士

这里需要特别注意的是在 SimTrade 中，出口商的成本核算及发盘报价是整个磋商甚至整笔交易最终定价的基础，因此，初学的同学不要为了赶实验进度，而草草填写并发送发盘邮件，而一定要对商品的工厂报价和淘金网上该商品的市场销售状况做通盘考虑，包括出口商自身可获得的利润状况，然后进行发盘报价。另外，影响商品价格的因素是多方面的，商品的品质、包装、交易数量、付款方式、运输、保险、季节、相关政策、汇率及其他各种费用等等，在出口商发盘报价时都需要充分考虑。

---

6. 填写完毕后，点"发送"，同样会出现发送成功的状态栏，等待进口商还盘或者是接受。

四、还盘（Counter Offer）

在国际贸易中，受盘人不同意发盘中的交易条件而提出修改或变更的意见，称为还盘。

在法律上成为"反要约"。而还盘可以在双方之间反复进行，还盘的内容通常仅陈述需变更或增添的条件，对双方同意的交易条件无须重复。在 SimTrade 中，还盘是进出口商双方就交易相关内容进行的讨价还价的过程。进口商还盘的具体操作步骤如下：

1. 进口商登录后，收取出口商发盘的邮件。进入进口商邮件系统，收取出口商发盘报价的邮件，如果不同意报价邮件中的内容，即可回复还盘邮件，如果全部接受，则发送接受邮件。这里以进口商不同意发盘报价为例，进口商在查看发盘报价邮件后点"回复"，填写还盘邮件内容，如图 4-9。

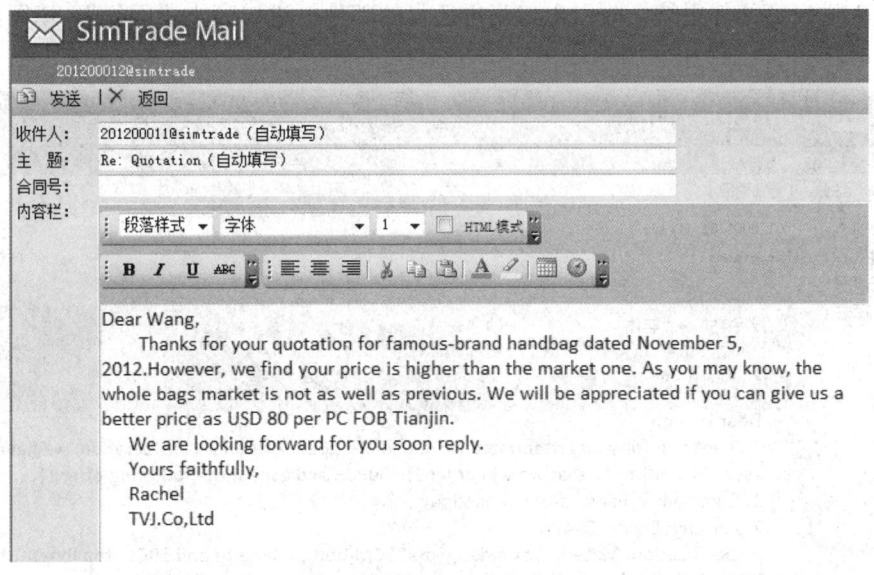

图 4-9　进口商填写还盘邮件内容

2. 出口商再还盘。如果出口商不同意进口商条款，可以再还盘，直至达成协议。进入出口商主页面，收取进口商的还盘邮件。点"回复"，填写邮件内容如图 4-10。

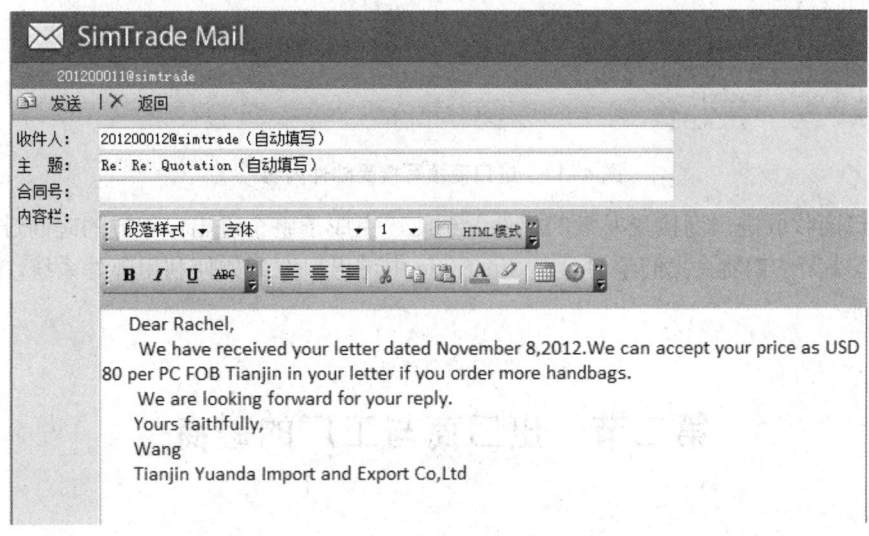

图 4-10　出口商填写再还盘邮件内容

在国际贸易中，进出口双方的就贸易条件的还盘一般要进行多次反复才能达成最后的一致。以上我们仅以进出口双方各进行一次还盘为例。

五、接受（Acceptance）

所谓接受，就是交易的一方在接到对方的发盘或还盘后，以声明或行为方式向对方表示同意。接受，表明受盘人愿意按照发盘或还盘中提出的交易条件，与其达成交易的行为。法律上将接受称作承诺。这里以进口商已接受出口商再还盘中的报价为例，演示操作步骤如下：

1. 进入进口商邮件系统，收取出口商再还盘的邮件。进口商点"回复"，填写接受邮件内容如图4-11。

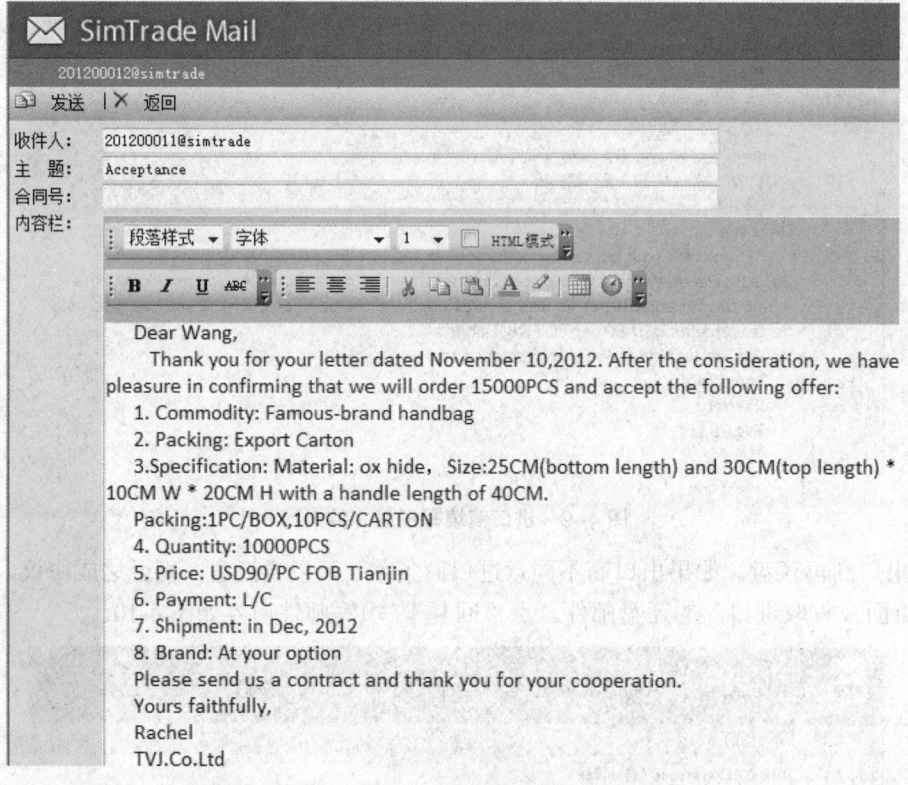

图4-11　进口商填写接受邮件内容

2. 出口商收取进口商接受发盘的邮件。至此，完成了整个进出口双方的磋商过程。

总结本小节的内容：我们学习了在SimTrade中进出口双方如何利用邮件系统，就交易内容进行磋商。

第二节　出口商与工厂的磋商

出口商和进口商之间进行磋商，尤其是出口商给出发盘报价的时候，离不开与国内工厂采购过程中的交易磋商过程，也就是出口商与工厂之间就国内采购的价格达成一致。虽然国内采购时的价格磋商部分相对简单一些，但是国内采购的价格磋商将关系到出口商的采购成本，进而影响到出口商对进口商的报价和出口商可获得的实际利润。本小节中，我们将对出口商与工厂就国内采购的各项条件进行磋商的过程进行学习。

一、建立业务关系

与进出口商的交易磋商一样，出口商与工厂进行磋商的过程也是首先从建立业务关系开始的。建立业务关系的邮件可以由出口商发送，也可以由工厂主动联系出口商。这里以工厂主动与出口商建立业务关系为例，具体操作步骤如下：

1. 首先以工厂角色登录系统，输入账号和密码，点击"登录系统"，如图 4-12，进入工厂主页面。

图 4-12　以工厂角色登录系统

2. 工厂向出口商发送建立业务关系的信函，点"Mail"，进入邮件系统，点"新建"，填写邮件内容，如图 4-13。

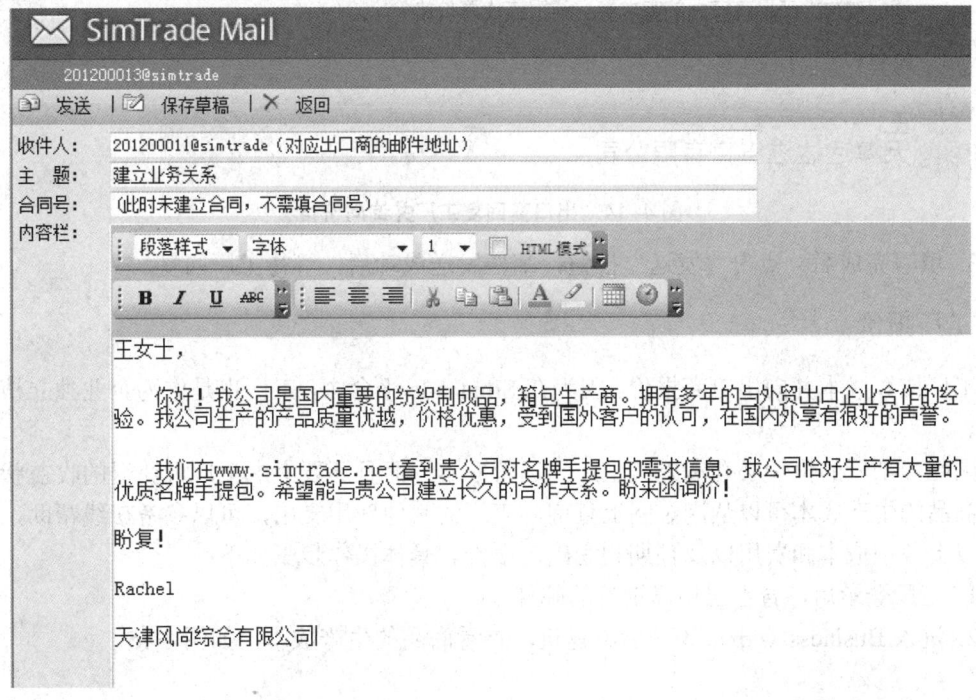

图 4-13　工厂向出口商填写建立业务关系的邮件

3. 填写完成后，点击"发送"按钮，邮件会发送给出口商，等待出口商回复。

二、询价

出口商收到工厂邮件后，如果认为工厂的生产状况和产品条件都还不错，则可以考虑与工厂建立业务关系，并询问工厂的报价。具体操作步骤如下：

1. 以出口商角色登录主页面，点"Mail"进入邮件系统，收取工厂发来的建立业务关系的邮件。

2. 出口商给工厂回复邮件，点"回复"，填写询问工厂报价的邮件内容，如图4-14。

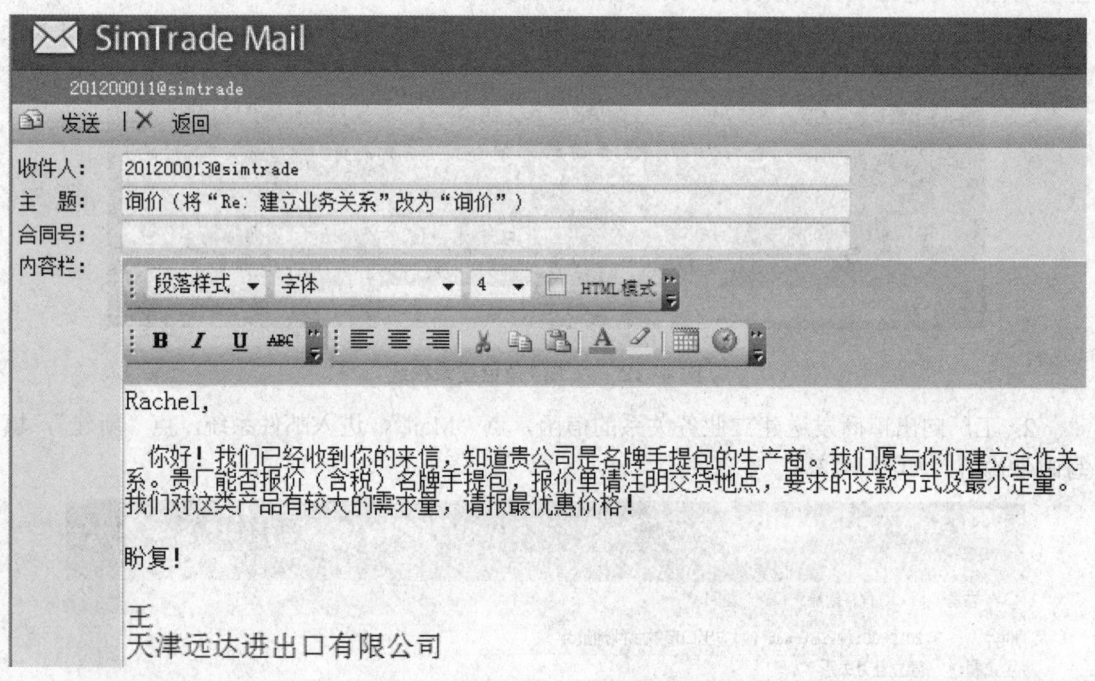

图4-14 出口商回复工厂并询问价格

3. 填写完成后，点击"发送"按钮，邮件发送成功后，等待工厂回复。

三、工厂报价

工厂核算成本并向出口商报价。因为在 SimTrade 平台中，工厂也是作为企业独立核算的单位。

因此，工厂的报价必须考虑其生产和运营成本，而且还要考虑工厂可获得的收益状况。工厂商品的生产成本可以从淘金网上查询，工厂的其他费用支出，可以参考在线帮助，工厂根据以上各项成本和费用以及预期利润确定报价。具体操作步骤如下：

1. 工厂登录后，查看出口商询价的邮件。

2. 进入 Business 点击市场的标志建筑，查看商品的生产成本，如图4-15。

图 4-15 商品成本

3. 在主界面点击"Help"按钮，打开在线帮助中的"工厂的业务费用"，如图 4-16，照其中的说明计算各项支出。

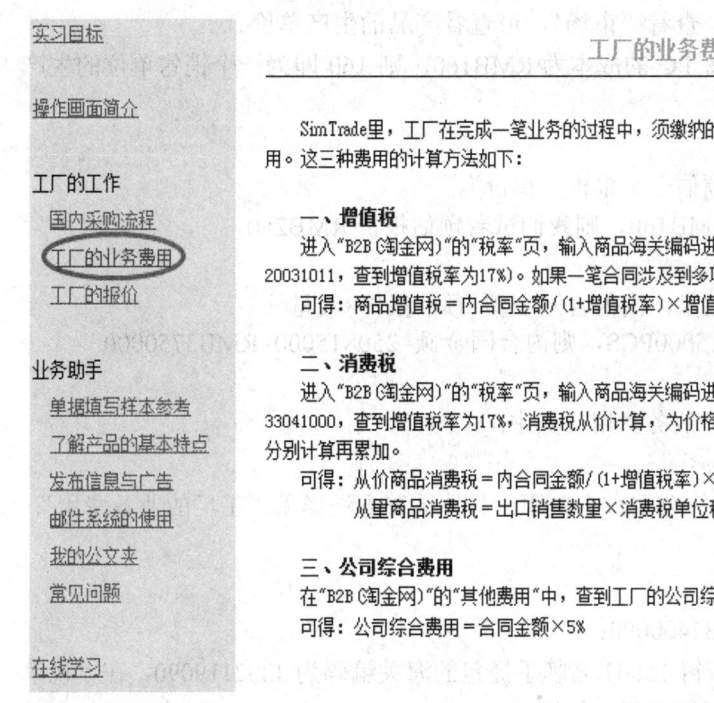

图 4-16 工厂业务费用

4. 根据各项费用与利润确定报价，具体核算步骤如下：

在 SimTrade 中，工厂是出口商的供货单位。出口商询盘后，工厂需提供报价。打开在线帮助中的"工厂的报价"，如图 4-17。工厂报价可分为以下几个步骤：

实习目标	工厂的报价
操作画面简介	
工厂的工作	在SimTrade中，工厂是出口商的供货单位，出口商询盘后，工厂需提供报价。工厂报价可分为以下几个步骤：
国内采购流程	**第一步：查询生产成本**（单价） 进入"Business(业务中心)"查看"市场"，可查看产品的生产单价。 如：查得01001洋菇罐头(整粒)每CARTON的成本为RMB38.62，则38.62即为一个销售单位的生产成本。
工厂的业务费用	
工厂的报价	
	第二步：预估报价 根据成产成本加上适当金额预估一个报价（单价）。 如：上例中每CARTON的成本为RMB38.62，则我们试着预估报价RMB50
业务助手	
单据填写样本参考	**第三步：计算内合同金额** 首先需与出口商商定好交易数量，则内合同金额=预估报价×数量 如：假设上例中出口商需要1200CARTONS，则内合同金额=50×1200=RMB60000
了解产品的基本特点	
发布信息与广告	
邮件系统的使用	
我的公文夹	**第四步：计算工厂总成本** 工厂总成本=生产总成本+工厂业务费用，其中： 生产总成本=生产单价×数量 工厂业务费用=增值税+消费税+公司综合费用，具体计算方法详见"工厂的业务费用"。
常见问题	

图 4-17　工厂的报价

（1）查询生产成本（单价）

进入"Business（业务中心）"查看"市场"，可查看产品的生产单价。

如：查得 15001 名牌手提包每 PC 的成本为 RMB160，则 160 即为一个销售单位的生产成本。

（2）预估报价

根据生产成本加上适当金额预估一个报价（单价）。

如：上例中每 PC 的成本为 RMB160，则我们试着预估报价 RMB250。

（3）计算内合同金额

首先需与出口商商定好交易数量，则内合同金额=预估报价×数量

如：假设上例中出口商需要 15000PCS，则内合同金额=250×15000=RMB3750000

（4）计算工厂总成本

工厂总成本=生产总成本+工厂业务费用，其中：

生产总成本=生产单价×数量

工厂业务费用=增值税+消费税+公司综合费用，具体计算方法详见"工厂的业务费用"。

如上例：

①计算生产总成本：

生产总成本=160×15000=RMB2400000；

②在淘金网"产品展示"中查得 15001 名牌手提包的海关编码为 4202119090，在"税率查询"中查得增值税率为 17%，无消费税，如图 4-18；

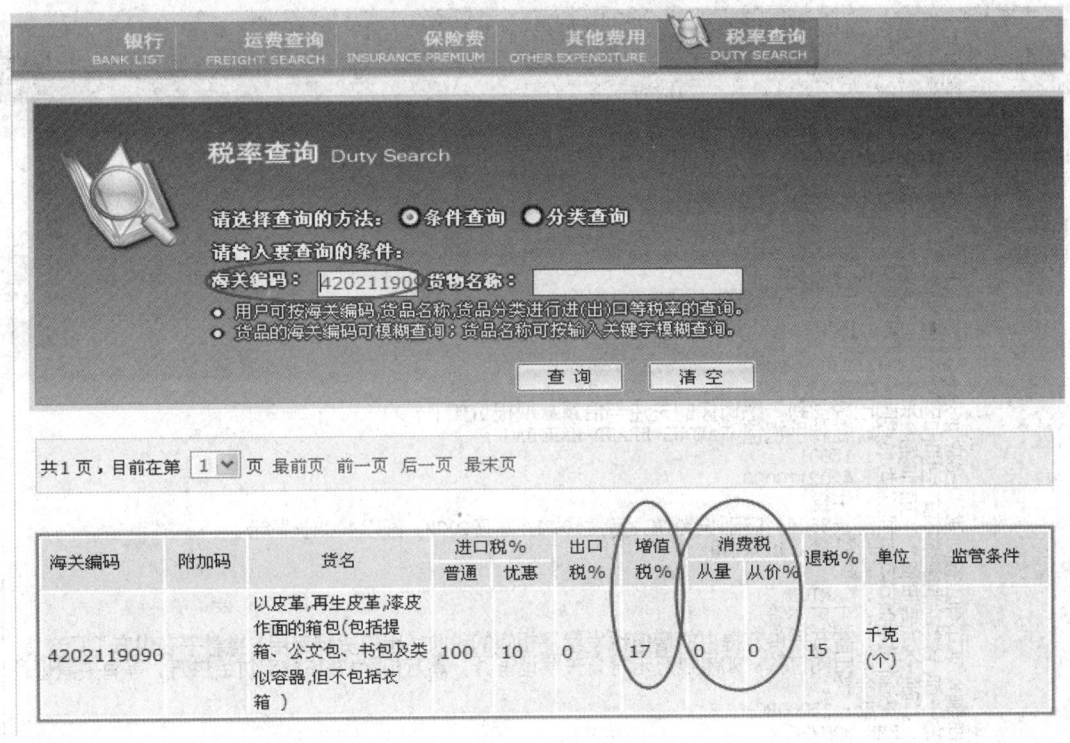

图 4-18 税率查询

③计算增值税：
增值税＝内合同金额/（1+增值税率）×增值税率=3750000/（1+17%）×17%=RMB544871.79
④计算公司综合费用：
公司综合费用＝内合同金额×5%=3750000×5%=RMB187500
⑤计算工厂业务费用：
工厂业务费用=增值税+消费税+公司综合费用=544871.79+0+187500=RMB732371.79
⑥计算工厂总成本：
工厂总成本=生产总成本+工厂业务费用=2400000+732371.79=RMB3132371.79
（5）计算利润

利润=内合同金额-工厂总成本

如上例：利润=3750000-3132371.79=RMB617628.21
（6）根据利润定报价

如（5）中算出的利润满足预期则预估单价合理，可将此价格报价给出口商，不满足则可重新估价。

5. 工厂回复出口商的询价邮件，进行报价。对工厂邮件系统中的出口商询价邮件，点"回复"，填写工厂报价的邮件内容。

如图 4-19。

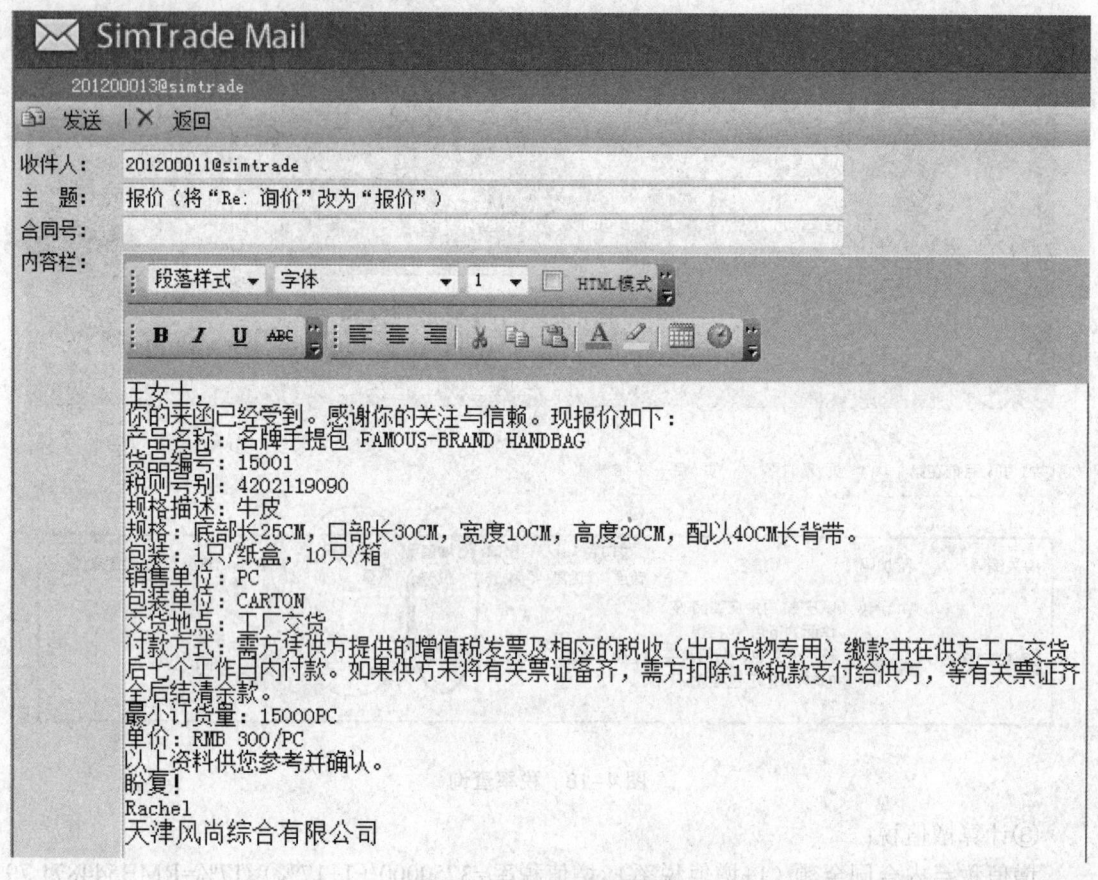

图 4-19 工厂给出口商报价

6. 填写完毕后,点"发送"即可。

四、出口商接受工厂报价

出口商接到工厂报价后,有可能接受,也有可能会讨价还价一番,当然工厂和出口商最终将按照各自可接受的利润达成一致价格。这里省略了讨价还价的过程,以出口商接受工厂报价为例,演示操作步骤如下:

1. 进入出口商主页面,收取工厂报价邮件,点"回复",即填写接受邮件内容。如图 4-20。

2. 填写完毕后,点"发送"即可。

到此,出口商与工厂的交易磋商已经完成,双方就交易相关事项达成一致,接下来就进入签订合同以及双方的履约阶段。

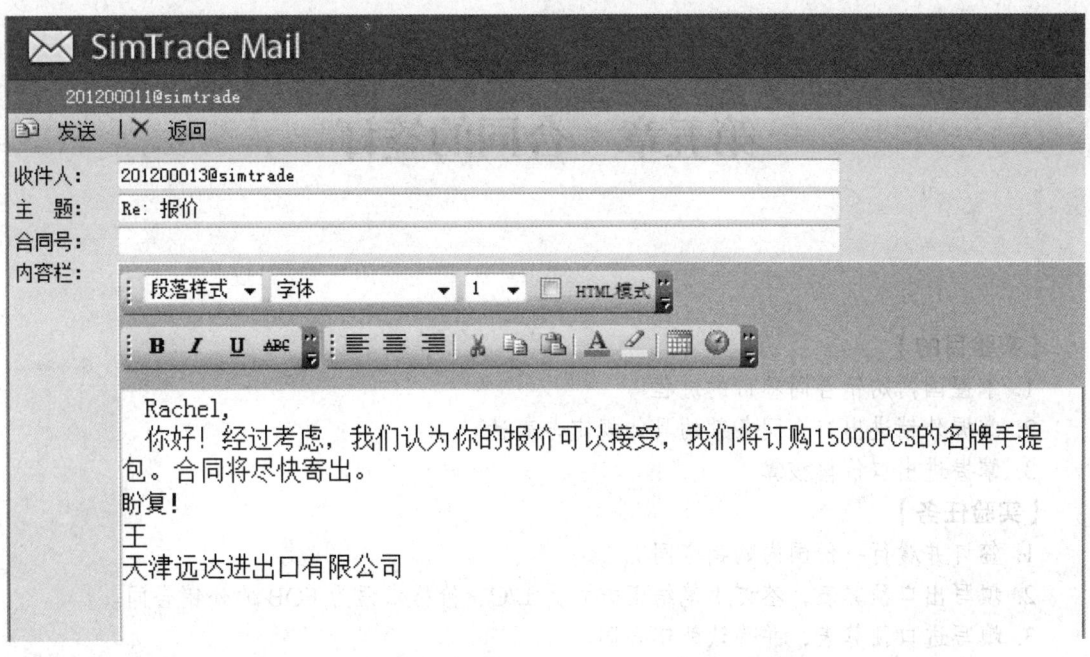

图 4-20 出口商回复工厂报价

小贴士

磋商过程其实是非常复杂的谈判过程，其中对后续合同订立和履行可以说是基础性环节，也是关键性环节，特别是对于合同定价、数量、包装等以及贸易方式、付款方式都要进行反复的磋商才可确定下来。本章的介绍着重于 SimTrade 系统流程的实验步骤，而对磋商过程中的谈判要点和技巧并没有深入介绍，感兴趣的读者可以提前翻看本书第三篇的相关章节，特别是第十八章价格核算。

第五章 合同的签订

【实验目的】
1. 掌握国内购销合同签订的流程。
2. 掌握外销进出口合同条款的具体规定与表达。
3. 掌握进出口价格核算。

【实验任务】
1. 签订并履行一份国内购销合同。
2. 填写出口预算表,签订 1 笔结汇方式为 L/C、价格术语为 FOB 的外销合同。
3. 填写进口预算表,并确认外销合同。

【实验步骤与案例讲解】

上一章我们介绍了签订合同前的准备及磋商,经过交易磋商,购销双方就各种交易事项达成一致的意见,下一步将是购销双方签订合同。

合同是当事人或当事双方之间设立、变更、终止民事关系的协议。

依法成立的合同(广义合同指所有法律部门中确定权利、义务关系的协议。狭义合同是指一切民事合同的签订。)受法律保护。合同已经双方签字确认,便不能再取消,违约要承担违约责任。

在 SimTrade 中主要涉及出口商与工厂的购货合同(出口商起草)或销售合同(工厂起草),以及出口商和进口商的 SALES CONFIRMATION(出口商起草)或 PURCHASE ORDER(进口商起草)。

本章分两部分介绍合同的签订,一是国内购销合同的签订及履约,一是国际外销合同的签订。

第一节 国内购销合同签订及履约

通常情况下,订立国际货物买卖合同之后的第一步就是根据合同和信用证的规定按时、按质、按量地准备好应交的货物,这一步就是需要出口商和工厂先完成交易任务。

对于大的有出口经营权的集团公司,通常由出口部向生产加工及仓储部门下达联系单,而无实体的出口公司则向国内的工厂签订国内的买卖合同。

无论是哪一类,有关部门都要以联系单或国内的买卖合同为依据,对应交的货物进行清点、加工整理、刷制运输标志（刷唛），以及办理申请报验和领证等项工作。所以该单据同时也是国内进出口公司内部之间或与内地工厂进行制单结汇的依据。

此类单据在缮制时要与原合同相符，并且清楚、完整。应主要列明货物的品质、规格、数量、货物的包装和唛头及其备货时间。

国内买卖合同与国际合同内容大致相同，较简单，用中文填写。它是出口公司与国内厂家相互之间权利和义务的法律文件。

本节以出口商起草合同为例，介绍起草、填写、修改、确认合同的整个流程，以及购销合同的具体填写说明。

一、合同的始建

1. 使用账号登录出口商角色，点击"Business"按钮，再点击"工厂"的标志建筑。

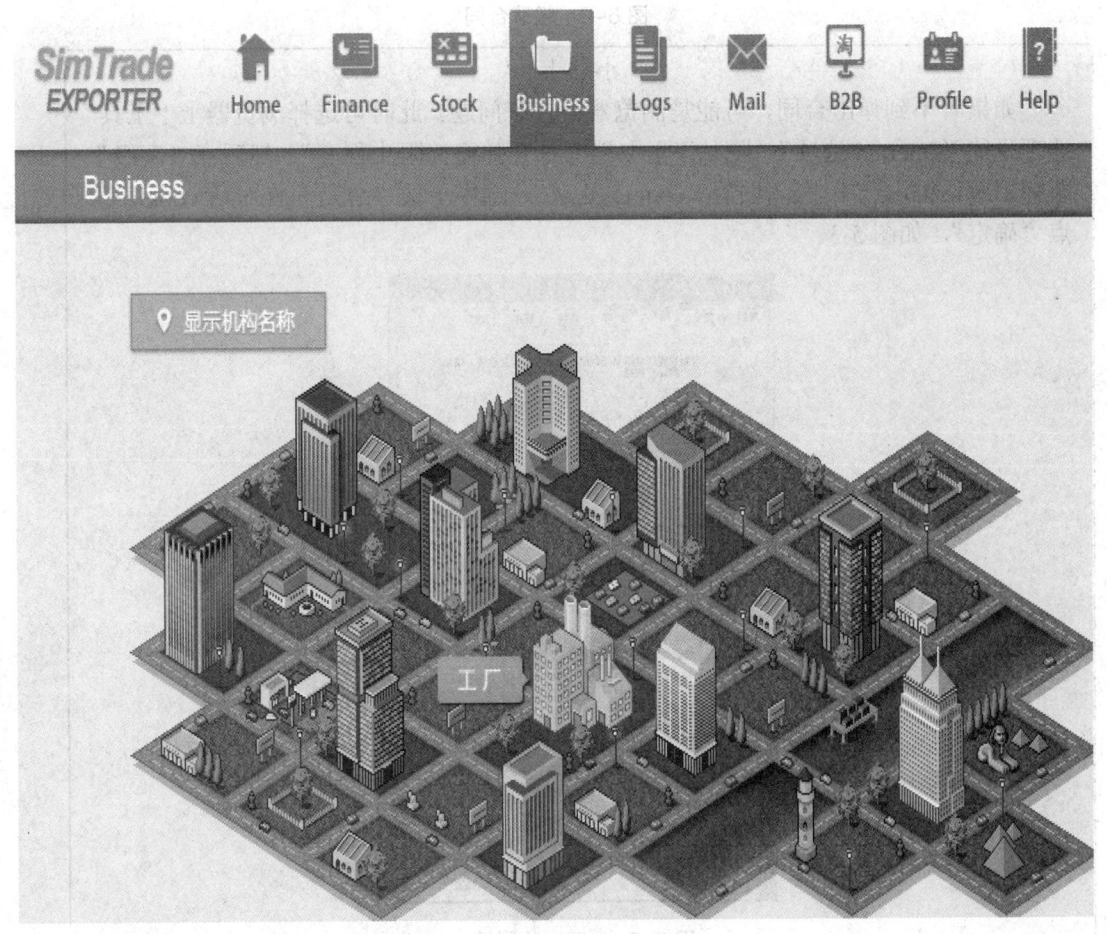

图 5-1 业务中心—工厂

2. 进入界面后点击"起草合同"后，填写合同号（自行设定）和交易对象编号（工厂的编号），填写完成后点"确定"，会出来填写合同的界面，对合同进行填写。

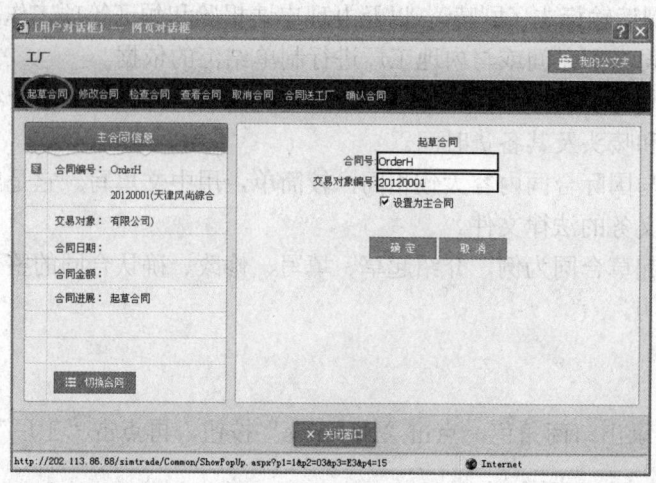

图 5-2 起草合同

小贴士

如果看不到弹出合同，可能是浏览器设置有问题。此时可选择浏览器上"工具"选项里的"Internet 选项""隐私"里取消"打开弹窗口阻止程序"。然后点"高级"，在弹出对话框内选中"替代自动 cookie 处理"，选中下边"总是允许对话 cookie"，点"确定"，如图 5-3。

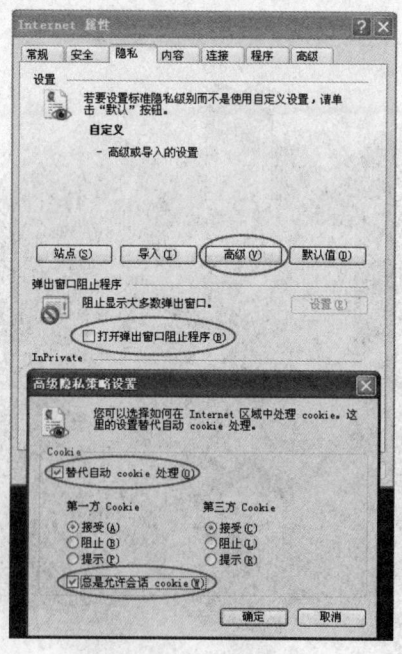

图 5-3 Internet 属性

二、合同的填写

合同填写可以参考合同填写说明，点合同抬头名称（蓝色字体）即弹出合同填写说明，以下单据填写时不再说明。这里参考合同填写前面磋商实例中的手提包为例，具体说明合同将如何填写，以及应该注意的条款和事项。

（一）约首部分

卖方填写工厂中文名称，买方填写出口商公司中文名称，合同编号由卖方或买方自行编设，以便存储归档管理之用（在 SimTrade 中，该编号已由卖方或买方在起草合同时填入，单据中不能再更改），签订时间与地点填写买卖合同签订日期、地点。

如：2013 年 06 月 13 日，可以有以下表示：2013-06-13 或者 06-13-2013、2013/06/13 或者 06/13/2013、130613（信用证上表示日期的规范格式）、英文表示 June 13 , 2013 或者 06.13,2013。

（二）正文部分

1. 产品名称、品种规格、数量、金额、供货时间

（1）产品编号

销货合同上应记明各种产品编号，以求联系沟通方便。

在 SimTrade 中，产品编号必须选择"淘金网"的"产品展示"里已有的商品编号。

（2）品名规格

此栏应详细填明各项商品的中文名称及规格，这是买卖双方进行交易的物质基础和前提。对商品的具体描述说明是合同的主要条款之一，如果卖方交付的货物不符合合同规定的品名或规格，买方有权拒收货物、撤销合同并提出损害赔偿。

在 SimTrade 中，商品的详细资料请在"产品展示"里查找，可参考中文名称与描述部分。

如：名牌手提包。

牛皮规格：底部长 25CM，口部长 30CM，宽度 10CM，高度 20CM，配以 40CM 长背带。包装：1 只/纸盒，10 只/箱。

（3）数量

数量条款。本栏用于填写交易的货物数量，这是买卖双方交接货物及处理数量争议时的依据。

（4）计量单位

货物数量的计量单位，应以适合该货物计量的单位为准。

在 SimTrade 中，货物的计量单位在商品详细资料里已经注明，需要注意的是，此栏应填写销售单位而非包装单位。不同类别的产品，销售单位和包装单位不同，例如：食品类的销售单位是 CARTON，钟表类的销售单位则是 PC。

（5）单价

价格条款。这是买卖合同中必不可缺的重要组成部分，不仅直接关系到买卖双方的利益，而且与合同中的其他条款也有密切联系。通常由工厂根据成本通过往来函电报价给出口商，双方经过协商后确定此交易价格。

（6）总金额

列明币种及各项商品总金额（总金额＝单价×数量）（注：此栏应与每一项商品相对应）。

（7）交（提）货时间及数量

如：2013 年 7 月 1 日前工厂交货。

（8）合计

货物总计，分别填入所有货物累计的总数量（包括相应的计量单位）和总金额。

合计人民币以文字（大写）写出该笔交易的总金额，必须与货物总价数字表示的金额一致。如：叁佰柒拾伍万元整。

（9）备注

公司多使用格式化的合同，难免有需要改动和补充之处，有特殊规定或其他条款可在此栏说明。

如：①需方凭供方提供的增值税发票及相应的税收（出口货物专用）缴款书在供方工厂交货后七个工作日内付款。如果供方未将有关票证备齐，需方扣除17%税款支付给供方，等有关票证齐全后结清余款。

②所有生产的罐码采用暗码打字方式，不得在罐盖上显示生产日期。

③本合同经双方传真签字盖章后即生效。

注：如果没有特殊规定，备注可以不填。

2. 质量要求技术标准、卖方对质量负责的条件和期限

如：质量符合国标出口优级品，如因品质问题引起的一切损失及索赔由供方承担，质量异议以本合同产品保质期为限（产品保质期以商标效期为准）。

3. 交（提）货地点、方式

如：工厂交货。

4. 交（提）货地点及运输方式及费用负担

如：集装箱门到门交货，费用由需方承担。

5. 包装标准、包装物的供应与回收和费用负担

如：纸箱包装符合出口标准，商标由需方无偿提供。

6. 验收标准、方法及提出异议期限

如：需方代表按出口优级品检验内在品质及外包装，同时供方提供商检放行单或商检换证凭单。

7. 结算方式及期限

如：需方凭供方提供的增值税发票及相应的税收（出口货物专用）缴款书在供方工厂交货后七个工作日内付款。如果供方未将有关票证备齐，需方扣除17%税款支付给供方，等有关票证齐全后结清余款。

8. 违约责任

如：违约方支付合同金额的15%违约金。

9. 解决合同纠纷的方式

如：按《中华人民共和国经济合同法》。

小贴士

若合同在填写过程中不能一次填写完毕，可点合同最下边的"保存"项，下次填写的时候点"修改合同"即弹出上次未完成合同，可继续填写。

（三）买卖双方资料（Profile）

买方（如果是出口商起草在合同中只需填写买方资料）

出口商公司相关信息及负责人签名，应与公司基本资料中的信息一一对应，包括税务登

记号、帐号等，都可在公司资料中找到。

卖方（如果出口商起草合同，在确认合同是填写卖方资料）

工厂相关信息及负责人签名，应与公司基本资料中的信息一一对应，包括税务登记号、帐号等，都可在公司资料中找到。

待合同填写完毕后，点"保存"弹出"保存成功"窗口，关闭窗口。接下来检查合同，点击"检查合同"如图5-4。

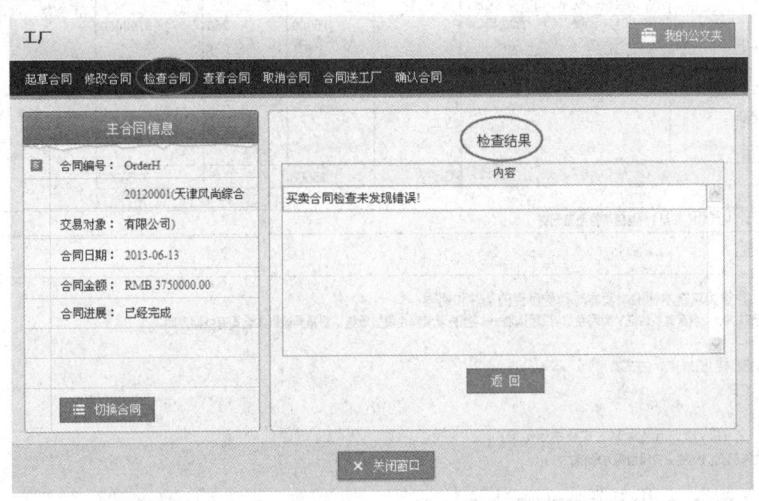

图 5-4　检查合同

如果在合同填写过程中有填写错误的地方，在检查结果里会逐一列出。同学可根据检查结果再对合同进行修改，以保证合同填写准确无误（合同填写是否准确完整将会影响学生最后成绩和等级）。

合同填写完成后可点"查看合同"弹出已填好合同，进一步核查合同的各项条款准确。如图5-5和图5-6。

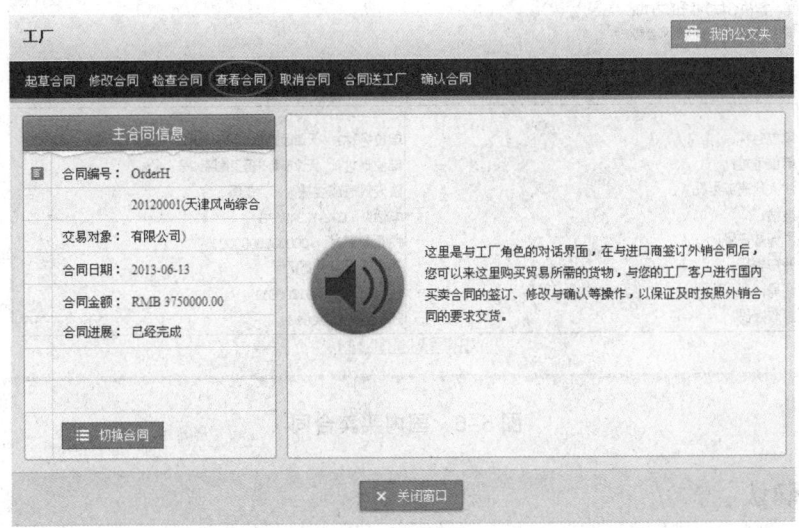

图 5-5　查看合同

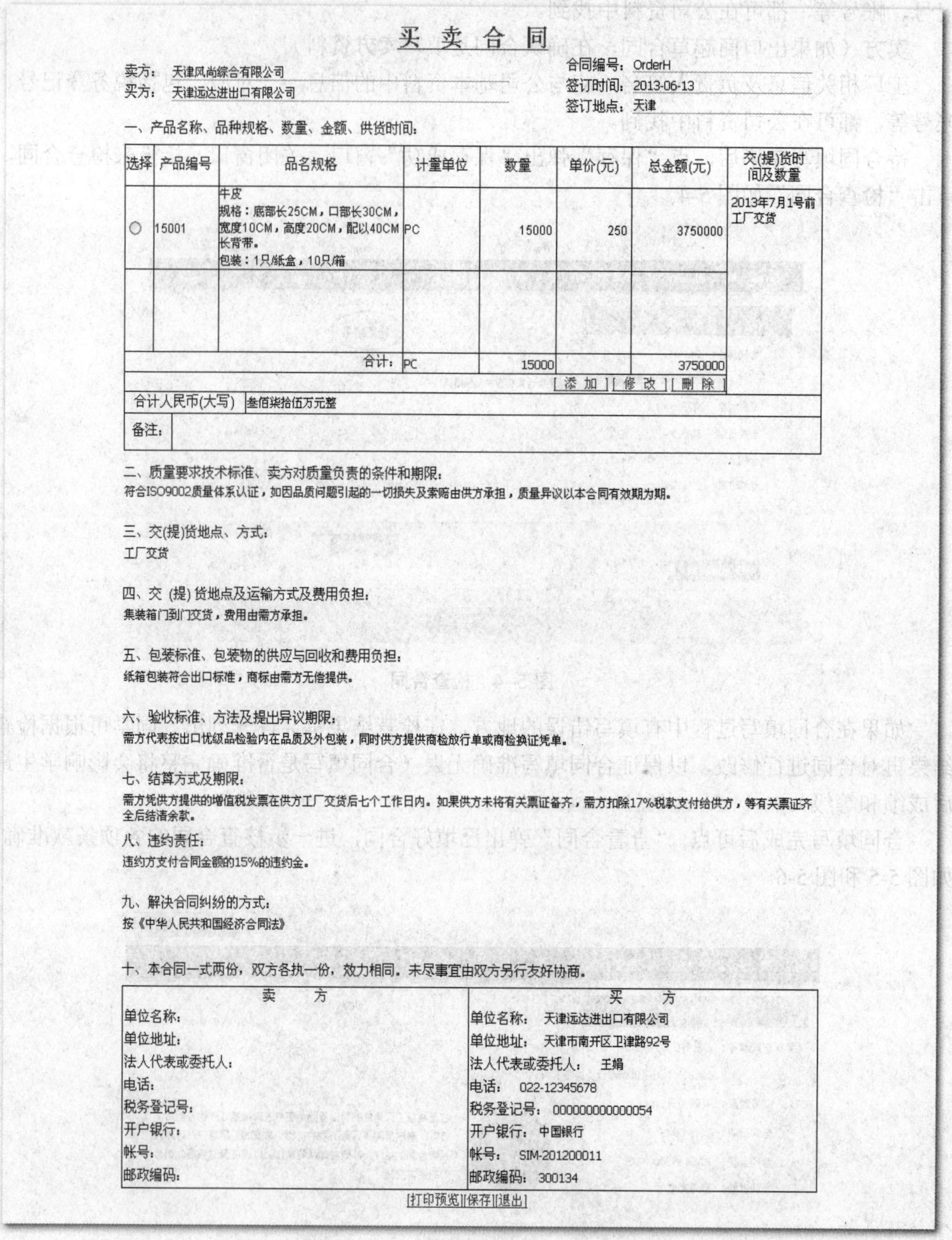

买卖合同

卖方：	天津风尚综合有限公司	合同编号：	OrderH
买方：	天津远达进出口有限公司	签订时间：	2013-06-13
		签订地点：	天津

一、产品名称、品种规格、数量、金额、供货时间：

选择	产品编号	品名规格	计量单位	数量	单价(元)	总金额(元)	交(提)货时间及数量
○	15001	牛皮 规格：底部长25CM，口部长30CM，宽度10CM，高度20CM，配以40CM长背带。 包装：1只/纸盒，10只/箱	PC	15000	250	3750000	2013年7月1号前工厂交货
		合计	PC	15000		3750000	
					[添加]	[修改]	[删除]
合计人民币(大写)	叁佰柒拾伍万元整						
备注							

二、质量要求技术标准、卖方对质量负责的条件和期限：
符合ISO9002质量体系认证，如因品质问题引起的一切损失及索赔由供方承担，质量异议以本合同有效期为期。

三、交(提)货地点、方式：
工厂交货

四、交(提)货地点及运输方式及费用负担：
集装箱门到门交货，费用由需方承担。

五、包装标准、包装物的供应与回收和费用负担：
纸箱包装符合出口标准，商标由需方无偿提供。

六、验收标准、方法及提出异议期限：
需方代表按出口优级品检验内在品质及外包装，同时供方提供商检放行单或商检换证凭单。

七、结算方式及限期：
需方凭供方提供的增值税发票在供方工厂交货后七个工作日内。如果供方未将有关票证备齐，需方扣除17%税款支付给供方，等有关票证齐全后结清余款。

八、违约责任：
违约方支付合同金额的15%的违约金。

九、解决合同纠纷的方式：
按《中华人民共和国经济合同法》

十、本合同一式两份，双方各执一份，效力相同。未尽事宜由双方另行友好协商。

卖方		买方	
单位名称：		单位名称：	天津远达进出口有限公司
单位地址：		单位地址：	天津市南开区卫津路92号
法人代表或委托人：		法人代表或委托人：	王娟
电话：		电话：	022-12345678
税务登记号：		税务登记号：	000000000000054
开户银行：		开户银行：	中国银行
帐号：		帐号：	SIM-201200011
邮政编码：		邮政编码：	300134

[打印预览] [保存] [退出]

图 5-6　国内买卖合同

三、合同的确认

出口商起草完合同检查无误后，需将合同送工厂。操作演示如下：

1. 在"Business"中点击"工厂"标志的建筑。如图5-1。
2. 点击"合同送工厂",如图5-7,工厂会收到出口商要求确认合同的邮件。

图5-7 合同送工厂

工厂确认合同所需步骤如下:
1. 以工厂登入系统,会收到出口商发来要求确认合同的邮件,打开邮件并回复将尽快确认合同的信息,如图5-8。

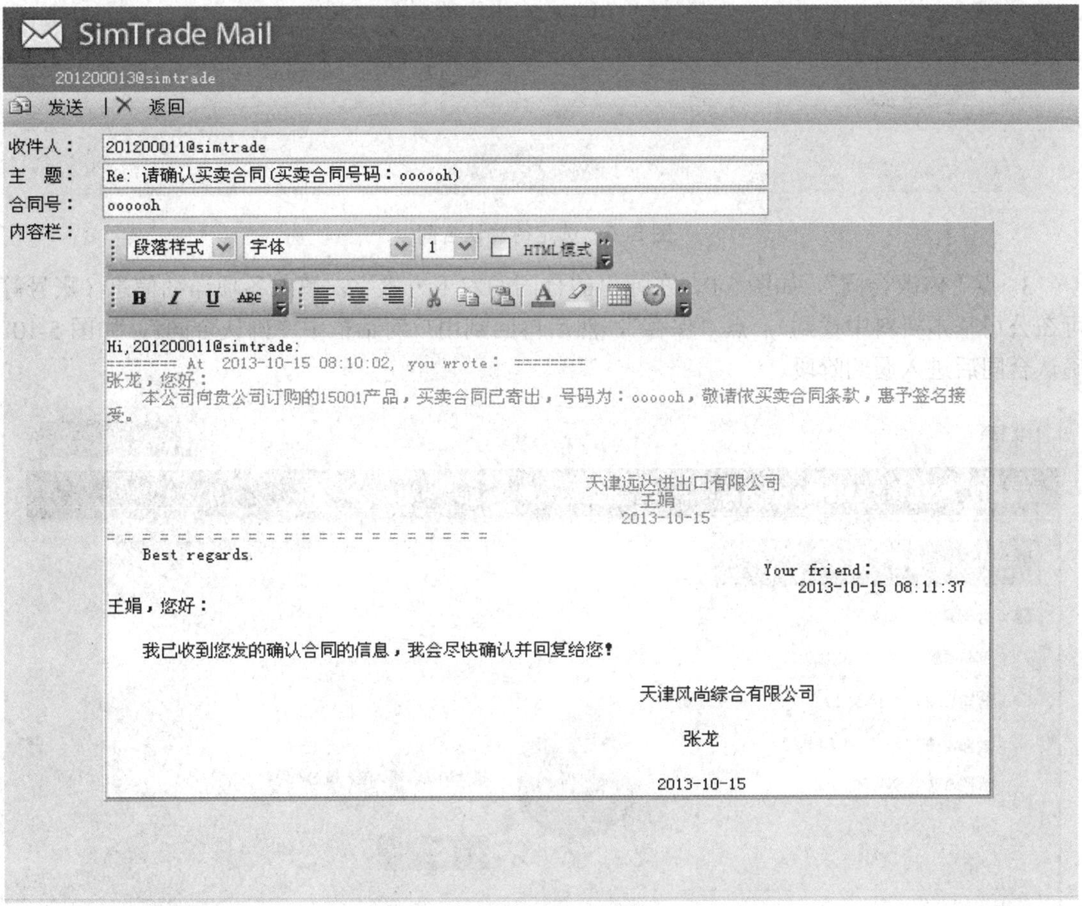

图5-8 回复工厂确认合同的邮件

2. 在"Business"里点"出口商",在弹出画面的左边首先点"切换合同",将需要确认的合同设置为主合同,点"确定",如图5-9。

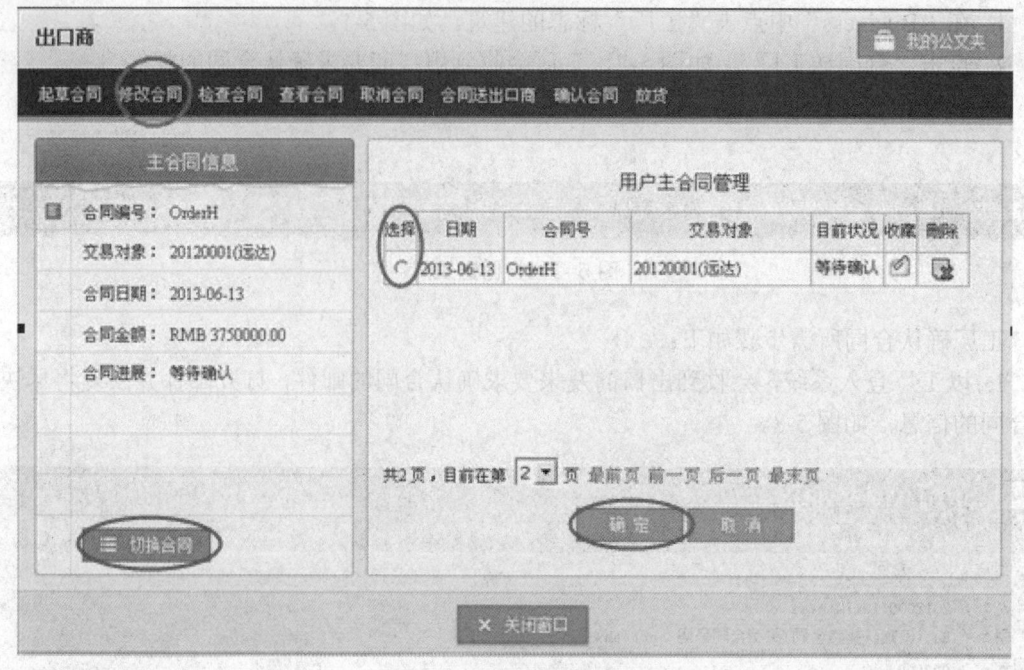

图 5-9 选定待确认合同

3. 点"修改合同",如图 5-9,在弹出的合同的左下方签字,填入各项详细信息(账号等可在公司基本资料中找到),点"保存",然后再回到用户对话框中"确认合同",如图 5-10,确认合同后进入履约阶段。

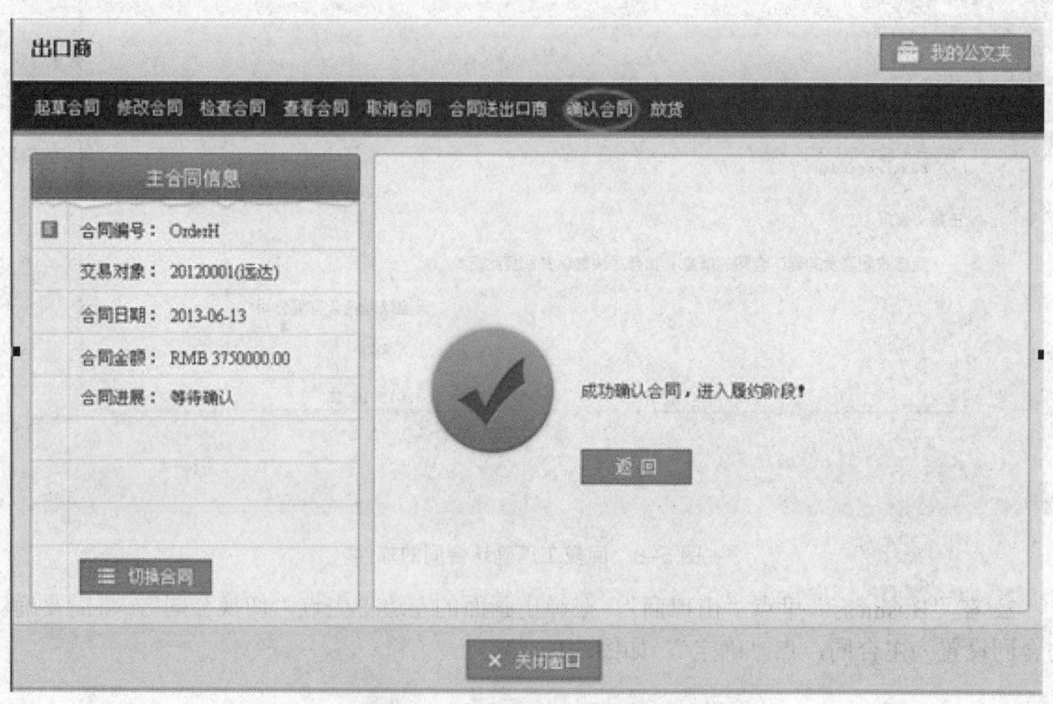

图 5-10 合同确认进入履约阶段

4. 如果在工厂确认合同之前发现合同尚有某些条款与之前所洽内容不尽相同，可点"取消合同"，出口商即可自动收到取消合同的邮件，并要求出口商修改后再寄过来，如图5-11。

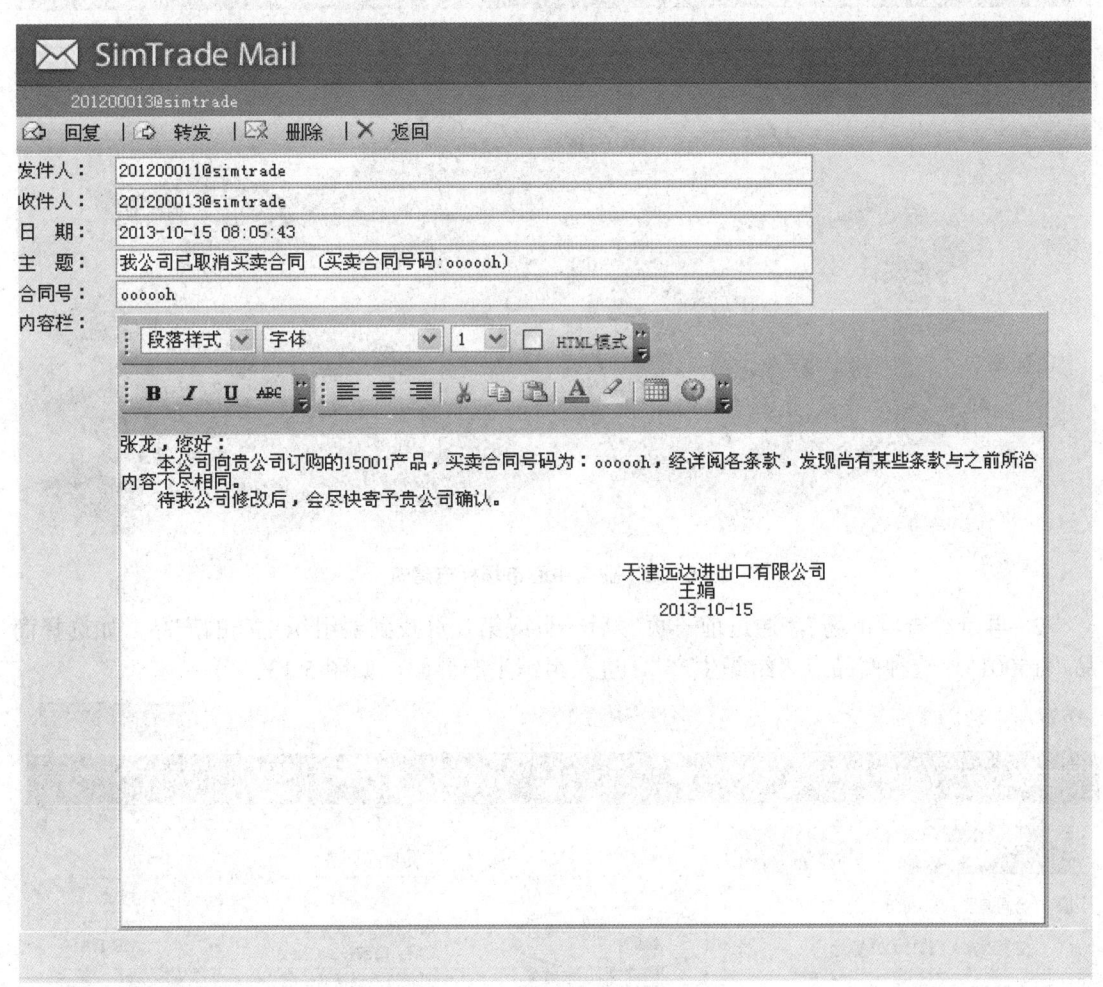

图 5-11 取消合同邮件

5. 出口商修改合同后，再详细阅读各项条款，确认各项条款无误后，点"确认合同"，合同一经确认后不可予以取消，后进入履约阶段（操作步骤同第 3 步）。

四、合同的履行

1. 确认合同后工厂需组织生产。点"Business"中标志为"市场"的建筑物，如图 5-12。

图 5-12 业务中心市场标志建筑

2. 再点"查看市场",通过前一页、后一页或第几页找到要组织生产的产品,如选择商品"15001",选种商品点"组织生产",进入组织生产界面,如图 5-13。

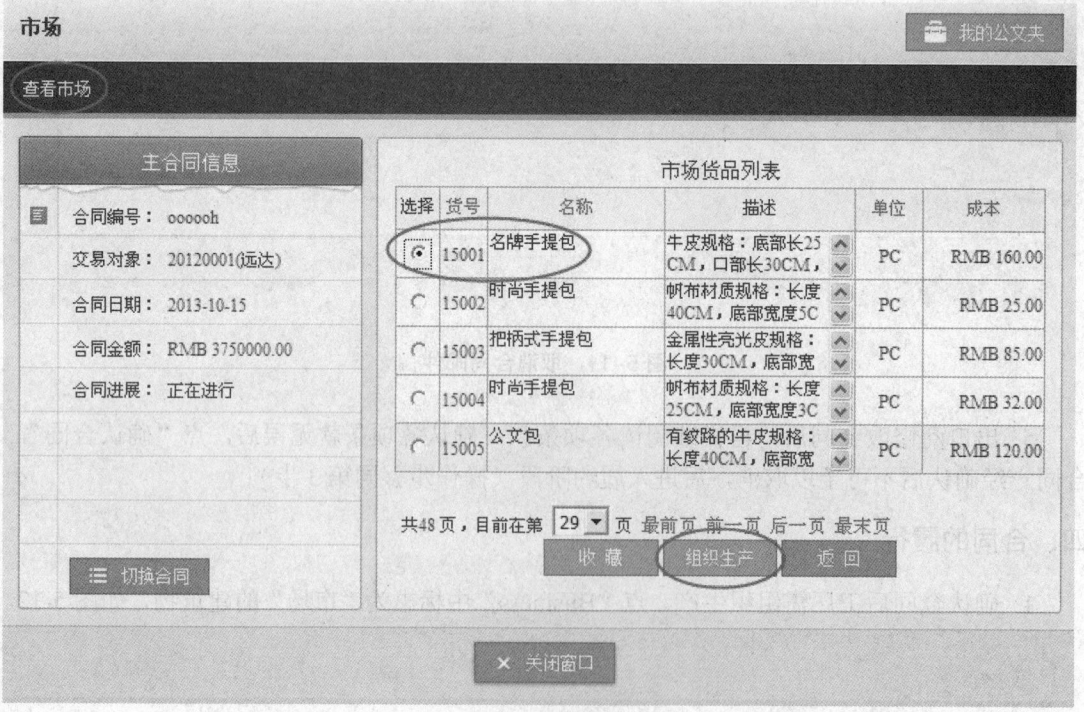

图 5-13 选定需生产的产品

3. 在组织生产界面，输入生产数量"15000"，如图 5-14。点"确定"，界面会提示"生产产品 15001 成功！"，届时工厂完成生产，点关闭窗口进入"Business"。

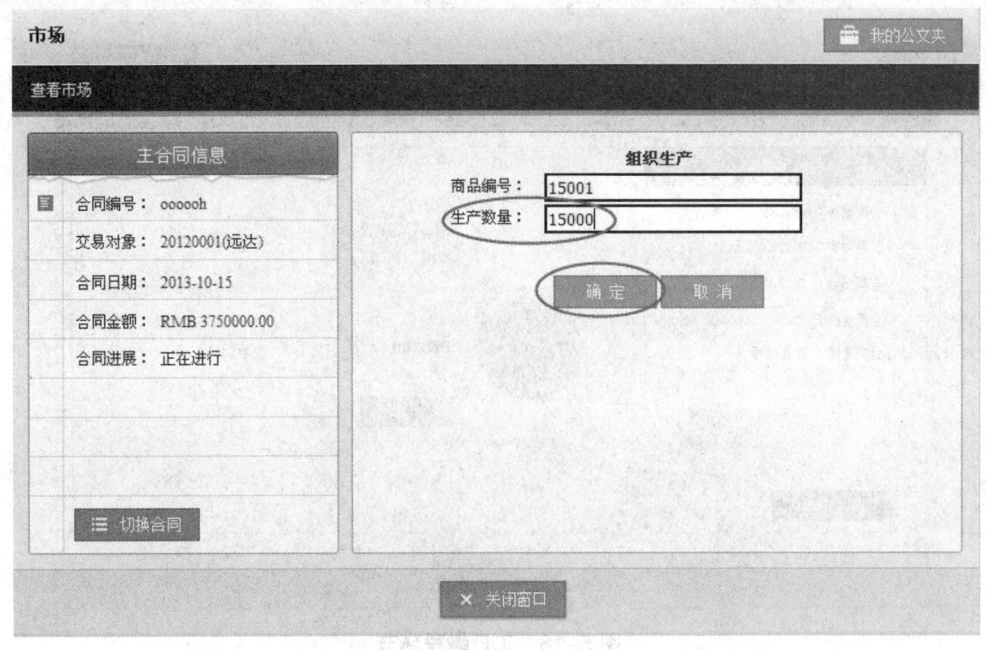

图 5-14 组织生产

4. 进入"Business"后，点标志为"出口商"的建筑物，进行放货。点标题栏"放货"，界面会出现"成功放货！"的提示，如图 5-15。系统会自动将货物送到出口商处，同时收取货款，出口商登录后会收到"已发货"的邮件提示，出口商的库存将增加，财务资金减少。

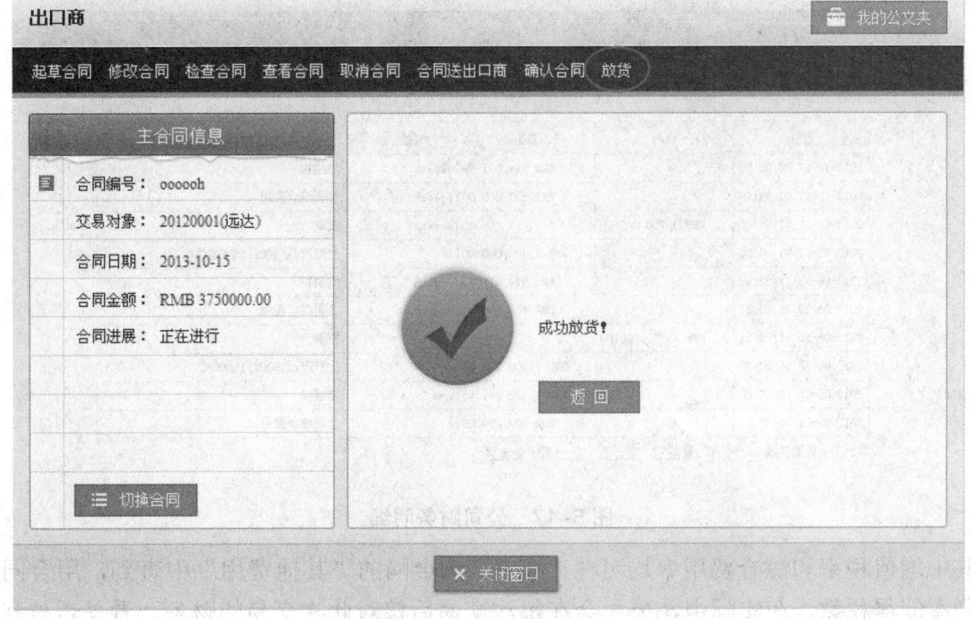

图 5-15 工厂放货

5. 工厂最后一步是缴税。点"关闭窗口"进入"Business",点"国税局"标志的建筑,在出现的界面标题栏点"缴税",界面出现"缴税成功!"的提示,如图 5-16。

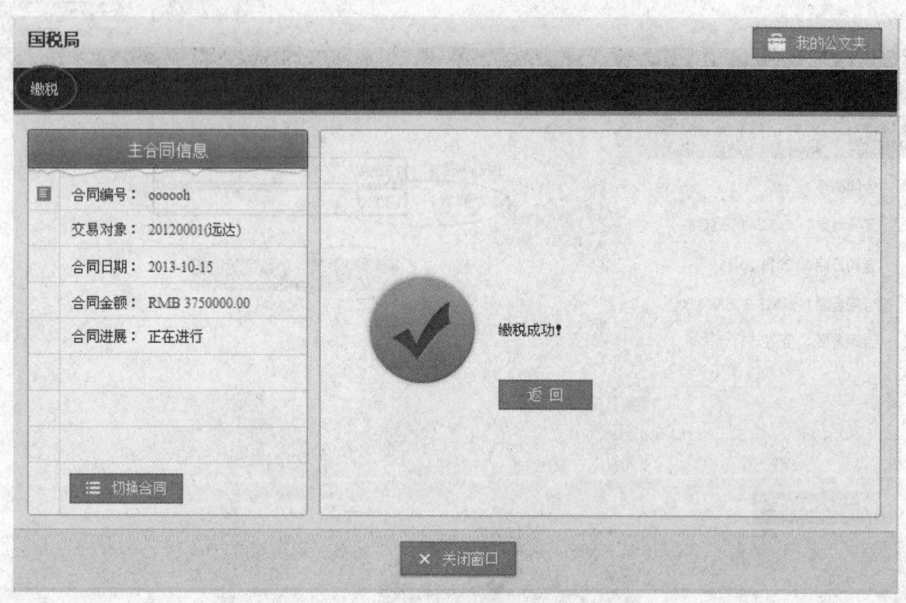

图 5-16　工厂缴税环节

缴税成功后,工厂完成合同的整个过程。进入工厂登录主界面,点"Finance"可查看此次交易整个过程中收支情况的明细,如图 5-17。

图 5-17　公司财务明细

其中增值税率和综合费用率均可在"B2B"淘金网的"其他费用"中查到,用合同金额乘以税率即得税款。在实际中,公司会在每次交易后核对此次交易的财务,看是否盈利、盈利多少等,是否与此次交易对象保持长期的合作关系,以确保本公司的利益最大化。

第二节　外销合同——出口商起草合同

在前一章的内容中，我们学习了进出口商通过邮件进行交易磋商的过程，双方最终就交易相关事项达成一致，接下来就进入始建合同阶段。在这一节中，我们将学习有关外销合同始建的内容。

在实际业务中，进出口合同可以由买方起草，当然也可以由卖方起草。在这里我们以出口商即卖方起草合同为例。

一、合同的始建

1. 进入"Business（业务中心）"点标志为"进口商"的建筑。
2. 在弹出页面中点"起草合同"，如图 5-18。
3. 输入合同号（如"ContractH"），输入对应的进口商编号（如 20120001），再输入办理相关业务的出口地银行编号（如 20120001），并勾选选项"设置为主合同"，再点"确定"，弹出合同表单，进行填写。

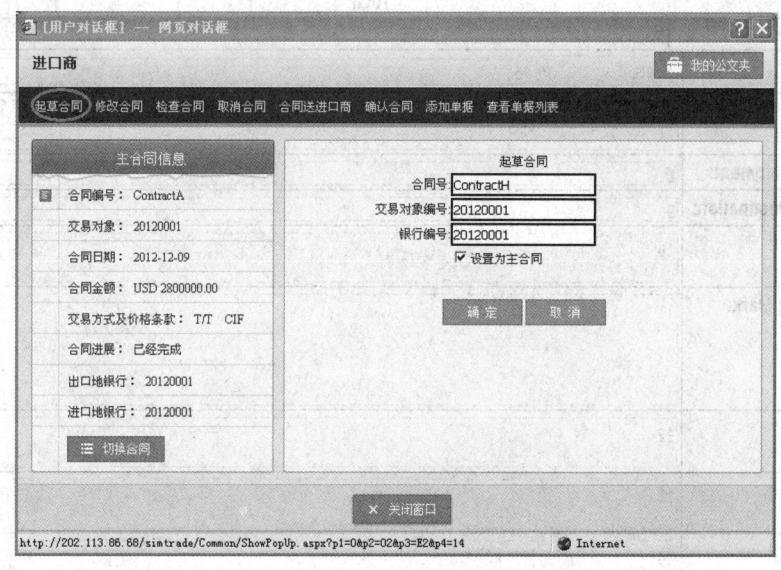

图 5-18　起草合同

二、合同的填写

以下为 SimTrade 平台里外销合同的相关条款的内容及填写，图 5-19 为空白合同样本，其中需要填写的合同内容和条款以数字序号标注。

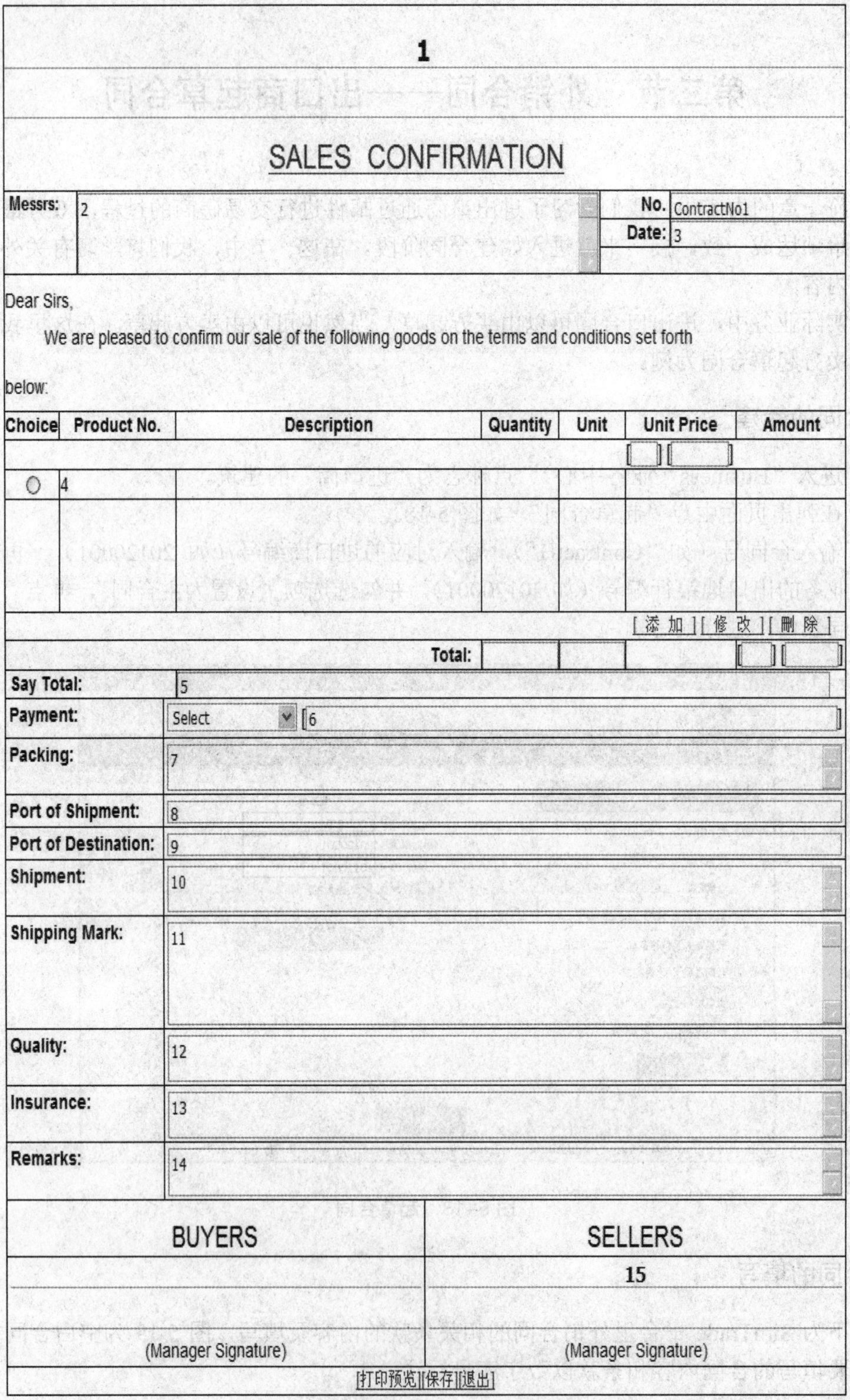

1

SALES CONFIRMATION

Messrs:	2		No.	ContractNo1
			Date:	3

Dear Sirs,

    We are pleased to confirm our sale of the following goods on the terms and conditions set forth below:

Choice	Product No.	Description	Quantity	Unit	Unit Price	Amount
○	4					
			Total:			

[添 加][修 改][删 除]

Say Total:	5
Payment:	Select 6
Packing:	7
Port of Shipment:	8
Port of Destination:	9
Shipment:	10
Shipping Mark:	11
Quality:	12
Insurance:	13
Remarks:	14

BUYERS	SELLERS
	15
(Manager Signature)	(Manager Signature)

[打印预览][保存][退出]

图 5-19　外销合同空白样本

外销合同填写说明

1. 抬头

表格上方两行空白栏，为出口商公司抬头，需要分别填写出口商的英文名称及地址。另外，在 SimTrade 系统里，外销合同的这两行设定字体为较大的字体。

2. Messrs

请详细填写交易对象（即进口商）的英文名称及地址。

3. No. 和 Date

填写合同编号和制作日期。SimTrade 里合同编号由出口商在起草合同时填入。

这里提请读者注意几种标准的表示日期的格式，如 2013 年 06 月 13 日，可以有以下表示：2013-06-13 或者 06-13-2013、2013/06/13 或者 06/13/2013、130613（这是信用证上表示日期的规范格式）、英文表示 June 13 , 2013 或者 06.13,2013。

4. 贸易术语及有关产品信息（这里包括产品编号、产品描述、数量等）

在 Unit Price 下边一栏要求填写所使用的贸易术语，如图 5-20，前一个方框写 FOB，后一个方框里写 Tianjin。

点"添加"弹出如下窗口，如图 5-20。

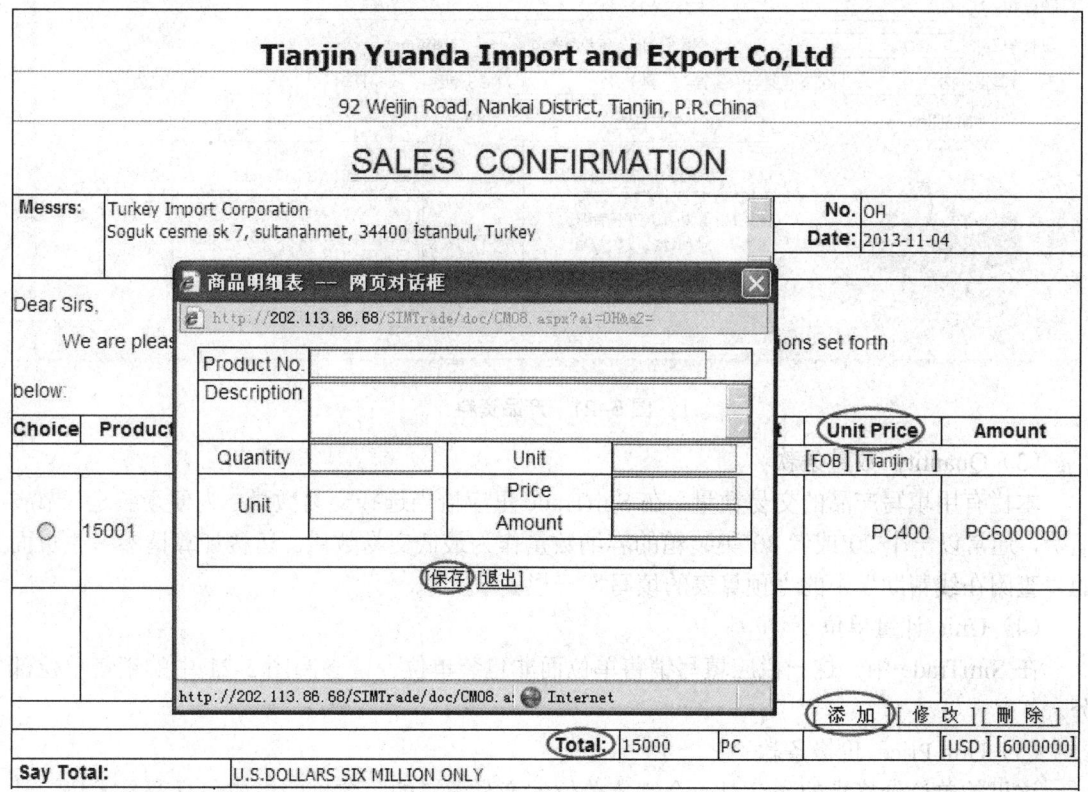

图 5-20　添加商品信息

（1）Product No. 产品编号

为了在有多种产品交易时，方便管理、记录等。在 SimTrade 中产品编号在"淘金网"的"产品展示"里查阅。

（2）Description 产品描述

这里应详细填写各项商品的英文名称及规格，这是买卖双方进行交易的物质基础和前提。在 SimTrade 中，商品的详情资料请参考在"B2B"淘金网的"产品展示"里的英文描述。查阅如图 5-21。

> **小贴士**
>
> 需要提请读者注意的是，在 SimTrade 里所有单据中有关产品描述的部分必须与"淘金网"的商品资料里商品的英文名称及英文描述完全一致，否则可能导致单据填写准确率下降。

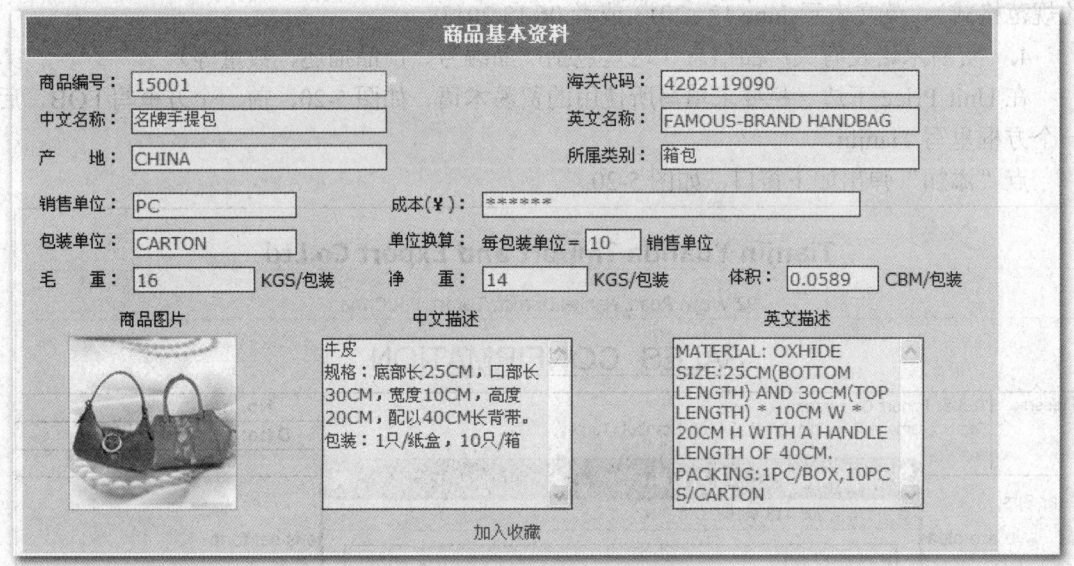

图 5-21 产品资料

（3）Quantity 数量条款

本栏有用填写产品的交易数量。在 SimTrade 里应恰当选择交易数量，为便于装运、节省运费，通常以一个 20'或者 40'集装箱的容纳数量作为最低交易数量。运费计算请参考主页面的"查阅在线帮助"中的"预算表的填写"一栏。

（4）Unit 计量单位

在 SimTrade 中，这一栏应填写销售单位而非包装单位，请参阅图 5-21 中的销售单位部分。

（5）Unit Price 价格条款

这里的单位价格指的是针对一个销售单位的产品而言的。单价的组成包括贸易术语、计价货币与单价金额等内容。注：国际贸易中币种的选择由交易双方来决定，一般选择交易一方的国家币种或者币值相对稳定的币种。如：FOB Tianjin USD 80。

（6）Amount 总金额

这里需要列明币种及各项商品的总金额（即总金额与各项商品相对应）。

(7) Total 货物总计

分别填入对应栏的所有货物累计的总数量与总金额（包括相应的计量单位与币种）。在 SimTrade 中，如交易两种或两种以上销售单位不同的商品时，此合计处单位统一表示为"PACKAGE"。

5. Say Total 总价合计

以文字（大写）写出该笔交易的总金额，必须与货物总价数字表示的金额一致。如：ONE THOUSAND AND TWO HUANDRED THOUSAND ONLY。

6. Payment 支付条款

支付条款它规定了货款及其从属费用的支付工具、支付方式等内容。支付方式有很多种，SimTrade 中选用了其中 4 种最常用的方式：L/C（信用证）、D/P（付款交单）、D/A（承兑交单）及 T/T（电汇）。进入出口商主页面，点"业务中心"里标志为"进口商"的建筑物，在弹出的页面中，点"起草合同"。请选择其中一种，再将支付条款的具体要求填上即可。

7. Packing 包装条款

一般包括包装材料、包装方式、和每件包装中所含物品的数量或者重量等内容。在 SimTrade 中，可参考图 5-21 里的"英文描述"里的"packing"。

8. Port of Shipment 起运港

在 SimTrade 中为中国港口。

9. Port of Destination 目的港

通常由买方在询盘时已告知卖方。

10. Shipment 装运条款

这一栏的填写内容需要包括装运时间、装运港、目的港，以及分批装运和转运等内容。

11. Shipping Mark 运输标志

运输标志也称装运唛头。可以是图案、文字或号码。如果交易双方约定没有唛头，应填写"No Mark"或者"N/M"。**注意：这一部分需要读者准确填写，而且还要保持各单据的一致性。**

12. Quality 质量条款

这一栏内容是对商品的质量、等级、规格等的具体规定，是买卖双方交接货物时的品质依据。

13. Insurance 保险条款

这一栏内容与贸易术语的选择有关。在 FOB、CFR 条件下，由买方投保，这一栏填写"Insurance effected by buyer"。在 CIF 条件下，由卖方投保，应该具体表明投保的险别、保险金额等内容。在 SimTrade 中，保险条款请在"B2B"淘金网的"保险费"页面查询。

14. Remarks 备注

填写本合同的特殊规定或者其他条款。

15. Manager Signature（BUYERS、SELLERS）进（出）口商公司负责人签名

先填公司英文名称，再填公司的法人英文名称。（注：如果出口商起草合同，当填写合同时，只需填写"SELLERS"信息，待进口商确认合同时，由进口商填写"BUYERS"信息。）

按照以上要求填写合同，点"保存"。形成如图 5-22 的合同样本。

Tianjin Yuanda Import and Export Co,Ltd

92 Weijin Road, Nankai District, Tianjin, P.R.China

SALES CONFIRMATION

Messrs:	Turkey Import Corporation Soguk cesme sk 7, sultanahmet, 34400 İstanbul, Turkey		No.	ContractH
			Date:	2013-06-13

Dear Sirs,

We are pleased to confirm our sale of the following goods on the terms and conditions set forth below:

Choice	Product No.	Description	Quantity	Unit	Unit Price [FOB] [Tianjin]	Amount
○	15001	MATERIAL: OXHIDE SIZE:25CM(BOTTOM LENGTH) AND 30CM (TOP LENGTH) * 10CM W * 20CM H WITH A HANDLE LENGTH OF 40CM. PACKING:1PC/BOX,10PCS/CARTON	15000	PC	USD80	USD1200000
		Total:	15000	PC		[USD] [1200000]

Say Total:	ONE THOUSAND AND TWO HUANDRED THOUSAND ONLY
Payment:	L/C
Packing:	1PC/BOX,10PCS/CARTON Each of the carton should be indicated with the Item No.,Name of the Table,G.W.,and c/No.
Port of Shipment:	Tianjin
Port of Destination:	ISTANBUL
Shipment:	All of the goods will be shipped from Tianjin to Istanbul before December 15,2012 subject to T/T reaching the SELLER by the early of January 2013.Partial shipments and transhipment are not allowed.
Shipping Mark:	FAMOUS-BRAND HANDBAG Turkey C/NO.1-1500 MADE IN CHINA
Quality:	As per sample submitted by seller
Insurance:	Insurance effected by buyer
Remarks:	The Buyer are requested to sigh and return one copy of this Confirmation immediately after receipt of the same.

BUYERS	SELLERS
Turkey Import Corporation	Tianjin Yuanda Import and Export Co,Ltd
Joy	*Rachel*
(Manager Signature)	(Manager Signature)

图 5-22 外销合同样本

三、合同的检查及取消

1. 在业务画面中点"检查合同",如图 5-23。确认合同填写无误。

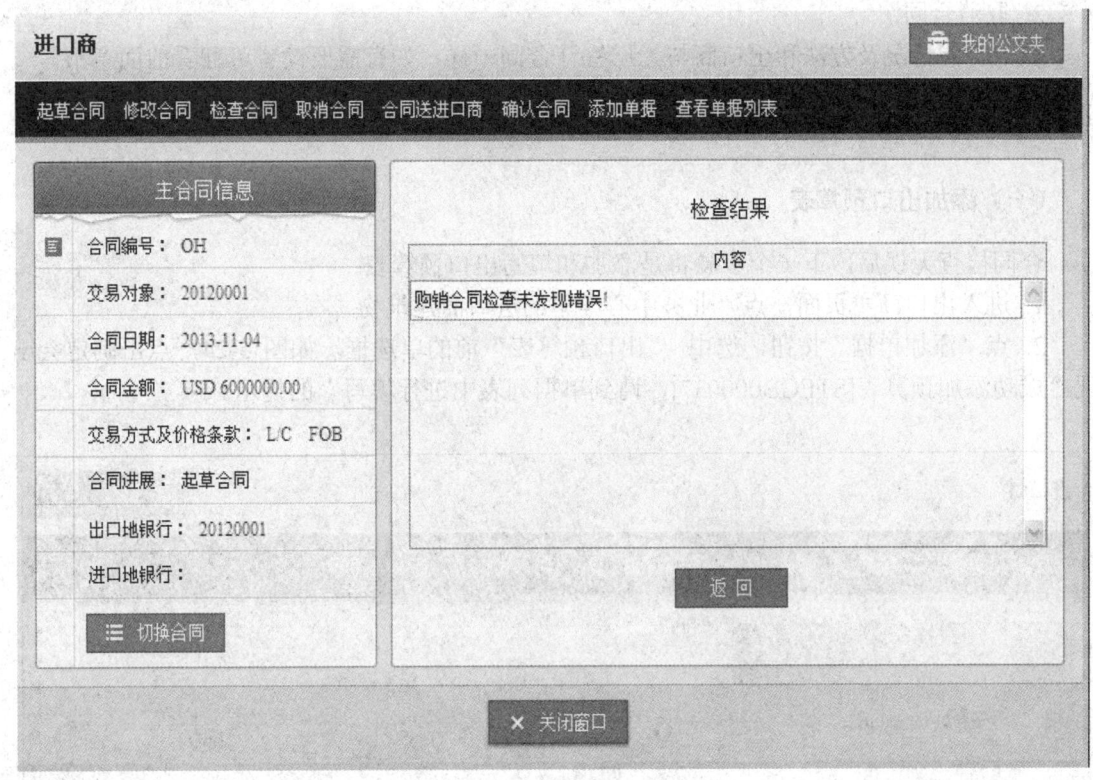

图 5-23 检查合同

在 SimTrade 中,这里提请读者注意,检查合同的过程中一般会出现以下错误:

(1)进出口商的名称和地址的错误。通过实际操作,发现很多同学经常会这方面出现错误。因为 SimTrade 平台自动识别的是与公司资料里的内容完全一致。因此,建议读者在操作的时候直接从资料库里将厂商资料完整复制过来,这样就可以避免以上错误。

(2)有关商品描述的部分里的易错点有:①商品描述 description。在 SimTrade 中单据里的 description 要包括两个部分:其一为产品的英文名称,其二为产品资料库里的英文描述。如图 5-21,产品 15001 的 description 为 Famous-hand bag Material: ox hide Size:25 CM(bottom length)and 30 CM (top length)*10CM*20 CM H with A handle length of 40 CM Packing:1 PC/BOX, 10 PCS/CARTON;②单位 unit。在有关商品描述里的单位要填销售单位,注意:不是所有的产品的销售单位与包装单位都一样。例如产品 15001 的销售单位为 PC,包装单位为 CARTON;③贸易术语。外销合同中术语这一部分最容易忘记填写,所以这里提醒读者特别注意。术语应该与城市匹配准确,FOB+出口国城市,如 FOB Tianjin,CIF+进口国港口城市,如 CIF London。

(3)运输标志 Shipping mark。这一部分为易错点。要填写的很准确,后面的单据要与合同里的完全一致。

（4）包装部分应该与淘金网里的产品资料一致。

（5）进出口商法人代表签名部分，读者应该填与资料里的企业法人英文名字完全一致。建议读者将资料库里的法人英文签名复制过来。

2. 取消合同

取消合同情况及方法和出口商与工厂签订合同一样，如有需要读者可翻看前面章节。

四、出口预算表的添加与填写

（一）添加出口预算表

合同检查无误后，下一个步骤将是添加和填写出口预算表：

1. 进入出口商主页面，点"业务中心"里的进口商建筑物。

2. 点"添加单据"按钮，选中"出口预算表"前的单选框，如图 5-24，点击确定会出现"成功添加预算表[STEGB000037]，请到单据列表中进行填写"的提示。

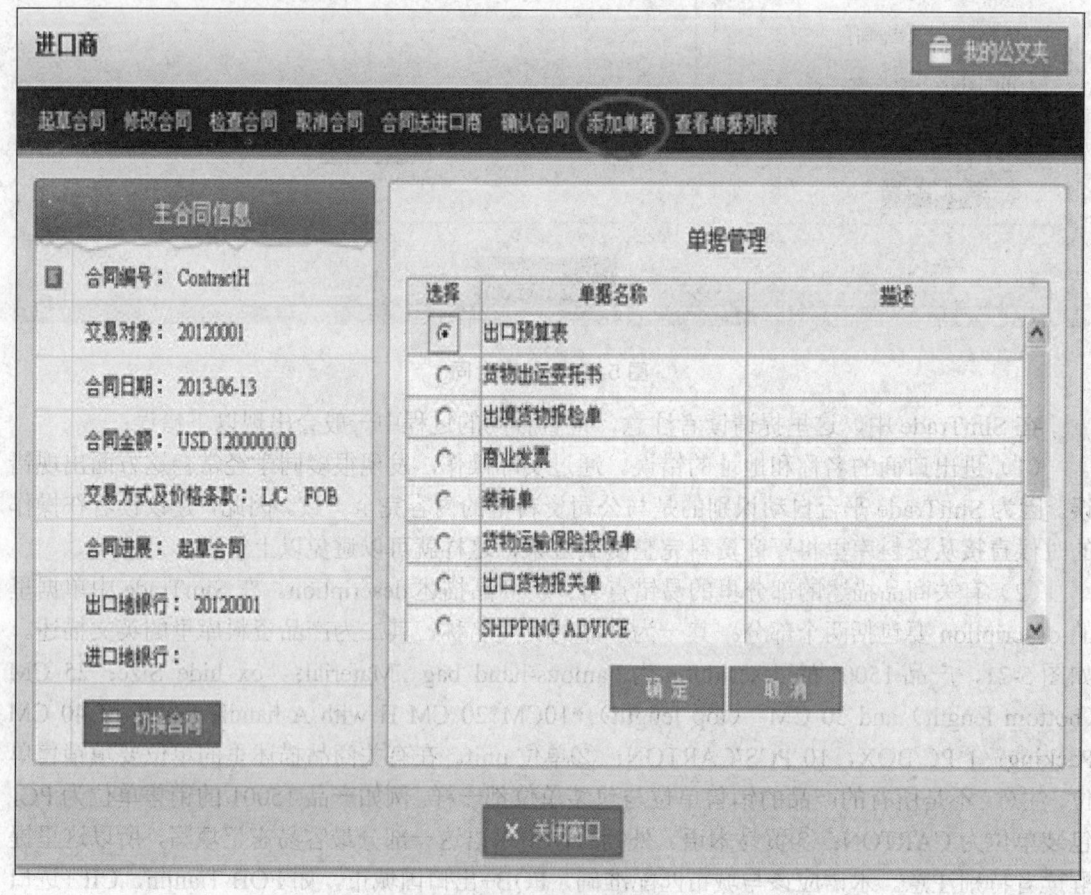

图 5-24　添加出口预算表

3. 点"查看单据列表"，再点出口预算表对应的单据编号 STEGB000037，弹出空白预算表。如图 5-25。

出口预算表

合同号：	ContractH	
预算表编号：	STEBG000037	（注：本预算表填入的位数全部为本位币）

项目	预算金额	实际发生金额
合同金额		0.00
采购成本		0.00
FOB总价		0.00
内陆运费		0.00
报检费		0.00
报关费		0.00
海运费		0.00
保险费		0.00
核销费		0.00
银行费用		0.00
其他费用		0.00
退税收入		0.00
利润		0.00

[打印] [保存] [退出]

图 5-25 出口预算表

（二）出口预算表填写

1. 合同金额

合同金额即双方议定的合同金额，注意需换算成本币（注意预算表中的所有金额都要以本币来表示）。

2. 采购成本

采购成本，即产品的采购价格与数量的乘积。通过邮件和工厂联络，询问采购价格，用以成本核算。

3. FOB 总价

FOB 总价即交易双方在签订合同时所订的货物 FOB 价总金额。此处出口商在出口报价时就应综合考虑，首先计算出采购成本，然后加上各项费用支出（在报价时可大致估算，填写预算表时是一个确定的价格），并给出一定的利润空间，在此基础上进行报价，如不是 FOB 价，则要进行换算。

    由 CFR 换算成 FOB 价：FOB＝CFR－海运费
    由 CIF 换算成 FOB 价：FOB＝CIF－海运费－保险费
    注：海运费及保险费的算法请参照下面的说明。

4. 内陆运费

在"淘金网"的"其他费用"中，查到内陆运费率为 RMB60/立方米（注：立方米即 CBM）。内陆运费＝出口货物的总体积×60。总体积算法请参考"淘金网"的产品资料。

5. 报检费

在"淘金网"的"其他费用"中，查到报检费率为 RMB200/次。

6. 报关费

在"淘金网"的"其他费用"中,查到报关费为 RMB200/次。

7. 海运费

出口交易中,采用 CFR、CIF 贸易术语成交的条件下,出口商需核算海运费。如为 FOB 方式,则此栏填"0"。计算过程如下:

(1) 运费计算的基础

运费单位(Freight Unit),是指船公司用以计算运费的基本单位。由于货物种类繁多,打包情况不同,装运方式有别,计算运费标准不一。

① 整箱装:以集装箱为运费的单位,在 SimTrade 中有 20'集装箱与 40'集装箱两种。20'集装箱的有效容积为 25CBM,限重 17.5TNE,40'集装箱的有效容积为 55CBM,限重 26TNE,其中 1TNE=1000KGS。

② 拼箱装:由船方以能收取较高运价为准,运价表上常注记 M/W 或 R/T,表示船公司将就货品的重量吨或体积吨二者中择其运费较高者计算。

拼箱装时计算运费的单位为:

重量吨(Weight Ton):按货物总毛重,以一公吨(1 TNE=1000KGM)为一个运费吨。

体积吨(Measurement Ton):按货物总毛体积,以一立方公尺(1 Cubic Meter;简称 1MTQ 或 1CBM 或 1CUM;又称一才积吨)为一个运费吨。

(2) 毛重、净重、体积计算

首先到"淘金网"的"产品展示"中记下产品每箱的重量、体积,其次查询产品的销售单位与包装单位是否相同。

在计算重量时,对销售单位与包装单位相同的产品(如食品类产品),可直接用交易数量×每箱的毛(净)重;对销售单位与包装单位不同的产品(如玩具类、服装类产品),须先根据单位换算计算出单件的毛(净)重,再根据交易数量计算总毛(净)重。

在计算体积时,对销售单位与包装单位相同的产品(如食品类产品),可直接用交易数量×每箱的体积;对销售单位与包装单位不同的产品(如玩具类、服装类产品),须先根据单位换算计算出包装箱数,再计算总体积。(注意:包装箱数有小数点时,必须进位取整箱。)

(3) 运费计算方法

在核算海运费时,出口商首先要根据报价数量算出产品体积,再到"淘金网"的"运费查询"页,找到对应该批货物目的港的运价。如果报价数量正好够装整箱(20'集装箱或 40'集装箱),则直接取其运价为基本运费;如果不够装整箱,则用产品总体积(或总重量,取运费较多者)×拼箱的价格来算出海运费。

分类计算:

① 整箱装:整箱运费分三部分,总运费=基本运费+港口附加费+燃油附加费

如果总体积和总毛重都超过集装箱的最大容量,则需要计算整箱数。以 20'集装箱为例,计算方法为:

按体积计算整箱数:总体积÷25 = 整箱数 1

按毛重计算整箱数:总毛重÷17.5 = 整箱数 2

比较 1、2,取两者中较大的,为最大可装整箱数。

基本运费=单位基本运费×整箱数

港口附加费＝单位港口附加费×整箱数
燃油附加费＝单位燃油附加费×整箱数
②拼箱装：拼箱运费只有基本运费，分按体积与重量计算两种方式：
按体积计算，X_1＝单位基本运费（MTQ）×总体积
按重量计算，X_2＝单位基本运费（TNE）×总毛重
取 X_1、X_2 中较大的一个，为运费。

8. 保险费。

出口交易中，在以 CIF 条件成交的情况下，出口商需要到"淘金网"中"保险费"页查询保险费率，用以核算保险费。如系 CFR 或 FOB 方式，此栏填"0"。计算公式如下：

保险费＝保险金额×保险费率
保险金额＝CIF 货价×（1＋保险加成率）

在进出口贸易中，根据有关的国际惯例，保险加成率通常为 10%，出口商也可根据进口商的要求与保险公司约定不同的保险加成率。

> **小贴士**
> 1. 因一切险（或 A 险）已包括了所有一般附加险的责任范围，所以在投保一切险（或 A 险）时，保险公司对一般附加险的各险别不会再另收费。投保人在计算保险金额时，一般附加险的保险费率可不计入。
> 2. 基本险只能选择一种投保，特殊附加险则在基本险的基础上加保，如果同时加保特殊附加险中的战争险和罢工险，费率只按其中一项计算，不累加（即同时投保战争险和罢工险，费率仍是 0.80‰，而不是 1.60‰）。

9. 核销费

在"淘金网"的"其他费用"中，查到核销费为 RMB10/次。

10. 银行费用

不同的结算方式，银行收取的费用也不同（其中 T/T 方式出口地银行不收取费用），通常为总金额×银行费率，在"淘金网"的"其他费用"中可以查到相关费率。然后以合同金额为计算基础，计算银行费用。

11. 其他费用

本栏主要包括的费用有：公司综合费用、检验证书费、邮费及产地证明书费，其中检验证书费为出口商在填写出境报检单时，所申请的检验证书，每张证书收费 200 元；邮费则是在 T/T 方式下出口商向进口商邮寄单据时按次收取，每次 28 美元。以上各项费用都可以在"淘金网"的"其他费用"页面中查到，然后以合同金额为计算基础进行计算。

12. 退税收入

在"淘金网"的"税率"页面中，输入商品海关编码进行查询（例如输入商品 15001 的海关编码 4202119090，查到出口退税率为 15%，消费税从价计税率为 0）。如果一笔合同涉及到多项商品，则须分别计算再累加。其计算公式为：

商品出口退税收入＝应退增值税 + 应退消费税 = 采购成本/（1+增值税率）×出口退税率 + 采购成本×消费税税率

13. 利润

利润是将以上各项收入与支出合起来运算,即可算出。计算公式为:利润＝合同金额＋退税收入－采购成本－内陆运费－报检费－报关费－海运费－保险费－核销费－银行费用－其他费用。

⑤填写完成后如图5-26,点击"保存"。

出口预算表

合同号: ContractH
预算表编号: STEBG000037　　　　　　　　　　(注:本预算表填入的位数全部为本位币)

项目	预算金额	实际发生金额
合同金额	7577520.00	0.00
采购成本	3750000.00	0.00
FOB总价	7577520.00	0.00
内陆运费	5301.00	0.00
报检费	200.00	0.00
报关费	200.00	0.00
海运费	0.00	0.00
保险费	0.00	0.00
核销费	10.00	0.00
银行费用	10050.78	0.00
其他费用	379076.00	0.00
退税收入	480769.23	0.00
利润	3913451.45	0.00

[打印] [保存] [退出]

图 5-26　出口预算表

三、合同送进口商

合同以及出口预算表填写完成后,如果现有资金足以支持完成该笔业务,可以将合同直接送进口商,如果不足以支持需要运行步骤四:向银行贷款后再将合同送进口商进行确认。

图 5-27　合同送进口商

四、厂商如何向银行贷款

这如同实际的国际贸易操作一样,SimTrade中的公司也要考虑本企业的财务状况。因此,厂商在作出预算以后,应看看自己的财务情况,如果有需要则可向银行贷款。

图 5-28　查看财务状况

返回出口商主页面,点击"Finance"按钮,查看财务情况。如果"目前资金"足够支付预算表里的"合同金额"以及即将发生的各项费用,则出口商继续下面的操作;如果不够支付这些金额的话,出口商就需要向银行贷款。

出口商向银行贷款的操作如下:

1. 申请贷款

(1)返回出口商主页面,点击"业务中心"按钮进入,点击"出口地银行"建筑物。

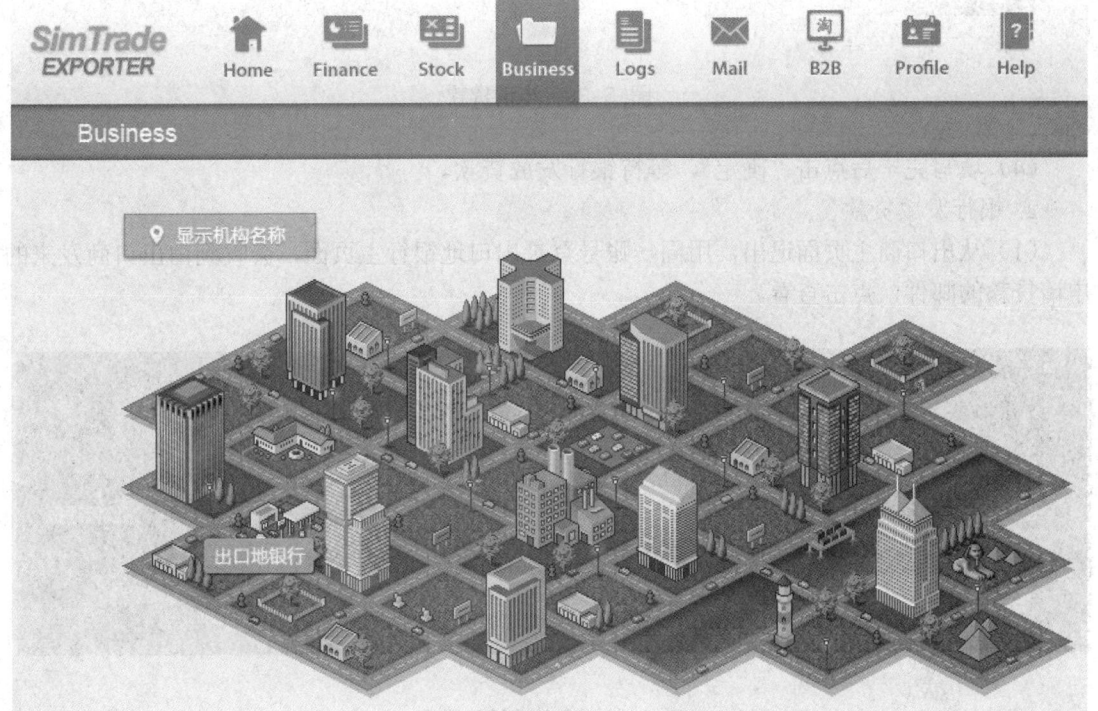

图 5-29　出口地银行建筑

(2)点击上方的"申请贷款"项,进入贷款业务画面。

(3)在相关位置填写银行编号,选择贷款币种,输入贷款金额、贷款说明,比如,"20120001",选择"RMB",输入"500000",贷款说明填写"资金周转需要"。

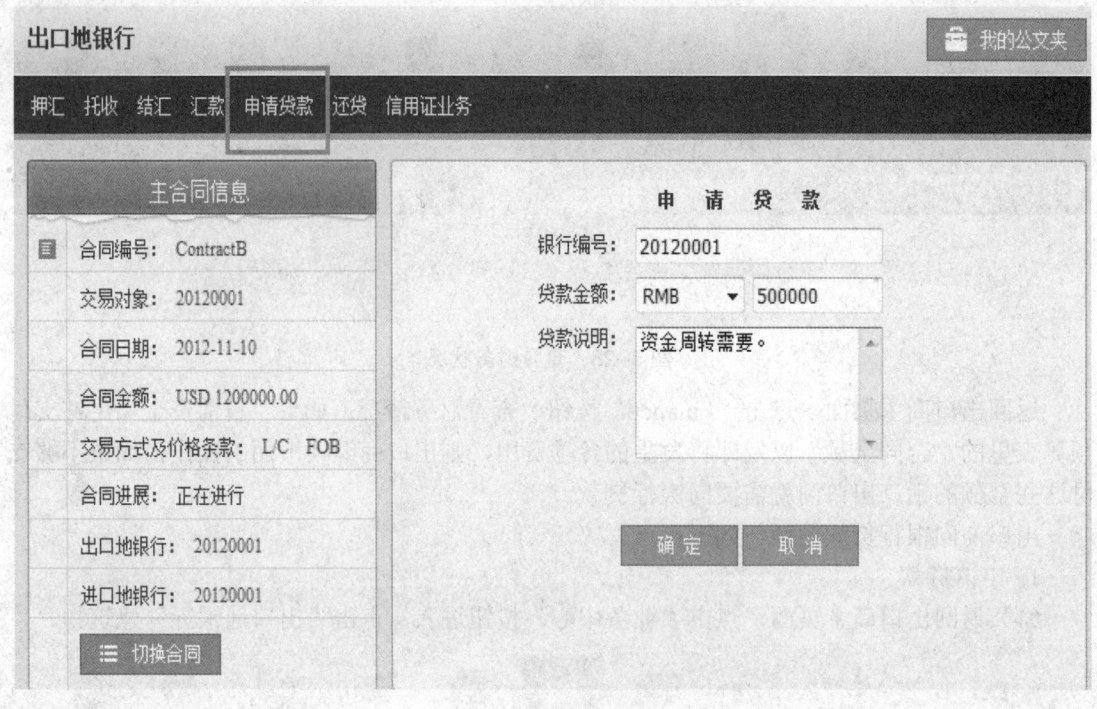

图 5-30 申请贷款

（4）填写完毕后点击"确定"，等待银行发放贷款。

2. 银行发放贷款

（1）从出口商主页面退出，用同一账号登录出口地银行主页面，会收到由出口商发来的申请贷款的邮件，点击查看。

图 5-31 出口地银行登录

（2）然后回到出口地银行的主页面，点击上方的"贷款业务"按钮，选择相应的贷款项目，点击"发放贷款"。这样再登录出口商主页面时，进入"Finance"即可查收到申请的贷款。

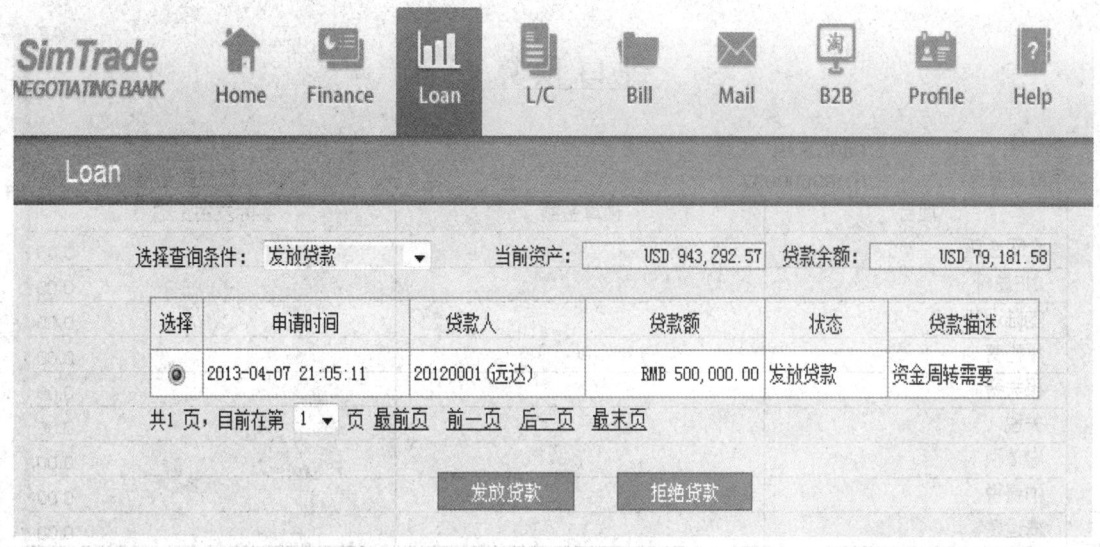

图 5-32 发放贷款

至此，取得贷款后获得足够的资金以支持该笔业务，出口商已完成外销合同的起草、发送以及出口预算表的填写，回到"业务中心"画面，点击"进口商"建筑物，然后再点击"合同送进口商"。

第三节 外销合同——进口商确认合同

在前一节的内容中，我们认识了外销合同的各项条款，学习了出口商如何起草外销合同及出口预算表的填写。在本小节中，我们将学习进口商如何填写进口预算表以及确认外销合同。

进口商登录后会收到出口商发来的要求确认合同的邮件，读取邮件后，关闭邮件系统，接下来确认合同的步骤是：添加填写进口预算表，确认合同。

一、添加填写进口预算表

1. 退出邮件系统，点"业务中心"里标志为"出口商"的建筑物。
2. 在弹出画面的左边首先点"切换"，将需要确认的合同设置为主合同。
3. 再点"修改合同"，打开合同页面查看相关条款。
4. 后点"添加单据"，选中"进口预算表"前的单选钮，点"确定"。
5. 在"查看单据列表"中点进口预算表对应的单据编号，弹出进口预算表表单（如图 5-33 所示）进行填写。

进口预算表

项目	预算金额	实际发生金额
合同号：	ContractH	
预算表编号：	STIBG000037	（注：本预算表填入的位数全部为本位币）
合同金额		0.00
CIF总价		0.00
内陆运费		0.00
报检费		0.00
报关费		0.00
关税		0.00
增值税		0.00
消费税		0.00
海运费		0.00
保险费		0.00
银行费用		0.00
其他费用		0.00

[打印] [保存] [退出]

图 5-33　进口预算表样表

进口预算表填写说明如下：

1. 合同金额

合同金额即双方议定的合同金额，注意需换算成进口商的本币。

2. CIF 总价

总价即交易双方在签订合同时所订的货品总金额。如不是 CIF 价，则要进行计算。

　　　由 FOB 换算成 CIF 价：CIF＝FOB+海运费+保险费

　　　由 CFR 换算成 CIF 价：CIF＝CFR+保险费

　　（海运费及保险费的算法请参照下面）

3. 内陆费用

在"淘金网"的"其他费用"中，查到内陆运费率为 RMB60/立方米（注：立方米即 CBM）。内陆运费＝出口货物的总体积×60。总体积算法请参考"淘金网"的产品资料。

4. 报检费

在"淘金网"的"其他费用"中，查到报检费率为 RMB200/次，当前汇率请参考"淘金网"里的汇率。

5. 报关费

在"淘金网"的"其他费用"中，查到报关费为 RMB200/次，当前汇率请参考"淘金网"里的汇率。

6. 关税

在"淘金网"的"税率"页面中，输入商品海关编码进行查询（例如输入商品 15001 的海关编码 4202119090，查到进口优惠税率为 10%）。如果一笔合同涉及到多项商品，则须分别计算再累加。计算公式为：商品进口税＝该项商品 CIF 总价×进口优惠税率（注意要用 CIF 总价，而不是合同金额）。

7. 增值税

在"淘金网"的"税率"页面中，输入商品海关编码进行查询（例如输入商品 15001 的海关编码 4202119090，查到增值税率为 17%）。如果一笔合同涉及到多项商品，则须分别计算再累加。计算公式为：商品增值税＝（该项商品 CIF 总价＋进口关税税额＋消费税税额）×增值税率。

8. 消费税

在"淘金网"的"税率"页面中，输入商品海关编码进行查询（例如输入商品 15001 的海关编码 4202119090，查到进口优惠税率为 0）。如果一笔合同涉及到多项商品，则须分别计算再累加。计算公式为：从价商品消费税＝（该项商品 CIF 总价＋进口关税税额）×消费税税率/（1－消费税税率）（注意要用 CIF 总价，而不是合同金额）　从量商品消费税＝应征消费税的商品数量×消费税单位税额。

9. 海运费

进口交易中，采用 FOB 贸易术语成交的条件下，进口商需核算海运费。如为 CIF 或 CFR 方式，则此栏填"0"。进口预算表中海运费的计算同出口预算表中海运费的计算。

10. 保险费

进口交易中，在以 FOB、CFR 条件成交的情况下，进口商需要到"淘金网"中"保险费"页查询保险费率，用以核算保险费。如系 CIF 方式，此栏填"0"。计算公式为：保险费＝保险金额×保险费率；保险金额＝CIF 货价×（1＋保险加成率）。保险金额具体计算方法如下：在进出口贸易中，根据有关的国际贸易惯例，保险加成率通常为 10%，当然，出口商也可以根据进口商的要求与保险公司约定不同的保险加成率。由于保险金额的计算是以 CIF（或 CIP）货价为基础的，因此，对外报价时如果需要将 CFR（或 CPT）价格变为 CIF（CIP）价格，或是在 CFR（或 CPT）合同项下买方要求卖方代为投保时，均不应以 CFR 价格为基础直接加保险费来计算，而应先将 CFR（或 CPT）价格换算为 CIF（或 CIP）价格后再求出相应的保险金额和保险费。

（1）按 CIF 进口时：保险金额＝CIF 货价×1.1。

（2）按 CFR 进口时：保险金额＝CFR 货价×1.1 /（1－1.1×r），其中 r 为保险费率，请在"淘金网"的"保险费"页面查找，将所投险别的保险费率相加即可。

（3）按 FOB 进口时：保险金额＝（FOB 货价＋海运费）×1.1 /（1－1.1×r），其中货价就是合同金额，海运费请在装船通知中查找，由出口商根据配舱通知填写，如果出口商填写错误，请其查看配舱通知。

11. 银行费用

不同的结汇方式，银行收取的费用也不同。在"淘金网"的"其他费用"中查询费率，然后以合同金额为计算基础计算。

12. 其他费用

本栏即进口商公司综合费用，在"淘金网"的"其他费用"中，查到进口综合费用为合同金额的 5%。计算公式为：进口综合费用＝合同金额×5%。

根据上面的填写说明，填写完成后如图 5-34，点"保存"。

进口预算表

合同号：	ContractH		
预算表编号：	STIBG000037	（注：本预算表填入的位数全部为本位币）	
项目	预算金额	实际发生金额	
合同金额	1200000		0.00
CIF总价	1218985.78		0.00
内陆运费	839.48		0.00
报检费	31.67		0.00
报关费	31.67		0.00
关税	121898.58		0.00
增值税	227950.34		0.00
消费税	0.00		0.00
海运费	7186.00		0.00
保险费	11799.78		0.00
银行费用	3360.00		0.00
其他费用	60000.00		0.00

[打印] [保存] [退出]

图 5-34 进口预算表

二、确认合同

1. 回到业务画面中，点击"修改合同"如图 5-35。

图 5-35 修改合同

2. 在弹出合同的左下方签字，分别填写公司全称和法人代表；本例中分别在两行空白栏中填入 "Turkey Import Corporation" 与 "Joy"，点"保存"，如图 5-36。

BUYERS	SELLERS
Turkey Import Corporation	Tianjin Yuanda Import and Export Co,Ltd
Joy	Rachel
(Manager Signature)	(Manager Signature)

图 5-36 合同法人尾部确认部分

3. 回到业务画面，点"确认合同"，输入合同编号（本例中为 ContractH），再输入进口地银行编号（如 20120001，此处最好找自己熟悉的银行，以免到需办理相关业务如信用证时，因找不到银行而耽误业务进程），点"确定"，如图 5-37 所示，成功确认合同。

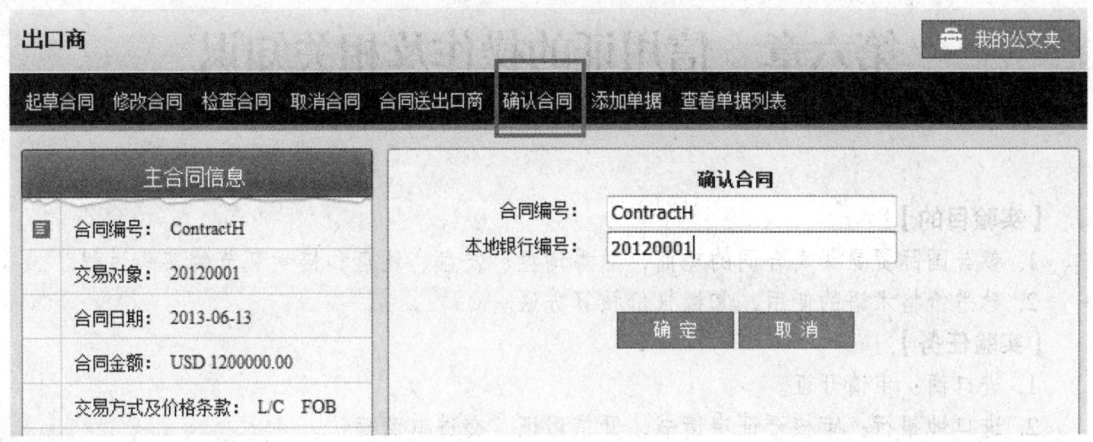

图 5-37　确认合同

本章小结

通过本章这三节内容的学习，我们了解了国内合同的履行、外销合同的签订过程。另外，为了能使整个贸易流程更顺利，我们也学习了进出口预算表的相关内容。读者在学习本章内容时，应认识到合同签订在整个交易过程中的重要性。外销合同签订的条款内容将关系到后面阶段合同的履行情况、进出口双方的利益关系等。在此认识基础上提高单据填写的准确率以及进出口预算的能力，是我们学习的目标和动力。

第六章　信用证的操作及相关知识

【实验目的】
1. 参与国际贸易买卖合同的磋商，熟悉询盘、发盘、还盘和接受环节的实践过程。
2. 熟悉价格术语的使用，掌握报价核算方法。

【实验任务】
1. 进口商：申请开证。
2. 进口地银行：审核开证申请书，开信用证，交进口商确认。
3. 进口商：确认信用证。
4. 进口地银行：通知出口地银行。
5. 出口地银行：对照合同审核信用证，填写通知书，通知出口商信用证已到。
6. 出口商：审证并接受信用证。若信用证有问题，可发邮件给进口商要求其修改。

【实验步骤与案例讲解】
在前一章中，通过学习掌握了在国际贸易中极其重要的外销合同的相关操作与知识。在本章中，我们来学习另外一个在现代国际贸易中非常重要的部分——信用证。在接下来的章节中，我们首先学习信用证的相关知识，然后再承接上一章的内容继续 SimTrade 平台的操作。

第一节　信用证的相关知识

信用证作为现代国际贸易中最为重要的结算方式，它是在银行参与国际贸易结算的过程中，从仅提供服务逐步演变到既提供服务又提供信用和资金融通来形成的。因此，信用证就能把应该由进口商来履行的付款责任，不断转为由银行来进行承担，从而保证了出口商能够安全迅速地从进口方收取货款。这样也能够保证买方按时收到相应的单据。信用证应用的意义就是，在一定程度上解决进出口商之间相互不信任的矛盾，也为双方提供融通资金的方法。

一、信用证业务概述

1. 信用证的定义

信用证（Letter of Credit，简称 L/C）又称信用状，是银行（开证行）根据申请人（一般是进口商）的要求，向受益人（一般是出口商）开立的一种有条件的书面付款保证。即开证行保证在收到受益人交付全部符合信用证规定的单据的条件下，向受益人或其指定人履行付款的责任。因此，信用证结算是依据银行开立的信用证进行的，信用证项下的所有单据是根据信用证的约定制定的。

信用证的开立可以用信函的方式，也可以用电文方式，因此信用证可以分为信开本和电开本两种形式。

信开本是指以信函格式开立、并用航空挂号等方式寄出给受益人或通知行的信用证。信开信用证是早期信用证的主要形式。

电开本是指采用电文格式开立并以电讯方式传递的信用证。通常采用的电讯方式主要有电报、电传和SWIFT。电开信用证按照电文内容的详细与否，又可以分为简电本和详电本。简电本是指电文内容较简单扼要的信用证；详电本是指电文内容详细完整的信用证。

目前，详电本信用证大多采取Telex、SWIFT两种形式开具。Telex（电传）开具的信用证因费用较高，手续繁琐，条款文句缺乏统一性容易造成误解等原因，在实务中已被方便、迅速、安全、格式统一、条款明确的SWIFT信用证取代。

对于信用证，我们除了要知道其定义，还要对其特点有所了解。信用证的特点如下：

（1）信用证作为银行信用，开证行对受益人承担第一付款责任，而且这种责任是一种独立的责任。（2）信用证是独立于合同之外的自足文件。信用证的开立以买卖合同为依据，但是，信用证一经开出，就成为一项独立的契约，不受买卖合同的约束，开证行和参与信用证业务的其他关系人只按信用证的规定办事。（3）信用证是一种单据业务。信用证业务作为一种纯粹的单据业务，也就是说信用证处理的是单据，而不是单据可能涉及的货物、服务、履约行为等。因此，开证行根据"表面相符"、"严格相符"原则履行付款责任。

2. 信用证业务中的有关当事人

信用证最基本的当事人一般有三个：开证申请人、开证行和受益人。

开证申请人（Applicant），又称开证人（Opener），是向银行提出申请开立信用证的人，一般为进口商，也就是买卖合同中的买方。

开证行（Opening Bank，Issuing Bank），是指接受开证人的请求和指示，开立信用证的银行，一般是进口商所在地的银行。

受益人（Beneficiary），是指信用证上所指定的有权使用该信用证的人，一般为出口商，也就是买卖合同的卖方。

信用证的有关当事人，除了上述三个外，还有可能会出现其他关系人，如通知行（即向出口商通知信用证的银行）、保兑行（对信用证加具保兑的银行，承担与开证行一样的付款责任）、付款行（是向受益人付款或者对受益人出具的汇票进行承兑及支付的银行）、偿付行（是按照开证行的指示，对议付行进行支付的银行，不具有第一付款人的责任）、议付行（是接受受益人符合信用证规定的汇票和其他单据的银行，且进行一定支付）、转让行（是接受受益人的信用证转让的银行）。这些银行中，有几个银行完全可以由一家银行担任，如开证行、议付行、付款行等。

3. 信用证业务的一般流程

信用证的首付程序随信用证的类型的不同而有所差异，但就其基本流程而言，大体要经过申请、开证、通知、议付、索偿、偿付、赎单等环节。我们以最为常见的不可撤销跟单议付信用证为例。其流程图如图6-1。

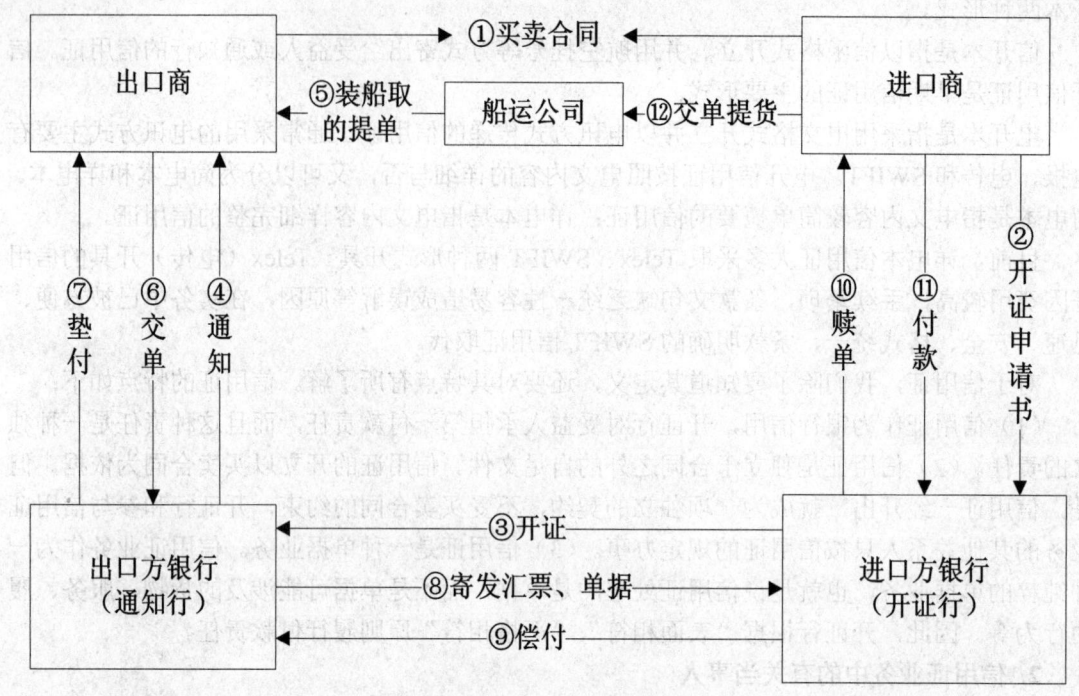

图 6-1 信用证流程图

结合本章前节的内容，SimTrade 中的信用证业务主要流程有：向开证行申请开证、开证行开证且转发给出口地银行、出口地银行通知出口商信用证后，双方按照合同规定履行责任，然后再交单、议付、付款。

第二节 信用证的申请

出口商起草合同后，送进口商确认，合同进入履约阶段。信用证条件下，合同确认后，进口商需要申请开立信用证。

一、申领进口付汇核销单

在实际国际贸易操作中，在 L/C 方式下，开证前要先申领进口付汇核销单，其他方式下则在付款前申领核销单即可。SimTrade 中同样是在开证前申领核销单。

进口付汇核销单，是指由国家外汇管理局制定格式、进口单位填写、外汇指定银行审核并凭此办理进口付汇的凭证。一份核销单只可凭此办理一次付汇。具体的步骤如下：

1. 以进口商角色登录系统，点击"业务中心"按钮进入，点击"进口地银行"建筑物。如图 6-2。

第六章　信用证的操作及相关知识　·107·

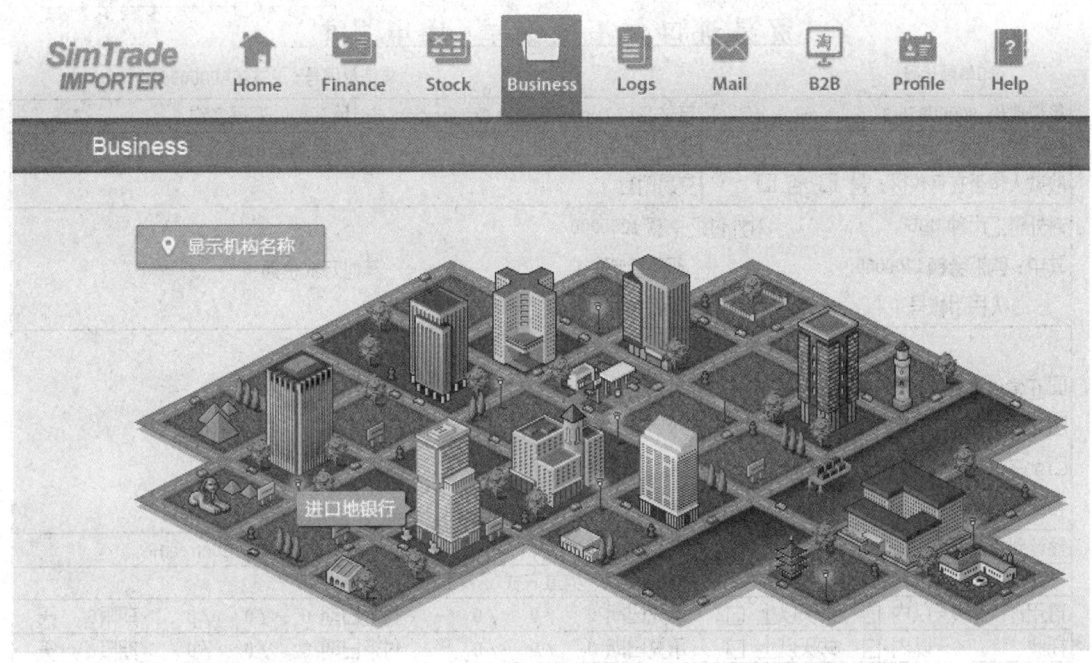

图 6-2　进口地银行

2. 进入进口商界面，点"申领核销单"如图 6-3，即领取"贸易进口付汇核销单"。

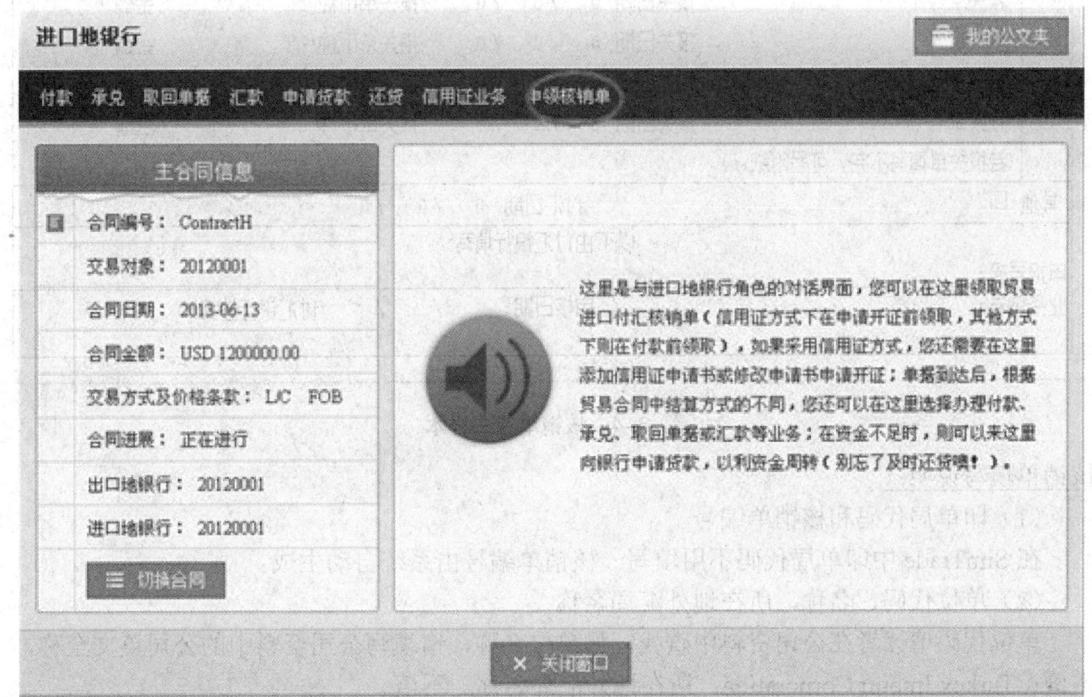

图 6-3　申领核销单

3. 关闭窗口，进入"Business"点"出口商"建筑，进入"单据列表"中进行填写（填写说明可点击表头名称蓝色字体查看），表单空白样本如图 6-4。

贸易进口付汇核销单（代申报单）

印单局代码：　　　　　　　　　　　　　　　　　　　核销单编号：STICA000036

单位代码 00000056-8	单位名称 Turkey Import Corporation	所在地外汇局名称
付汇银行名称　Bank of Turkey	收汇人国别　China	交易编码 0101
收款人是否在保税区：是 □ 否 □	交易附言	

对外付汇币种 USD　　　对外付汇总额 1200000

其中：购汇金额 1200000　　　现汇金额 0　　　其他方式金额 0

　　　人民币帐号 0　　　外汇帐号 0

付汇性质

☑正常付汇

□不在名录　　□90天以上信用证　　□90天以上托收　　□异地付汇

□90天以上到货　□转口贸易

备案表编号

预计到货日期 07/01/2013　　进口批件号　　　合同/发票号 ContractH

结算方式

信用证	90天以内 □	90天以上 □	承兑日期 0 / 0 / 0	付汇日期 0 / 0 / 0	期限 0 天
托收	90天以内 □	90天以上 □	承兑日期 0 / 0 / 0	付汇日期 0 / 0 / 0	期限 0 天

汇款	预付货款 □	货到付汇（凭报关单付汇）□		付汇日期 0 / 0 / 0
	报关单号	报关日期 0 / 0 / 0	报关单币种	金额 0
	报关单号	报关日期 0 / 0 / 0	报关单币种	金额 0
	报关单号	报关日期 0 / 0 / 0	报关单币种	金额 0
	报关单号	报关日期 0 / 0 / 0	报关单币种	金额 0
	报关单号	报关日期 0 / 0 / 0	报关单币种	金额 0
	（若报关单填写不完，可另附纸。）			

其他 □　　　　　　　　　　付汇日期 0 / 0 / 0

以下由付汇银行填写

申报号码：

业务编号：　　　　　　　　审核日期：　　/　　/　　（付汇银行签章）

[打印预览] [保存] [退出]

图 6-4　核销单空白样本

核销单填写说明：

（1）印单局代码和核销单编号

在 SimTrade 中印单局代码不用填写。核销单编号由系统自动生成。

（2）单位代码、名称，所在地外汇局名称

单位代码请读者在公司资料中查找，如单位名称，请填写公司资料中的公司英文全称，本例：Turkey Import Corporation。所在地外汇局名称，不填。

（3）付汇银行名称、收汇人国别、交易编码

其中，付汇银行名称填写进口商开户银行。本例：　BANK OF JAPAN。收汇人国别，填写出口商国别，如 CHINA。交易编码，根据对外付汇性质填写，一般为一般贸易，填写"0101"

> **小贴士**
>
> 国家外汇管理局国际收支交易编码对应表：
> 0101 一般贸易　0102 国家间、国际组织无偿援助和赠送的物资
> 0103 华侨、港澳台同胞、外籍华人捐赠物资
> 0104 补偿贸易　0105 来料加工装配贸易
> 0106 进料加工装配贸易　0107 寄售代销贸易
> 0108 边境小额贸易　0109 来料加工装配进口的设备
> 0111 租赁贸易　0112 免税外汇商品
> 0113 出料加工贸易　0114 易货贸易
> 0115 外商投资企业进口共加工内销的料、件
> 0116 其他　0201 预付货款

（4）收款人是否在保税区、交易附言

其中，保税区情况根据出口商具体情况进行选择。交易附言，是付款人对该笔对外付款用途的描述，可不填。

（5）对外付汇币种、对外付汇总额以及一些小项

对外付汇币种，应根据合同约定的币种的英文缩写填写，如"USD"；付汇总额，则根据合同金额填写；其他一些小项则根据实际请款，用阿拉伯数字填写。一般填写购汇金额，与付汇总额一样。

（6）付汇性质

在适当的付汇性质前边打"√"。其中，"正常付汇"系指除不在名录、90天以上信用证、90天以上托收、异地付汇、90天以上到货、转口贸易、境外工程使用物资、真实性审查以外无须办理进口付汇备案业务的付款业务；"90天以上信用证"及"90天以上托收"均系指付汇日期距承兑日期在90天以上的对外付汇业务；除"正常付汇"之外的各付汇性质在标注"√"时，均须对应填写备案表编号。

（7）预计到货日期、进口批件号、合同/发票号

预计到货日期，由进口商根据起运日期及进出口两国之间的距离估计预计到货日期，日期填写格式参考第五章第一节外销合同中的标准格式。进口批件号，不填。合同号及发票号要根据已有单据填写，如 Contract H、STINV000032。

（8）结算方式

应选择适当的结算方式打"√"。其中：90天以内信用证、90天以内托收的付汇日期距该笔付汇的承兑日期均小于90天且含90天；90天以上信用证、90天以上托收的付汇日期距该笔付汇的承兑日期均大于90天；结算方式为"货到付汇"时，应同时填写对应"报关单号"、"报关日期"、"报关单币种"、"金额"。

（9）付款

这里付款方式要根据情况填写。

（10）银行填写部分不需要填贴。

进口商按照以上填写说明填写完成后，如图6-5。

贸易进口付汇核销单样本

图 6-5 进口付汇核销单样本

4. 填写完成后点"保存",关闭窗口,回到原来界面点"检查",确认通过,如图 6-6。如有错误则可根据提示逐项更改。

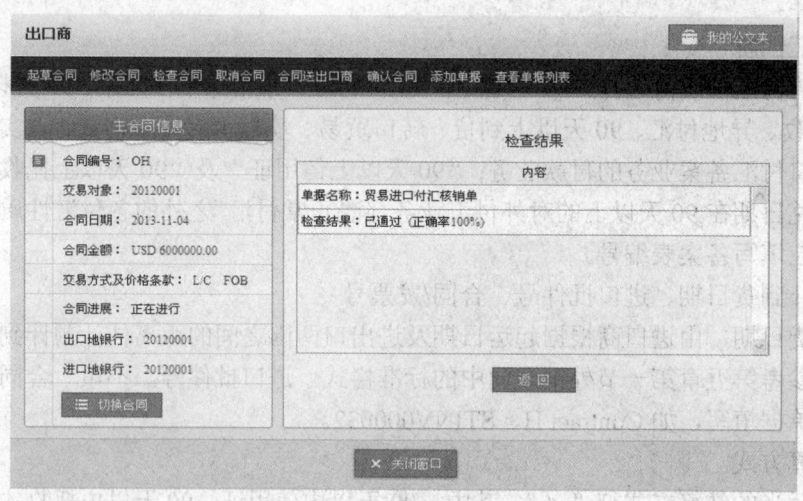

图 6-6 检查合同结果

二、申请开立信用证

进口商申领完进口付汇核销单以后,就可以向进口地银行申请开立信用证。

信用证申请书,是由申请人即进口商为从银行处取得相应信用证,向银行开立的申请开立信用证的书面凭证。

申请开立信用证步骤如下:

1. 点标志为"进口地银行"的建筑物,选择"信用证"业务。
2. 再点"添加信用证申请书",出现"添加信用证申请书[STLCA000016]成功!"的提示,添加完成后,点"信用证业务"回到信用证管理页面,如图6-7。

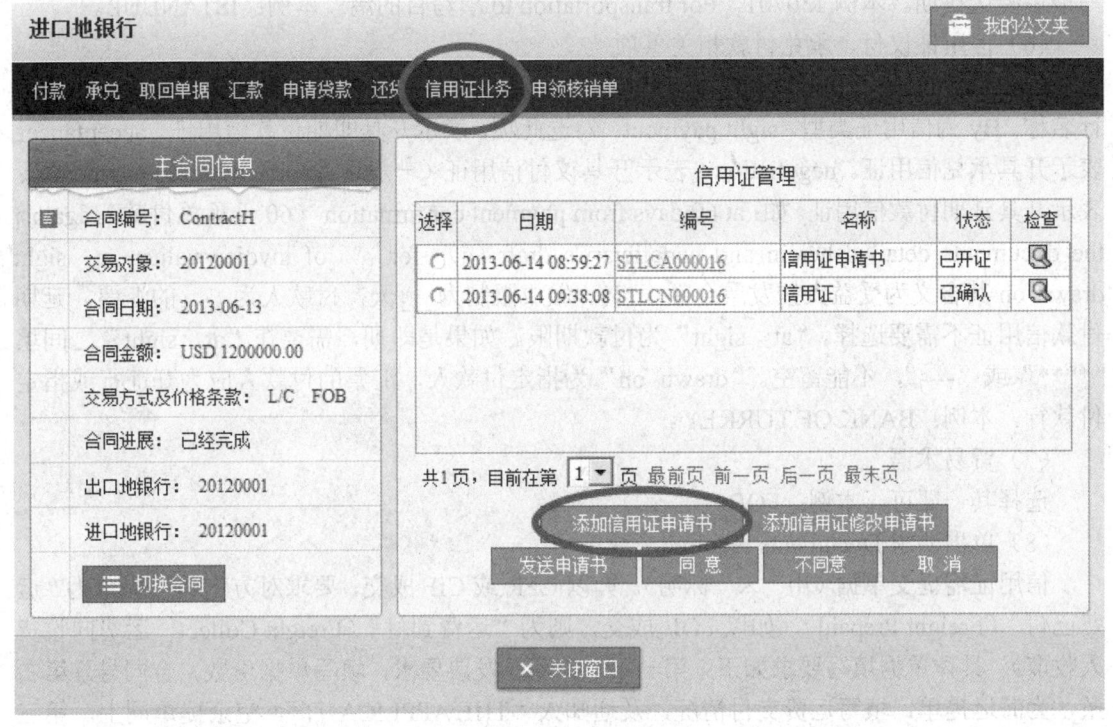

图 6-7　添加信用证申请书

3. 点新添加信用证的编号,页面弹出空白信用证申请书,表单样本参见图 6-8。

<u>信用证申请书的填写说明:</u>
（1）TO 和 DATE
TO 即向信用证申请书的抬头人,填写开证行的英文名称全称。本例:BANK OF TURKEY。DATE 即申请开立信用证的日期,本例:130615。
（2）信用证开立形式、Credit NO.和 Date and place of expiry
其中,信用证开立形式参考实际开立形式来进行填写。Credit NO.信用证号码,由银行填写。Date and place of expiry 信用证到期日、到期地点,填写信用证到期日和出口商所在国家,本例:130715 IN THE BENEFICIARY'S COUNTR。
（3）Applicant、Beneficiary
这里,Applicant 填写申请人名称和地址,都要参考公司资料里的英文名称和地址填写。Beneficiary 填写受益人的名称和地址。填写方法同上。
（4）Advising Bank、Amount
Advising Bank 填写通知行名称,一般为出口地银行名称如 Bank of China。Amount 金额,填写信用证金额,分别填写数字小写金额,英文大写金额。

（5）运输相关事项

Partial shipment 和 Transhipment 是否允许分批装运和转运，根据合同约定来选择填写。Loading on board/dispatch/taking in charge at/from，填写装运港。本例：Tianjin。not later than 填写最后装运日期。本例 130701。For transportation to 填写目的港。本例：ISTANBUL。

（6）信用证议付、承兑付款相关事项

Credit available with，填写信用证即期付款、承兑、议付、延期付款的银行，即出口地银行名称。By 为信用证类型，sight payment：勾选此项，表示开具即期付款信用证。acceptance：表示开具承兑信用证。negotiation：表示开具议付信用证（一般选此项）。deferred payment at：表示开具延期付款信用证。如：at 60 days from payment confirmation（60天承兑付款）。against the documents detailed herein and beneficiary's draft（s） for % of invoice value at sight drawn on 其含义为受益人按发票金额___%，做成限制为___天，付款人为____的汇票。延期付款信用证不需要选择。"at sight"为付款期限。如果是即期，需要在"at sight"之间填"****"或"----"，不能留空。"drawn on"为指定付款人，汇票的付款人应为开证行或指定付款行。本例：BANK OF TURKEY。

（7）贸易术语

选择其一即可。本例：FOB。

（8）单据要求 Documents required

信用证需提交单据（用"×"标明）。如以 CFR 或 CIF 成交，要求对方出具的提单为"运费已付"（Freight Prepaid），如以 FOB 成交，则为"运费到付"（Freight Collect，运费向收货人收取）。具体单据填写要求如下：第一条，为商业发票要求，填写单据份数，合同号。第二条，为海运提单，填写运费支付情况，及通知人"THE APPLICANT"。空余提单同上。第三条，为保险单，填写份数及保险加成率"110%"，赔付地填写进口国如"Turkey"，投保险种填写按照合同填写一般为"ALL RISKS AND WAR RISKS"。第四条，为装箱单，填写份数。第五条，为数量证明，可不填写。第六条，为品质证明书，可不填写。第七条，为产地证明书，填写份数及出具方"MANUFACTURER"，第八条，为装船通知书相关内容，可不填写。Other documents，if any 其他单据条款，可根据实际情况填写。本例：Shipping advice in 3 copies INDICATING L/C NO. and CONTRACT NO.。

（9）商品描述 Description of goods

商品描述要包括以下内容：商品编号、商品名称、商品描述、数量、价格。本例：MATERIAL: OXHIDE SIZE:25CM（BOTTOM LENGTH） AND 30CM（TOP LENGTH） * 10CM W * 20CM H WITH A HANDLE LENGTH OF 40CM.PACKING:1PC/BOX,10PCS/CARTON。

（10）附加条款 Additional instructions

有以下五项内容，请根据时间情况进行选填。第一项，关于银行费用，如果所有的银行费用是由受益人负担，则在前边用"×"说明。第二项，单据提交日期，在横线填入21，表示单据必须在提交运输单据的 21 天内提交。第三项，关于是否允许第三方作为运输人，请根据实际情况选填。第四项，是关于数量溢短装的条款。第五项，关于单据提交和其他一些条款。

IRREVOCABLE DOCUMENTARY CREDIT APPLICATION

TO: Bank of Turkey **DATE:** 130615

- [ ] Issue by airmail
- [ ] With brief advice by teletransmission
- [ ] Issue by express delivery
- [x] Issue by teletransmission (which shall be the operative instrument)

Credit NO. STLCA000016

Date and place of expiry 130715 IN THE BENEFICIARY'S COUNTRY

Applicant
Turkey Import Corporation
Soguk cesme sk 7, sultanahmet, 34400 Istanbul, Turkey

Beneficiary (Full name and address)
Tianjin Yuanda Import and Export Co., Ltd
92 Weijin Road, Nankai District, Tianjin, P.R.China

Advising Bank
Bank of China
8 Weijin Road BeiChen District Tianjin, China

Amount
[USD] [1200000]

Partial shipments: [x] allowed [ ] not allowed
Transhipment: [ ] allowed [x] not allowed

Credit available with Bank of China
By
- [ ] sight payment [ ] acceptance [x] negotiation
- [ ] deferred payment at Select

Loading on board/dispatch/taking in charge at/from

not later than 130701
For transportation to: ISTANBUL

- [x] FOB [ ] CFR [ ] CIF
- [ ] or other terms

against the documents detailed herein
- [ ] and beneficiary's draft(s) for 100 % of invoice value
- at ---- sight
- drawn on ISSUE BANK

Documents required: (marked with X)

1. (×) Signed commercial invoice in 6 copies indicating L/C No. and Contract No. ContractB
2. (×) Full set of clean on board Bills of Lading made out to order and blank endorsed, marked "freight [×] to collect / [ ] prepaid [ ] showing freight amount" notifying THE APPLICANT
   ( ) Airway bills/cargo receipt/copy of railway bills issued by _____ showing "freight [ ] to collect/ [ ] prepaid [ ] indicating freight amount" and consigned to _____.
3. (×) Insurance Policy/Certificate in 3 copies for 110 % of the invoice value showing claims payable in Turkey in currency of the draft, blank endorsed, covering ALL RISKS AND WAR RISKS.
4. (×) Packing List/Weight Memo in 3 copies indicating quantity, gross and weights of each package.
5. ( ) Certificate of Quantity/Weight in 0 copies issued by _____.
6. ( ) Certificate of Quality in 0 copies issued by [ ] manufacturer/[ ] public recognized surveyor _____.
7. (×) Certificate of Origin in 3 copies issued by MANUFACTURER.
8. ( ) Beneficiary's certified copy of fax / telex dispatched to the applicant within 0 hours after shipment advising L/C No., name of vessel, date of shipment, name, quantity, weight and value of goods.

Other documents, if any
SHIPPING ADVICE IN 3 COPIES INDICATING L/C NO. AND CONTRACT NO.

Description of goods:
15001 FAMOUS-BRAND HANDBAG
MATERIAL: OXHIDE
SIZE: 25CM(BOTTOM LENGTH) AND 30CM(TOP LENGTH) * 10CM W * 20CM H WITH A HANDLE LENGTH OF 40CM.
PACKING: 1PC/BOX, 10PCS/CARTON
QUANTITY: 15000PC

Additional instructions:
1. (×) All banking charges outside the opening bank are for beneficiary's account.
2. (×) Documents must be presented within 21 days after date of issuance of the transport documents but within the validity of this credit.
3. (×) Third party as shipper is not acceptable, Short Form/Blank B/L is not acceptable.
4. ( ) Both quantity and credit amount 0 % more or less are allowed.
5. ( ) All documents must be forwarded in _____
   ( ) Other terms, if any

[打印预览] [保存] [退出]

图 6-8　信用证申请书样本

4. 申请书填写完成后,回到"信用证业务"的画面,点击"检查"按钮,如图6-9。

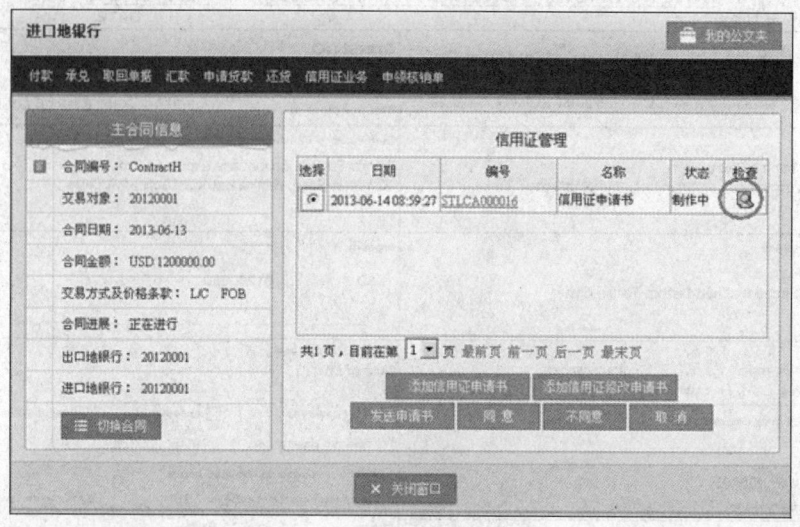

图 6-9 检查信用证申请书

5. 检查申请书的填写情况,确认通过,如图6-10。

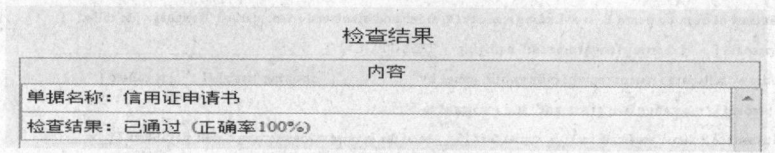

图 6-10 信用证申请书检查结果

6. 仍在信用证管理画面中,选中对应信用证申请书前的单选钮,点"发送申请书"。会弹出窗口"成功发送信用证申请书[STLCA000016],请等待进口地银行开证"提示。下一节将介绍有关信用开立的内容。

第三节 信用证的开立

在本章第二节中,介绍了信用证申请的相关内容。在本节中,将介绍有关信用证开立以及发送信用证通知书的相关内容。

一、进口地银行开立信用证

1. 以进口地银行账号登录,会在右下角有提示新邮件的窗口,点击进入查看进口商申请开立信用证的邮件。

第六章 信用证的操作及相关知识 ·115·

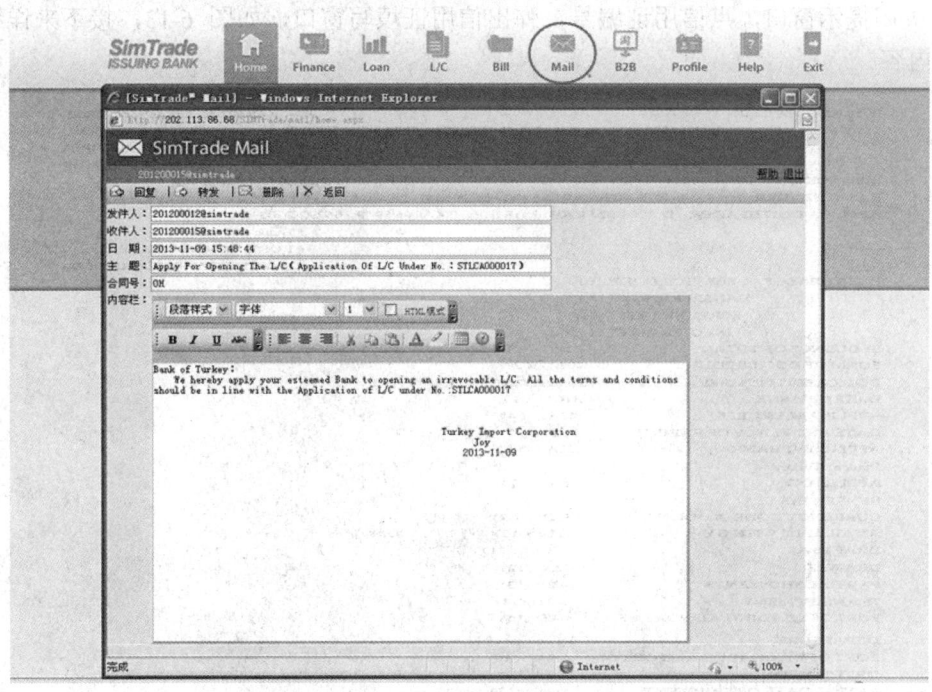

图 6-11 查收进口商申请信用证邮件

2. 返回进口地银行主页面，点击"L/C 信用证"按钮。在选择查询条件栏选择"申请中"，在下边会显示出在申请中的全部申请书。首先找到进口商发来的信用证申请书，点击最后边的"检查"按钮，会弹出"检查结果"窗口，若检查结果显示"已通过（正确率 100%）"即可关闭窗口，进行"开证"。

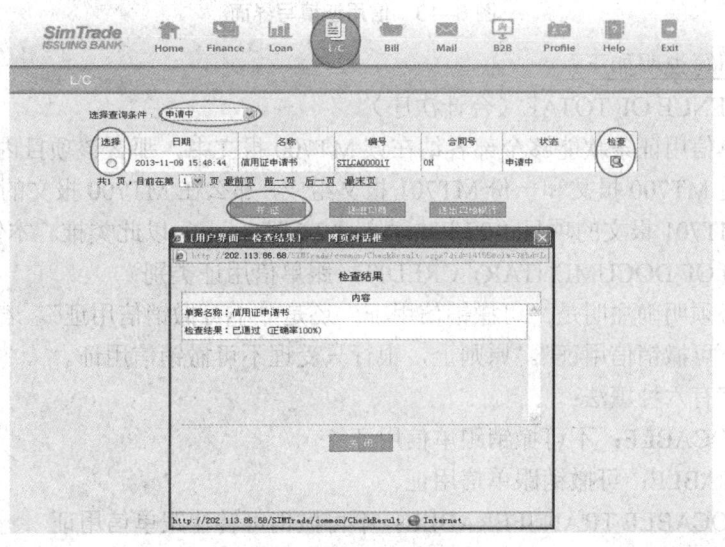

图 6-12 检查信用证

3. 选中所要开的信用证申请书，点击"开证"。会弹出"开证成功，信用证号码为 [STLCA000016]，请填写信用证详细内容！"的提示窗口提示开证成功。

4. 关闭提示窗口,点信用证编号,弹出信用证填写窗口,如图 6-13,接下来详细填写信用证内容。

```
2013JUN14 09:23:20                                              LOGICAL TERMINAL TX02
MTS700           ISSUE OF A DOCUMENTARY CREDIT                  PAGE 00001
                                                                FUNC JSSWPR3
         MSGACK DWS7651 AUTH OK,KEY 800608209623F015, BKCHCNBJ ARIBEGCX RECORD
                                                                UMR 55248937
         BASIC HEADER        F 01 BKCHCNBJA940 1484 205537
         APPLICATION HEADER  O 700 0924 070312 ARIBEGCXA006 8949 866292 070312 1524 N
                                                               * Bank of Turkey
                                                               * PORT ISTANBUL
                                                               * (PORT ISTANBUL BRANCH)
         USER HEADER    SERVICE CODE 103:
                        BANK PRIORITY 113:
                        MSG USER REF. 108:
                        INFO. FROM CI 115:
                SEQUENCE OF TOTAL          :27:   (1)
                FORM OF DOC.CREDIT         :40A:  (2)
                DOC.CREDIT NUMBER          :20:   STLCN000017
                DATE OF ISSUE              :31C:  (3)
                APPLICABLE RULES           :40E:  (4)
                DATE AND PLACE OF EXPIRY   :31D:  (5)
                APPLICANT BANK             :51A:  (6)
                Bank of Turkey
                APPLICANT                  :50:   (7)
                BENEFICIARY                :59:   (8)
                CURRENCY CODE, AMOUNT      :32B:  [  (9)   ][            ]
                AVAILABLE WITH BY          :41D:  (10)
                DRAFTS AT                  :42C:  (11)
                DRAWEE                     :42A:  (12)
                PARTIAL SHIPMENTS          :43P:  (13)
                TRANSHIPMENT               :43T:  (14)
                PORT OF LOADING/AIRPORT OF :44E:  (15)
                DEPARTURE
                PORT OF DISCHARGE/AIRPORT OF :44F: (16)
                DESTINATION
                LATEST DATE OF SHIPMENT    :44C:  (17)
                DESCRIPTION OF GOODS       :45A:  (18)
                AND/OR SERVICES
                DOCUMENTS REQUIRED         :46A:  (19)
                ADDITIONAL CONDITIONS      :47A:  (20)
                CHARGES                    :71B:  (21)
                PERIOD FOR PRESENTATION    :48:   (22)
                CONFIRMATION INSTRUCTIONS  :49:   (23)
                ADVISE THROUGH BANK        :57D:  (24)
                TRAILER          ORDER IS <MAC> <PAC> <ENC> <CHK> <TNG> <PDE>
                                 MAC:603CBEE1
                                 CHK:7E68521BC2B7
```

图 6-13 信用证填写界面

信用证的填写说明如下:

(1) SEQUENCE OF TOTAL(合计次序)

如果该跟单信用证条款能够全部容纳在该 MT700 报文中,那么该项目内就填入"1/1"。如果该证由一份 MT700 报文和一份 MT701 报文组成,那么在 MT700 报文的项目"27"中填入"1/2",在 MT701 报文的项目"27"中填入"2/2"。……,以此类推。本例中写:1/1。

(2) FORM OF DOCUMENTARY CREDIT(跟单信用证类别)

信用证中必须明确注明是"可撤销信用证"还是"不可撤销信用证"。若没有明示此点,则视该证为"不可撤销信用证"。原则上,银行只受理不可撤销信用证。

该项目内容有六种填法:

① IRREVOCABLE:不可撤销跟单信用证

② REVOCABLE:可撤销跟单信用证

③ IRREVOCABLE TRANSFERABLE:不可撤销可转让跟单信用证

④ REVOCABLE TRANSFERABLE:可撤销可转让跟单信用证

⑤ IRREVOCABLE STANDBY:不可撤销备用信用证

⑥ REVOCABLE STANDBY:可撤销备用信用证

本例：IRREVOCABLE。

详细的转让条款应在项目"47A"中列明。

:20:DOCUMENTARY CREDIT NUMBER（信用证号码）

该项目列明开证行开立跟单信用证的号码。在 SimTrade 中，该编号已由系统自动产生。

（3）DATE OF ISSUE（开证日期）

该项目列明开证行开立跟单信用证的日期。本例：130715。

如果报文无此项目，那么开证日期就是该报文的发送日期。

（4）APPLICABLE RULES（适用规则）

该项目列明信用证的适用规则。SimTrade 里的信用证遵守跟单信用证统一惯例最新版本，即 UCP600。

这里统一填写"UCP LATEST VERSION"或"UCP600"。

（5）DATE AND PLACE OF EXPIRY（到期日及地点）

该项目列明跟单信用证最迟交单日期和交单地点，根据开证申请书"Date and place of expiry"填写。本例：130715 INTHE BENEFICIARY'S COUNTRY。

（6）APPLICANT BANK（申请人的银行）

该项目列明开证行即进口地银行名称，本例：Bank of Turkey。

在 SimTrade 中，进口地银行名称可在淘金网"银行"中的银行基本资料中查找。

（7）APPLICANT（申请人）

列明申请人名称及地址，又称开证人（opener）。系指向银行提出申请开立信用证的人，一般为进口人，就是买卖合同的买方。开证申请人为信用证交易的发起人。

在 SimTrade 中，填写进口商的名称和地址，需与合同一致，可在淘金网"公司库"中复制进口商的名称和地址。

本例：Turkey Import Corporation

Soguk cesme sk 7, sultanahmet, 34400 İstanbul, Turkey。

（8）BENEFICIARY（受益人）

列明受益人名称及地址，系指信用证上所指定的有权使用该信用证的人。一般为出口人，也就是买卖合同的卖方。受益人通常也是信用证的收件人（addressee），他有按信用证规定签发汇票向所指定的付款银行索取价款的权利，但也在法律上以汇票出票人的地位对其后的持票人负有担保该汇票必获承兑和付款的责任。

在 SimTrade 中，填写出口商的名称和地址，需与合同一致，可在淘金网"公司库"中复制出口商的名称和地址。

本例：Tianjin Yuanda Import and Export Co,Ltd

92 Weijin Road, Nankai District, Tianjin, P.R.China。

（9）CURRENCY CODE，AMOUNT（币别代号、金额）

根据交易金额填写，需与合同一致。本例：USD1200000。

（10）AVAILABLE WITH BY（向……银行押汇，押汇方式为……）

根据申请书的相关内容，指定有关银行及信用证兑付方式。

该项目列明被授权对该证付款、承兑或议付的银行及该信用证的兑付方式。

① 银行表示方法：

当该项目代号为"41A"时，银行用 SWIFT 名址码表示。

当该项目代号为"41D"时，银行用行名地址表示。

如果信用证为自由议付信用证时，该项目代号应为"41D"，银行用"ANY BANK IN……（地名/国名）"表示。

如果该信用证为自由议付信用证，而且对议付地点也无限制时，该项目代号应为"41D"，银行用"ANY BANK"表示。

② 兑付方式表示方法：

分别用下列词句表示：

BY PAYMENT：即期付款

BY ACCEPTANCE：远期承兑

BY NEGOTIATION：议付

BY DEP PAYMENT：迟期付款

BY MIXED PYMT：混合付款

如果该证系迟期付款信用证，有关付款的详细条款将在项目"42P"中列明；如果该证系混合付款信用证，有关付款的详细条款将在项目"42M"中列明。

在 SimTrade 中，此栏填写内容应与不可撤销信用证开证申请书中的 Credit available with（押汇银行即出口地银行）相一致。

本例：Bank of China BY NEGOTIATION（可在中国银行押汇）。

（11）DRAFTS AT（汇票期限）

该项目列明跟单信用证项下汇票付款期限。按照信用证开证申请书所选汇票期限填写，如果是即期，即申请书选了"----"，则填"AT SIGHT"；如果是远期，则照申请书填写。

本例：AT 30 DAYS AFTER SIGHT。

（12）DRAWEE（付款人）

该项目列明跟单信用证项下汇票的付款人。汇票付款人通常是开证银行、信用证申请人或开证银行指定的第三者。本例中选择开证行，故填写 ISSUE BANK。

注：该项目内不能出现账号。

在 SimTrade 中，本栏按照信用证开证申请书上的汇票付款人，即"drawn on"所列内容填写。

（13）PARTIAL SHIPMENTS（分批装运）

该项目列明跟单信用证项下分批装运是否允许。填"ALLOWED"或"NOT ALLOWED"。需与信用证开证申请书一致。本例：NOT ALLOWED，即不允许分批装运。

（14）TRANSHIPMENT（转运）

该项目列明跟单信用证项下货物转运是否允许。填"ALLOWED"或"NOT ALLOWED"。需与信用证开证申请书一致。本例："NOT ALLOWED"，即不允许转运。

（15）ON BOARD/DISP/TAKING CHARGE（由……装船/发运/接管）

该项目列明跟单信用证项下装船、发运和接受监管的地点，即装运港，需与信用证开证申请书一致。本例为转运港为天津，故填写：TIANJIN。

（16）FOR TRANSPORTATION TO（装运至……）

该项目列明跟单信用证项下货物最终目的地，需与信用证开证申请书一致。

（17）LATEST DATE OF SHIPMENT（最迟装运日）

该项目列明最迟装船、发运和接受监管的日期,需与信用证开证申请书"not later than"一致。日期填写格式是,年份最后两位加月份加日。本例:130701。

(18) DESCRIPTION OF GOODS AND/OR SERVICES(货物描述及/或交易条件)

货物描述与价格条款,如 FOB、CIF 等,列在该项目中。在 SimTrade 中,此栏填写货物描述+价格条款,其中货物描述需复制信用证申请书"Description of goods",价格条款需与合同一致。

本例:15001 FAMOUS-BRAND HANDBAG
MATERIAL: OXHIDE
SIZE:25CM(BOTTOM LENGTH) AND 30CM(TOP LENGTH) * 10CM W * 20CM H WITH A HANDLE LENGTH OF 40CM。
PACKING:1PC/BOX,10PCS/CARTON。

(19) DOCUMENTS REQUIRED(应具备单据)

根据信用证申请书填写,如果信用证规定运输单据的最迟出单日期,该条款应和有关单据的要求一起在该项目中列明。

本例:+SIGNED COMMERCIAL INVOICE IN 6 COPIESINDICATING L/C NO. STLCN000454 AND CONTRACT NO. CONTRACTB.
+FULL SET OF CLEAN ON BOARD OCEAN BILLS OF LADING MADE OUT TO ORDER AND BLANK ENDORSED, MARKED "FREIGHT COLLECT" NOTIFYING THE APPLICANT.
+INSURANCE POLICY /CERTIFICATE IN 3 COPIES FOR 110.00% OF THE INVOICE VALUE SHOWING CLAIMS PAYABLE IN JAPAN IN CORRENCY OF THE DRAFT, BLANK ENDORSE, COVERING ALL RISKS AND WAR RISKS.
+PACKING LIST/WEIGHT MEMO IN 3 COPIES INDICATING QUANTITY, GROSS AND WEIGHTS PACKAGE.
+CERTIFICATE OF ORIGIN IN 3 COPIES ISSUED BY MANUFACTURER.
+SHIPPING ADVICE IN 3COPIES INDICATING L/C NO. AND CONTRACT NO.

在 SimTrade 中,此栏需完全按照信用证申请书"Documents required"项填写,打"×"表示选中,则此行内容需完全复制(包括标点)。

小贴士

1. 第一行句末没有句号,注意信用证上也不要出现句号。

2. 有横线的部分需特别注意,如果横线上没有填写,则横线前后的单词也无需复制。
例:如果第一句 L/C No.后的横线上没有填写,则这句话就写成:SIGNED COMMERCIAL INVOICE IN X COPIES INDICATING   CONTRACT No. XXX,即横线前的 L/C NO.和横线后的"AND"都需舍去。

3. 如第二句的后半句:marked "freight [　]to collect / [　] prepaid [　] indicating freight amount",打叉表示选中的是括号后的内容。
例如:marked "freight [X] to collect / [　] prepaid [　] indicating freight amount",应表示成 marked "freight to collect"
marked "freight [　] to collect / [X] prepaid [X] indicating freight amount",应表示成 marked "freight prepaid indicating freight amount"

（20）ADDITIONAL CONDITIONS（附加条件）

该项目列明信用证的附加条款。

当一份信用证由一份 MT700 报文和一至三份 MT701 报文组成时，项目"45A"、"46A"和"47A"的内容只能完整地出现在某一份报文中（即在 MT700 或某一份 MT701 中），不能被分割成几部分分别出现在几个报文中。

在 MT700 报文中，"45A"、"46A"、"47A"三个项目的代号应分别为："45A"、"46A"和"47A"，在报文在 MT701 中，这三项目的代号应分别为"45B"、"46B"、"47B"。

在 SimTrade 中，如果申请书"Other documents, if any"栏有内容，则此栏需与之一致。

本例：THIRD PARTY AS SHIPPER IS NOT ACCEPTABLE,SHORT FORM/BLANK B/L,IS NOT ACCEPTABLE。

（21）CHARGES（费用）

根据申请书填写。该项目的出现只表示费用由受益人负担。若报文无此项目，则表示除议付费、转让费外，其他费用均由开证申请人负担。

在 SimTrade 中根据申请书"Additional instructions"的第一条填写，如果申请书选择了，则需填入:71:B。

本例：ALL BANKING CHARGES OUTSIDE THE OPENING BANK ARE FOR BENEFICIARY'S ACCOUNT。

（22）PERIOD FOR PRESENTATION（提示期间）

规定受益人应于……日前（或……天内）向银行提示汇票的指示，根据申请书要求填写。

在 SimTrade 中根据申请书"Additional instructions"的第二条填写，如果申请书选择了，则需填入:71:B。

本例：DOCUMENTS MUST BE PRESENTED WITHIN 21 DAYS AFTER DATE OF ISSUANCE OF THE TRANSPORT DOCUMENTS BUT WITHIN THE VALIDITY OF THIS CREDIT。

（23）CONFIRMATION INSTRUCTIONS（保兑指示）

该项目列明给收报行的保兑指示。

该项目内容可能为下列某一代码：

CONFIRM：要求收报行保兑该信用证。

MAY ADD：收报行可以对该信用证加具保兑。

WITHOUT：不要求收报行保兑该信用证。

在 SimTrade 中填"WITHOUT"。

（24）ADVISE THROUGH BANK（收讯银行以外的通知银行）

如有收讯银行以外的通知银行，填其名称，如果没有可以不填。本例：BANK OF CHINA。

5. 填写完成后，会出现如图 6-14 填写完成的信用证，点击"保存"按钮，关闭提示窗口。回到信用证页面，可点相应信用证后边的"检查"，看信用证再填写过程中是否有错误项，若检查结果有填写错误的应根据提示逐一改正，直至正确率为 100%。

```
2013JUN14 09:23:20                                              LOGICAL TERMINAL TX02
MT S700            ISSUE OF A DOCUMENTARY CREDIT                PAGE 00001
                                                                FUNC JSSWPR3
                                                                UMR 55248937

MSGACK DWS7651 AUTH OK,KEY 800608209623F015 , BKCHCNBJ ARIBEGCX RECORD
BASIC HEADER      F 01 BKCHCNBJA940 1484 205537
APPLICATION HEADER O 700 0924 070312 ARIBEGCXA006 8949 866292 070312 1524 N
                                                * Bank of Turkey
                                                * PORT ISTANBUL
                                                * (PORT ISTANBUL BRANCH)

USER HEADER        SERVICE CODE    103:
                   BANK. PRIORITY  113:
                   MSG USER REF.   108:
                   INFO. FROM CI   115:

SEQUENCE OF TOTAL           :27:   1/1
FORM OF DOC.CREDIT          :40A:  IRREVOCABLE
DOC. CREDIT NUMBER          :20:   STLCN000016
DATE OF ISSUE               :31C:  130715
APPLICABLE RULES            :40E:  Issue by teletransmission
DATE AND PLACE OF EXPIRY    :31D:  130715 INTHE BENEFICIARY'S COUNTRY
APPLICANT BANK              :51A:  Bank of Turkey

APPLICANT                   :50:   Turkey Import Corporation
                                   Soguk cesme sk 7, sultanahmet, 34400 Istanbul, Turkey
BENEFICIARY                 :59:   Tianjin Yuanda Import and Export Co,Ltd
                                   92 Weijin Road, Nankai District, Tianjin, P.R.China
CURRENCY CODE, AMOUNT       :32B:  [USD        ] [ 1200000                ]
AVAILABLE WITH BY           :41D:  Bank of China BY NEGOTIATION

DRAFTS AT                   :42C:  SIGHT

DRAWEE                      :42A:  ISSUE BANK

PARTIAL SHIPMENTS           :43P:  NOT ALLOWED
TRANSHIPMENT                :43T:  NOT ALLOWED
PORT OF LOADING/AIRPORT OF  :44E:  TIANJIN
DEPARTURE
PORT OF DISCHARGE/AIRPORT   :44F:  TIANJIN
OF DESTINATION
LATEST DATE OF SHIPMENT     :44C:  130701
DESCRIPTION OF GOODS        :45A:  15001 FAMOUS-BRAND HANDBAG
AND/OR SERVICES                    MATERIAL: OXHIDE
                                   SIZE:25CM(BOTTOM LENGTH) AND 30CM(TOP LENGTH) * 10CM W * 20CM H WITH A
                                   HANDLE LENGTH OF 40CM.
                                   PACKING:1PC/BOX,10PCS/CARTON

DOCUMENTS REQUIRED          :46A:  +SIGNED COMMERCIAL INVOICE IN 6 COPIESINDICATING L/C NO. STLCN000454 AND
                                   CONTRACT NO. CONTRACTB.
                                   +FULL SET OF CLEAN ON BOARD OCEAN BILLS OF LADING MADE OUT TO ORDER AND
                                   BLANK ENDORSED, MARKED "FREIGHT COLLECT" NOTIFYING THE APPLICANT.
                                   +INSURANCE POLICY /CERTIFICATE IN 3 COPIES FOR 110.00% OF THE INVOICE VALUE
                                   SHOWING CLAIMS PAYABLE IN JAPAN IN CORRENCY OF THE DRAFT, BLANK ENDORSE,
                                   COVERING ALL RISKS AND WAR RISKS.
                                   +PACKING LIST/WEIGHT MEMO IN 3 COPIES INDICATING QUANTITY, GROSS AND
                                   WEIGHTS PACKAGE.
                                   +CERTIFICATE OF ORIGIN IN 3 COPIES ISSUED BY MANUFACTURER.
                                   +SHIPPING ADVICE IN 3COPIES INDICATING L/C NO. AND CONTRACT NO.

ADDITIONAL CONDITIONS       :47A:  THIRD PART AS SHIPPER IS NOT ACCEPTBLE, SHORT FORM/BLANK B/L IS NOT
                                   ACCEPTABLE.
CHARGES                     :71B:  ALL BANKING CHARGES OUTSIDE THE OPENING BANK ARE FOR BENEFICIARY'S ACCOUNT.
PERIOD FOR PRESENTATION     :48:   DOCUMENTS MUST BE PRESENTED WITHIN 21 DAYS AFTER DATE OF ISSUANCE OF THE
                                   TRANSPORT DOCUMENTS BUT WITHIN THE VALIDITY OF THIS CREDIT.
CONFIRMATION INSTRUCTIONS   :49:   WITHOUT
ADVISE THROUGH BANK         :57D:  Bank of China

TRAILER                            ORDER IS <MAC:> <PAC:> <ENC:> <CHK:> <TNG:> <PDE:>
                                   MAC:603CBEE1
                                   CHK:7E68521BC2B7
```

图 6-14 填写完成的信用证

> **小贴士**
>
> 1.《跟单信用证统一惯例》（2007年修订版，简称《UCP600》），英文全称是 Uniform Customs and Practice for Documentary Credits UCP600，由国际商会 ICC 起草，并在国际商会 2006 年 10 月巴黎年会通过，新版本与 2007 年 7 月 1 日起实施，是信用证领域最权威、影响最广泛的国际商业惯例，包括了 39 个条款。
>
> 2. 信用证申请书的填写很重要，因为信用证很多条款的填写都是以申请书为根据，特别是其中的有关单据要求的填写，在信用证中有时要求由填写人自己填写，所以读者要严格按照具体情况准确的填写。还有，申请书中的商品描述也是一项特别重要的内容，这里提请读者按照要求填写。另外，单据和商品描述也是申请书中最容易错误的两点，在实际操作时，总会犯诸如漏写价格条款等的错误。

6. 经检查信用证无误后，选中合同号为"ContractH"的信用证前的按钮，点击"送进口商"，会弹出"信用证送进口商成功"的窗口，表示进口银行完成进口商申请信用证的业务。如图 6-15。

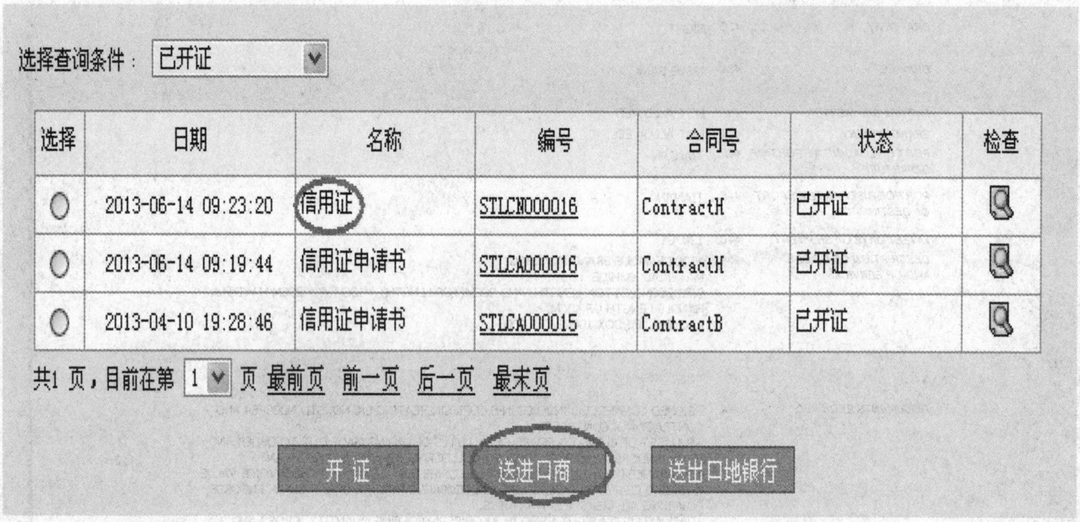

图 6-15 信用证送进口商

至此，进口地银行已完成。在以进口商角色登录的时，进口商会收到要求确认信用证通知的邮件。接下来等进口商同意信用证后，将信用证转递给出口地银行。

二、进口商同意信用证

1. 以进口商角色登录，收取银行要求确认信用证的通知邮件。
2. 然后到"业务中心"点"进口地银行"。
3. 再点"信用证业务"，进入"信用证管理"界面，如图 6-16，点"等待确认"信用证的编号，弹出所开立信用证，检查对应的信用证内容。

第六章 信用证的操作及相关知识 ·123·

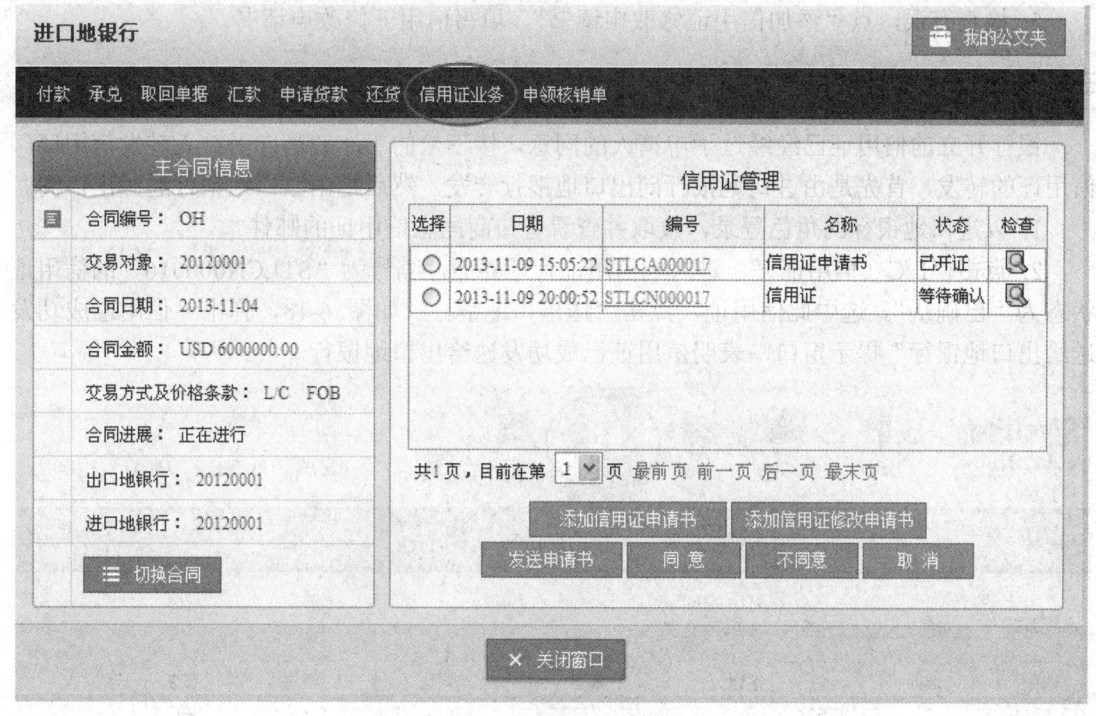

图 6-16 等待确认信用证

4. 检查无误后，选中对应信用证前的单选钮，点"同意"即成功确认信用证，并弹出"成功确认信用证，请等待进口地银行转交出口商银行"的提示窗口，如图 6-17。

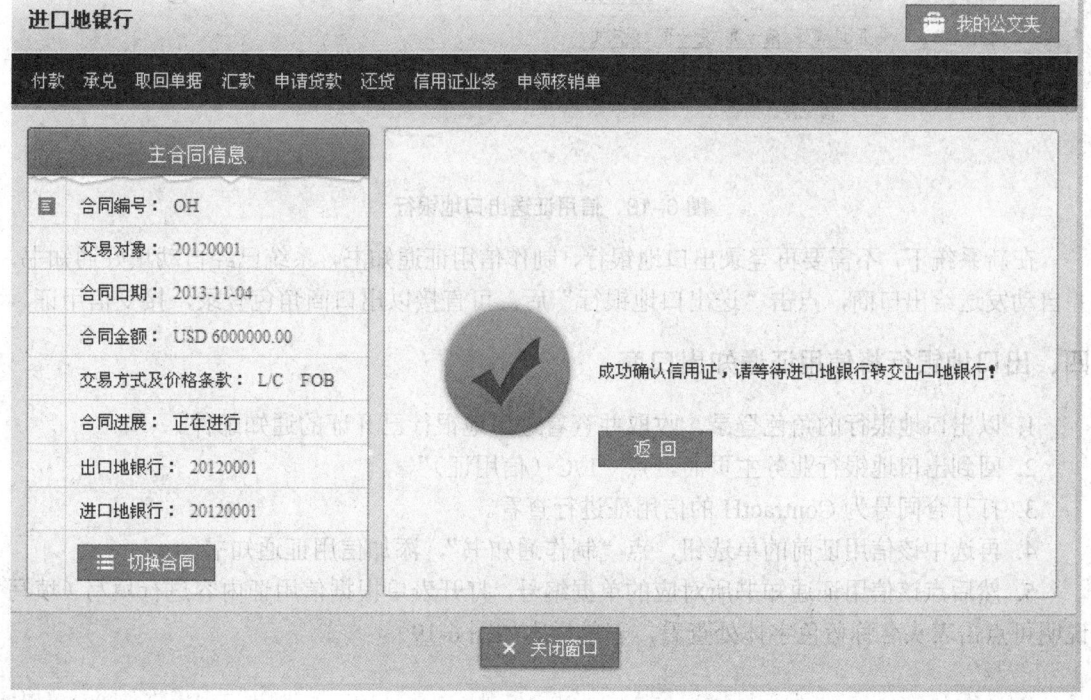

图 6-17 进口商同意信用证

5. 检查有误,点"添加信用证修改申请书",填写信用证修改申请书。

三、向出口地银行转发信用证

银行开立的信用证已经经过了申请人的同意,接下来的工作就是向受益人转发信用证。信用证的转发,首先是由进口地银行向出口地银行转发,然后是由出口地银行通知出口商。

1. 以进口地银行的角色登录,收取并查看进口商同意信用证的邮件。

2. 点击"L/C(信用证)",进入到信用证管理界面,编号为"STLCN000016"的信用证状态为"已确认"。选中此信用证,点击"送出口地银行"如图 6-18,弹出"信用证成功发送给出口地银行"提示窗口,表明信用证已成功发送给出口地银行。

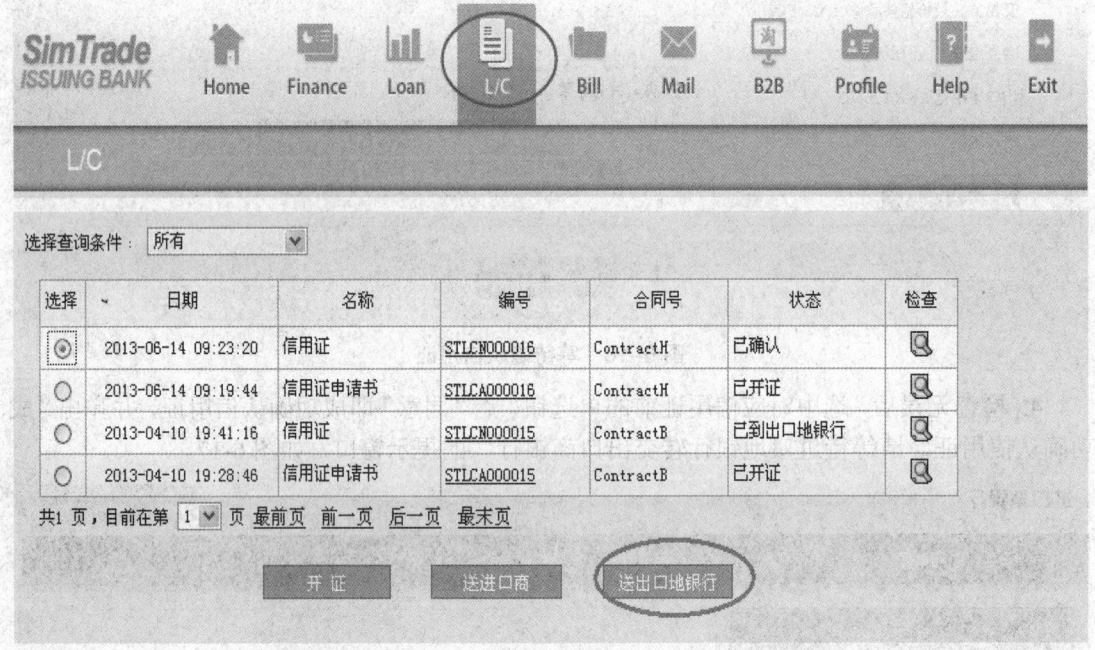

图 6-18 信用证送出口地银行

在新系统下,不需要再登录出口地银行,制作信用证通知书,系统已经自动填好通知书,并自动发送给出口商,点击"送出口地银行"后,可直接以出口商角色登录,接受信用证。

四、出口地银行将信用证通知出口商

1. 以出口地银行的角色登录,收取并查看进口地银行已开证的通知邮件。
2. 回到出口地银行业务主页而,点"L/C(信用证)"。
3. 打开合同号为 ContractH 的信用证进行查看。
4. 再选中该信用证前的单选钮,点"制作通知书",添加信用证通知书。
5. 然后点该信用证通知书所对应的单据编号,打开表单根据信用证内容进行填写(填写说明可点击表头名称蓝色字体处查看,表单样本如图 6-19)。

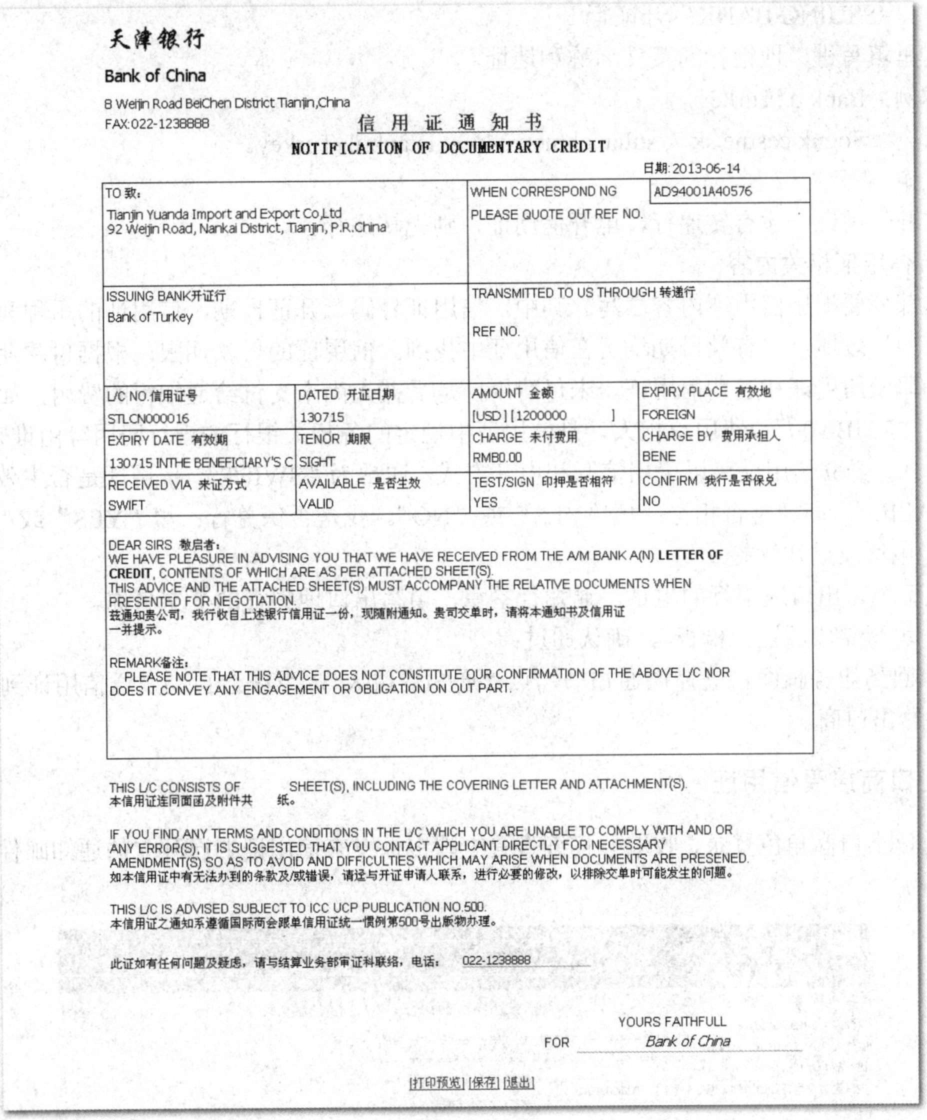

天津银行

Bank of China

8 Weijin Road BeiChen District Tianjin,China

FAX:022-1238888

信 用 证 通 知 书

NOTIFICATION OF DOCUMENTARY CREDIT

日期: 2013-06-14

TO 致： Tianjin Yuanda Import and Export Co,Ltd 92 Weijin Road, Nankai District, Tianjin, P.R.China	WHEN CORRESPOND NG　AD94001A40576 PLEASE QUOTE OUT REF NO.
ISSUING BANK开证行 Bank of Turkey	TRANSMITTED TO US THROUGH 转递行 REF NO.

L/C NO.信用证号 STLCN000016	DATED 开证日期 130715	AMOUNT 金额 [USD] [1200000]	EXPIRY PLACE 有效地 FOREIGN
EXPIRY DATE 有效期 130715 INTHE BENEFICIARY'S C	TENOR 期限 SIGHT	CHARGE 未付费用 RMB0.00	CHARGE BY 费用承担人 BENE
RECEIVED VIA 来证方式 SWIFT	AVAILABLE 是否生效 VALID	TEST/SIGN 印押是否相符 YES	CONFIRM 我行是否保兑 NO

DEAR SIRS 敬启者：
WE HAVE PLEASURE IN ADVISING YOU THAT WE HAVE RECEIVED FROM THE A/M BANK A(N) **LETTER OF CREDIT**, CONTENTS OF WHICH ARE AS PER ATTACHED SHEET(S).
THIS ADVICE AND THE ATTACHED SHEET(S) MUST ACCOMPANY THE RELATIVE DOCUMENTS WHEN PRESENTED FOR NEGOTIATION.
兹通知贵公司，我行收自上述银行信用证一份，现随附通知。贵司交单时，请将本通知书及信用证一并提示。

REMARK备注：
PLEASE NOTE THAT THIS ADVICE DOES NOT CONSTITUTE OUR CONFIRMATION OF THE ABOVE L/C NOR DOES IT CONVEY ANY ENGAGEMENT OR OBLIGATION ON OUT PART.

THIS L/C CONSISTS OF　　SHEET(S), INCLUDING THE COVERING LETTER AND ATTACHMENT(S).
本信用证连同面函及附件共　　纸。

IF YOU FIND ANY TERMS AND CONDITIONS IN THE L/C WHICH YOU ARE UNABLE TO COMPLY WITH AND OR ANY ERROR(S), IT IS SUGGESTED THAT YOU CONTACT APPLICANT DIRECTLY FOR NECESSARY AMENDMENT(S) SO AS TO AVOID AND DIFFICULTIES WHICH MAY ARISE WHEN DOCUMENTS ARE PRESENED.
如本信用证中有无法办到的条款及/或错误，请迳与开证申请人联系，进行必要的修改，以排除交单时可能发生的问题。

THIS L/C IS ADVISED SUBJECT TO ICC UCP PUBLICATION NO.500.
本信用证之通知系遵循国际商会跟单信用证统一惯例第500号出版物办理。

此证如有任何问题及疑虑，请与结算业务部审证科联络，电话：　022-1238888

YOURS FAITHFULL

FOR　*Bank of China*

[打印预览] [保存] [退出]

图 6–19　信用证通知书

信用证通知书的填写说明：

1. 通知书表头

填写信用证的通知行中英文名称，下面填写英文地址与传真号。日期部分，填写信用证通知的日期。本例：2013/06/14。

2. “TO”

填写受益人名称及地址，请从“淘金网”公司资料库里复制出口商英文名称及地址。本例：Tianjin Yuanda Import and Export Co,Ltd

92 Weijin Road, Nankai District, Tianjin, P.R.China。

3. 代理行业务编号

这里填写信用证的代理行业务编号，可以不填写。

4. "ISSUING BANK" 开证行

这里填写进口地银行的英文名称和地址。

本例：Bank of Turkey

　　　　Soguk cesme sk 7, sultanahmet, 34400 İstanbul, Turkey。

5. 转递行

信开信用证，才有转递行，电开信用证，则无转递行。

6. 信用证相关内容

这部分要根据信用证内容填写。其中，信用证号码、开证日期、信用证的币种和金额、信用证的有效地点、有效日期均可在信用证中找到。信用证的付款期限，根据付款期限的不同分为即期信用证和远期信用证。未付费用，是受益人尚未支付给通知行的费用，如果没有请填写"RMB0.00"。费用承担人，是信用证中规定的各相关银行的银行费用等由谁来承担。来证方式，开立信用证可以采用信开和电开方式，通常为"SWIFT"。信用证是否生效：通常为"VALID"。印押是否相符：填"YES"或"NO"。我是否保兑行：填"YES"或"NO"。

7. 电话及通知行签章

电话填写出口地银行的电话。通知行签章，填写出口地银行的英文名称。

8. 填写完成后点"检查"，确认通过；

9. 回到业务画面，选择该通知书，点"通知受益人"。系统会自动发送信用证到达通知的邮件给出口商。

五、出口商接受信用证

1. 以出口商角色登录，收取并仔细查看中国银行发来信用证书已开立的通知邮件，如图6-20。

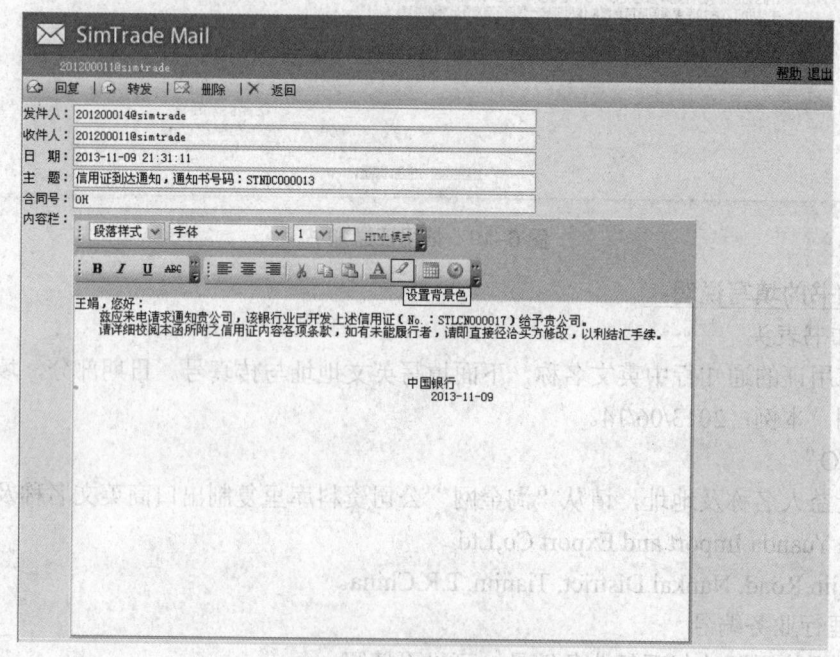

图 6-20　信用证到达邮件

2. 回到"业务中心",点"出口地银行",进入出口商页面。
3. 再点"接受信用证",进入"信用证相关管理"页面。
4. 查看信用证内容无误后,分别选中"信用证通知书""信用证",点"接受",如图:6-21。

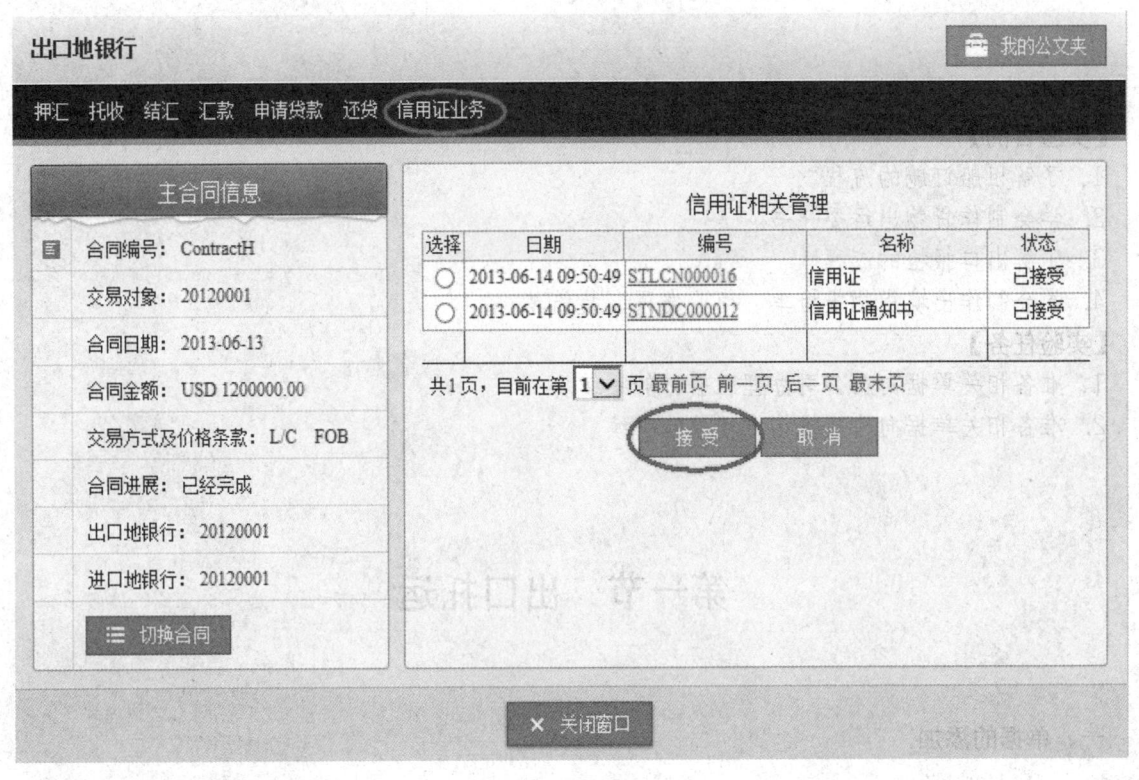

图 6-21 接受信用证

到这一部分内容为止,正如我们在本章开篇的说明一样,我们先介绍有关信用证的补充知识,然后说明在 SimTrade 中有关信用证开立以及转发和单据填写的整个过程的操作部分。整笔交易已经完成信用证的内容,接下来就要进入合同履行中关于安排货物运输的内容。

第七章 租船订舱和报检

【实验目的】
1. 了解租船订舱的流程。
2. 学会制作货物出运委托书。
3. 了解出口报检的流程。
4. 学会制作出境货物报检单、商业发票、装箱单。

【实验任务】
1. 准备相关单据向船公司办理租船订舱手续。
2. 准备相关单据向检验机构办理检验手续。

第一节 出口托运

一、单据的添加

在办理出口托运前需准备相关单据,需要添加并填写出口托运委托书,步骤和填写说明如下:

1. 以出口商角色登录,点"进口商"标志的建筑,点"添加单据"选中"货物出运委托书"点确定,如图7-1,会弹出"成功添加货物出运委托书[STEPL000033]"提示窗口。

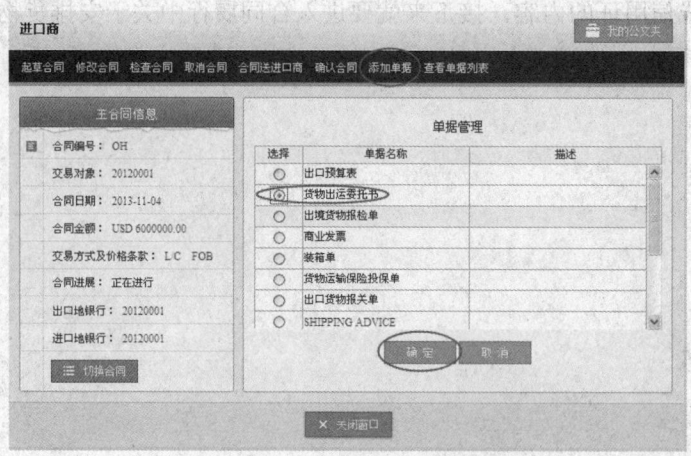

图7-1 添加货物出运委托书

货物出运委托书一般说来,从出口业务人员的角度来看,出口托运是从租船订舱或是委托出运开始的。首先,外贸业务人员应根据信用证规定的最迟装运期及货源和船源情况安排委托出运。一般情况应提前5天左右或更长,以便留出机动时间应付意外情况发生。接下来,填具货物出运委托书或是其他类似单据,办理委托代理租船订舱事宜。如果外贸公司本身开展托运业务,则需填具海运出口托运单、集装箱托运单等。如果外贸公司本身不办理运输业务,则可委托代理订舱,填具货物出运委托书。货物出运委托书的填写和托运单的有关栏目相同,填写时中英文结合,个别栏目依出口货物不同而异。因此,各公司在印制自己使用的此类单据时,稍有变化,但大体内容基本一致。货物出运委托书空白样本如图7-3。

2. 点"查看单据列表",在单据列表里找到"货物出运委托书",如图7-2。点委托书编号,弹出空白货物出运委托书,如图7-3。

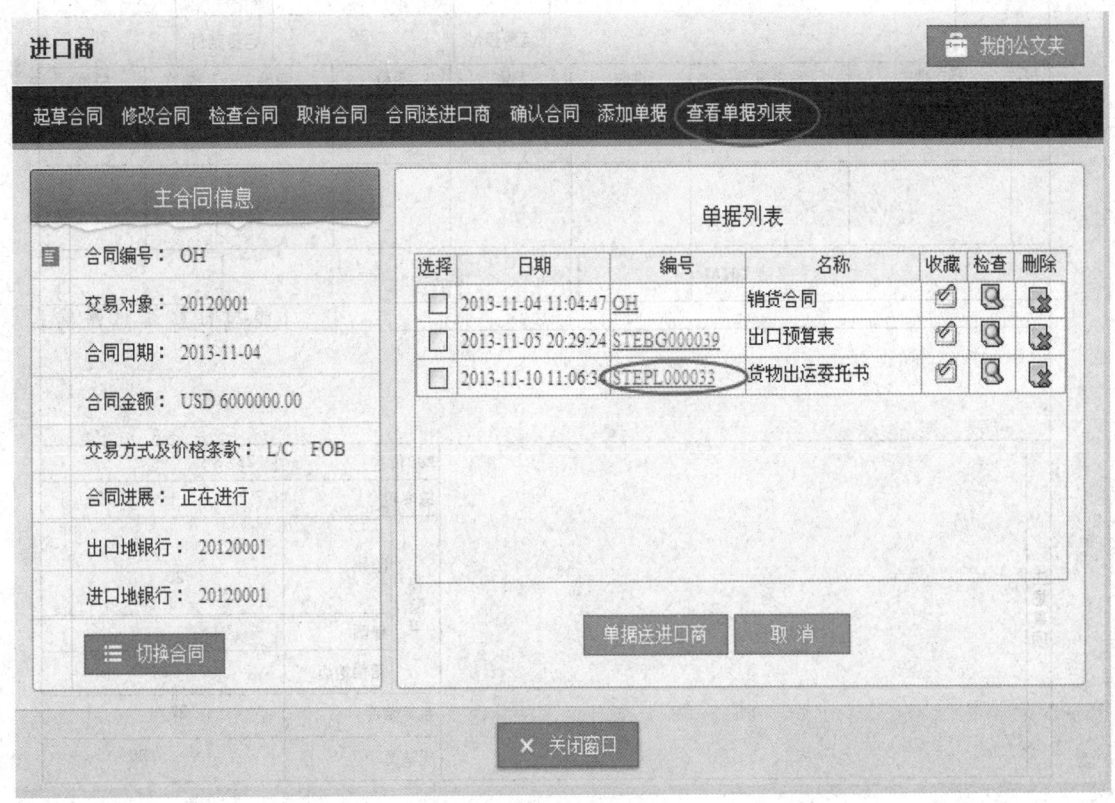

图7-2 单据列表

货物出运委托书

(出口货物明细单) 日期 _____1_____

根据《中华人民共和国合同法》与《中华人民共和国海商法》的规定，就出口货物委托运输事宜订立本合同。

合同号	5	运输编号	6
银行编号	7	信用证号	8
开证银行	9		
付款方式	10		
贸易性质	11	贸易国别	12
运输方式	13	消费国别	14
装运期限	15	出口口岸	16
有效期限	17	目的港	18
可否转运	19	可否分批	19
运费预付	20	运费到付	20

托运人	2
抬头人	3
通知人	4

选择	标志唛头	货名规格	件数	数量	毛重	净重	单价	总价
○	21	22						
	TOTAL:		[ ]	[ ]	[ ]	[ ]	[ ]	[ ]
			[ ]	[ ]	[ ]	[ ]		

[添加] [修改] [删除]

注意事项			
	FOB价	[23] [ ]	
	总体积	[ ] [24]	
保险单	险别	26	
	保额	[ ] [ ]	
	赔偿地点		
海关编号		27	
制单员		28	

受托人(即承运人)
名称 _____29_____
电话 _____
传真 _____
委托代理人 _____

委托人(即托运人)
名称 _____30_____
电话 _____
传真 _____
委托代理人 _____

[打印预览] [保存] [退出]

图 7-3 货物出运委托书样本

二、单据（货物出运委托书）的填写

1. 日期：填写委托出运的日期，填写时一定要注意格式。本例：2013-06-15
2. 托运人：填写出口公司中文名称及地址（信用证受益人）。
   本例：天津远达进出口有限公司
   　　　天津市南开区卫津路92号。
3. 抬头人：即提单上的抬头人，将来船公司签发的提单上的相应栏目的填写会参照委托书的写法。
   如：信用证方式下：
   （1）来证要求："Full set of B/L made out to order"，提单收货人一栏则应填"To order"。
   （2）来证要求："B/L issued to order of Applicant"，此 Applicant 为信用证的申请开证人 Big A. Co.，则提单收货人一栏填写"To order of Big A. Co."。
   （3）来证要求："Full set of B/L made out our order"，开证行名称为 Small B Bank，则应在收货人处填"To small B Bank's order"。
   本例：To order of Turkey Import Corporation。
4. 通知人：填写信用证规定的提单通知人名称及地址，通常为进口商。
   本例：Turkey Import Corporation
   　　　Soguk cesme sk 7, sultanahmet, 34400 İstanbul, Turkey。
5. 合同号：填写相关交易的合同号码，即正在履行的合同号。本例：ContractH。
6. 运输编号：出口商自行编制用于外运的编号，多数出口商直接以发票号作为运输编号。在 SimTrade 中可不填。
7. 银行编号：开证行的银行编号，在与开证行的业务联系中必须引用该编号。在 SimTrade 中可不填。
8. 信用证号：填写相关交易的信用证号码，在单据列表中打开信用证复制其单证号，如非信用证方式则不填。本例：STLCN000016。
9. 开证银行：根据信用证填写开证银行，方法同上。如非信用证方式则不填。
   本例：Bank of Turkey。
10. 付款方式：按出口合同所列的付款方式填写。通常有 L/C、D/A、D/P 或 T/T。
    本例：L/C。
11. 贸易性质：在 SimTrade 中货物都为"一般贸易"方式。贸易方式一般共分为7种：①一般贸易即正常贸易；②寄售、代销贸易；③对外承包工程；④来料加工；⑤免费广告品、免费样品；⑥"索赔"、"换货"、"补贸"；⑦进口货退回。本例：一般贸易。
12. 贸易国别：填写贸易成交国别（地区），即进口国。如果通过我国驻港机构与他国成交，应填香港。本例：Turkey。
13. 运输方式：在 SimTrade 中填写海运，实际中如实填写如海运、陆运、空运等方式。
14. 消费国别：填写出口货物实际消费的国家（地区），通常为进口国。如无法确定实际消费国，可填最后运往国。本例：Turkey。
15. 装运期限：按出口合同或信用证所列填写。本例：2013-07-01。
16. 出口口岸：填写货物出境时我国港口或国境口岸的名称，按合同或信用证所列填写。

若出口货物在设有海关的发运地办理报关手续,出口口岸仍应填写出境口岸的名称。

本例:Tianjin。

17. 有效期限:按信用证所列填写。信用证的有效期限是受益人向银行提交单据的最后日期。受益人应在有效期限日期之前或当天向银行提交信用证单据。本例:2013-07-15 。

18. 目的港:填写出口货物运往境外的最终目的港,按合同或信用证所列填写。最终目的港不得预知的,可按尽可能预知的目的港填报。本例:ISTANBUL。

19. 可否转运、可否分批:按出口合同或信用证所列填写。如果允许分批或转运,则填"是"或"YES"或"Y",反之,则填"否"或"NO"或"N"。本例:NO。

20. 运费预付、到付:如 CIF 或 CFR 出口,一般均在运费预付栏填"是"或"YES"或"Y"字样,并在到付栏填"否"或"NO"或"N",千万不可漏列,否则收货人会因运费问题提不到货,虽可查清情况,但拖延提货时间,也将造成损失。如系 FOB 出口,则反之,除非收货人委托发货人垫付运费。 本例:运费预付 NO;运费到付 YES。

21. 标志唛头:照合同规定填写。唛头即运输标志,既要与实际货物一致,还应与提单一致,并符合信用证的规定。如信用证没有规定,可按买卖双方和厂商订的方案或由受益人自定。无唛头时,应注"N/M"或"No Mark"。如为裸装货,则注明"NAKED"或散装"In Bulk"。如来证规定唛头文字过长,用"/"将独立意思的文字彼此隔开,可以向下错行。即使无线相隔,也可酌情错开。本例:点"添加"弹出商品信息填写窗口,如图 7-4,逐项填写完毕后点"保存"。

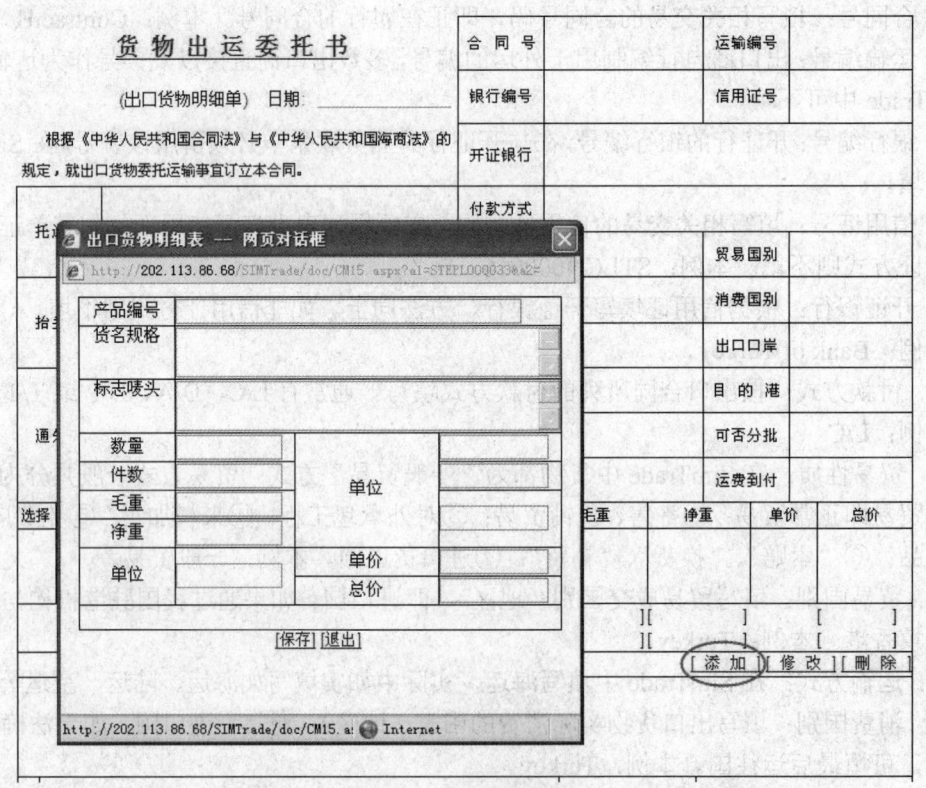

图 7-4 商品信息填写

22. 货名规格：填写货物描述。在 SimTrade 中，可从合同复制。

（1）件数、数量：分别填写货物的外包装数量与销售数量。比如"1500 CARTONS"、"15000 PC"。在 SimTrade 中，销售数量应与合同一致，件数为外包装数量，需计算，具体计算方法请参考"了解产品的基本特点"的示例。

（2）毛重、净重、价格币制、单价、总价：按货物的实际情况填写。在 SimTrade 中，商品的详情资料请在"淘金网"的"产品展示"里了解商品的单位信息，然后根据合同交易数量计算出相应的数据。

（3）TOTAL：填写出口货物的总件数、数量、毛重、净重及价格。如交易两种或两种以上销售单位不同的商品时，合计栏里单位统一表示为"PACKAGE"。

23. FOB 价：填写出口货物离开我国国境的 FOB 价格，如按 CIF、CFR 价格成交的，应扣除其中的保险费、运费以及其他佣金、折扣等。以成交币种折算成人民币和美元时，均应按当天中国人民银行公布的汇率折算。

在 SimTrade 中，各项费用计算方法请参照在线帮助里的"出口预算表的填写"部分。

24. 总体积：按货物的实际情况填写。除信用证另有规定者外，一般以立方米（CBM）列出。计算方法请参考在线帮助中"了解产品的基本特点"的"例2"。本例：88.35 CBM。

25. 受托人注意事项：填写承运人或货运代理人需注意的事项。

26. 保险险别、保额、赔款地点：根据出口合同或信用证填写。凡按 CIF、CIP 条件成交的出口货物，由出口商向当地保险公司逐笔办理投保手续。业务量较大的外贸公司，为简化手续，节省时间，投保时可以此单代替投保单。

27. 海关编号：填写出口商公司的海关代码。在 SimTrade 中，海关代码请在出口商的基本资料里查找，由系统自动编排。本例：0000000054。

28. 制单员：填写制单员姓名。

29. 受托人名称、电话、传真、委托代理人：受托人的相关信息，出口商不填。

30. 委托人名称、电话、传真、委托代理人：填写委托人的相关信息。

本例：名称：天津远达进出口有限公司

　　　电话：022-12345678

　　　传真：022-12345678

　　　委托代理人：王娟

按照以上的填写说明填写完成，点"保存"。填写完成后的"货物出运委托书"如图 7-5。

货物出运委托书

(出口货物明细单) 日期: 2013-06-15

根据《中华人民共和国合同法》与《中华人民共和国海商法》的规定,就出口货物委托运输事宜订立本合同。

合 同 号	ContractH			运输编号					
银行编号	20120001			信用证号	STLCN000016				
开证银行	Bank of Turkey								

托运人	天津远达进出口有限公司 天津市南开区卫津路92号								
	付款方式	L/C							
	贸易性质	一般贸易			贸易国别	Turkey			
抬头人	To order of Turkey Import Corporation								
	运输方式	海运			消费国别	Turkey			
	装运期限	2013-07-01			出口口岸	Tianjin			
通知人	Turkey Import Corporation Soguk cesme sk 7, sultanahmet, 34400 Istanbul, Turkey								
	有效期限	2013-07-15			目 的 港	ISTANBUL			
	可否转运	No			可否分批	No			
	运费预付	No			运费到付	Yes			

选择	标志唛头	货名规格	件数	数量	毛重	净重	单价	总价
	FAMOUS-BRAND HANDBAG Turkey C/NO.1-1500 MADE IN CHINA	FAMOUS-BRAND HANDBAG MATERIAL: OXHIDE SIZE:25CM (BOTTOM LENGTH) AND 30CM(TOP LENGTH) * 10CM W * 20CM H WITH A HANDLE LENGTH OF 40CM. PACKING:1PC/BOX, 10PCS/CARTON	1500CARTON	15000PC	24000KGS	21000KGS	USD80	USD1200000
TOTAL:			[1500] [CAOTON]	[15000] [PC]	[24000] [KGS]	[21000] [KGS]		[USD] [1200000]

[添 加][修 改][删 除]

注意事项		FOB价	[ ][0]
		总体积	[88.35] [CBM]
	保险单	险别	
		保额	[ ][0]
		赔偿地点	
		海关编号	0000000054
		制单员	

委托人(即承运人)
名称: _____
电话: _____
传真: _____
委托代理人: _____

委托人(即托运人)
名称: 天津远达进出口有限公司
电话: 022-12345678
传真: 022-12345678
委托代理人: 王娟

[打印预览][保存][退出]

图 7-5 货物出运委托书样本

31. 填写完成后关闭窗口，进入单据列表界面，点"货物出运委托书"后边的"检查"，确认填写无误。接下来进入"租船订舱"阶段。

三、租船订舱

1. 以进口商角色登录，在"业务中心"里点"船公司"如图 7-6。

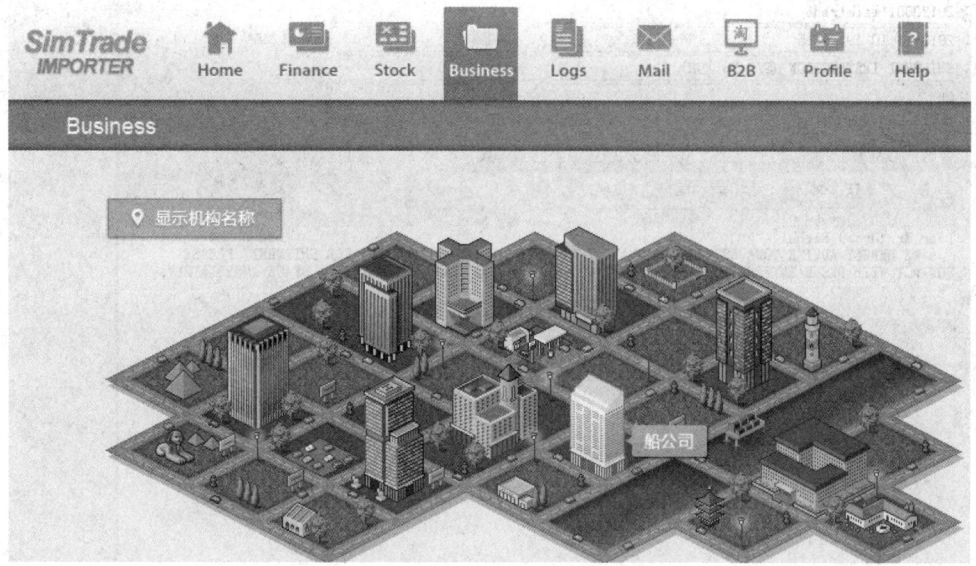

图 7-6 船公司

2. 点"指定船公司"，出现"船公司选择列表"，选中"世格国际货运代理有限公司"，点"确定"，如图 7-7，系统会自动给出口商发送指定船公司成功的提示邮件。在 CIF 或 CFR 术语下，出口商一边备货，一边还要寻找合适的船公司，以提前做好装运准备。

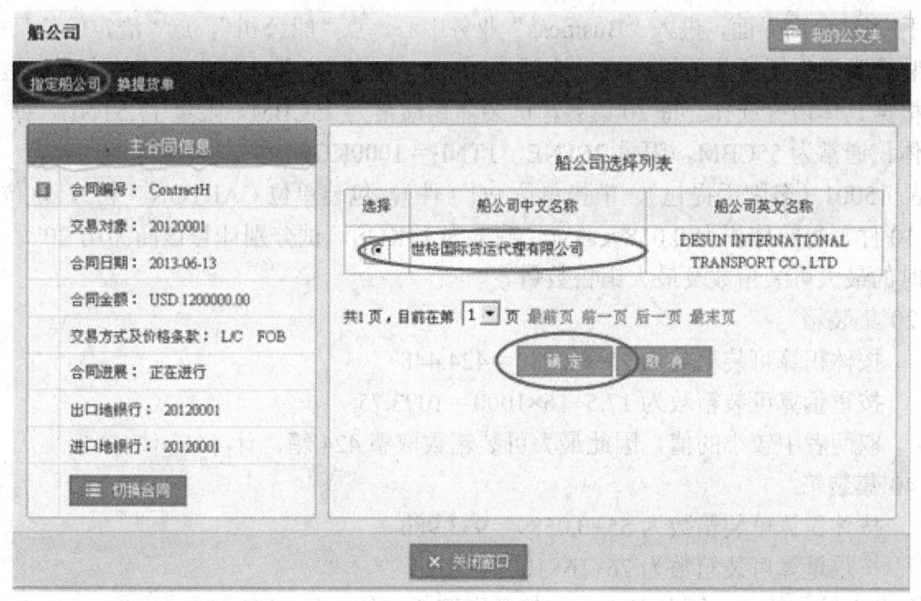

图 7-7 指定船公司

3. 以出口商角色登录，收取并仔细查看进口商发来的邮件，如图7-8。

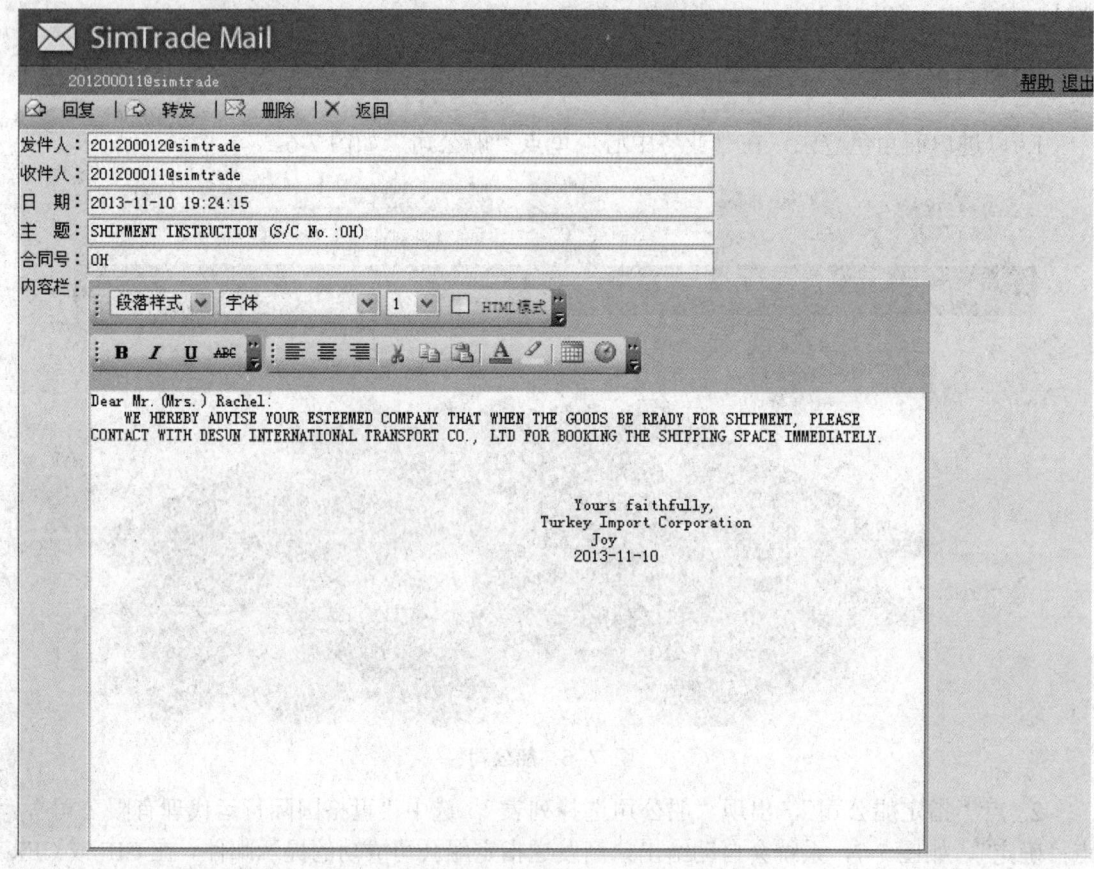

图7-8 收取进口商邮件

4. 回到进口商界面，进入"Business"业务中心，点"船公司"，点"洽定舱位"，在"请选择集装箱类型"下拉菜单里有三个选项"20' 40' 拼箱"，即选择集装箱的类型。这就需要进口商根据具体情况选择。每20'集装箱可装体积通常为25CBM，限重17.5TNE，每40'集装箱可装体积通常为55CBM，限重26TNE，1TNE＝1000KGS。

商品15001（名牌手提包），销售单位PC（件），包装单位CARTON（箱），单位换算为每箱装10件，每箱体积为0.0589CBM，毛重为16KGS，试分别计算该商品用20'、40'集装箱运输时的最大可装箱数及最大销售数量。

每20'集装箱

按体积算可装箱数为25÷0.0589＝424.448

按重量算可装箱数为17.5÷16×1000＝1093.75

取两者中较小的值，因此最大可装箱数取整424箱，计4240件。

每40'集装箱

按体积算可装箱数为55÷0.0589＝933.986

按重量算可装箱数为26÷16×1000＝1625

取两者中较小的值，因此最大可装箱数取整933箱，计9330件。

如图7-9，这里选择集装箱为40'，填入装船日期"07/01/2013"，再点"确定"，系统弹出"成功洽定舱位，请到单据列表中查看配舱通知"的提示。订舱完成。

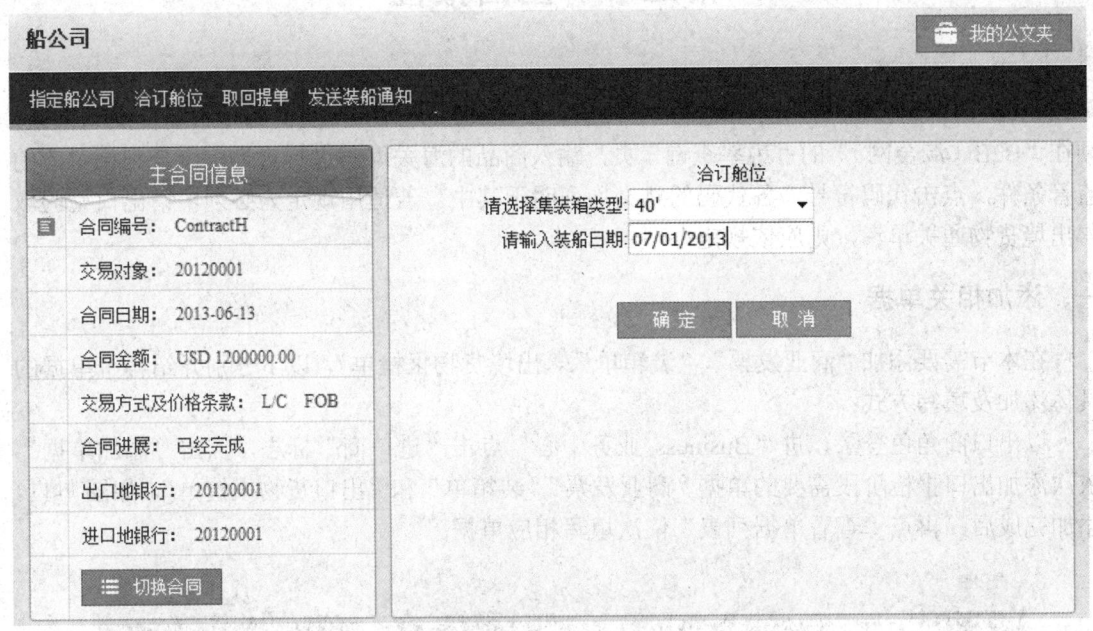

图7-9 洽定舱位

5. 回到业务中心，"进口商"的建筑物里的"查看单据列表"，查看"配舱通知"的内容，如图7-10。

世格国际货运代理有限公司
DESUN INTERNATIONAL TRANSPORT CO., LTD

To: Tianjin Yuanda Import and Export Co,Ltd

Date: 07/01/2013

Port of Discharge(目的港): ISTANBUL

Country of Discharge(目的国): Turkey

Container(集装箱种类): 40' X 2

Ocean Vessel(船名): Veendam

Voy.No.(航次): DY105-10

Place of Delivery(货物存放地): Tianjin CY

Freight(运费): USD 7186.00

图7-10 配舱通知

第二节 出口报检

完成租船订舱后,出口商还需报检。注意:在 SimTrade 中,交易商品是否需要出口检验,须在"B2B(淘金网)"的"税率查询"页,输入商品的海关编码进行查询,可查到相对应的监管条件,点击代码符号,各代码的意义均列明于其中。若适用规定为必须申请出口检验取得出境货物通关单者,则应依规定办理。

一、添加相关单据

在本节需要添加"商业发票"、"装箱单"、"出境货物报检单",以下分别介绍各个单据的具体添加及填写方式:

以出口商角色登录,进"Business 业务中心"点击"进口商"标志,点击"添加单据"依次添加出口报检阶段需要的单据"商业发票""装箱单"和"出口货物报检单",如图 7-11。添加完成后,再点"查看单据列表"依次填写相应单据。

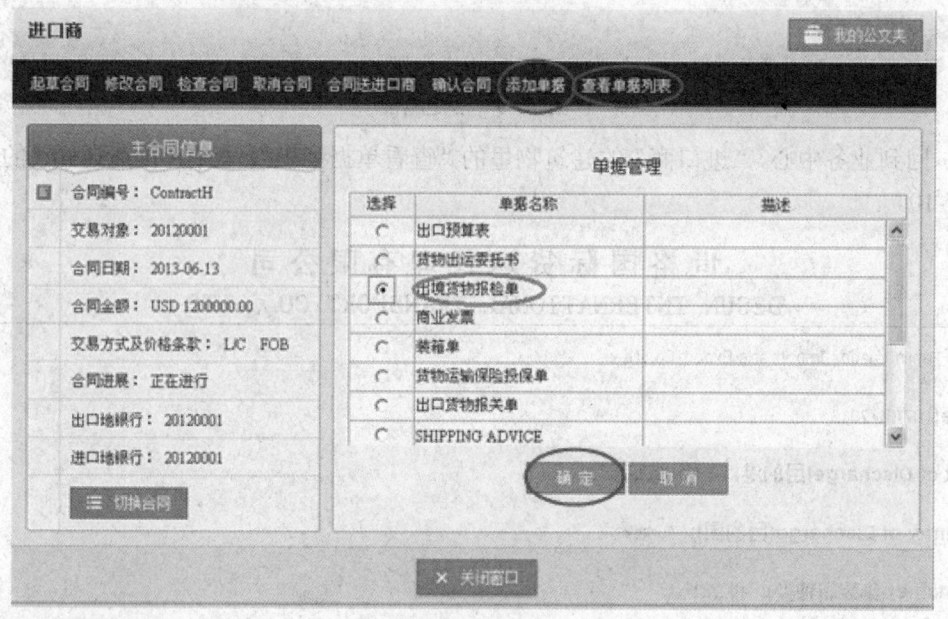

图 7-11 添加单据

(一)商业发票(COMMERCIAL INVOICE)

商业发票又称为发票,是出口贸易结算单据中最重要的单据之一,所有其他单据都应以它为中心来缮制。因此,在制单顺序上,往往首先缮制商业发票。商业发票是卖方对装运货物的全面情况(包括:品质、数量、价格,有时还有包装)详细列述的一种货款价目的清单。它常常是卖方陈述、申明、证明和提示某些事宜的书面文件;另外,商业发票也是作为进口国确定征收进口关税的基本资料。如图 7-12 是 SimTrade 中商业发票空白样本。

```
ISSUER
  1
TO
  2
                                            商业发票
                                       COMMERCIAL INVOICE
                              NO.                    DATE
                              STINV000029             4
TRANSPORT DETAILS             S/C NO.                L/C NO.
  5                             6                      7
                              TERMS OF PAYMENT
                                8

Choice | Marks and Numbers | Description of goods | Quantity | Unit Price | Amount
       |        9          |                      |          |            |

                                          Total: [    ][    ]    [    ][    ]

SAY TOTAL:   10

(写备注处)
   11


                                                        12  (公司名称)
                                                            (法人签名)


                                    [打印预览][保存][退出]
```

图 7-12 商业发票空白样本

商业发票填写说明：

1. Issuer 出票人：填写出票人（即出口商）的英文名称和地址，在信用证支付方式下，应与信用证受益人的名称和地址保持一致。

本例：Tianjin Yuanda Import and Export Co,Ltd
　　　92 Weijin Road, Nankai District, Tianjin, P.R.China。

小贴士

一般来说，出票人名称和地址是相对固定的，因此有许多出口商在印刷空白发票时印刷这一内容。但当公司更名或搬迁后，应及时印刷新的发票，以免造成单证不符。当来证规定用公司新名称、地址时，采用新发票；而当来证规定用公司旧名称、地址时，应用旧发票。

2. To 受票人：填写进口商的名称和地址，且应与信用证开证申请人名称和地址一致。受票人也称抬头人，此项必须与信用证中规定严格一致。如信用证无规定，则将信用证申请人或收货人名称、地址填入此项。如信用证中无申请人名字则用汇票付款人。在其他支付方式下，可以按合同规定列入买方名址。

本例：Turkey Import Corporation
　　　Soguk cesme sk 7, sultanahmet, 34400 İstanbul, Turkey.

3. No. 发票号：在 SimTrade 中，该编号由系统自动生成。一般由出口企业自行编制。发票号码可以代表整套单据的号码，如出口报关单申报单位编号、汇票号码、托运单号码、箱单及其他一系列同笔合同项下的单据编号都可用发票号码代替，因此发票号码尤其重要。有时，有些地区为使结汇不致混乱，也使用银行编制的统一编号。应注意的是，每一张发票的号码应与同一批货物的出口报关单的号码一致。

4. Date 发票日期：在 SimTrade 中，日期格式参照合同日期。在全套单据中，发票是签发日最早的单据。它只要不早于合同的签订日期，不迟于提单的签发日期即可。一般都是在信用证开证日期之后、信用证有效期之前。

本例：2013-07-01。

5. Transport Details 运输说明：填写运输工具或运输方式，一般还加上运输工具的名称；运输航线要严格与信用证一致。如果在中途转运，在信用证允许的条件下，应表示转运及其地点。

本例：From Tianjin to Chiba on July 1,2013 by Vessel.（所有货物于 2013 年 7 月 1 日通过海运，从天津港运往千叶港）。

6. S/C No. 合同号：在 SimTrade 中，本栏参考合同。发票的出具都有买卖合同作为依据，但买卖合同不都以"S/C"为名称。有时出现"order"、"P.O."、"contract"等。因此，当合同的名称不是"S/C"时，应将本项的名称修改后，再填写该合同的号码。

本例：ContractH

7. L/C No.信用证号：在 SimTrade 中，信用证号可在进口商建筑"查看单据列表"的"编号"栏查看，或见信用证的"20："项。

信用证方式下的发票需填列信用证号码，作为出具该发票的依据。若不是信用证方式付款，本项留空。

本例：STLCN000016。

8. Terms of Payment 支付条款：在 SimTrade 中，支付方式需与合同一致。填写支付方式，如：L/C、T/T、D/P、D/A。

本例：L/C。

9. 货物条款

（1）Marks and numbers 唛头及件数编号：唛头即运输标志，既要与实际货物一致，又应与提单一致，并符合信用证的规定。如信用证没有规定，可按买卖双方和厂商订的方案或由受益人自定。无唛头时，应注"N/M"或"No Mark"。如为裸装货，则注明"NAKED"或散装"In Bulk"。如来证规定唛头文字过长，用"/"将独立意思的文字彼此隔开，可以向下错行。即使无线相隔，也可酌情错开。

本例：FAMOUS-BRAND HANDBAG TURKEY C/NO.1-1500 MADE IN CHINA。

（2）Description of goods 货物描述：在 SimTrade 中，商业发票中的货物描述应与合同中的品名条款相一致。此处填写淘金网商品详细资料中"英文名称+英文描述"两部分。

本例：15001 FAMOUS-BRAND HANDBAG
MATERIAL: OXHIDE
SIZE:25CM（BOTTOM LENGTH） AND 30CM（TOP LENGTH） * 10CM W * 20CM H WITH A HANDLE LENGTH OF 40CM.
PACKING:1PC/BOX,10PCS/CARTON。

小贴士
　　Description of goods 是发票的主要部分，此栏应详细填明各项商品的英文名称及规格。品名规格应该严格按照信用证的规定或描述填写。货物的数量应该与实际装运货物相符，同时符合信用证的要求，如信用证没有详细规定，必要时可以按照合同注明货物数量，但不能与来证内容有抵触。

（3）Quantity 数量：货物的数量，与计量单位连用，如：2 PC。注意该数量和计量单位既要与实际装运货物情况一致，又要与合同和信用证要求一致。

（4）Unit Price 单价
单价由四部分组成：计价货币、计量单位、单位数额和价格术语。如果信用证有规定，应与信用证保持一致；若信用证没规定，则应与合同保持一致。
本栏填写方法与合同中的相关内容相同，说明如下：
贸易术语：请填于上方空白栏中，填写格式为：FOB 后加"启运港"或"出口国家名称"；CFR 或 CIF 加"目的港"或"进口国家名称"。
本例：FOB TIANJIN
计价货币与单价金额：依双方约定填写。其中选择计价货币时需参考 SimTrade 中"淘金网"的银行页面的外汇币种与汇率。
本例：USD80。

（5）Amount 金额小计：在 SimTrade 中，本栏应与合同填写一致。
列明币种及各项商品总金额（总金额＝单价×数量）。除非信用证上另有规定，货物总值不能超过信用证金额。若信用证没规定，则应与合同保持一致。
实际制单时，若来证要求在发票中扣除佣金，则必须扣除。折扣与佣金的处理方法相同。有时证内无扣除佣金规定，但金额正好是减佣后的金额，发票应显示减佣，否则发票金额超过来证。有时合同规定佣金，但来证金额内未扣除，而且证内也未提及佣金事宜，则发票不宜显示，待货款收回后另行汇给买方。另外，在 CFR 和 CIF 价格条件下，佣金一般应按扣除运费和保险费之后的 FOB 价计算。

10. SAY TOTAL 总金额：在 SimTrade 中，本栏应与合同填写一致。以大写文字写明发票总金额，必须与数字表示的货物总金额一致。
本例：U.S.DOLLARS ONE THOUSAND AND TWO HUNDRED THOUSAND ONLY。

11. Special terms 特殊条款：在 SimTrade 中此栏可以不填。在相当多的信用证中，都出现要求在发票中证明某些事项的条款，譬如发票内容正确、真实、货物产地等证明，均应照信用证要求办理。

12. 公司名称：发票的出票人一般为信用证的受益人，如果是可转让信用证或其表明接受第三方单据，则出票人可为受让人或第三者。

本例：Tianjin Yuanda Import and Export Co,Ltd
　　　　Rachel

13. 填写完成后，如图 7-13，点击"保存"，保存成功后，点击"检查"，有错误的按照指示改正，正确率 100%时，继续填写装箱单。

ISSUER Tianjin Yuanda Import and Export Co,Ltd 92 Weijin Road, Nankai District, Tianjin, P.R.China				商业发票 COMMERCIAL INVOICE	
TO Turkey Import Corporation Soguk cesme sk 7, sultanahmet, 34400 Istanbul, Turkey				NO. STINV000033	DATE 2013-11-11
TRANSPORT DETAILS From Tianjin to Istanbul on november 11,2013 by Vessel.				S/C NO. ContractH	L/C NO. STLCN000017
^				TERMS OF PAYMENT L/C	
Choice	Marks and Numbers	Description of goods	Quantity	Unit Price	Amount
				FOB TIANJIN	
○	FAMOUS-BRAND HANDBAG TURKEY C/NO.1-1500 MADE IN CHINA	15001 FAMOUS-BRAND HANDBAG MATERIAL: OXHIDE SIZE:25CM(BOTTOM LENGTH) AND 30CM(TOP LENGTH) * 10CM W * 20CM H WITH A HANDLE LENGTH OF 40CM. PACKING:1PC/BOX,10PCS/CARTON	15000PC	USD80	USD1200000
				[添加] [修改] [删除]	
		Total: [15000][PC]		[USD][1200000]	
SAY TOTAL:	U.S.DOLLARS ONE THOUSAND AND TWO HUNDRED THOUSAND ONLY				
(写备注处)					
			Tianjin Yuanda Import and Export Co,Ltd (公司名称)		
			Rachel (法人签名)		

[打印预览] [保存] [退出]

图 7-13　商业发票样本

（二）装箱单（PACKING LIST）

装箱单是发票的补充单据，它列明信用证（或合同）中买卖双方约定的有关包装事宜的细节，便于国外买方在货物到达目的港时供海关检查和核对货物，通常可以将其有关内容加列在商业发票上，但是在信用证有明确要求时，就必须严格按信用证约定制作。

在单据列表中点装箱单编号，弹出如图 7-14 空白装箱单。

ISSUER 1				装箱单 PACKING LIST				
TO 2				INVOICE NO.		DATE		
				3		4		
Choice	Marks and Numbers	Description of goods	Package	G.W		N.W		Meas.
◉	5							

[添加] [修改] [删除]

Total: [ ] [ ] [ ] [ ] [ ]
[ ] [ ] [ ] [ ] [ ]

SAY TOTAL: 6 _____

(写备注处)

7 (公司名称)
(法人签名)

[打印预览] [保存] [退出]

图 7-14 装箱单空白样本

装箱单填写说明:

> **小贴士**
> 出票人、受票人和发票号均可以在填写好的商业发票中进行复制并粘贴。

1. ISSUER 出票人：填写出票人（即出口商）的英文名称和地址，在信用证支付方式下，应与信用证受益人的名称和地址保持一致。

本例：Tianjin Yuanda Import and Export Co,Ltd

92 Weijin Road, Nankai District, Tianjin, P.R.China。

2. TO 受票人：填写进口商的名称和地址，且应与信用证开证申请人的名称和地址一致。

本例：Turkey Import Corporation

Soguk cesme sk 7, sultanahmet, 34400 İstanbul, Turkey。

3. INOVICE NO.发票号：在商业发票中查找。本例：STINV000032。

4. DATE 装箱日期：在 SimTrade 中，日期格式参照合同日期。本例：2013-07-01。

5. 货物条款

（1）Marks and numbers 运输标志：既要与实际货物一致，还应与提单一致，并符合信用证的规定。如信用证没有规定，可按买卖双方和厂商订的方案或由受益人自定。无唛头时，应注"N/M"或"No Mark"。如为裸装货，则注明"NAKED"或散装"In Bulk"。如来证规定唛头文字过长，用"/"将独立意思的文字彼此隔开，可以向下错行。

（2）Description of goods 货物名称及描述：填写货物的英文名称，以及"淘金网"里商品基本资料的英文描述（和商业发票内容一样）。

（3）Package 包装单位、G. W（毛重）、N. W（净重）、Meas.（体积）可以打开"淘金网"打开交易商品的基本资料，根据自己合同的交易数量计算得来。

本例：在商品基本资料中查得：毛重 16KGS/包装；净重 14KGS/包装；体积 0.0589CBM/包装

毛重 1500×16=24000KGS

净重 1500×14=21000KGS

体积 1500×0.0589=88.35CBM

（4）Total：如果交易的是单个商品此栏与上方填写的数量和单位保持一致，第一行为数量的合计，第二行单位。其中毛重净重包装单位为 KGS。体积包装单位为 CBM。

6. SAY TOTAL 总金额：在 SimTrade 中，本栏应与合同交易包装单位的数量填写一致。以大写单位写明包装单位的数量，必须与数字表示的交易包装单位的数量一致。

本例：ONE THOUSAND FIVE HUNDRED CARTONS ONLY。

7. 公司名称和法人签名：装箱单的出票人，以及公司的法人代表，具体方法如商业发票。

8. 填写完成后，如图 7-15，点击"保存"，保存成功后，点击"检查"，有错误的按照指示改正，正确率 100%时，继续填写出境货物报检单。

ISSUER Tianjin Yuanda Import and Export Co,Ltd 92 Weijin Road, Nankai District, Tianjin, P.R.China			装箱单 PACKING LIST			
TO Turkey Import Corporation Soguk cesme sk 7, sultanahmet, 34400 Istanbul, Turkey			INVOICE NO. STINV000032	DATE 2013-07-01		
Choice	Marks and Numbers	Description of goods	Package	G.W	N.W	Meas.
◉	FAMOUS-BRAND HANDBAG Turkey C/NO.1-1500 MADE IN CHINA	FAMOUS-BRAND HANDBAG MATERIAL: OXHIDE SIZE:25CM(BOTTOM LENGTH) AND 30CM(TOP LENGTH) * 10CM W * 20CM H WITH A HANDLE LENGTH OF 40CM. PACKING:1PC/BOX,10PCS/CARTON	1500CARTON	24000KGS	21000KGS	88.35CBM
			[添加] [修改] [删除]			
		Total:	[1500] [CARTON]	[24000] [KGS]	[21000] [KGS]	[88.35] [CBM]

SAY TOTAL: ONE THOUSAND FIVE HUNDRED CARTONS ONLY

(写备注处)

Tianjin Yuanda Import and Export Co,Ltd(公司名称)
Rachel(法人签名)

[打印预览] [保存] [退出]

图 7-15 装箱单

(三)出境货物报检单

报检单是国家检验检疫部门根据检验检疫、鉴定工作的需要,为保证检验检疫工作规范化和程序化而设制的。它是报检人根据有关法律、行政法规或合同约定申请检验检疫机构对其某种货物实施检验检疫、鉴定意愿的书面凭证,它表明了申请人正式向检验检疫机构申请检验检疫、鉴定,以取得该批货物合法出口的合法凭证。报检单同时也是检验检疫机构对出入境货物实施检验检疫、启动检验检疫程序的依据。如图 7-16 为空白样本。

图 7-16 报检单空白样本

报检单填写说明:

1. 报检单位(加盖公章)、登记号、联系人、电话:填写报检单位全称并加盖公章或报验专用章(或附单位介绍信),并准确填写本单位报检登记代码、联系人及电话;代理报检的应加盖代理报检机构在检验机构备案的印章。其中报检单位登记号即单位的海关代码,可在公司基本资料中查找。

2. 发货人:填写合同上的卖方或信用证上的受益人名称,要求用中文、英文,填写时要一致(在 SimTrade 中,在出口商基本资料中查找)。

3. 收货人:填写合同上的买方或信用证的开证人名称,可只填英文。

4. 货物条款

(1)货物名称(中/外文):按合同、信用证所列名称填写,但中/外文要一致。在 SimTrade 中,此栏需与淘金网商品详细资料里的中英文名称完全一致。

(2)H.S.编码:海关编码,按《商品分类及编码协调制度》10 位数字填写。在 SimTrade 中,海关代码请在商品基本资料中查找。

(3)产地:在 SimTrade 中,出口货物产地统一为"中国"。

(4)数/重量:按实际申请检验检疫数/重量填写(SimTrade 中的货物都以销售数量计),并注明计量单位,如:××××PC。注意该数量和计量单位既要与实际装运货物情况一致,又要与信用证要求一致。在 SimTrade 中,本栏填写销售数量,与合同一致。

(5)货物总值:按合同或发票所列货物总值填写,并注明货币单位。对于加工贸易生产出口的货物填写料费与加工费的总和,不得只填写加工费。

(6)包装种类及数量:指本批货物运输包装的种类及件数,而非销售数量,应与装箱单"package"栏一致。比如"1500 CARTON"。

5. 运输工具名称号码:在 SimTrade 中,请在配舱通知中查找"船名"。在实际中填写货物实际装载的运输工具类别名称(如船、飞机、货柜车、火车等)及运输工具编号(船名、飞机航班号、车牌号码、火车车次)。

6. 贸易方式:在 SimTrade 中填写一般贸易,其他成交方式还有来料加工、补偿贸易等。

7. 货物存放地点:在 SimTrade 中,货物存放地点请参照配舱通知中的相关内容。报验商品存放的地点,也是商检机构施检或抽取样品的地点。

8. 合同号:报验商品成交的合同号码。

9. 信用证号:按实际情况填写信用证号。如属非信用证结汇的货物,本栏目应填写"无"或"/"。在 SimTrade 中这里如果没有信用证号,直接不填。

10. 用途:商品的用途,一般用途明确的商品也可不填。

11. 发货日期:按照货物的装运情况填写。

12. 输往国家(地区):指出口货物的最终销售国或地区,即进口国(用中文填写)。各国家中文名称可在淘金网"运费查询"页查询。

13. 许可证/审批号:需申领许可证或经审批的商品填写,一般商品可空白。

14. 启运地:办理报关出运的地点或口岸,须与合同规定一致(用中文填写)。各港口中文名称可在淘金网"运费查询"页查询。

15. 到达口岸:指出口货物运往境外的最终目的港,须与合同规定一致(用中文填写)。各港口中文名称可在淘金网"运费查询"页查询。

16. 生产单位注册号:填写出入境检验检疫机构签发的卫生注册证书号或质量许可证号,没有可不填。

17. 集装箱规格、数量及号码:按实际情况填写,可参照配舱通知,如图 7-17。

世格国际货运代理有限公司
DESUN INTERNATIONAL TRANSPORT CO., LTD

To: Tianjin Yuanda Import and Export Co,Ltd

Date: 07/01/2013

Port of Discharge(目的港): ISTANBUL

Country of Discharge(目的国): Turkey

Container(集装箱种类): 40' X 2

Ocean Vessel(船名): Veendam

Voy.No.(航次): DY105-10

Place of Delivery(货物存放地): Tianjin CY

Freight(运费): USD 7186.00

图 7-17 配舱通知

18. 合同、信用证订立的检验检疫条款或特殊要求：在 SimTrade 中没有可不填，填写对商检机构出具检验证书的要求，即检验检疫条款的内容。检验机构制作证书的检验结果内容时会参考此栏的内容。

19. 标记及号码：填写实际货物运输包装上的标记，与合同"Shipping Mark"相一致。中性包装或裸装、散装商品应填"N/M"，并注明"裸装"或"散装"。

20. 随附单据：在 SimTrade 中，一般勾选合同、信用证、发票、装箱单。

出口商品在报验时，一般应提供外贸合同（或售货确认书及函电）、信用证原本的复印件或副本，必要时提供原本，还有发票及装箱单。合同如果有补充协议的，要提供补充的协议书；合同、信用证有更改，要提供合同、信用证的修改书或更改的函电。对订有长期贸易合同而采取记账方式结算的，外贸进出口公司每年一次将合同副本送交商检机构。申请检验时，只在申请单上填明合同号即可，不必每批附交合同副本。凡属危险或法定检验范围内的商品，在申请品质、规格、数量、重量、安全、卫生检验时，必须提交商检机构签发的出口商品包装性能检验合格单证，商检机构凭此受理上述各种报验手续。

21. 需要证单名称：按照合同、信用证及有关国际条约规定必须经检验检疫机构检验并签发证书的，应在报检单上准确注明所需检验检疫证书的种类和数量（在 SimTrade 中通关单必须选择）。

22. 签名：由出口商公司法人签名。

23. 领取证单：应在检验检疫机构受理报验日现场由报验人填写。

注：检验检疫费不填，此栏目由出入境检验检疫机关填写。

填写完成如图 7-18。

第七章 租船订舱和报检 ·149·

中华人民共和国出入境检验检疫

出境货物报检单

报检单位（加盖公章）： 天津远达进出口有限公司　　　　　　　＊编　号　STEPC000028

报检单位登记号： 000000000000C　联系人： 王娟　电话： 022-12345678　报检日期： 2013 年 7 月 1 日

发货人	（中文）	天津远达进出口有限公司
	（外文）	Tianjin Yuanda Import and Export Co,Ltd
收货人	（中文）	
	（外文）	Turkey Import Corporation

选择	货物名称（中/外文）	H.S.编码	产地	数/重量	货物总值	包装种类及数量
○	名牌手提包 FAMOUS-BRAND HANDBAG	4202119090	CHINA	15000PC	USD1200000	1500CARTON

［添加］［修改］［删除］

运输工具名称号码	Veendam/DY105-10	贸易方式	一般贸易	货物存放地点	Tianjin CY
合同号	ContractH	信用证号	STLCN000016	用途	
发货日期	07/01/2013	输往国家(地区)	土耳其	许可证/审批号	
启运地	天津港	到达口岸	伊斯坦堡	生产单位注册号	
集装箱规格、数量及号码	40'X 2				

| 合同、信用证订立的检验检疫条款或特殊要求 | 标记及号码 | 随附单据（划"√"或补填） |
| | FAMOUS-BRAND HANDBAG Turkey C/NO.1-1500 MADE IN CHINA | ☑合同　　　□包装性能结果单
☑信用证　　□许可/审批文件
☑发票　　　□_____
□换证凭单　□_____
☑装箱单　　□_____
□厂检单　　□_____ |

需要证单名称（划"√"或补填）	＊检验检疫费
□品质证书　　　0正　0副　　□植物检疫证书　　0正　0副	总金额（人民币元）　0
□重量证书　　　0正　0副　　□熏蒸/消毒证书　　0正　0副	
□数量证书　　　0正　0副　　□出境货物换证凭单	计费人
□兽医卫生证书　0正　0副　　☑通关单	
□健康证书　　　0正　0副　　□_____	收费人
□卫生证书　　　0正　0副　　□_____	
□动物卫生证书　0正　0副　　□_____	

报检人郑重声明：	领 取 证 单
1.本人被授权报检。	
2.上列填写内容正确属实，货物无伪造或冒用他人的厂名、标志、认证标志，并承担货物质量责任。	日期
签名： 王娟	签名

注："＊"号栏由出入境检验检疫机关填写　　　　　◆国家出入境检验检疫局制
　　　　　　　　　　　　　　　　　　　　　　　　　[1-2 (2000.1.1)]

[打印预览] [保存] [退出]

图 7-18 报检单样本

　　填写完成后，回到单据列表，点击检查按钮看是否有错，如果没有错误，进行下一步，报检。至此报检所需的单据包括"商业发票"、"装箱单"、"出境货物报检单"已经添加填写完毕,检查正确后下一步进行报检。

二、申请出口报检

1. 回到"Business(业务中心)",点"检验机构",如图 7-19 所示。

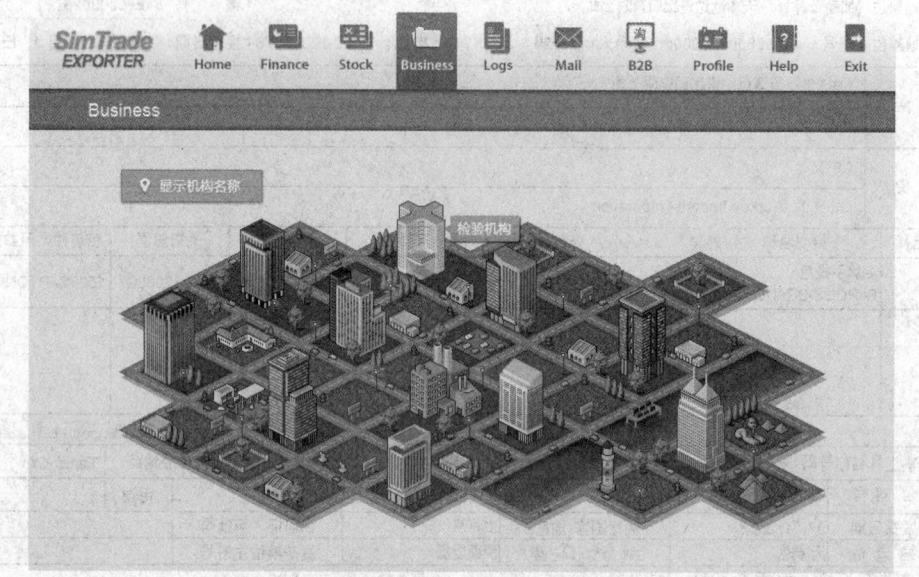

图 7-19 检疫机构

2. 再点"申请报检",选择单据"销货合同"、"信用证"、"商业发票"、"装箱单"、"出境货物报检单"后,点"报检"。如图 7-20 所示。

图 7-20 申请报检

报检完成后,检验机构给发"出境货物通关单"及出口商申请签发的相应检验证书即出境货物通关单,如图 7-21 所示,至此报检环节完成。

中华人民共和国出入境检验检疫
出境货物通关单

编号：STEPP000026

1.发货人 天津远达进出口有限公司		5.标记及号码 FAMOUS-BRAND HANDBAG Turkey C/NO.1-1500 MADE IN CHINA
2.收货人 Turkey Import Corporation		
3.合同/信用证号 ContractH/STLCN000016	4.输往国家或地区 土耳其	
6.运输工具名称及号码 ***	7.发货日期 07/01/2013	8.集装箱规格及数量 40' X 2
9.货物名称及规格 名牌手提包	10.H.S.编码 4202119090	11.申报总值 USD 1200000.00	12.数/重量、包装数量及种类 15000PC,24000.000KGS,1500CARTON

上述货物业经检验检疫，请海关予以放行。

本通关单有效期至 2013 年 8 月 13 日

签字：SimTrade   日期： 2013 年 6 月 14 日

13.备注

图 7-21　出境货物通关单

第八章 报 关

【实验目的】
1. 了解办理报关的流程。
2. 学会制作出口收汇核销单与出口货物报关单。

【实验任务】
1. 准备相关单据向海关办理核销备案。
2. 办理出口报关手续。

第一节 申领核销单

"出口收汇核销单"指由国家外汇管理局制发,出口单位和受托行及解付行填写,海关凭此受理报关,外汇管理部门凭此核销收汇的有顺序编号的凭证(核销单附有存根)。出口单位在开展出口业务前、凭单位介绍信、出口核销员证(现为开户单位印鉴卡)到外汇局领取核销单。出口单位向外汇局申领核销单时,应当场在每张核销单的"出口单位"栏内填写单位名称或者加盖单位名称章。核销单正式使用前加盖单位公章。

核销单自领单之日起两个月以内报关有效。出口单位应当在失效之日起一个月内将未用的核销单退回外汇局注销。出口单位填写的核销单应与出口货物报关单上记载的有关内容一致。

在 SimTrade 中,在"业务中心"的"外管局"办理申领核销单,然后自行填写,本节即介绍核销单的申领及填写。

一、申领核销单

货物报关前,需要先申领核销单,申领核销单的步骤如下:
1. 在"Business 业务中心"点"外管局"标志的建筑。

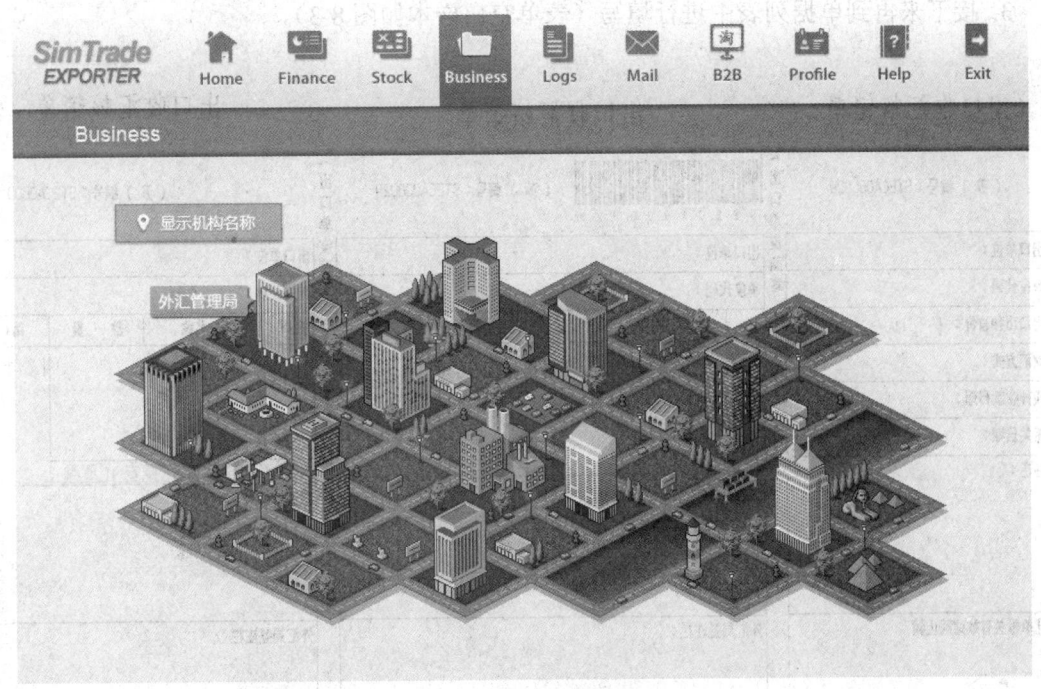

图 8-1 外汇管理局标志

2. 选择"申领核销单",即从外管局取得"出口收汇核销单";再到单据列表中进行填写。

图 8-2 申领核销单

3. 接下来再到单据列表中进行填写（表单空白样本如图8-3）。

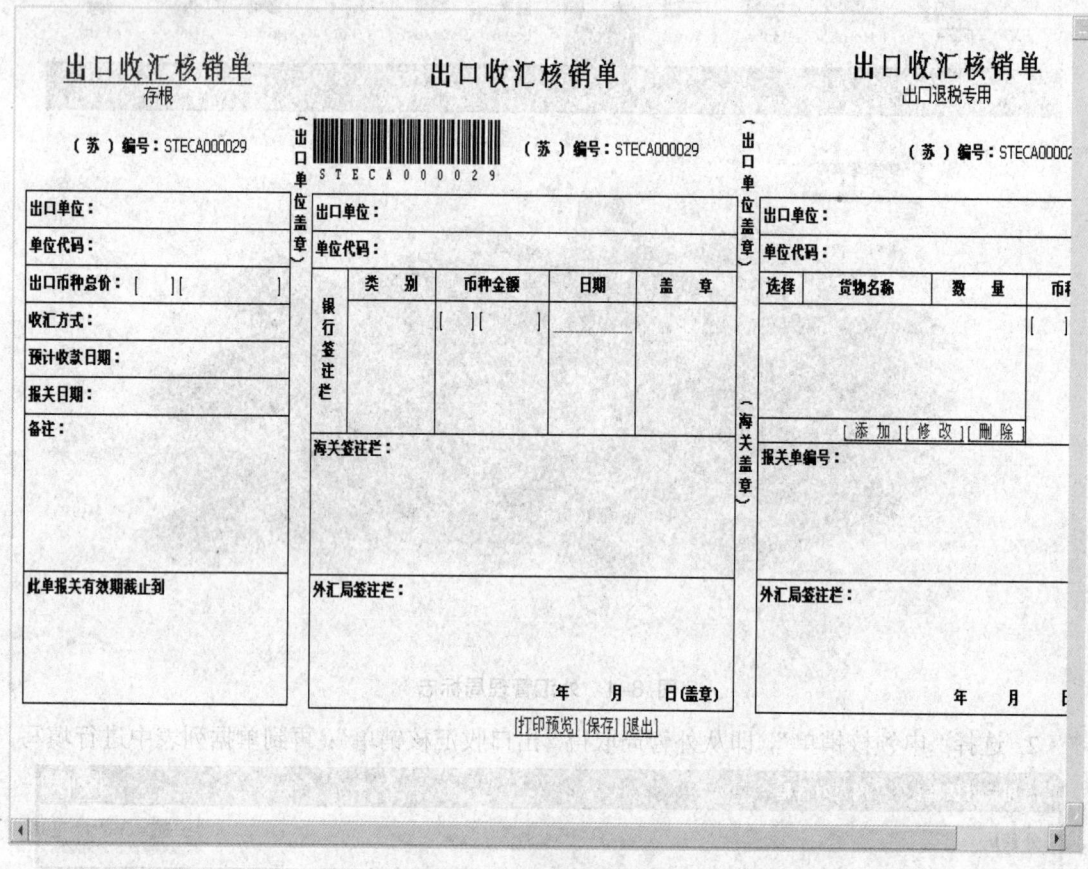

图 8-3 核销单空白样表

出口收汇核销单填写说明：

（1）出口单位：经营单位中文名称，三联都要填写。本例中：天津远达进出口有限公司。

（2）单位代码：在公司基本资料中查找。本例中：00000054-8。

（3）出口币种总价：按报关单所列货物的成交总值填写，并注明货币名称。本例中：USD 120000。

（4）收汇方式：即出口货物的发货人或其代理人收结外汇方式，本栏目应按海关规定的《结汇方式代码表》选择填报相应的结汇方式名称或代码。

在 SimTrade 中，有四种结汇方式可用，它们在《结汇方式代码表》中对应的代码分别为：电汇（T/T）：代码1；付款交单（D/P）：代码4；承兑交单（D/A）：代码5；信用证（L/C）：代码6。本例中可填入 L/C，也可以填写"6"。

（5）预计收款日期：根据出口合同或信用证规定预计结汇收款日期。本例中：2013-07-15。

（6）报关日期：海关放行日期。可以填写配舱通知中货物出运的日期，该日期与申请报关日期一致。本例中：2013-07-01。

（7）货物详细信息，如图8-4。

图 8-4　核销单中的货物详细信息

其中，货物序列号：依顺序写明"1、2、3、4……"。用于识别同一合同项下的不同货物。本例中："1"；货物名称：填货物所属类别，可在商品详细资料中查到，本例中：箱包；数量：货物销售数量，本例中"1500CARTON"。

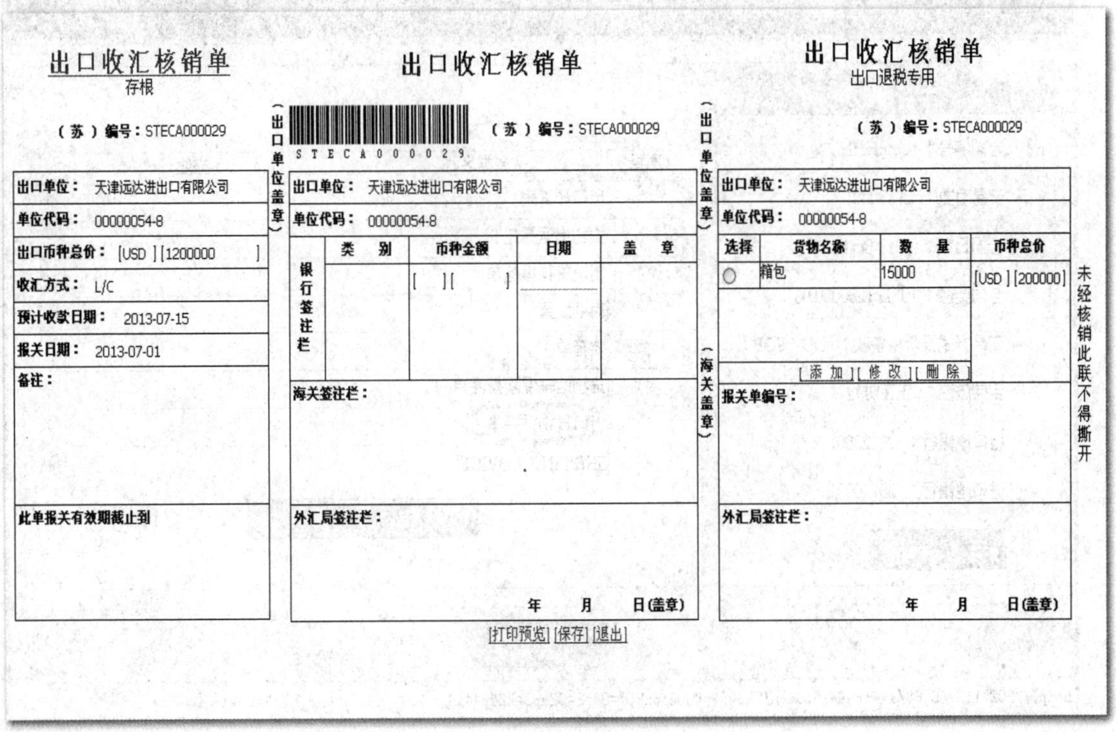

图 8-5　出口收汇核销单样本

4. 填写完成后如图 8-5，点"检查"，确认通过。

至此核销单填写完毕，需继续履行报关相关程序，下一节将介绍报关所需的添加填写报关单，备案，送货等程序。

第二节　出口报关

出口报关，是指出口货物收发货人向海关办理货物、物品或运输工具进出境手续及相关海关事务的过程，包括向海关申报、交验单据证件，并接受海关的监管和检查等。出口报关，是所有的货物出境必须经过的一道程序。在之前的章节中，讲解了对外销合同的履行，主要经过出口托运、出口报检、出口核销的程序。那么，接下来，出口商就可以对出口货物进行报关出口。出口报关步骤以及报关单的填写如下：

1. 填写报关单。在"业务中心"，点击"进口商"建筑物进入出口商页面，点击"添加单据"，添加"出口货物报关单"。

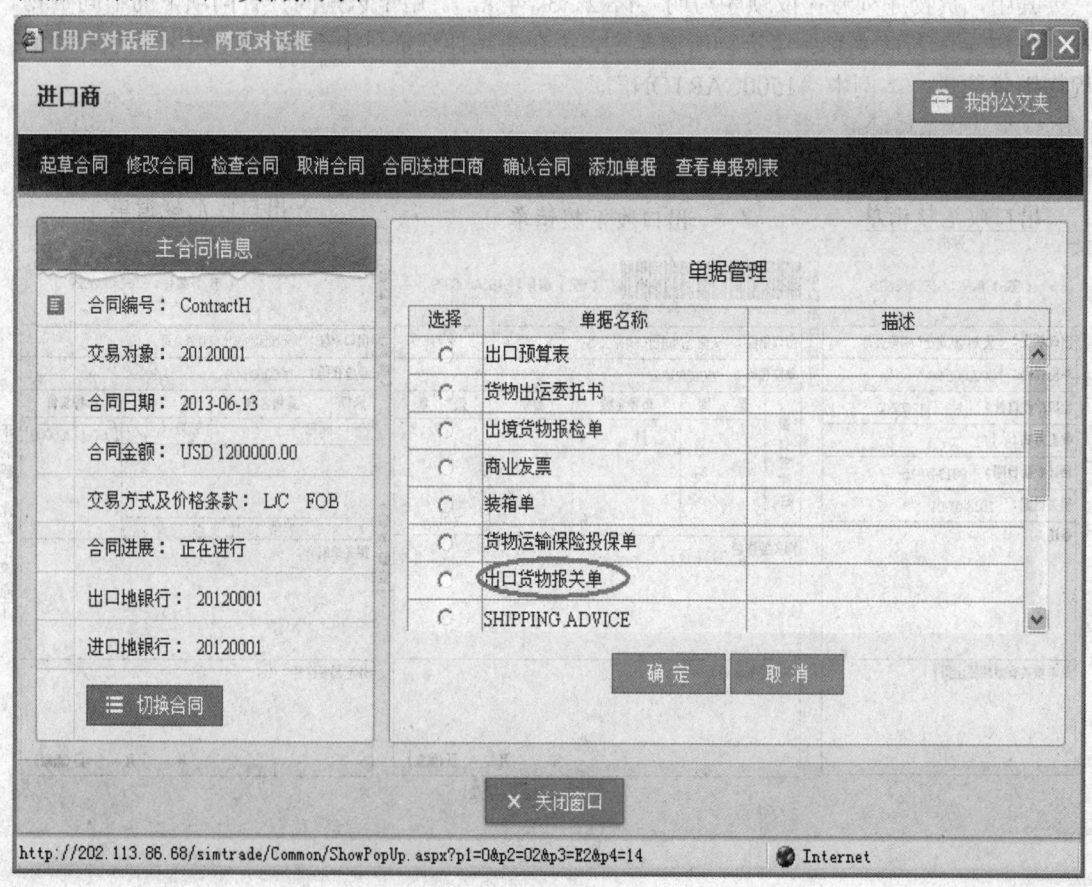

图 8-6　添加出口报关单

2. 点击"查看单据列表"，点击报关单对应的编号，打开报关单如图 8-7 所示，按照填写说明进行填写。

中华人民共和国海关出口货物报关单

预录入编号：　　　　　　　　　　海关编号：

出口口岸 1		备案号 2		出口日期 3		申报日期 4
经营单位 5		运输方式 6	运输工具名称 7		提运单号 8	
发货单位 9		贸易方式 10		征免性质 11		结汇方式 12
许可证号 13	运抵国（地区） 14		指运港 15		境内货源地 16	
批准文号 17	成交方式 18	运费 [19][ ]		保费 [20][ ]	杂费 [21][ ]	
合同协议号 23	件数 24	包装种类 25		毛重(公斤) 26	净重(公斤) 27	
集装箱号 28	随附单据 29				生产厂家 30	

标记唛码及备注
31

选择	项号	商品编号	商品名称、规格型号	数量及单位	最终目的国(地区)	单价	总价	币制	征免
○	32								

[添加][修改][删除]

税费征收情况
33

录入员 录入单位 34	兹声明以上申报无讹并承担法律责任	海关审单批注及放行日期(签章)
报关员 35		审单　　　　　审价
单位地址	申报单位（签章）	征税　　　　　统计
邮编　　　电话	填制日期 3	查验　　　　　放行

[打印预览][保存][退出]

图 8-7　出口报关单空白表

出口报关单的填写说明：

（1）出口口岸、经营单位和发货单位：其中，出口口岸填写货物实际出口的海关的名称，如"Tianjin Port"。经营单位，则填写经营单位的英文名称及海关编码，海关编码可在出口商资料库里查阅。本例中：天津远达进出口有限公司 海关编码为 00000054-8。发货单位，填写出口货物在境内的生产或销售单位，如果出口企业也是生产单位，则这一栏填写与经营单位相同的内容。

（2）与出口交易有关的内容：出口日期，填写运载所申报货物的运输工具办理出境手续的日期，本例中 2013-07-01。而申报日期则填写海关接受进出口货物的收、发货人或者其委托的报关企业申请的日期，本例中 2013-07-01。运输方式，指载运货物进出关境所使用的运输工具的分类。在 SimTrade 中，货物统一通过江海方式运输，在《运输方式代码表》中对应的代码为 2，因此本栏内容可填写"江海运输"或者代码"2"。运输工具名称，指载运货物进出境的运输工具的名称或运输工具编号，在 SimTrade 中，运输工具名称即船舶名称，订舱后有船公司在"配舱通知"中给出。如 Veendam/DY105-10。提运单号，指进出口货物提单或运单的编号。在这里，先不填写。

（3）贸易方式：根据实际情况填写相应的贸易方式简称或者代码。在 SimTrade 中，货物进出口通常都为一般贸易，在《贸易方式代码表》中对应的代码为 0110，因此本栏可填写"一般贸易"或者"0110"。征免性质，指海关对进出口货物实施征、减、免税管理的性质类别。在 SimTrade 中，货物通常都适用于一般征税，在《征免性质代码表》中对应的代码为 101，因此本栏可填写"一般征税"或者"101"。结汇方式，指出口货物的发货人或者其代理人收结外汇的方式。在 SimTrade 中，由 4 种结汇方式可用，它们在《结汇方式代码表》中对应的代码分别为：电汇（T/T）代码"1"，付款交单（D/P）代码"4"，承兑交单（D/A）代码"5"，信用证（L/C）代码"6"。比如，信用证方式，可填写"L/C"。

（4）与货物运输相关的事项：许可证号，不填写。运抵国和指运港分别填写进口国国家的中文名称和目的港的中文名称，本例中"土耳其，伊斯坦堡"。境内货源地和批准文号，可不填写。成交方式，则填写贸易术语，本例中"FOB"。运费、保费、杂费，填写相应类型金额的总额，格式为：币种+金额，如若没有可以不填写。本例中采用的是 FOB 术语，不需要填写，可填入"0"。

（5）包装相关内容：合同协议号，填写合同号，本例中"ContractH"。件数和包装种类分别填写包装总件数和种类，这里种类可在商品资料里查找，本例中"CARTON"。毛重和净重，分别填写货物实际毛重和毛重减去包装材料后的重量，计量单位为公斤。本例中，毛重为 24000，净重为 21000。集装箱号和生产厂家，都不用填写。随附单据，指随出口货物报关单一并向海关递交的单证或者文件，合同、发票、装箱单、许可证等的必备的随附单证可以不在这里填写，这里可以填写"出境货物通关单"。

（6）标记唛码及备注：这里填写运输标志，要求应该与合同中"Shipping Mark"的内容一致。

（7）有关货物描述的内容，如图 8-8。

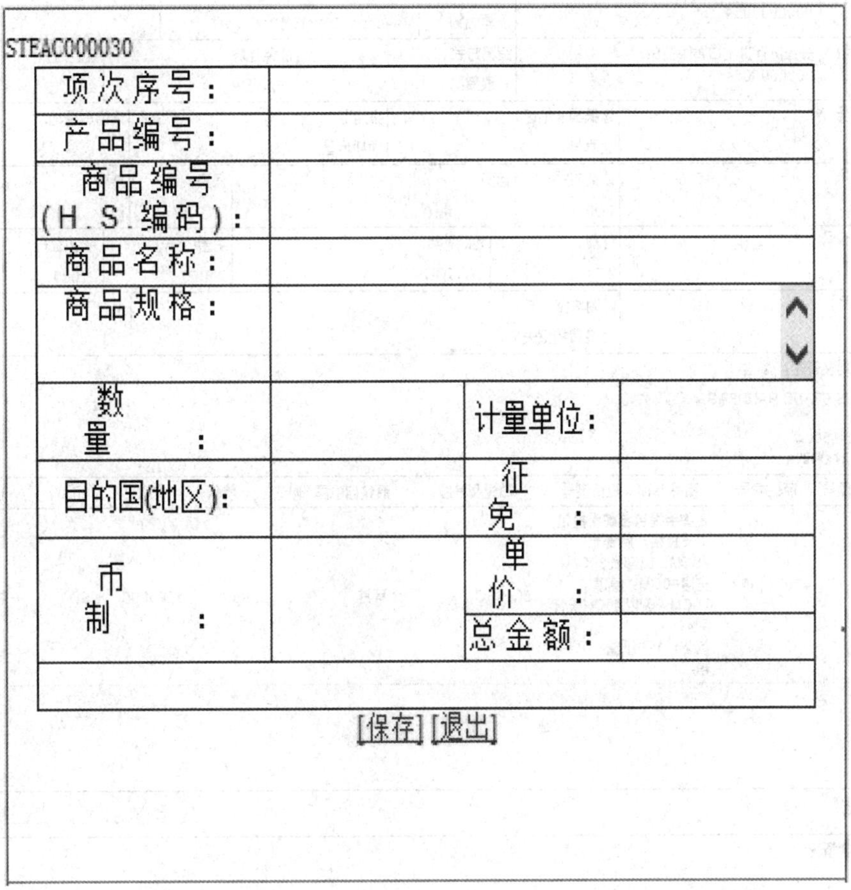

图 8-8 报关单中的商品货物明细表

其中，项号，依序填列商品项目，如只有单项商品，填写"1"。商品编号，填写与合同中的"Product No."项一致的内容。商品名称、规格型号填写商品的中文名称和中文描述。数量及单位，出口商品的实际数量及计量单位，如 15000PC。最终目的国（地区），填写最终目的国的中文名称，本例中"土耳其"。单价和总价，填写商品的单位价格和总价。币制，填写出口货物实际成交价格的币种。征免，填写"一般征税"或者"101"。

（8）报关单位相关内容：报关员、单位地址、邮编、电话，根据实际情况进行填写。其余内容，可以不用填写。本例中报关单填写后的样表如图 8-9 所示。

中华人民共和国海关出口货物报关单

预录入编号：　　　　　　　　　　海关编号：

出口口岸 TIANJIN PORT		备案号		出口日期 2013-07-01		申报日期 2013-07-01
经营单位	天津远达进出口有限公司 0000000054	运输方式 江海运输	运输工具名称 Veendam/DY105-10		提运单号	
发货单位	天津远达进出口有限公司 0000000054	贸易方式 一般贸易		征免性质 一般征免		结汇方式 L/C
许可证号		运抵国（地区） 土耳其		指运港 伊斯坦堡		境内货源地
批准文号		成交方式 FOB	运费 [ ][0		保费 [ ][0	杂费 [ ][0
合同协议号	ContractH	件数 1500	包装种类 CARTON	毛重(公斤) 24000		净重(公斤) 21000
集装箱号		随附单据 出境货物报关单				生产厂家

标记唛码及备注
FAMOUS-BRAND HANDBAG
Turkey
C/NO.1-1500
MADE IN CHINA

选择	项号	商品编号	商品名称、规格型号	数量及单位	最终目的国(地区)	单价	总价	币制	征免
○	1	4202119090	名牌手提包名牌手提包 牛皮规格：底部长25CM，口部长30CM，宽度10CM，高度20CM，配以40CM长背带。包装：1只/纸盒，10只/箱	15000PC	土耳其	80	1200000	USD	一般征税

[添加] [修改] [删除]

税费征收情况

录入员 录入单位	兹声明以上申报无讹并承担法律责任	海关审单批注及放行日期(签章)	
报关员 Rachel		审单	审价
	申报单位（签章）		
单位地址 天津市南开区卫津路92号		征税	统计
邮编 300134　电话 022-12345678	填制日期 2013-07-01	查验	放行

[打印预览] [保存] [退出]

图 8-9　出口报关单样本

3. 备案。在出口商主页面，点击"业务中心"按钮进入，再点击"海关"建筑物进入海关页面。点击"备案"按钮，凭填好的出口收汇核销单办理核销。

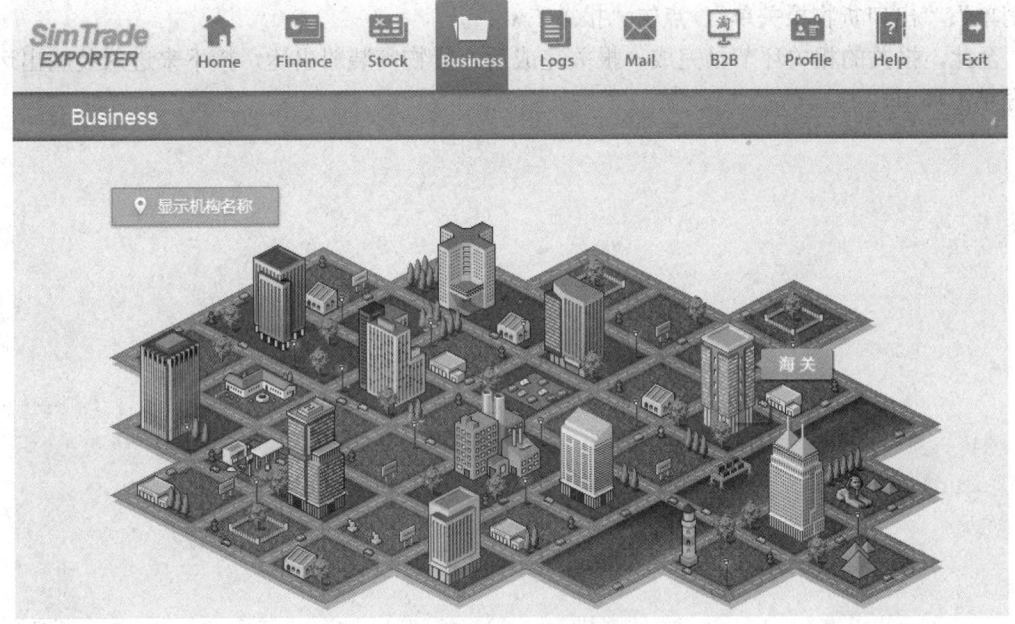

图 8-10 海关标志

4. 点击"备案"右边的"送货"，将货物送到海关指定地点。

图 8-11 备案、送货、报关

5. 报关。填写完报关单后，返回海关页面，点击"送货"右边的"报关"，然后再选择单据"商业发票"、"装箱单"、"出境货物通关单"（不需出口检验的商品可免附）、"出口收汇核销单"、"出口货物报关单"，点击"报关"。

至此，报关的相关环节已完成。报关完成后，货物需装船出运，接下来进入装船出运及办理结汇环节。

第九章 装船出运及结汇

【实验目的】
1. 学会制作装船通知。
2. 学会填写原产地证明。
3. 以 L/C 为例,理解和掌握国际贸易买卖中货款的结算方式及其程序和技巧。

【实验任务】
1. 完成装船出运的同时,出口商到船公司取提单并向进口商发送装船通知。
2. 办理申请原产地证。
3. 进出口双方到银行办理结汇事宜。

第一节 装船出运

在 SimTrade 中,装船出运的步骤是报关后由系统自动处理的,因此报关(出运)完成后,货物同时自动装船出运,此时出口商需要到船公司取回提单,并向进口商发送装船通知。

装船通知也叫装运通知,主要指的是出口商在货物装船后发给进口方的包括货物详细装运情况的通知,其目的在于让进口商做好筹措资金、付款和接货的准备。如成交条件为 FOB、CFR 等还需要向进口国保险公司发出该通知,以便其为进口商办理货物保险手续,出口装船通知应按合同或信用证规定的时间发出,该通知副本(copy of telex/fax)常作为向银行交单议付的单据之一;在进口方派船接货的交易条件下,进口商为了使船、货衔接得当也会向出口方发出有关通知;通知以英文制作,无统一格式,内容一定要符合信用证的规定,一般只提供一份。

一、取回提单

1. 点击"船公司"建筑物,如图 9-1。

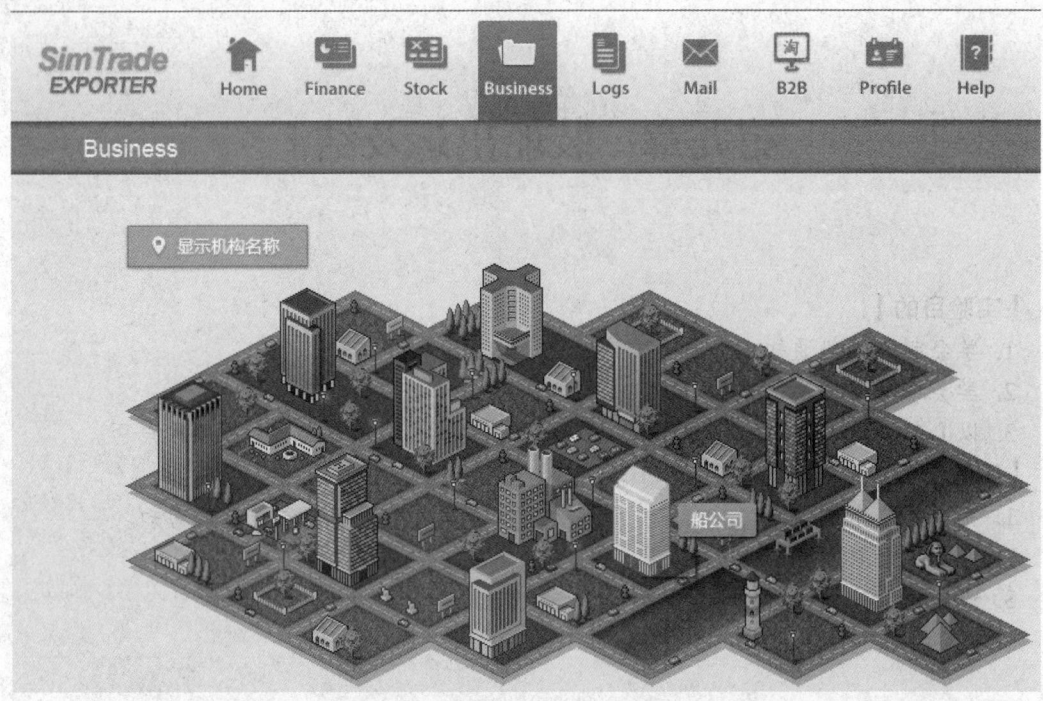

图 9-1 船公司标志

2. 再点击"取回提单"按钮，便可将提单取回，如图9-2。

图 9-2 取回提单

二、发送装船通知（Shipping Advice）

在出口商办理或者代进口商办理货物出运后，出口商需要向进口商发送装船通知，以便进口商提前做好进口相关事宜。成功取回提单后，下一步填写并发送装船通知，具体操作如下：

1. 添加填写装船通知。出口商完成报关后，在"Business 业务中心"主页面，点击"进口商"建筑物进入，添加"Shipping Advice"。到"查看单据列表"，点击"Shipping Advice"对应编号，打开单据如图 9-3 所示，然后按照说明进行填写。

SHIPPING ADVICE

Messrs.

Invoice No.

Date:

Particulars
1. L/C No.
2. Purchase order No.
3. Vessel:
4. Port of Loading:
5. Port of Dischagre:
6. On Board Date:
7. Estimated Time of Arrival:
8. Container:
9. Freight: [   ] [   ]
10. Description of Goods:

11. Quantity:[   ] [   ]
12. Invoice Total Amount: [   ] [   ]

Documents enclosed
1. Commercial Invoice:
2. Packing List:
3. Bill of Lading:
4. Insurance Policy:

Very truly yours,

Manager of Foreign Trade Dept.

[打印预览] [保存] [退出]

图 9-3 Shipping Advice

Shipping Advice 的填写说明：

A. 表头部分

（1）Messrs：填进口商英文名称及地址。本例中，Turkey Import Corporation Soguk cesme sk 7, sultanahmet, 34400 İstanbul, Turkey。

（2）Invoice No.：填商业发票号码。本例中，STINV000032。

（3）Date：填装船通知开出日期。本例中，2013-07-01。

B. 详细条款 Particulars

（1）L/C No.：填信用证号码。本例中，STLCN000016。

（2）Purchase order No.：填销货合同号码。本例中，ContractH。

（3）Vessel：填入装运船名与航次，请参考"配舱通知"，本例中，Veendam/DY105-10。

（4）Port of Loading：起运港，须与 B/L 一致。本例中，Tianjin。

（5）Port of Discharge：目的地，须与 B/L 一致。本例中，ISTANBUL。

（6）On Board Date：写明装船日期，本例中，07/01/2013。

（7）Estimated Time of Arrival：写明预定到港日期，是一个估计日期。本例中，07/15/2013。

（8）Container：写明集装箱个数及种类，本例中，40'×2。

（9）Freight：写明海运费总金额，本例中，USD7186。

（10）Description of Goods：指所装运的货品内容，按实际情况填写。本例中参照合同中填写。

（11）Quantity：货物数量，指货物件数，须与商业发票所记载者相同。本例中 15000PC。

（12）Invoice Total Amount：货物总价。须与商业发票所记载者相同。本例中，USD1200000。

C. Documents enclosed（随附单据要求）。

装船通知的作用在于方便买方购买保险或准备提货手续，出口商作此项通知时，有时需附上或另行寄上货运单据（押汇单证）之副本，便于进口商明了装货内容，并可于货运单据正本迟到或遗失时，及时办理担保提货。

（1）Commercial Invoice：写明所需商业发票份数，商业发票一般为一式六份。本例中，"6"。

（2）Packing List：写明所需包装单份数，一般为一式三份，本例中"3"。

（3）Bill of Lading：写明所需提单份数，提单一般要求有一份正本，本例中填入"1（Duplicate）"。

（4）Insurance Policy：写明所需保险单份数 1（Duplicate） 2 Copies，需要一份原件两份复印件。

（5）下方空白栏：如还有其他单据随附，请填于下方空白栏。

D. 落款部分，右下方空白栏：

填写出口商公司名称，Manager of Foreign Trade Dept.：负责人签字。与商业发票相同，应由出口商签署。

SHIPPING ADVICE

Messrs.
Turkey Import Corporation
Soguk cesme sk 7, sultanahmet, 34400 İstanbul, Turkey

Invoice No. STINV000032
Date: 2013-07-01

Particulars

1. L/C No. STLCN000016
2. Purchase order No. ContractH
3. Vessel: Veendam/DY105-10
4. Port of Loading: Tianjin
5. Port of Dischage: ISTANBUL
6. On Board Date: 07/01/2013
7. Estimated Time of Arrival: 07/15/2013
8. Container: 40' X 2
9. Freight: [USD   ] [7186   ]
10. Description of Goods:
FAMOUS-BRAND HANDBAG
MATERIAL: OXHIDE
SIZE:25CM(BOTTOM LENGTH) AND 30CM(TOP LENGTH) * 10CM W * 20CM H WITH A HANDLE LENGTH OF 40CM.
PACKING:1PC/BOX,10PCS/CARTON
11. Quantity:[15000   ] [PC   ]
12. Invoice Total Amount: [USD   ] [1200000   ]

Documents enclosed

1. Commercial Invoice: 6
2. Packing List: 3
3. Bill of Lading: 1(Duplicate)
4. Insurance Policy: 1(Duplicate)2 Copies

Very truly yours,
Tianjin Yuanda Import and Export Co,Ltd
Rachel
Manager of Foreign Trade Dept.

[打印预览] [保存] [退出]

图 9-4 装船通知样本

2. 发送装船通知。填写完成后，点击"船公司"建筑物，点击"发送装船通知"，将 Shipping Advice 发送至进口商。

图 9-5 发送装船通知

3. 以进口商的角色登录,收取装船通知以发送的通知邮件。然后点击"业务中心",点击"出口商"建筑物,在"查看单据列表"中,查看"Shipping Advice"的内容。

在这一节中我们主要学习关于出口商报关和向发送装船通知的内容,了解报关单和装船通知填写的注意事项,在进口商收取装船通知办理保险后,出口商就可以进入到填写汇票、办理结汇的环节了。

第二节 申请产地证及结汇

办理完装船出运后,出口商就可以办理押汇,办理结汇之前首先添加并填写普惠制产地证。

产地证分为一般产地证和普惠制产地证。一般产地证的全称是 CERTIFICATE OF ORIGIN。C.O.产地证又称一般产地证,是原产地证的一种。C.O.产地证是用以证明有关出口货物和制造地的一种证明文件,是货物在国际贸易行为中的"原籍"证书,在特定情况下进口国据此对进口货物给予不同的关税待遇。普惠制产地证,是根据发达国家给予发展中国家的一种关税优惠制度——普遍优惠制,签发的一种优惠性原产地证。在对外贸易中,可简称为 FORM A 或 GSP FORM A。

一、申请产地证

在 SimTrade 中申请产地证的主要流程如下:
1. 在"Business 业务中心"点"进口商"的标志,"添加单据"中的"普惠制产地证"。
2. 然后在"查看单据列表"中打开,打开后如图 9-6 所示,然后按照填写说明进行填写。

第九章 装船出运及结汇

ORIGINAL

1. Goods consigned from (Exporter's business name, address, country)	Reference No. STGSP000011
	GENERALIZED SYSTEM OF PREFERENCES CERTIFICATE OF ORIGIN (Combined declaration and certificate)
2. Goods consigned to (Consignee's name, address, country)	**FORM A** Issued in **THE PEOPLE'S REPUBLIC OF CHINA** (country)
3. Means of transport and route (as far as known)	4. For official use

Choice	Item number	6. Marks and numbers of packages	7. Number and kind of packages; description of goods	8. Origin criterion (see Notes overleaf)	9. Gross weight or other quantity	10. Number and date of invoices

[添 加][修 改][删 除]

11. Certification It is hereby certified, on the basis of control carried out, that the declaration by the exporter is correct.	12. Declaration by the exporter The undersigned hereby declares that the above details and statements are correct, that all the goods were produced in **CHINA** (country) and that they comply with the origin requirements specified for those goods in the Generalized System of Preferences for goods exported to _____ (importing country)
Place and date, signature and stamp of certifying authority	Place and date, signature and stamp of authorized signatory

[打印预览] [保存] [退出]

图 9-6 普惠制产地证空白表

普惠制产地证填写说明：

（1）Goods consigned from 发货人（出口商名称、地址、国家）：按实际情况详细填写。若属信用证项下，应与规定的受益人名址、国别一致。需注意的是，本栏目的最后一个单词必须是国家名。如为第三方发货，须与提单发货人一致。本例中：Tianjin Yuanda Import and Export Co,Ltd　92 Weijin Road, Nankai District, Tianjin, P.R.China,此栏必须填明在中国境内的出口商详址，包括街道、门牌号码和城市名称及国家名。

（2）Goods consigned to……收货人（收货人名称、地址、国别）：填实际给惠国的最终目的地收货人名址、国别。

（3）Means of transport and route （运输方式和路线）：填写运输方式（海运、空运等）、起运港和目的地（目的港），如需中途转运，也应注明。如：不需要转运的 From Tianjin to ISTANBUL on July 1,2013 或需要转运 From Shanghai to London on July 1， 2013，Thence Transshipped to Rotterdam By Vessel。

（4）For official use 供官方使用：不填。

（5）商品货物明细表的填写，如图 9-7。

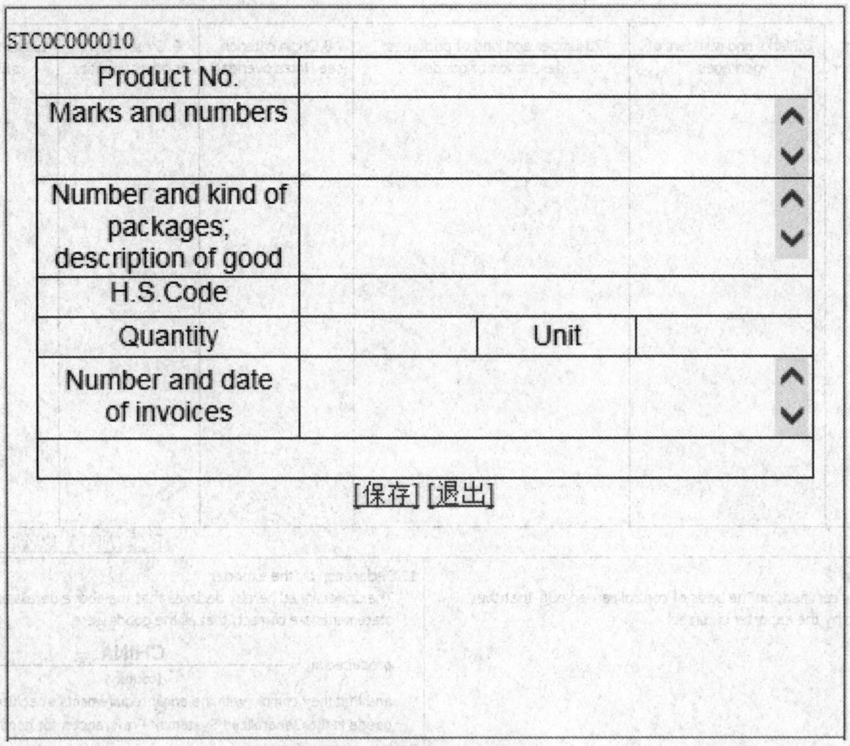

图 9-7　商品货物明细表

其中，Item number 项目编号：填列商品项目，单项商品列项目"1"；如有多项，按"1、2、3……"分行列出；Marks and numbers 唛头及包装号码：对应合同中的"Shipping Mark"栏；Number and kind of packages, Description of good 包装种类和件数、货物描述：在 SimTrade 中，须填写商品包装数量+包装单位+（数字大写）+OF+货物品名+货物描述，本例中，1500 CARTON（ONE THOUSAND FIVE HUNDRED CARTON ONLY） OF FAMOUS-BRAND

HANDBAG MATERIAL：OXHIDE SIZE：25CM（BOTTOM LENGTH） AND 30CM（TOP LENGTH） * 10CM W * 20CM H WITH A HANDLE LENGTH OF 40CM.

PACKING：1PC/BOX，10PCS/CARTON.

（6）Origin criterion 原产地标准：如果是完全原产品，不含任何非原产成分，出口到所有给惠国，填写"P"。

小贴士

原产地标准：

（1）"P"：完全自产，无进口成份，使用"P"。

（2）"W"：含有进口成份，但符合原产地标准，填"W"。

（3）"F"：对加拿大出口时，含进口成份占产品出厂价40%以内者，都使用"F"。

（4）空白：出口到澳大利亚、新西兰的货物，此栏可留空不填。

注意：含有进口原料成份的商品，发往瑞士、挪威、芬兰、瑞典、奥地利等欧盟成员国及日本时，都使用"W"，并在字母下方标上产品的CCCN税则号（布鲁塞尔税则）；发往加拿大出口的商品，产品含有进口成分占产品出厂价40%以内者，使用"F"；发往澳大利亚、新西兰的商品，此栏可以空白；发往俄罗斯、白俄罗斯、乌克兰、哈萨克斯坦、捷克、斯洛伐克时，都填写"Y"，并在字母下面标上百分比（占产品离岸价格的50%以下）。

在SimTrade中，货物都属完全自产的，无进口成份，此栏填"P"（注意填写时须加引号）。

（7） Gross weight or other quantity 商品毛重或其他数量：此栏应以商品的正常计量单位填，在SimTrade中商品以重量计算，一般填写商品的毛重例如24000KGS。但是实际中有"只"、"件"、"双"、"台"、"打"等。例如：3200 DOZ.或6270 KGS. 以重量计算的则填毛重，只有净重的，这净重亦可，但要标上 N.W.（NET WEIGHT）。

（8） Number and date of invoices 发票日期和号码：此栏不得留空。月份一律用英文（可用缩写）表示，本例中 STINV000032 July 1，2013，此栏的日期必须按照正式商业发票填具，发票日期不得迟于出货日期。

（9） Certification 签证当局的证明

此栏填写签证机构的签证地点、日期，本例中 TIANJIN July 1，2013 检验检疫局签证人经审核后在此栏（正本）签名，盖签证印章。

注：此栏日期不得早于发票（第10栏）和申报日期（第12栏），而且应早于货物的出运日期（第3栏）。

（10） Declaration by the export 出口商的声明

进口国横线上填最终进口国，进口国必须与第三栏目的港的国别一致。此栏日期不得早于发票日期（第10栏）（最早是同日）。

3. 填写完成后点"检查"，确认通过，如图9-8样本所示。

ORIGINAL

1.Goods consigned from (Exporter's business name, address, country) Tianjin Yuanda Import and Export Co,Ltd 92 Weijin Road, Nankai District, Tianjin, P.R.China	Reference No. STGSP000014 **GENERALIZED SYSTEM OF PREFERENCES** **CERTIFICATE OF ORIGIN** (Combined declaration and certificate)
2.Goods consigned to (Consignee's name, address, country) Turkey Import Corporation Soguk cesme sk 7, sultanahmet, 34400 Istanbul, Turkey	**FORM A** Issued in **THE PEOPLE'S REPUBLIC OF CHINA** (country)
3.Means of transport and route (as far as known) From Tianjin to ISTANBUL on July 1,2013	4.For official use

Choice	Item number	6.Marks and numbers of packages	7.Number and kind of packages; description of goods	8.Origin criterion (see Notes overleaf)	9.Gross weight or other quantity	10.Number and date of invoices
○	1	FAMOUS-BRAND HANDBAG Turkey C/NO.1-1500 MADE IN CHINA	1500 CARTON(ONE THOUSAND FIVE HUNDRED CARTON ONLY) OFFAMOUS-BRAND HANDBAG MATERIAL: OXHIDE SIZE:25CM(BOTTOM LENGTH) AND 30CM(TOP LENGTH) * 10CM W * 20CM H WITH A HANDLE LENGTH OF 40CM. PACKING:1PC/BOX,10PCS/CARTON	"P"	24000KGS	STINV000032 July 1,2013

11.Certification It is hereby certified, on the basis of control carried out, that the declaration by the exporter is correct.	12.Declaration by the exporter The undersigned hereby declares that the above details and statements are correct, that all the goods were produced in **CHINA** (country) and that they comply with the origin requirements specified for those goods in the Generalized System of Preferences for goods exported to Turkey (importing country)
Place and date, signature and stamp of certifying authority	Place and date, signature and stamp of authorized signatory

图 9-8 产地证样本

4. 回到"业务中心",点"检验机构"。如图9-9所示。

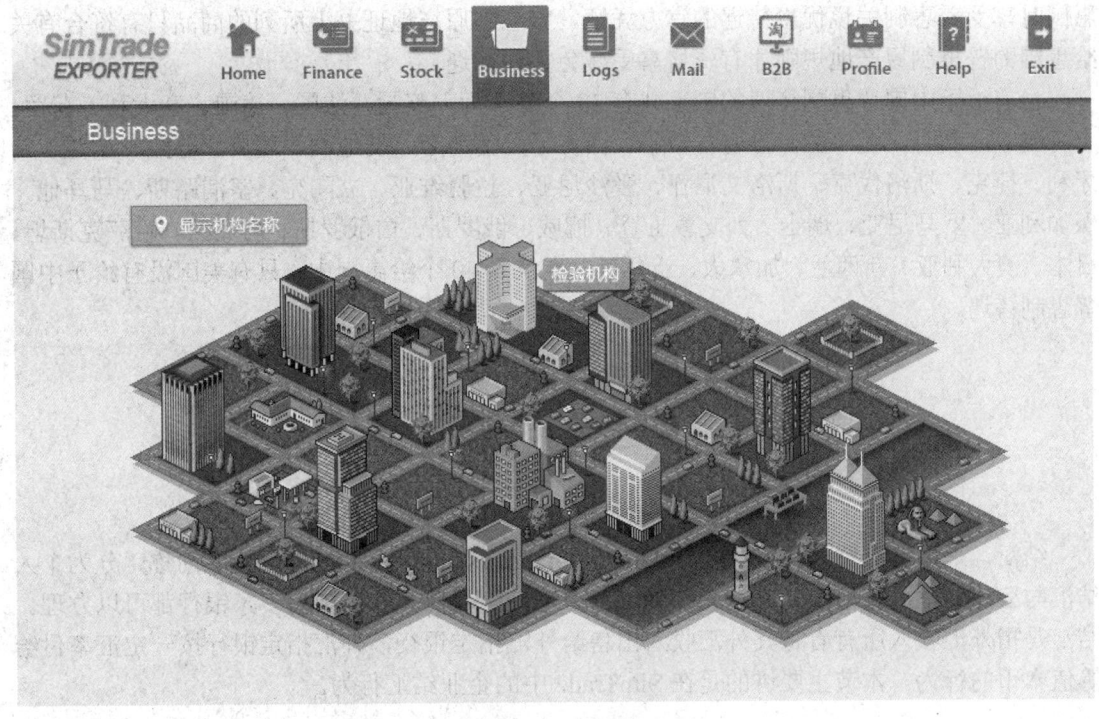

图 9-9 检疫机构

5. 再点"申请产地证",选择产地证类型为"普惠制产地证明书",点"确定",完成产地证的申请。如图9-10所示。

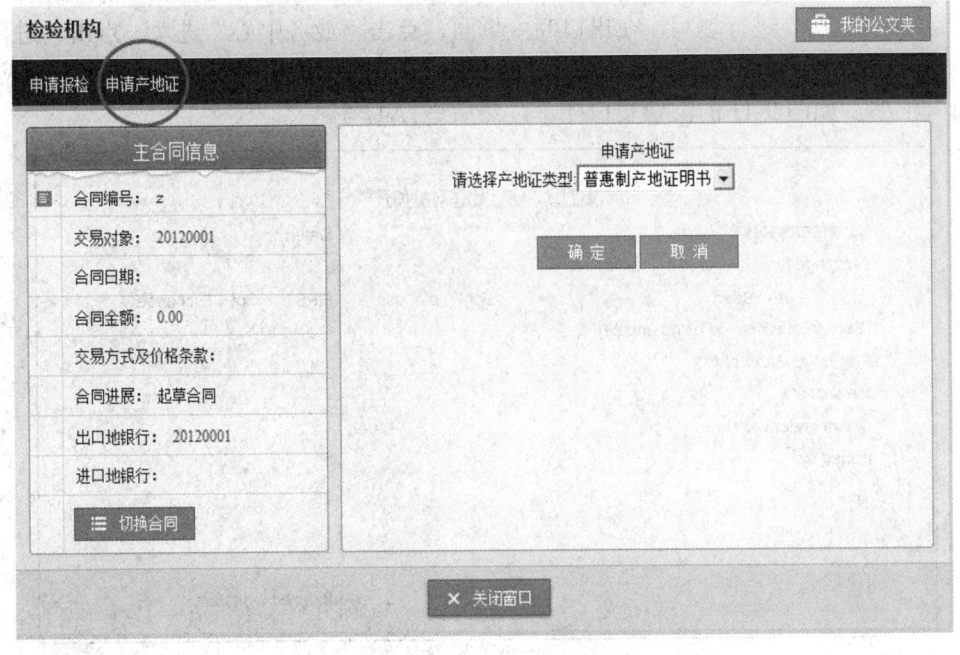

图 9-10 申请产地证

根据普惠制给惠国原产地规则和有关要求签发的原产地证书，它是受惠国货物出口到给惠国时享受普惠制关税优惠待遇的官方凭证。普惠制原产地证书上所列的商品只有符合有关给惠国的普惠制原产地规则才有资格享受减免关税待遇。

目前给予中国普惠制待遇的国家共有 39 个分别为：英国、法国、德国、意大利、荷兰、卢森堡、比利时、爱尔兰、丹麦、希腊、西班牙、葡萄牙、奥地利、瑞典、芬兰、波兰、匈牙利、捷克、斯洛伐克、斯洛文尼亚、爱沙尼亚、拉脱维亚、立陶宛、塞浦路斯、马耳他、保加利亚、罗马尼亚、瑞士、列支敦士登、挪威、俄罗斯、白俄罗斯、乌克兰、哈萨克斯坦、日本、澳大利亚、新西兰、加拿大、土耳其。全世界 40 个给惠国中，只有美国没有给予中国普惠制待遇。

第三节　结汇

结汇，是外汇结算（exchange settlement/foreign exchange settlement）的简称，分为个人结汇与公司结汇两种情况，都是必须到银行办理的。目前，我国国内多家银行都可以办理。结汇是指外汇收入所有者将其外汇收入出售给外汇指定银行，外汇指定银行按一定汇率付给等值本币的行为。本节主要讲的是在 SimTrade 中的企业结汇行为。

一、出口押汇

国际贸易中的结汇，是需要多方的共同合作，一般要经过出口商填写汇票、办理押汇，银行转发单据，进口商到银行办理议付单据，出口商到银行结汇。

1. 添加"汇票"进行填写，在出口商主页面，点击"业务中心"进入，点击"进口商"建筑物进入进口商页面，在添加单据中添加"汇票"，然后在单据列表中，点击汇票对应的编号，打开汇票，如图 9-11 的汇票空白样本，然后进行填写。

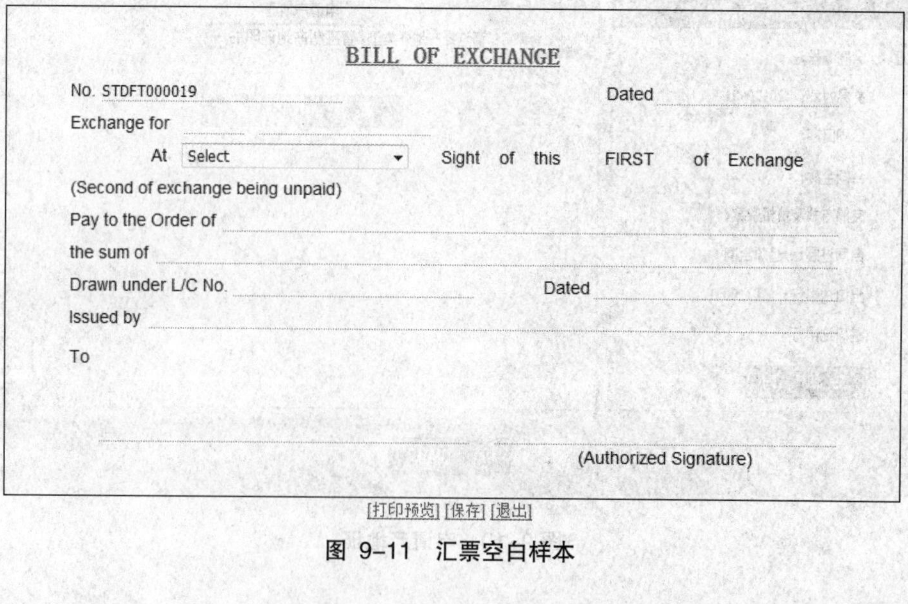

图 9-11　汇票空白样本

汇票填写说明：

（1）汇票号码和出票日期：汇票号码 No.由系统自动生成。出票日期 Dated 填写汇票出具日期，本例中 2013-07-01。

（2）汇票金额相关事项：Exchange for 汇票金额，用数字填写，格式为币种+金额。付款期限 at----sight，一般可分为即期付款和远期付款两类，SimTrade 中，汇票均为即期付款，则此栏直接在横线上打"----"即可。

（3）收款人：收款人 Pay to the Order of，也成为"抬头人"或者"抬头"。在信用证方式下通常为出口地银行。填写出口地银行的英文名称。本例中 Bank of China。

（4）汇票金额大写：The sum of 大写汇票金额，要用文字大写填写。先填写货币全称，再填写金额的数目文字，句尾加"only"相当于中文的"整"字。本例中 U.S.DOLLARS ONE THOUSAND AND TWO HUNDRED THOUSAND ONLY。

（5）信用证相关内容：信用证号码 L/C No.，填写信用证的准确号码，如结算方式非信用证则不填。信用证开证日期 Dated，填写信用证的准确开证日期，而非出具汇票的日期，如果结算方式不是信用证，则不填。

（6）付款人：付款人 Issued by，信用证方式下付款人通常为进口地银行。根据 UCP600 规定，信用证方式的汇票以开证行或者其指定银行为付款人，不应以申请人为汇票的付款人。如果结算方式不是信用证，则付款人填写进口商的英文名称。本例中 Bank of Turkey。

（7）被出票人：被出票人 To，此项为被出票人英文名称和地址。在信用证方式下，此处填写开证行名称，如果结算方式不是信用证，则填写进口商英文和地址。本例中为出口地银行 Bank of China。

（8）右下方空白栏：Authorized Signature，填写出票人，及出口商签字，填公司名称。

2. 按照以上要求汇票填写完成后，检查确认通过，如图 9-12 所示。

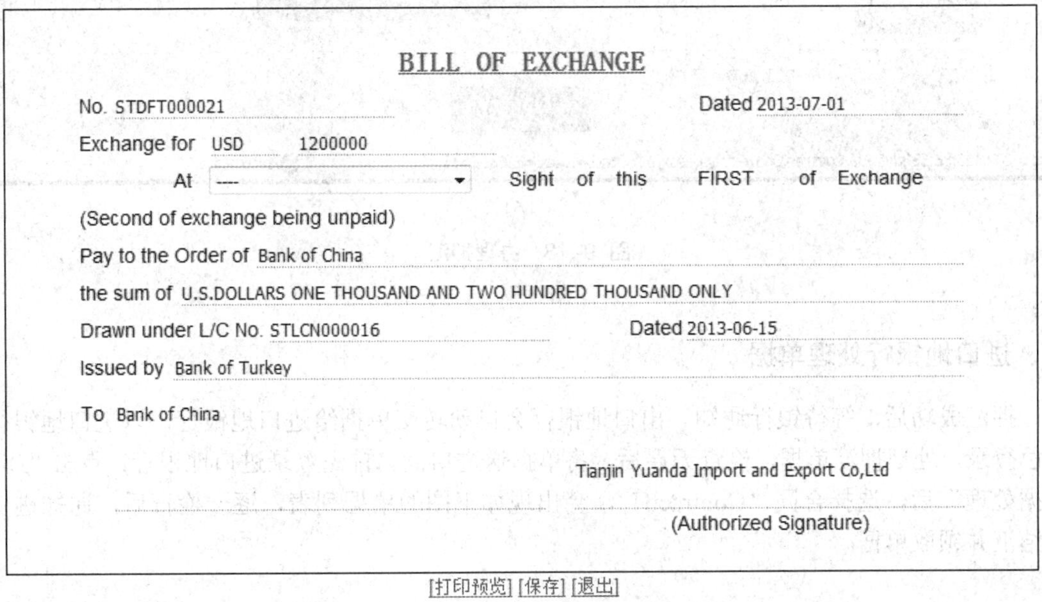

```
                      BILL OF EXCHANGE

No. STDFT000021                            Dated 2013-07-01
Exchange for    USD    1200000
         At     ----              Sight of this   FIRST  of Exchange
(Second of exchange being unpaid)
Pay to the Order of  Bank of China
the sum of  U.S.DOLLARS ONE THOUSAND AND TWO HUNDRED THOUSAND ONLY
Drawn under L/C No.  STLCN000016           Dated 2013-06-15
Issued by  Bank of Turkey
To  Bank of China

                                Tianjin Yuanda Import and Export Co,Ltd

                                        (Authorized Signature)
```

[打印预览] [保存] [退出]

图 9-12　汇票样本

3. 出口商办理押汇：汇票填写完成后，回到"业务中心"，点击"出口地银行"建筑物，在出口地银行页面，选择"押汇"业务。

4. 选中单据"商业发票"、"装箱单"、"普惠制产地证明书"、"货物运输保险单（CIF 条件时）"、"海运提单"、"汇票"前的复选框，点击"押汇"，完成押汇手续的办理。如图 9-13 所示。

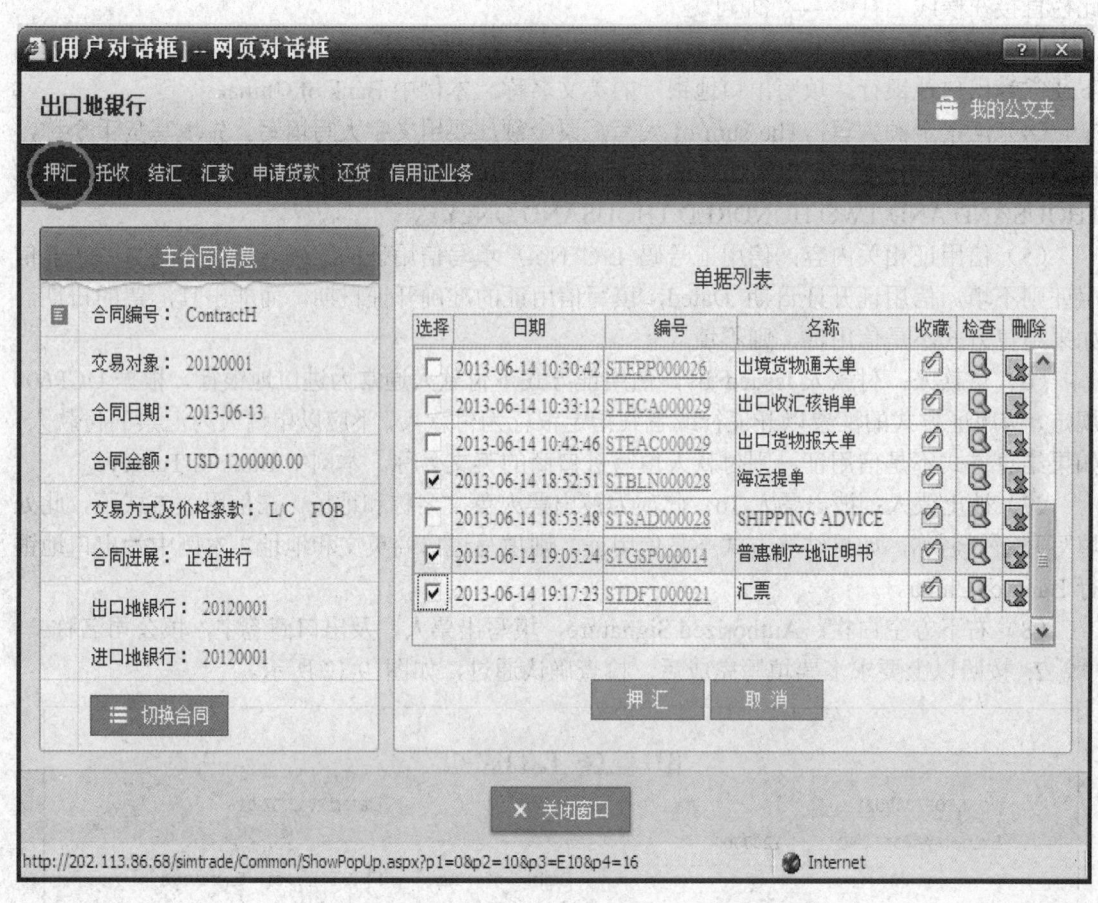

图 9-13　办理押汇

二、进口地银行处理单据

押汇成功后，等待银行通知。出口地银行会自动转交单据给进口地银行，以进口地银行角色登录，处理押汇单据，检查无误后，将单据送进口商。首先登录进口地银行，点击"Bill 单据处理"后，选择合同"ContractH"，会出现如下图的单据列表，逐一检查后，通知进口商结汇并领取单据。

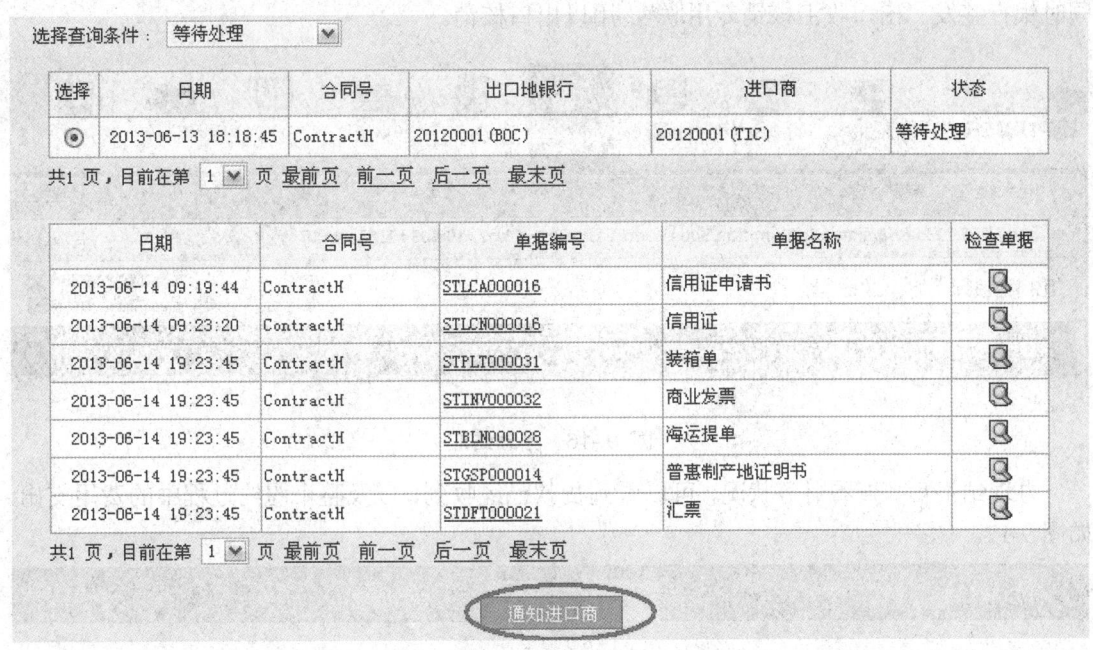

图 9-14 进口地银行处理单据

三、进口商付款赎单

1. 以进口商的角色登录，收取单据已到达的通知邮件，回到"业务中心"，点击"进口地银行"建筑物，然后点击"付款"按钮，支付货款。付款成功后，进口商方可领取单据。领取单据后。

2. 对进口商来说，可以点击"付款"旁边的"取回单据"，领取相关货运单据，查看进口商单据列表。

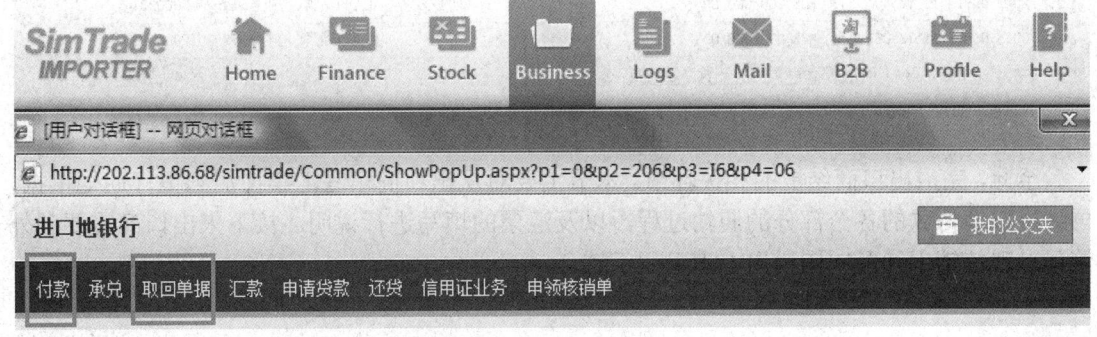

图 9-15 付款赎单

四、出口商接受货款

1. 以出口商的角色登录，收取银行发来的可以结汇的通知邮件。
2. 返回"业务中心"，点击"出口地银行"进入，然后再点击"结汇"按钮，结收货款，同时银行签发"出口收汇核销专用联",用以出口核销。

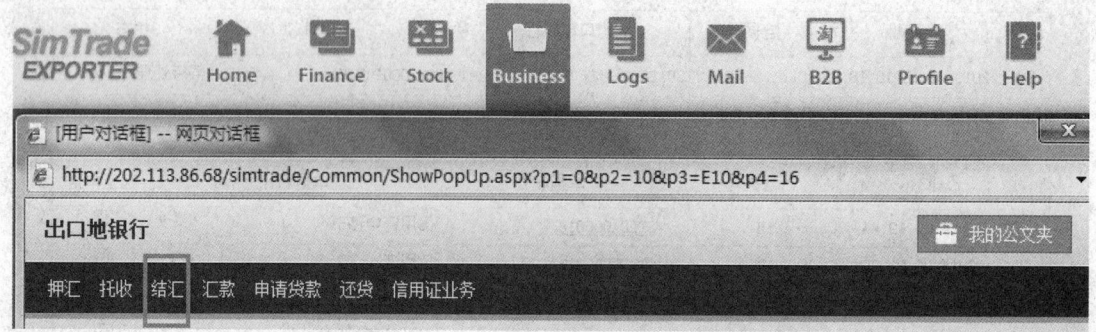

图 9-16 办理结汇

办理结汇后,查看财务状况,可以看到货款已经收到,以及整个履约过程中的费用支出。如图 9-17。

图 9-17 财务状况

至此,完成出口商结汇的相关环节。本节主要对从出口商填写汇票押汇到银行通知单据,再到进口商付款的各个部分的履约过程,以及汇票的填写进行说明。接下来出口商需要向外管局办理核销手续及向国税局办理退税手续。

第十章　出口核销及退税

【实验目的】
1. 了解办理出口核销与退税的流程。
2. 学会制作出口收汇核销单送审登记表。

【实验任务】
1. 准备相关单据向外管局办理出口核销手续。
2. 向国税局办理退税手续。

【实验步骤与案例讲解】

在整笔交易中,出口商已经完成结汇之前的全部工作。在这章中,首先学习关于出口核销的内容,然后再进行出口退税。

第一节　出口核销

出口核销是指外汇监管当局对出口单位的出口货物实施跟踪监管直到货款收回进行核销的一种事后监督制度。出口收汇核销制度,是国家加强出口收汇管理,确保国家外汇收入,防止外汇流失的一项重要措施。有对外贸易经营权的中资企业和外商投资企业向境外出口货物,均应当在其注册地外汇管理局办理出口收汇核销手续。

出口核销的步骤以及出口收汇核销送审登记表填写如下:

1. 填写出口收汇核销单送审登记表。在出口商主页面,点击"业务中心"按钮,然后点击"进口商"建筑物,添加"出口收汇核销单送审登记表",如图10-1在查看单据中点击出口收汇核销单送审登记表对应的编号,打开核销单如图10-2所示,进行填写。

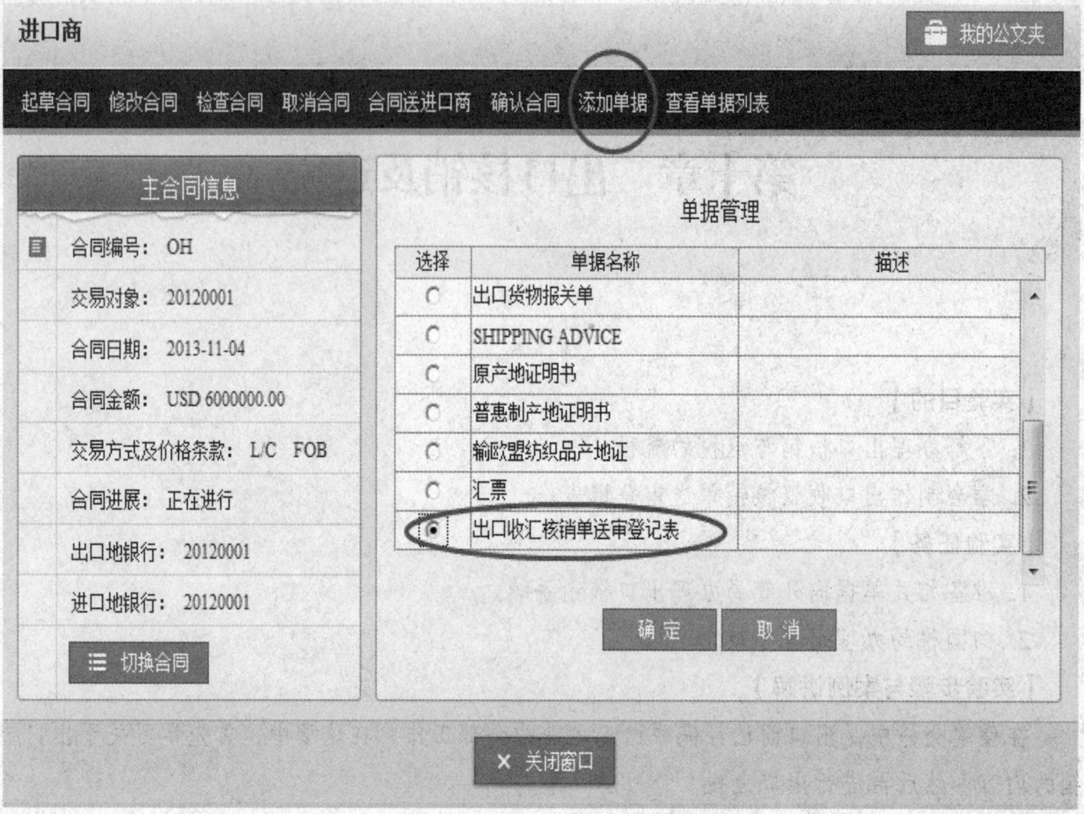

进口商

起草合同　修改合同　检查合同　取消合同　合同送进口商　确认合同　**添加单据**　查看单据列表

主合同信息

- 合同编号：OH
- 交易对象：20120001
- 合同日期：2013-11-04
- 合同金额：USD 6000000.00
- 交易方式及价格条款：L/C　FOB
- 合同进展：正在进行
- 出口地银行：20120001
- 进口地银行：20120001

切换合同

单据管理

选择	单据名称	描述
○	出口货物报关单	
○	SHIPPING ADVICE	
○	原产地证明书	
○	普惠制产地证明书	
○	输欧盟纺织品产地证	
○	汇票	
●	**出口收汇核销单送审登记表**	

确定　取消

× 关闭窗口

图 10-1　添加"出口收汇核销单送审记录表"

出口收汇核销单送审登记表

出口单位：　　　　　　　　　　　　　送审日期：　　　年　　月　　日

核销单编号	发票编号	商品大类	国别地区	贸易方式	结算方式	报关日期	货款		收汇核销金额	
							币别	报关金额 FOB金额		
									[　][　]	第一联 外汇局留存

出口单位填表人：　　　　　　　　　　外汇局审核人：

[打印预览] [保存] [退出]

图 10-2　出口收汇核销单送审登记表空白表

出口收汇核销单送审登记表填写说明：
（1）出口单位：填出口单位中文名称。本例中"天津远达进出口有限公司"。
（2）核销单、发票编号：填出口收汇核销单编号与商业发票编号。这两个单据的编号可以在单据列表中查看。
（3）商品大类：填商品所属类别而非商品名称，可在商品详细资料中查到，如"箱包"。
（4）国别地区：填进口国名称，如"Turkey"。
（5）贸易方式：成交的方式，如一般贸易、来料加工、补偿贸易等。SimTrade中，贸易方式都为"一般贸易"。
（6）结算方式：即出口货物的发货人或其代理人收结外汇方式，填写结汇方式简称或者代码，可以参考报关单填写说明。
（7）货款、FOB金额：填写币别与金额请按照合同内容填写，如"USD1200000"。FOB金额则填写这笔交易的FOB金额，如果在非FOB方式下，则需换算成FOB金额，换算方式参考出口预算表中FOB总价的换算。
（8）收汇核销金额：依合同内容分别填入币别与金额。
2. 填写完成后点"检查"，确认通过，如图10-3所示。

出口收汇核销单送审登记表

出口单位：天津远达进出口有限公司　　　　　送审日期：2013年 7 月 15 日

核销单编号	发票编号	商品大类	国别地区	贸易方式	结算方式	报关日期	货款 币别	货款 报关金额	货款 FOB金额	收汇核销金额
STECA000029	STINV0000	箱包	Turkey	一般贸易	L/C	2013-07-01	USD	1200000	1200000	[USD] [1200000]

第一联 外汇局留存

出口单位填表人：王娟　　　　外汇局审核人：
[打印预览] [保存] [退出]

图 10-3 出口收汇核销单送审登记表样本

3. 办理出口核销，回到"业务中心"，点击"外管局"建筑物，选择"办理核销"业务。
4. 选择单据"商业发票"、"出口货物报关单"、"出口收汇核销单"、"出口收汇核销专用联"、"出口收汇核销单送审登记表"前的复选框，点击"核销"按钮，完成核销手续。与此同时，外管局盖章后返还出口收汇核销单第三联，用以出口退税。

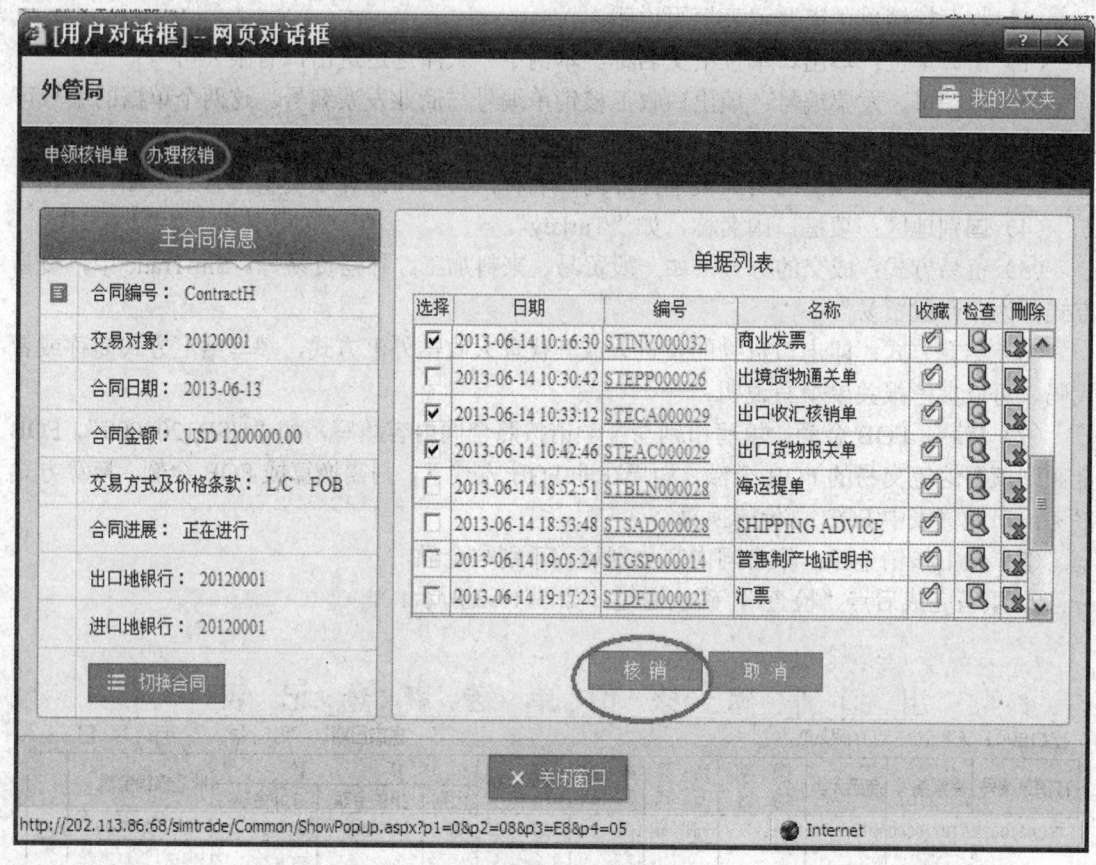

图 10-4 办理核销

第二节 出口退税

出口货物退税（或称免税，Export Rebates），简称出口退税，其基本含义是指对出口货物退还其在国内生产和流通环节实际缴纳的产品税、增值税、营业税和特别消费税。出口货物退税制度，是一个国家税收的重要组成部分。出口退税主要是通过退还出口货物的国内已纳税款来平衡国内出口产品的税收负担，使本国产品以不含税成本进入国际市场，与国外产品在同等条件下进行竞争，从而增强竞争能力，扩大出口创汇。

在 SimTrade 中办理出口退税的相关步骤如下：

1. 在出口商业务中心页面，点击"国税局"建筑物，进入国税局页面，如图 10-5 所示。

第十章 出口核销及退税 ·183·

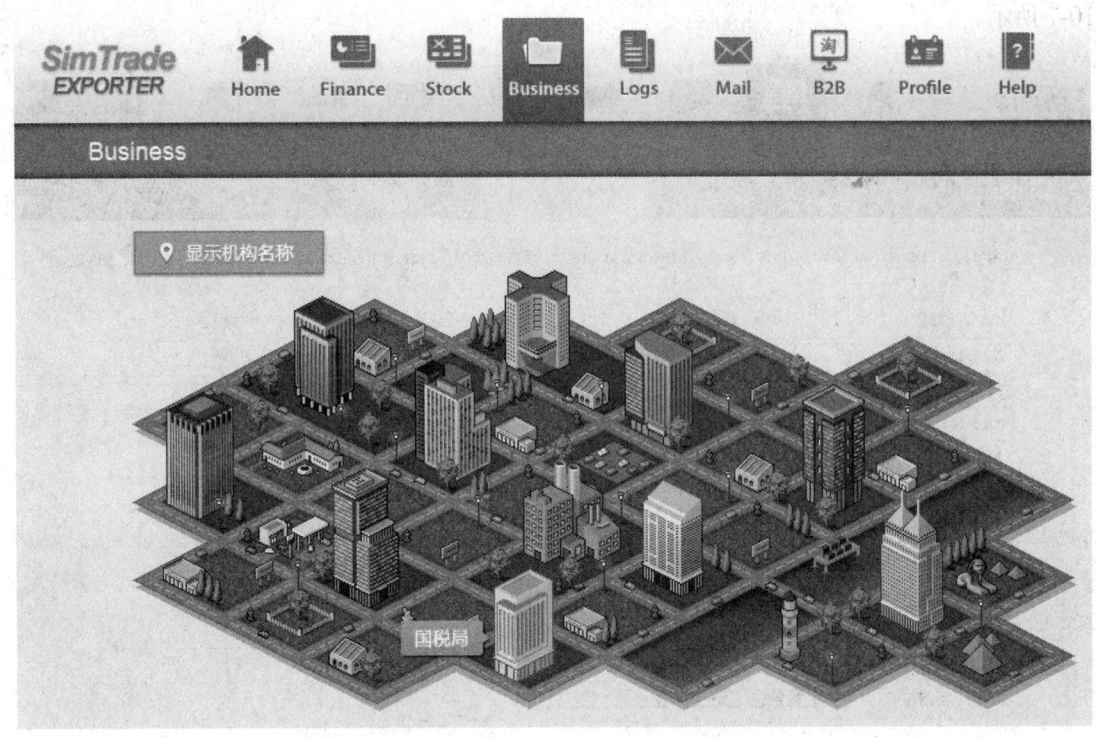

图 10-5 国税局标志

2. 选择"退税"业务，选中单据"商业发票"、"出口货物报关单"、"出口收汇核销单（第三联）"前的复选框，点击"退税"，完成退税手续的办理，如图 10-6 所示。

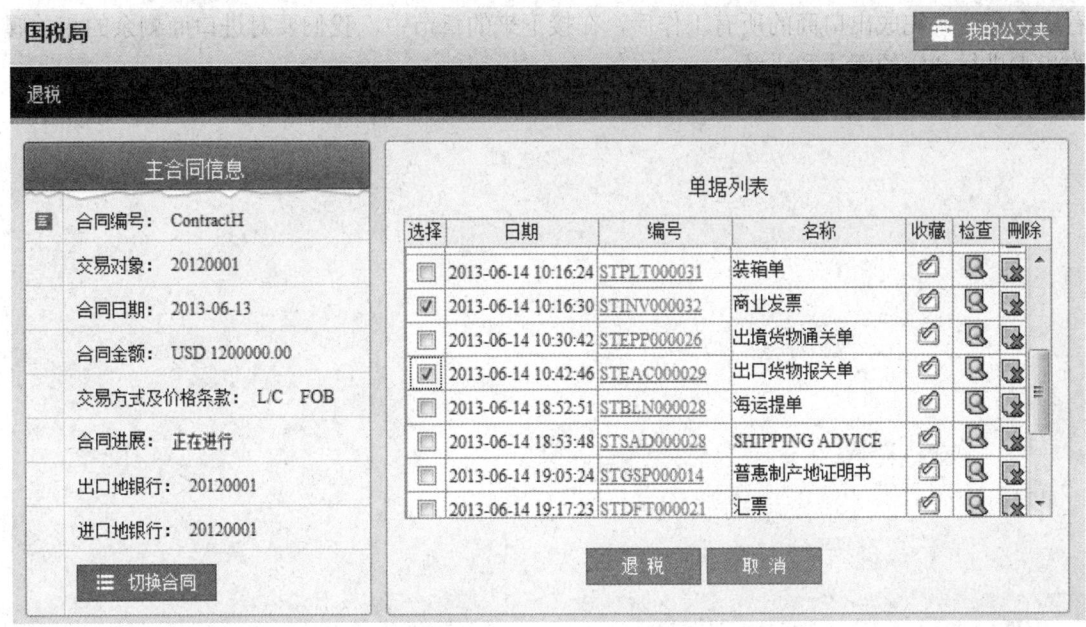

图 10-6 出口退税

办理退税后查看公司财务资料，可以看到退税收入增加，同时扣除公司综合费用，如图

10-7所示。

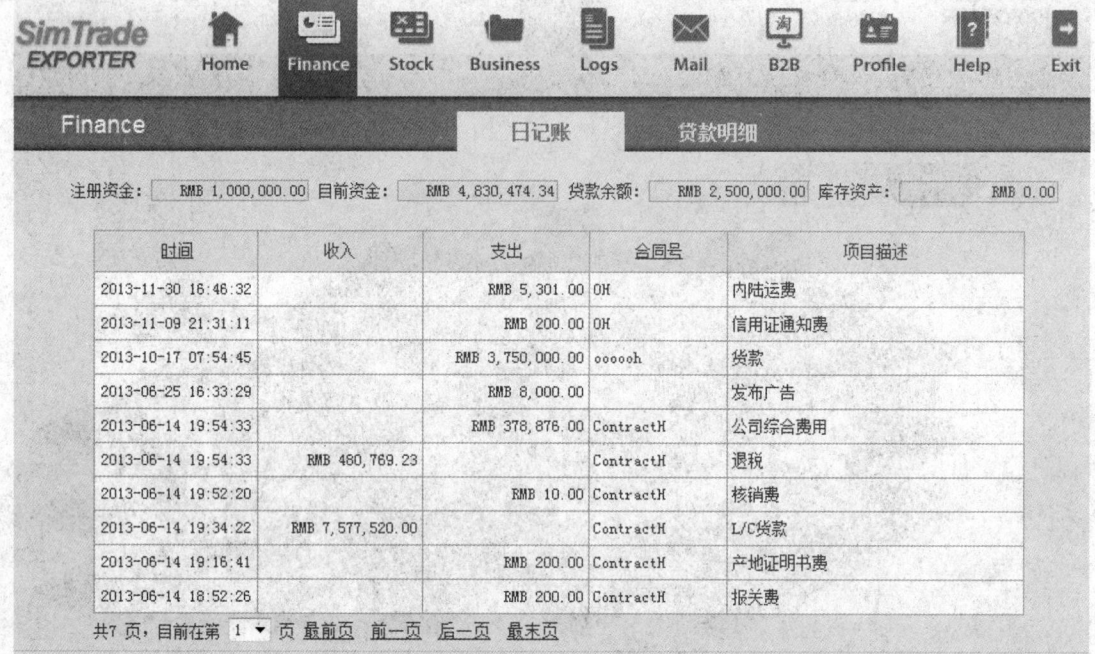

图10-7 公司财务

这样出口商就完成出口核销和出口退税的环节。至此，出口商也完成其所有的工作。检验出口商的成果，可以在出口商主页面，查看出口商的等级变动，然后点击"财务情况"，查看资金变动。完成出口商的所有工作后，在接下来的章节中，我们要对进口商剩余的相关履约步骤进行一定的阐述和讲解。

第十一章　办理保险及进口报检

【实验目的】
1. 了解办理保险的流程。
2. 学会制作货物运输保险投保单。
3. 了解办理进口报检的流程。
4. 学会制作入境货物报检单。

【实验任务】
1. 准备相关单据向保险公司办理保险手续。
2. 准备相关单据向检验机构办理进口检验手续。

第一节　办理保险

在 FOB 条件下，由进口商办理保险。本节就保险有关知识及办理步骤进行说明。

投保单是进出口企业向保险公司对运输货物进行投保的申请书，也是保险公司据以出立保险单的凭证，保险公司在收到投保单后即缮制保险单。

投保单是投保人的书面要约。投保单经投保人据实填写交付给保险人就成为投保人表示愿意与保险人订立保险合同的书面要约。

在 SimTrade 中 FOB 和 CFR 方式下由进口商来办理保险，办理的步骤以及保险单的填写说明如下：

1. 首先进入"业务中心"，点击"出口商"的标志，然后点击"添加单据"添加"货物运输保险单"，在单据列表中打开空白表如图 11-1 并填写，注：填表相关的内容可以在"装船通知"中查找。

货物运输保险投保单

投保人：1   投保日期：2

发票号码	3	投保条款和险别
被保险人	客户抬头 4 过户	( ) PICC CLAUSE ( ) ICC CLAUSE ( ) ALL RISKS ( ) W.P.A./W.A. ( ) F.P.A ( ) WAR RISKS ( ) S.R.C.C ( ) STRIKE
保险金额	[5][ ]	( ) ICC CLAUSE A ( ) ICC CLAUSE B ( ) ICC CLAUSE C
启运港	6	
目的港	7	( ) AIR TPT ALL RISKS ( ) AIR TPT RISKS ( ) O/L TPT ALL RISKS ( ) O/L TPT RISKS ( ) TRANSHIPMENT RISKS ( ) W TO W ( ) T.P.N.D. ( ) F.R.E.C. ( ) R.F.W.D. ( ) RISKS OF BREAKAGE ( ) I.O.P.
转内陆	8	
开航日期	9	
船名航次	10	
赔款地点	11	
赔付币别	12	
保单份数	13	
其它特别条款	14	
以下由保险公司填写		
保单号码		签单日期

[打印预览] [保存] [退出]

图 11-1 投保单空白表

投保单填写说明：

（1）投保人：填投保人公司名称（如进口商投保为英文名称，出口商投保，则填公司中文名称）。本例中为"Turkey Import Corporation"。

（2）投保日期：填投保单的日期本例中 2013-06-15。

（3）发票号码：填此批货物的发票号码。本例中 STINV000032。

（4）被保险人：即投保人或称"抬头"，填投保人公司的名称。如属出口商投保，可将自己公司的中文名称填在"客户抬头"栏，而将进口商公司名称填在"过户"栏；如属进口商投保，则直接将自己公司名称填在"抬头"栏，而"过户"栏留空。本例中客户抬头填写 Turkey Import Corporation，过户栏留空。

（5）保险金额：保险金额＝CIF 货价×（1+保险加成率）

在进出口贸易中，根据有关的国际贸易惯例，保险加成率通常为"10%"，当然，出口人也可以根据进口人的要求与保险公司约定不同的保险加成率。

由于保险金额的计算是以 CIF（或 CIP）货价为基础的，因此，对外报价时如果需要将 CFR（或 CPT）价格变为 CIF（CIP）价格，或是在 CFR（或 CPT）合同项下买方要求卖方代为投保时，均不应以 CFR 价格为基础直接加保险费来计算，而应先将 CFR（或 CPT）价格换算为 CIF（或 CIP）价格后再求出相应的保险金额和保险费。计算过程如下：

按 CIF 进口时：保险金额＝CIF 货价×1.1

按 CFR 进口时：保险金额＝CFR 货价×1.1／（1－1.1×r），其中 r 为保险费率，请在"淘金网"的"保险费"页面查找，将所投险别的保险费率相加即可。

按 FOB 进口时：保险金额＝（FOB 货价 + 海运费）×1.1／（1－1.1×r），其中 FOB 货价即为合同金额，海运费请在装船通知（SHIPPING ADVICE）中查找，本例中为 7186 美元。

注意：因一切险（或 A 险）已包括了所有一般附加险的责任范围，所以在投保一切险（或 A 险）时，保险公司对一般附加险的各险别不会再另收费。投保人在计算保险金额时，一般附加险的保险费率可不计入。

基本险只能选择一种投保，特殊附加险则在基本险的基础上加保，注意如果同时加保特殊附加险中的战争险和罢工险，费率只按其中一项计算，不累加（即同时投保战争险和罢工险，费率仍是 0.80‰，而不是 1.60‰），其他特殊附加险需正常累加。

（6）启运港：按提单填写。本例中填写"Tianjin"。

（7）目的港：按提单填写。本例中填写"ISTANBUL"。

（8）转内陆：按实际情况填写（在 SimTrade 中一般不填即不转内陆）。本例中不填。

（9）开航日期：根据提单签发日具体填写，如为备运提单应填装船日，可只填"As Per B/L"。本例中填写 2013-07-01。

（10）船名航次：海运方式下填写船名加航次。SimTrade 中，船名与航次可在《配舱通知》中查找。如系进口商投保，则应在出口商发来的装船通知中查找船名航次。本例中为 Veendam/DY105-10。

（11）赔款地点：严格按照信用证规定打制；如来证未规定，则应打目的地或目的港。本例中填写目的港"Turkey"。

（12）赔付币别：按出口合同规定的赔付币别填写。本例中为"USD"。

（13）保单份数：中国人民保险公司出具保险单 1 套 5 份：1 份正本 Original、1 份副本 Duplicate 和 3 份副本 Copy。本例中填入"3"。

（14）其他特别条款：有其他特殊投保条款可在此说明，以分号隔开。SimTrade 中，保险详细条款请在"淘金网"的保险费页面中查询。

（15）投保条款和险别：投保条款包括：PICC CLAUSE 中国人民保险公司保险条款，ICC CLAUSE 伦敦协会货物险条款，两种任选其一。

其中，中国保险条款的基本险险别为一切险、水渍险、平安险，一切险承保范围最大，水渍险次之，平安险最小。伦敦协会货物险条款包括协会货物（A）险条款、协会货物（B）险条款、协会货物（C）险条款，A 险条款承保范围最大，B 险条款次之，C 险条款最小。

注意：由于一切险（或 A 险）条款承保范围最大，包括了一般附加险，所以在填写投保单时，一般附加险的条款可不勾选。但若对方要求在保险单上列明一般附加险中的若干险别，投保人则需在投保单中勾选这些险别，这样保险公司在出具保险单时，才会把这些险别一一列出。

在 SimTrade 中，只开放了一部分险别供选择，有些险别无法勾选。本例中选择 PICC CLAUSE，险别为一切险 ALL RISKS 和战争险 WAR RISKS。

货 物 运 输 保 险 投 保 单

投保人：Turkey Import Corporation　　　　　　　　投保日期：　2013-06-15

发票号码	STINV000032	投保条款和险别	
被保险人	客户抬头 Turkey Import Corporation 过户	(√) PICC CLAUSE (　) ICC CLAUSE (√) ALL RISKS (　) W.P.A/W.A. (　) F.P.A (√) WAR RISKS (　) S.R.C.C	
保险金额	[USD　　][1340884.36　　　]	(　) STRIKE (　) ICC CLAUSE A	
启 运 港	Tianjin	(　) ICC CLAUSE B (　) ICC CLAUSE C	
目 的 港	ISTANBUL	(　) AIR TPT ALL RISKS (　) AIR TPT RISKS	
转 内 陆		(　) O/L TPT ALL RISKS (　) O/L TPT RISKS	
开航日期	2013-07-01	(　) TRANSHIPMENT RISKS	
船名航次	Veendam/DY105-10	(　) W TO W (　) T.P.N.D.	
赔款地点	Turkey	(　) F.R.E.C. (　) R.F.W.D.	
赔付币别	USD	(　) RISKS OF BREAKAGE	
保单份数	3	(　) I.O.P.	
其它特别条款			
以下由保险公司填写			
保单号码		签单日期	

[打印预览] [保存] [退出]

图 11-2　投保单样本

2. 填写完成后点"检查"，确认通过，如图 11-2 投保单样本所示。单据填写重点说明：其中船名、航次、开航日期等信息请在"配舱通知"中查找。

3. 填写完成后进行检查，回到"业务中心"，点"保险公司"的标志，如图 11-3 所示。

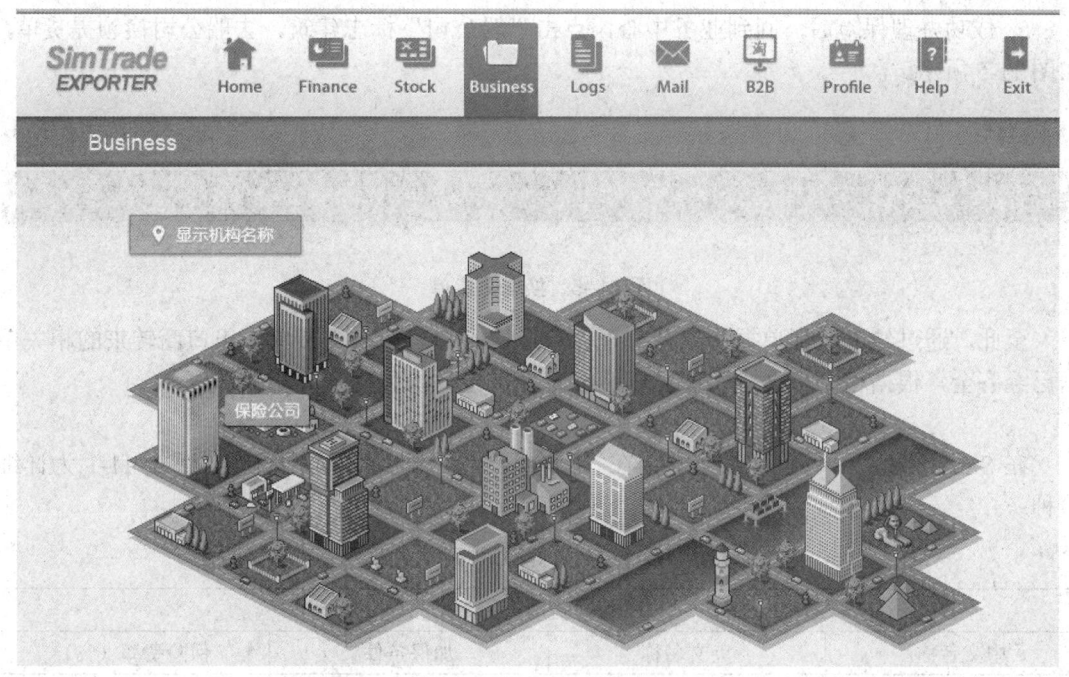

图 11-3 保险公司标志

4. 再点击"办理保险",选择单据"商业发票"和"货物运输保险投保单",点击"办理保险",如图11-4所示。

图 11-4 办理保险

5. 成功办理保险后，回到业务中心，点击"船公司"标志建筑，去船公司换领提货单，如图 11-5 所示。

图 11-5 换取提货单

至此，通过结汇取回单据，以及办理保险后，到船公司换提货单，出口商转来的相关单据已经齐全，根据相关单据进口商可以继续办理报检、报关提货等相关程序。

在 SimTrade 中，保险详细条款请在"淘金网"的保险费页面中查询。下表 11-1 为详细险种：

表 11-1 保险险种列表

保险费用查询			
中文名称	英文名称	加保条件	保险费率（%）
中国保险条款的险别			
一切险	ALL RISKS		0.8
水渍险	W.P.A./W.A.		0.6
平安险	F.P.A.		0.5
伦敦协会货物险条款			
协会货物（A）险条款	ICC CLAUSE A		0.8
协会货物（B）险条款	ICC CLAUSE B		0.6
协会货物（C）险条款	ICC CLAUSE C		0.5
特别附加险			
战争险	WAR RISKS	A、B、C 或 AR、WA、FPA	0.08
罢工险	STRIKE	A、B、C 或 AR、WA、FPA	0.08
罢工、暴动、民变险	S.R.C.C.	A、B、C 或 AR、WA、FPA	0.08
存仓火险责任扩展条款	F.R.E.C.	A、B、C 或 AR、WA、FPA	0.08
一般附加险			
偷窃、提货不着险	T.P.N.D.	B、C 或 WA、FPA	0.08
淡水雨淋险	R.F.W.D.	B、C 或 WA、FPA	0.08
短量险	RISK OF SHORTAGE	B、C 或 WA、FPA	0.08

续表

保险费用查询			
中文名称	英文名称	加保条件	保险费率（%）
混杂、沾污险	RISK OF INTERMIXTURE & CONTAMINATION	B、C 或 WA、FPA	0.08
渗漏险	RISK OF LEAKAGE	B、C 或 WA、FPA	0.08
碰损、破碎险	RISK OF CLASH & BREAKAGE	B、C 或 WA、FPA	0.08
串味险	RISK OF ODOUR	B、C 或 WA、FPA	0.08
受热、受潮险	DAMAGE CAUSED BY HEATING & SWEATING	B、C 或 WA、FPA	0.08
钩损险	HOOKDAMAGE	B、C 或 WA、FPA	0.08
包装破裂险	RISKS OF BREAKAGE	B、C 或 WA、FPA	0.08
锈损险	RISK SOFRUST	B、C 或 WA、FPA	0.08
转运险	TRANSHIPMENT RISKS	B、C 或 WA、FPA	0.08
仓至仓条款	W TO W	B、C 或 WA、FPA	0.08
不计免赔率	I.O.P.	B、C 或 WA、FPA	0.08

第二节　进口报检

在 SimTrade 中，交易商品是否需要进口检验，须在淘金网的"税率查询"页，输入商品的海关编码进行查询，可查到相对应的监管条件，点击代码符号，各代码的意义均列明于其中。若适用规定为必须申请进口检验取得入境货物通关单者，则应依规定办理。

报检单是国家检验检疫部门根据检验检疫、鉴定工作的需要，为保证检验检疫工作规范化和程序化而设制的。它是报检人根据有关法律、行政法规或合同约定申请检验检疫机构对其某种货物实施检验检疫、鉴定意愿的书面凭证，它表明了申请人正式向检验检疫机构申请检验检疫、鉴定，以取得该批货物合法进口销售、使用的合法凭证。报检单同时也是检验检疫机构对出入境货物实施检验检疫启动检验检疫程序的依据。

入境货物报检单所在列各栏必须填写完整、准确、清晰，没有内容填写栏目以斜杠"/"表示，不得留空。办理报检的步骤以及报检单填写说明如下：

一、准备相应单据

1. 在业务中心,点击"出口商"建筑,添加单据"入境货物报检单"。
2. 在查看单据列表中,打开"入境货物报检单"如图 11-6 所示,按照填写说明进行填写。

中华人民共和国出入境检验检疫

入境货物报检单

报检单位(加盖公章):	1				*编　号	STIPC000022
报检单位登记号:		联系人:		电话:	报检日期:	2　年　月　日

收货人	(中文) 3		企业性质(划"√")	□合资 □合作 □外资
	(外文)			
发货人	(中文) 5			
	(外文)			

选择	货物名称(中/外文)	H.S.编码	原产国(地区)	数/重量	货物总值	包装种类及数量
○	6					

[添加] [修改] [删除]

运输工具名称号码	7		合　同　号	8
贸易方式	9	贸易国别(地区) 10	提单/运单号	11
到货日期	12	启运国家(地区) 13	许可证/审批号	14
卸毕日期	15	启运口岸 16	入境口岸	17
索赔有效期至	18	经停口岸 19	目的地	20
集装箱规格、数量及号码	21			
合同订立的特殊条款以及其他要求	22		货物存放地点	23
			用途	24

随附单据(划"√"或补填)		标记及号码	*外商投资财产(划"√")	□是 □否
□合同 □发票 □提/运单 □兽医卫生证书 □植物检疫证书 □动物检疫证书 □卫生证书 □原产地证 □许可/审批文件	□到货通知 □装箱单 □质保书 □理货清单 □磅码单 □验收报告 □ 25 □	26	*检验检疫费	
			总金额 (人民币元)	
			计费人	
			收费人	

报检人郑重声明: 1.本人被授权报检。 2.上列填写内容正确属实。 签名: 27	领取证单
	日期
	签名

注:有"*"号栏由出入境检验检疫机关填写　　　　◆国家出入境检验检疫局制
[1-2 (2000.1.1)]

[打印预览] [保存] [退出]

图 11-6　报检单空白样本

报检单填写说明：

（1）报检单位、登记号、联系人、电话：填写报检单位全称（实务中加盖公章或报验专用章），并准确填写本单位报检登记代码、联系人及电话。其中报检单位登记号即单位的海关代码。在 SimTrade 中都可在进口商"Profile（基本资料）"中查找到。本例中为 Turkey Import Corporation，单位登记号为 0000000056。

（2）报检日期：应在检验检疫机构受理报检日现场由报检人填写（SimTrade 中可为填写报检单的日期）。本例中为 2013 年 7 月 15 日。

（3）收货人：填买方或信用证的开证人，可只填英文。本例中为 Turkey Import Corporation。

（4）企业性质：根据收货人的性质勾选（在 SimTrade 中可不填）。

（5）发货人：填合同上的卖方或信用证上的受益人，要求用中文、英文，填写时要一致。本例中为"天津远达进出口有限公司"和"Tianjin Yuanda Import and Export Co,Ltd"。

（6）货物信息填写如图 11-7。

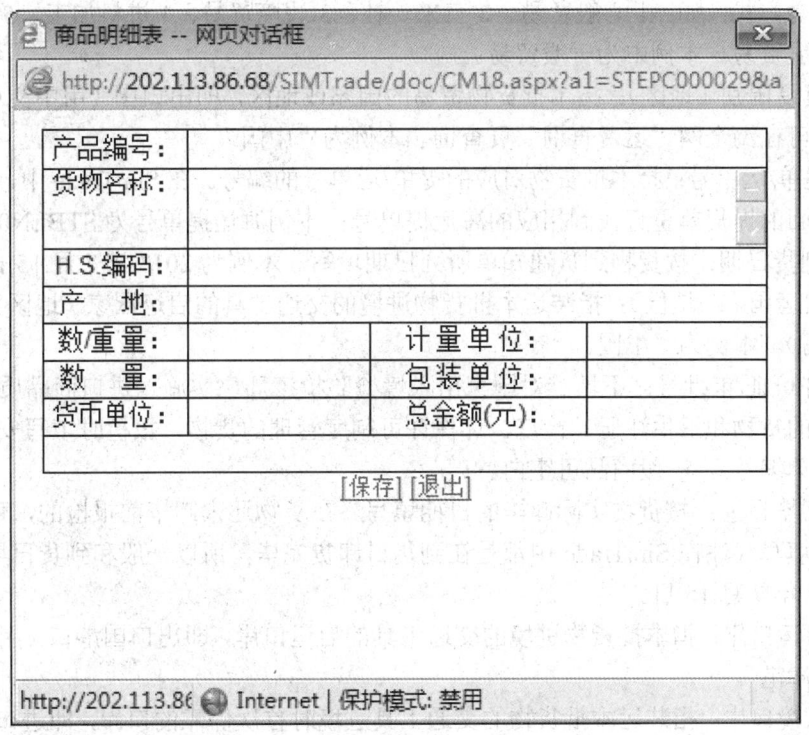

图 11-7 货物明细

① 货物名称（中/外文）：需与淘金网商品详细资料里的中英文名称完全一致。本例中为名牌手提包，英文名称为 FAMOUS-BRAND HANDBAG。

② H.S.编码：在商品基本资料中查找。本例中 4202119090。

③ 原产国（地区）：指货物的原始的生产/加工的国家或地区，即出口国名称（用中文填写）。本例中为 CHINA。

④ 数/重量：填报检货物的销售数/量重量，并注明计量单位，本例中 15000PC。注意该数量和计量单位既要与实际装运货物情况一致，又要与信用证要求一致。在 SimTrade 中，本

栏填写销售数量,与合同一致。

⑤ 货物总值:按本批货物合同或报关单上所列的总值填写,如同一报检单报检多批货物,需列明每批货物的总值。本例中为 USD1200000(注:如申报货物总值与国内、国际市场价格有较大差异,检验检疫机构保留核价权力)。

⑥ 包装种类及数量:指本批货物运输包装的种类及件数,而非销售数量,应与装箱单"package"栏一致。如本例 1500CARTON。

(7) 运输工具名称号码:填写货物实际装载的运输工具类别名称(如船、飞机、货柜车、火车等)及运输工具编号(船名、飞机航班号、车牌号码、火车车次)。在 SimTrade 中,请在出口商发来的装船通知(Shipping Advice)中查找船名(先检查 Shipping Advice 是否正确,如果有误,请在出口商的"配舱通知"中查找)。本例中,根据 Shipping Advice 为 Veendam/DY105-10。

(8) 合同号:指贸易双方就本批货物而签订的书面贸易合同编号。本例中为 ContractH。

(9) 贸易方式:如:1 一般贸易、2 三来一补、3 边境贸易、4 进料加工、5 其他贸易,通常都为一般贸易。本例中为一般贸易。

(10) 贸易国别(地区):指本批货物贸易的国家或地区,即出口国(用中文填写)。各国家中文名称可在淘金网"运费查询"页查询。本例为"中国"。

(11) 提单/运单号:指本批货物对应的提单/运单号的编号。在 SimTrade 中,进口商可在向船公司换回的提货单里查找到相应的海运提单号。本例海运提单号为 STBLN000028。

(12) 到货日期:按货物到货通知单所列日期填写。本例为 2013 年 7 月 15 日。

(13) 启运国家(地区):指装运本批货物进境的交通工具的启运国家(地区),即出口国(用中文填写)。本例为"中国"。

(14) 许可证/审批号:不填。对国家出入境检验检疫局已实施《进口商品质量许可证制度目录》下的货物和卫生注册、检疫、环保许可制度管理的货物,报检时填写安全质量许可编号或审批单编号,一般商品可空白。

(15) 卸毕日期:按货物实际卸毕的日期填写。在货物还未卸毕前报检的,可暂不填写,待卸毕后再填写(注在 SimTrade 中都是在到货日卸货完毕,所以一般和到货日期相同)。这里填写 2013 年 7 月 15 日。

(16) 启运口岸:指本批货物进境的交通工具的启运口岸,即出口国港口(用中文填写)。本例为"天津港"。

(17) 入境口岸:指装运本批货物的交通工具进境时首次停靠的口岸,即进口国港口(用中文填写)。本例为"伊斯坦堡"。

(18) 索赔有效期至:按合同规定的日期填写,特别要注明截止日期。本例参考合同填写 2013-08-01。

(19) 经停口岸:指本批货物在启运后,到达目的地前中途停靠的口岸名称(在 SimTrade 中为直达所以不填写经停口岸)。

(20) 目的地:指本批货物预定最后抵达的交货港(地)。在 SimTrade 中不填写。

(21) 集装箱规格、数量及号码:填装载本批货物的集装箱规格(如 20 英尺、40 英尺等)及分别对应的数量和集装箱号码全称,可参照配舱通知。本例中为 40'×2。

(22) 合同订立的特殊条款以及其他要求:合同中双方对本批货物特别约定而订立的质量、

卫生等条款，和报检单位对本批货物的检验检疫有其他特别的要求（在 SimTrade 中合同没注明可以不填）。

（23）货物存放地点：不填。

（24）用途：指本批货物的用途，如食用、观赏或演艺、实验、药用、加工等，一般用途明确的商品也可不填。

（25）随附单据：按实际向检验检疫机构提供的单据，在对应的"□"打"√"，通常合同、发票、提/运单、装箱单等单据是必须提交的。

（26）标记及号码：填写实际货物运输包装上的标记，与合同"Shipping Mark"相一致。如没有标记，填写 N/M，标记填写不下时可用附页填写。

（27）报检人郑重声明：必须有报检人的亲笔签名，填写基本资料的法人代表。

（28）检验检疫费：不填。此栏目由出入境检验检疫机关填写。

图 11-8 报检单样本

3. 填写完成后，点击保存，回到"业务中心"，单据列表中心，点击"检查"按钮，如果错误继续修改,直到正确无误,如图11-8。

二、报检

1. 回到"业务中心",点"检验机构",选择"申请报检"业务。

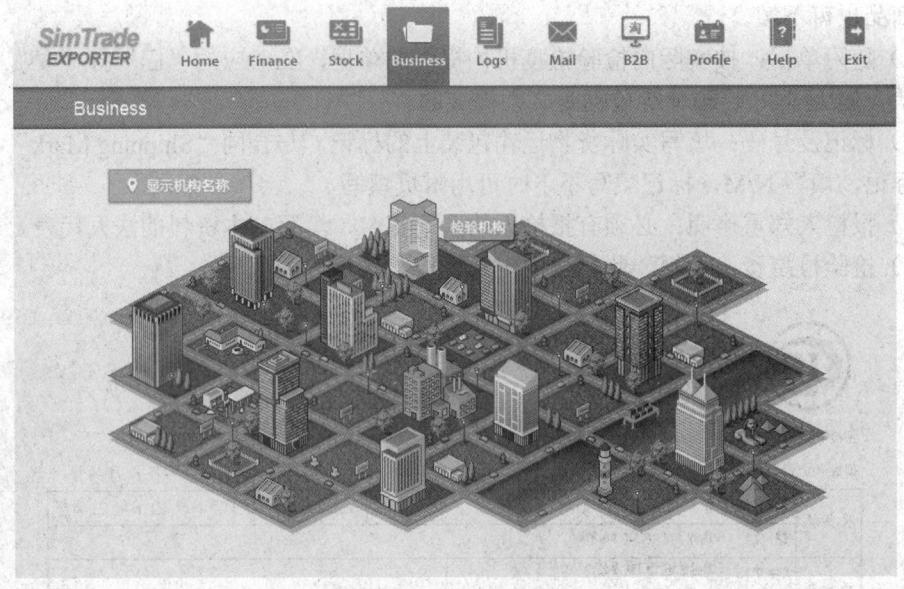

图11-9 检疫机构

2. 选择单据"销货合同"、"商业发票"、"装箱单"、"提货单"、"入境货物报检单",然后再选择"报检"。

图11-10 申请报检

3. 报检完成后,检验机构签发"入境货物通关单",凭以报关。

中华人民共和国出入境检验检疫

入境货物通关单

编号：STIPP000022

1.收货人 Turkey Import Corporation			5.标记及号码 FAMOUS-BRAND HANDBAG Turkey C/NO.1-1500 MADE IN CHINA
2.发货人 Tianjin Yuanda Import and Export Co,Ltd			
3.合同/提(运)单号 ContractH/STBLO000025	4.输出国家或地区 CHINA		
6.运输工具名称及号码 Veendam/DY105-10	7.目的地		8.集装箱规格及数量
9.货物名称及规格 FAMOUS-BRAND HANDBAG	10.H.S.编码 4202119090	11.申报总值 USD 1200000.00	12.数/重量、包装数量及种类 15000PC 24000.000KGS 1500CARTON
13.证明 上述货物业已报检/申报，请海关予放行。 签字：SimTrade　　　　　日期：　2013　年　6　月　14　日			
14.备注			

图 11-11　入境货物通关单

第十二章 进口报关、提货、付汇核销及销货

【实验目的】
1. 了解办理进口报关与提货的流程。
2. 学会制作进口货物报关单。
3. 了解办理付汇核销的流程。
4. 学会制作进口付汇到货核销表。
5. 了解市场上的价格变动,掌握销货时机。

【实验任务】
1. 准备相关单据向海关办理进口报关及提货手续。
2. 准备相关单据向外管局办理付汇核销手续。
3. 进口商将货物在市场上售出,收回资金。

【实验步骤与案例讲解】

在前面部分,我们曾就出口报关的步骤及出口报关单的填写,进行一定的讲解。在本部分内容中,承接前述进口履约相关步骤,进口商同样需要对进口货物的入境办理入境清关手续。首先,我们先来了解一下关于进口报关的含义,进口报关的含义同出口报关相似,是指进口货物的收货人向海关办理货物、物品或运输工具进境手续及相关海关事务的过程。包括向海关申报、交验单据证件,并接受海关的监管和检查等。进口报关是很重要的进口手续,通过报关使得货物在国内的通行合法和方便。在 SimTrade 中进口商办理进口报关的任务,就是首先填写报关单,再向海关提交相关单据,从而办理进口报关。

第一节 进口报关

进口商的清关工作,是在前述报检工作中从检验机构取得的"入境货物通关单"的基础上进行的。具体的报关手续如下:

一、准备相应单据

1. 以进口商的角色登录,点击"Business 业务中心"按钮进入,点击"出口商"建筑物,添加"进口货物报关单"。

2. 然后再查看单据列表中，点击报关单对应的编号，打开报关单，按照填写说明进行填写。

报关单的填写说明：（报关单的填写与报检单有很大相似处，可以参考）

（1）进口口岸、经营单位和收货单位：其中，进口口岸填写货物实际进口的海关的名称，本例中"Tianjin Port"。经营单位，则填写经营单位的英文名称及海关编码，海关编码可在进口商资料库里查阅。收货单位，填写进口货物在境内的生产或销售单位，如果进口企业也是生产单位，则这一栏填写与经营单位相同的内容。

（2）与进口交易有关的内容：进口日期，填写运载所申报货物的运输工具办结进境手续的日期，而申报日期，则填写海关接受进出口货物的收、发货人或者其委托的报关企业申请的日期。这里进口日期和申报日期均填写 2013-07-15。运输方式，指载运货物进出关境所使用的运输工具的分类。在 SimTrade 中，货物统一通过江海方式运输，在《运输方式代码表》中对应的代码为 2，本例中填写"江海运输"或者代码"2"。运输工具名称，指载运货物进出境的运输工具的名称或运输工具编号，同样可参考 Shipping Advice。在 SimTrade 中，运输工具名称即船舶名称，订舱后有船公司在"配舱通知"中给出。本例中为 Veendam/DY105-10。提运单号，指进出口货物提单或运单的编号，根据提货单，提运单号为 STBLN000028。

（3）贸易方式：根据实际情况填写相应的贸易方式简称或者代码，为一般贸易。在 SimTrade 中，货物通常都适用于一般征税，在《征免性质代码表》中对应的代码为 101，因此本栏可填写"一般征税"或者"101"。结汇方式，指出口货物的发货人或者其代理人收结外汇的方式。在 SimTrade 中，由 4 种结汇方式可用，它们在《结汇方式代码表》中对应的代码分别为：电汇（T/T）代码"1"，付款交单（D/P）代码"4"，承兑交单（D/A）代码"5"，信用证（L/C）代码"6"。比如，信用证方式，可填写"L/C"或者"6"。

（4）与货物运输相关的事项：许可证号，不填写。起运国和装货港分别填写出口国国家的中文名称和装货港的中文名称，本例填写"中国，天津港"。境内货源地和批准文号，不填写。成交方式，则填写贸易术语，这里为"FOB"。运费、保费、杂费，填写相应类型金额的总额，格式为：币种+金额，如若没有可以不填写。本例以 FOB 方式成交，则进口报关单的运费和保费都要填写，运费为 USD7186，保费为 USD1179。如果以 CFR 方式成交，只填写保费。如果以 CIF 方式成交，则运费和保费都不填写。

（5）包装相关内容：合同协议号，填写合同号，这里"ContractH"。件数和包装种类分别填写包装总件数和种类，这里种类可在商品资料里查找，本例"CARTON"。毛重和净重，分别填写货物实际毛重和毛重减去包装材料后的重量，计量单位为公斤，本例保重为 24000 公斤，净重为 21000 公斤。集装箱号和生产厂家，都不用填写。随附单据，指随出口货物报关单一并向海关递交的单证或者文件，合同、发票、装箱单、许可证等的必备的随附单证可以不在这里填写，这里填写"出境货物通关单"。

（6）标记唛码及备注：这里填写运输标志，要求应该与合同中"Shipping Mark"向的内容一致。

（7）有关商品货物明细的内容，可如图 12-1。

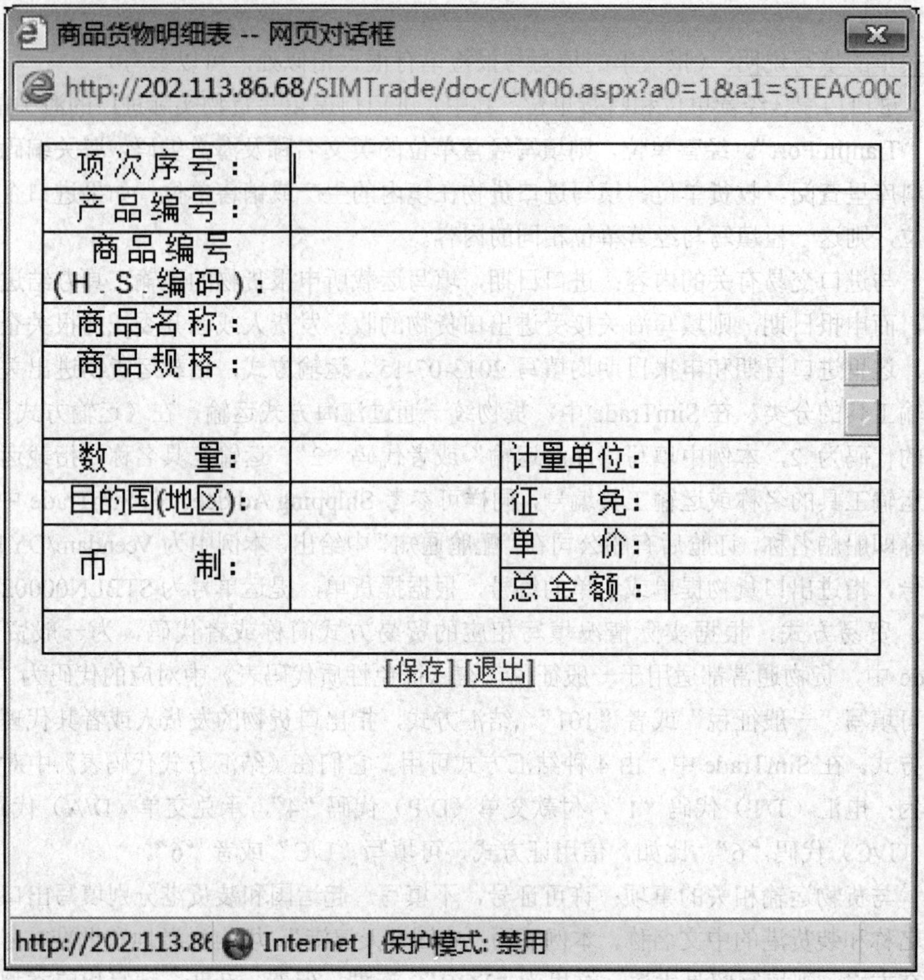

图 12-1 商品货物明细

其中,项号,依序填列商品项目,如只有单项商品,填写"1"。商品编号、商品名称、商品规格均参考淘金网中的产品资料。数量及单位,出口商品的实际数量及计量单位,本例15000PC。原产国,填写原产国的中文名称,本例为"中国"。单价和总价,填写商品的单位价格和总价。单价为80,总价为1200000。币制,填写出口货物实际成交价格的币种。征免,填写"一般征税"或者"101"。

(8) 报关单位相关内容:报关员、单位地址、邮编、电话,根据实际情况进行填写。其余内容,可以不用填写。

中华人民共和国海关进口货物报关单

预录入编号：		海关编号：		
进口口岸 ISTANBUL	备案号		进口日期 2013-07-15	申报日期 2013-07-15
经营单位 Turkey Import Corporation 0000000056	运输方式 江海运输	运输工具名称 Veendam/DY105-10		提运单号 STBLN000028
收货单位 Turkey Import Corporation 0000000056	贸易方式 一般贸易		征免性质 一般征税	征税比例
许可证号	起运国（地区） 中国		装货港 天津港	境内目的地
批准文号	成交方式 FOB	运费 [USD] [7186]	保费 [USD] [1179]	杂费 [ ] [0]
合同协议号 ContractH	件数 1500	包装种类 CARTON	毛重（公斤） 24000	净重（公斤） 21000
集装箱号	随附单据		用途	
标记唛码及备注 FAMOUS-BRAND HANDBAG Turkey C/NO.1-1500 MADE IN CHINA				

选择	项号	商品编号	商品名称、规格型号	数量及单位	原产国(地区)	单价	总价	币制	征免
	1	4202119090	FAMOUS-BRANDHANDBAGMATERIALOXHIDE SIZE:25CM(BOTTOM LENGTH) AND 30CM(TOP LENGTH) * 10CM W * 20CM H WITH A HANDLE LENGTH OF 40CM. PACKING:1PC/BOX,10PCS/CARTON	15000PC	中国	80	1200000	USD	一般征税

[添加] [修改] [删除]

税费征收情况

录入员 录入单位 报关员 Joy 单位地址 Soguk cesme sk 7, sultanahmet, 34400 İstanbul, Turkey 邮编 300134 电话 001613789350	兹声明以上申报无讹并承担法律责任 申报单位（签章) 填制日期 2013-07-15	海关审单批注及放行日期（签章) 审单 / 审价 征税 / 统计 查验 / 放行

[打印预览] [保存] [退出]

图 12-2 报关单样本

3. 填写完成后点"检查",确认通过,如图 12-2 报关单样本所示。

二、报关

1. 进口商报关单填写完成后,点击"Business 业务中心"按钮,点击"海关"建筑物,选择"报关"业务。

2. 选择"销货合同"、"商业发票"、"装箱单"、"提货单"、"入境货物通关单(不需进口检验的商品可以免附)"、"进口货物通关单"前的复选框,点击"报关"。

这样完成报关,海关加盖放行章后返还提货单与进口报关单。

三、缴税

在海关页面,点击"报关"旁边的"缴税"按钮,缴纳税款。

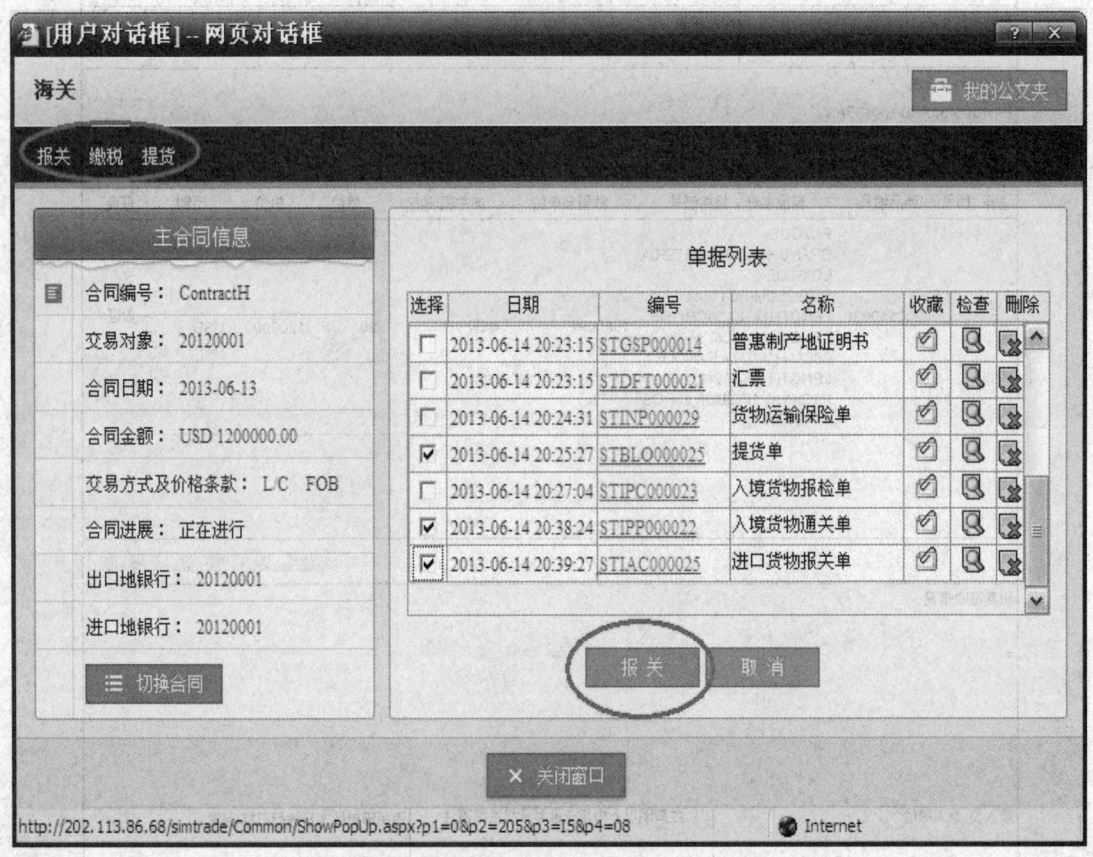

图 12-3 报关、缴税、提货

四、提货

同样在海关页面,点击"缴税"旁边的"提货",领取货物。查看库存。

第十二章 进口报关、提货、付汇核销及销货 ·203·

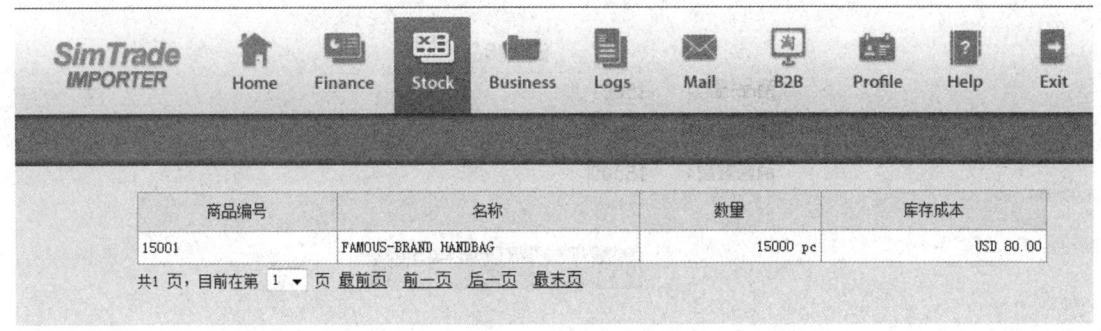

图 12-4 库存状况

这样，在本节中通过对进口报关单填写的了解，我们学习关于进口商向海关报关的相关内容。至此，对进口商来说，已经完成进口所需全部步骤，提取到货物。那么，接下来，进口商需要做的就是对这笔交易进行付汇核销以后，就可以销货以获取利润。

五、销货

1. 回到业务中心，点击"市场"的标志建筑，在弹出窗口中点击"销货"，选择要销售的产品，如图 12-5。

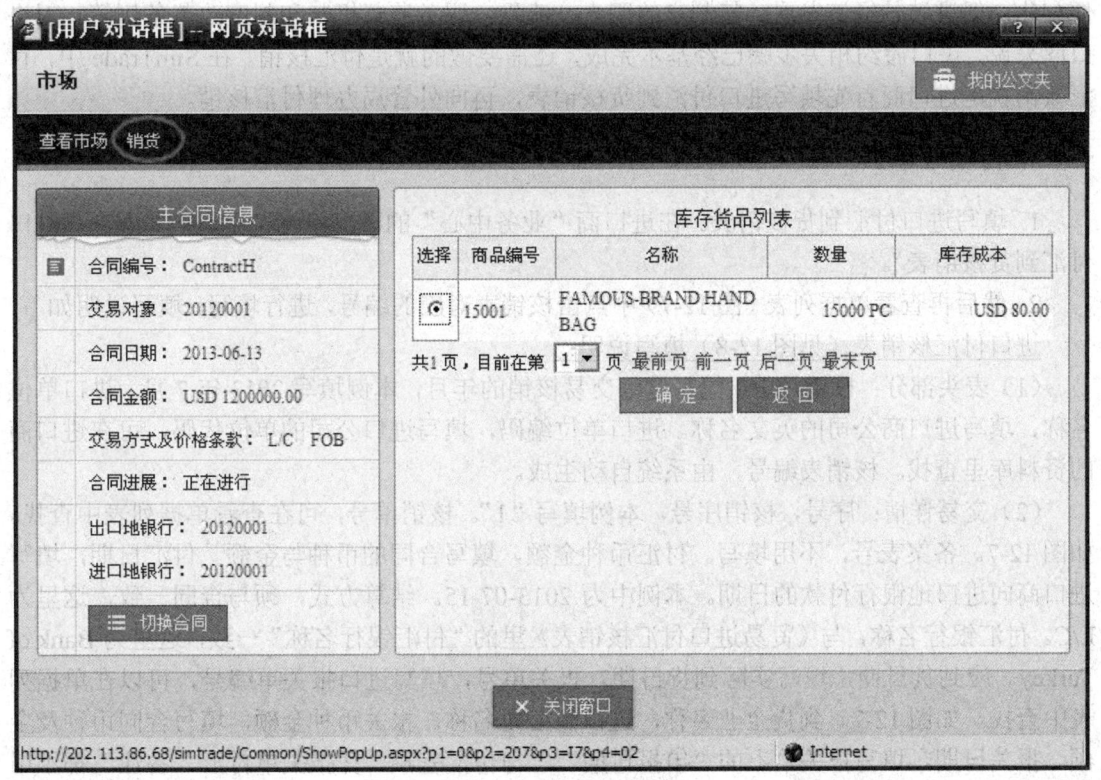

图 12-5 选择销售产品

2. 点击确定后，输入要销售的数量，完成销货，如图 12-6。之后回到财务中心可以查看收入情况。

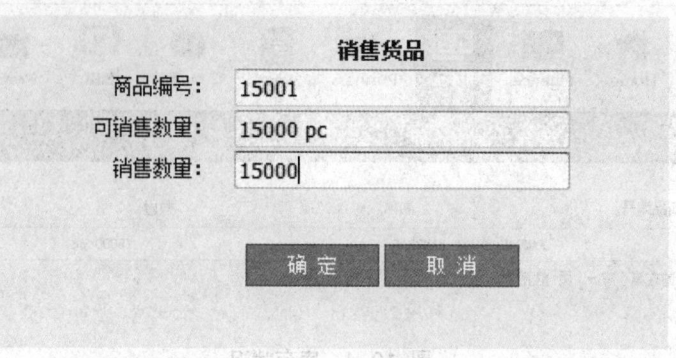

图 12-6　销售货物

第二节　进口付汇核销

进口付汇核销是为进一步完善货物贸易进口付汇（以下简称进口付汇）管理，推进贸易便利化，促进涉外经济发展，特制定的职责、流程、服务监督机制和制度改革条例等。对进口商来说，进口履约相关步骤已经基本完成，还需要做的就是付汇核销。在 SimTrade 中，付汇核销就是进口商首先填写进口付汇到货核销表，再向外管局办理付汇核销。

一、准备相应单据

1. 填写进口付汇到货核销表。在进口商"业务中心"的"出口商"建筑物，添加"进口付汇到货核销表"。

2. 然后再查看单据列表（图 12-7）中点击核销表对应的编号，进行填写，填写说明如下：

进口付汇核销表（见图 12-8）填写说明：

（1）表头部分：核销月份，填写这笔交易核销的年月，本例填写 2013 年 7 月。进口单位名称，填写进口商公司的英文名称。进口单位编码，填写进口公司的单位代码，可在进口商的资料库里查找。核销表编号，由系统自动生成。

（2）交易详情：序号，核销序号，本例填写 "1"。核销单号，可在查看单据列表中查找。如图 12-7。备案表号，不用填写。付汇币种金额，填写合同的币种与金额。付汇日期，填写进口商向进口地银行付款的日期。本例中为 2013-07-15。结算方式，须与合同一致，这里为 L/C。付汇银行名称，与《贸易进口付汇核销表》里的"付汇银行名称"一致，这里为 Bank of Turkey。应到货日期，填写实际到货日期。报关单号，填写进口报关单编号，可以在单据列表中查找。如图 12-7。到货企业名称，进口商公司名称。报关币种金额，填写合同币种及金额。报关日期，填写报关单上的"申报日期"。"与付汇差额、凭报关单付汇、备注"都不用填写。

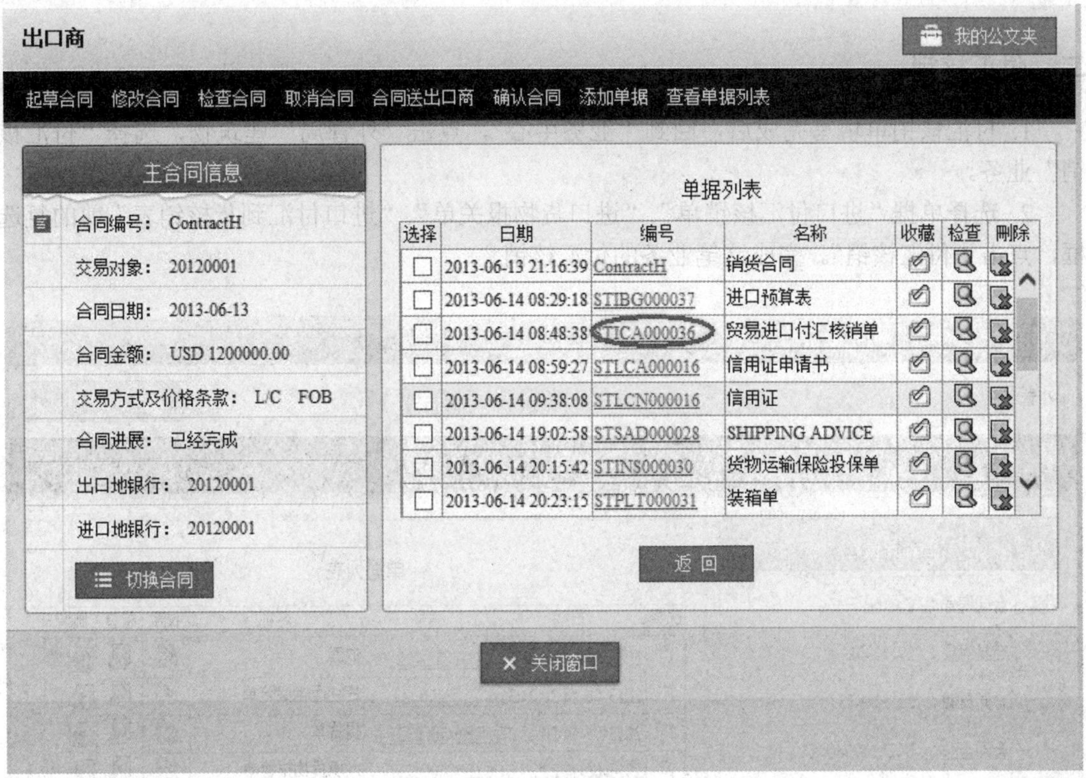

图 12-7　进口商单据列表

（3）付汇金额相关事项：付汇合计笔数和金额，付汇合计笔数填“1”，到货合计笔数和金额，货物正常到达情况下，合计笔数填写“2”。剩余的退汇合计金额和凭报关单付汇合计金额，不用填写。填表人，必须填写。负责人，填写公司资料里法人名称。填表人，按实际填表日期填写。

3. 填写完成后点“检查”，确认通过，如图 12-8。

2013 年 7 月贸易进口付汇到货核销表

进口单位名称：Turkey Import Corporation　进口单位编码：00000056-8　核销表编号：STICE000023

付汇情况								报关到货情况								
序号	核销单号	备案表号	付汇币种金额	付汇日期	结算方式	付汇银行名称	应到货日期	报关单号	到货企业名称	报关币种金额	报关日期	与付汇差额 退汇	与付汇差额 其它	凭报关单付汇	备注
1	TICA000036		[USD][0000]	2013-07-15	L/C	Bank of Turkey	2013-07-15	TIAC000025	urkey Import Corporation	[USD][200000]	013-07-15	0	0		

付汇合计笔数：1	付汇合计金额：[USD][1200000]	到货报关合计笔数：1	到货报关合计金额：[USD][1200000]	退汇合计金额：[ ][ ]	凭报关单付汇合计金额：[ ][ ]
至本月累计笔数：	至本月累计金额：[USD][1200000]	至本月累计笔数：1	至本月累计金额：[USD][1200000]	至本月累计金额：[ ][ ]	至本月累计金额：[ ][ ]

填表人：Joy　负责人：Joy　填表日期：2013 年 7 月 15 日

第二联：进口单位留存　本核销表内容无讹。

[打印预览] [保存] [退出]

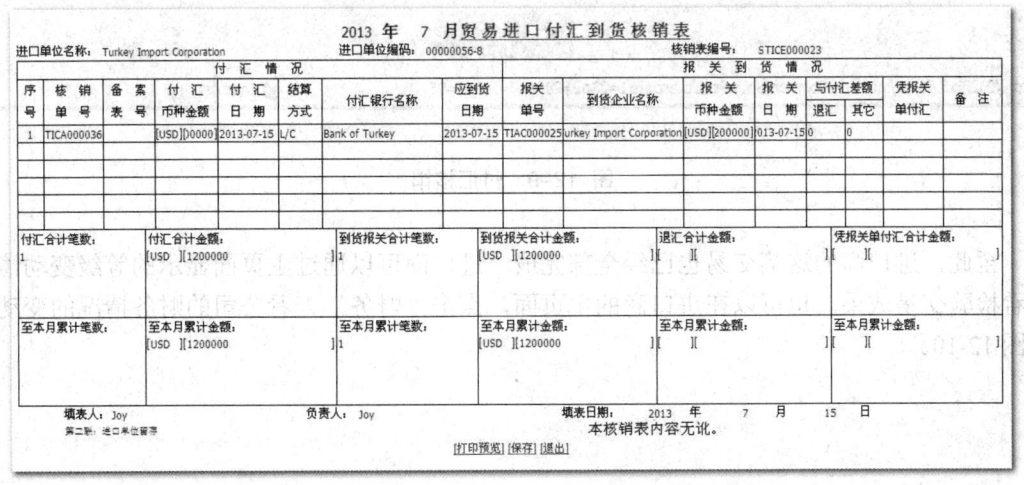

图 12-8　贸易进口付汇到货核销表

二、付汇核销

1. 付汇核销单填写完成后,回到"业务中心",点击"外管局"建筑物,选择"付汇核销"业务。

2. 选择单据"进口付汇核销单"、"进口货物报关单"、"进口付汇到货核销表"前的复选框,点击"付汇核销"。完成这笔业务的付汇核销。

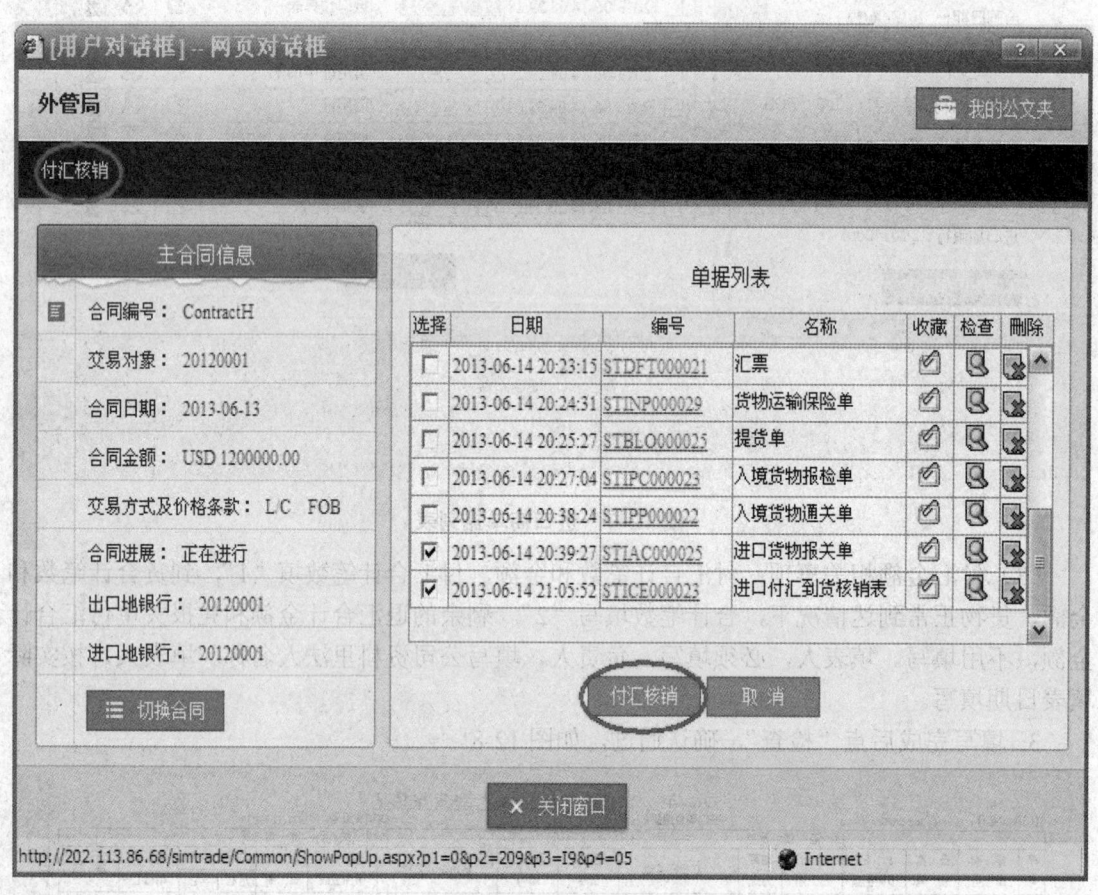

图 12-9 付汇核销

至此,进口商的这笔交易也已经全部完成。进口商可以通过主页面显示的等级变动情况查看检验交易成果。也可以在进口商的主页面,点击"财务"查看公司的财务情况的变动。如图 12-10。

| 注册资金： | USD 316,726.32 | 目前资金： | USD 2,209,814.36 | 贷款余额： | USD 300,000.00 | 库存资产： | USD 0.00 |

时间	收入	支出	合同号	项目描述
2013-06-14 21:14:19		USD 60,000.00	ContractH	公司综合费用
2013-06-14 20:57:37	USD 1,908,898.77			销货，商品编号15001，数量15000PC
2013-06-14 20:55:45		USD 839.48	ContractH	内陆运费
2013-06-14 20:55:37		USD 227,950.34	ContractH	增值税
2013-06-14 20:55:37		USD 121,898.58	ContractH	关税
2013-06-14 20:55:28		USD 31.67	ContractH	报关费
2013-06-14 20:38:24		USD 31.67	ContractH	检验费
2013-06-14 20:25:27		USD 7,186.00	ContractH	海运费
2013-06-14 20:24:31		USD 11,799.78	ContractH	保险费
2013-06-14 19:30:31		USD 1,560.00	ContractH	信用证付款手续费

共8 页，目前在第 1 ▼ 页 最前页 前一页 后一页 最末页

图 12-10 财务状况

第十三章　不同的贸易术语下操作流程

【实验目的】
1. 了解并掌握不同贸易术语的相互关系和区别。
2. 学会不同贸易术语价格的计算和相互转换的计算方法。
3. 掌握信用证方式下的 CIF 和 CFR 与 FOB 在操作流程上的差异。

【实验任务】
1. 做一笔 L/C+CIF 业务。
2. 做一笔 L/C+CFR 业务。

【实验步骤与案例讲解】

国际贸易术语是在国际贸易中逐渐形成的，表明在不同的交货条件下，买卖双方在交易中的费用、责任及风险划分的以英文缩写表示的专门术语。贸易术语是国际商业惯例的一种，由当事人选择适用，不具有强制使用的效力。首先在本章第一节中总结三种术语的不同，然后分别在第二节、第三节中，以更为直观的形式，呈现 CIF 术语与 FOB 术语在操作上的不同、CFR 术语与 FOB 术语在操作上的不同。

第一节　认识不同的贸易术语

本小节首先认识一下不同的贸易术语的概念及《2010 年国际贸易术语解释通则》中对各术语下买卖双方的义务的不同。认识术语下买卖双方义务的不同将有助于理解术语的概念，更为重要的是掌握 SimTrade 平台中不同贸易术语在具体业务操作中的不同。

一、认识不同的术语

（一）CIF 术语

1. CIF 术语的概念

术语 CIF 是 COST，INSURANCE，AND FREIGHT（named port of destination）的首字母缩写，中译名为成本加保险费加运费，按此术语成交，货价的构成因素中包括从装运港至约定目的地港的通常运费和约定的保险费，故卖方除具有与 CFR 术语的相同的义务外，还就为买方办理货运保险，支付保险费，按一般国际贸易惯例，卖方投保的保险金额应按 CIF 价加成 10%。如买卖双方未约定具体险别，则卖方只需取得最低限度的保险险别，如买方要求加保战争险，在保险费由买方负担的前提下，卖方应予加保，卖方投保时，如能办到，应以合同货币投保。

在《2010年国际贸易术语解释通则》中，CIF是国际货物贸易中买卖双方最常选择的价格术语之一，亦称"到岸价格"。该术语仅适用于海运和内河运输。若当事方无意越过船舷交货则应使用CIP术语。

CIF的计算公式

　　CIF＝FOB价＋运费/1－保险费率×（1＋投保加成）

　　CIF＝CFR价/1－保险费率×（1＋投保加成）

2. CIF术语下买卖双方的义务

（1）卖方的主要义务

① 在合同规定的期限内，在装运港将符合合同的货物交至运往指定目的港的船上，并给予买方装船通知。

② 负责办理货物出口手续，取得出口许可证或其他核准证书（原产地、商检证书等）。

③ 负责租船或订舱并支付到目的港的海运费。

④ 负责办理货物运输保险，支付保险费。

⑤ 负责货物在装运港越过船舷为止的一切费用和风险。

⑥ 负责提供商业发票、保险单和货物已装船提单等。

（2）买方的主要义务

① 按合同规定支付价款。

② 负责办理进口手续取得进口许可证或其他核准书。

③ 负担货物在装运港越过船舷后的一切费用和风险。

④ 收取卖方按合同规定交付的货物，接受与合同相符的单据。

（二）CFR 术语

1. CFR术语的概念

CFR是COST AND FREIGHT的首字母缩写，中文意思为成本加运费，指定目的港。CFR是指卖方必须在合同规定的装运期内，在装运港将货物交至运往指定目的港的船上，负担货物的一切费用和货物灭失或损坏的风险，并负责租船或订舱，支付抵达目的港的正常运费。

CFR的计算

　　CFR价=FOB价＋运费

　　CFR价= CIF价×[1－（1＋投保加成）×保险费率]

2. CFR术语下买卖双方的义务

按照《2010年国际贸易术语解释通则》，当货物在指定装运港越过船舷时，卖方即完成交货，卖方支付将货物运至目的港所必需的海运费，交货后的灭失和损坏的风险自交货时已转移至买方。卖家并负责租船或订舱，支付抵达目的港的正常运费。CFR合同买卖双方的主要义务如下：

（1）卖方的主要义务

① 负责在合同规定的日期或期间内，在装运港将符合合同的货物交至运往指定目的港的船上，并给予买方充分的通知。

② 负责办理货物出口手续，取得出口许可证或其他核准书。

③ 负责租船或订舱，并支付至目的港的运费。

④ 负担货物在装运港越过船舷为止的一切费用和风险。

⑤ 负责提供商业发票和货物运往约定目的港的通常运输单据。如果买卖双方约定采用电子通信，则所有单据可被具有同等效力的电子数据交换信息所替代。

（2）买方的主要义务

① 负责按合同规定支付价款。

② 负责办理货物进口手续，取得进口许可证或其他核准书。

③ 负担货物在装运港越过船舷后的一切费用和风险。

④ 负责办理保险手续和支付保险费。

⑤ 收取卖方按合同规定交付的货物，接受与合同相符的单据。

（三）FOB 术语

1. FOB 术语的概念

FOB（Free On Board 的首字母缩写），也称"离岸价"，是国际贸易中常用的贸易术语之一。按离岸价进行的交易，买方负责派船接运货物，卖方应在合同规定的装运港和规定的期限内将货物装上买方指定的船只，并及时通知买方。货物在装船时越过船舷，风险即由卖方转移至买方。

FOB 的计算

　　FOB 价＝CFR－运费

　　FOB 价＝CIF 价×[1－（1＋投保加成）×保险费率]－运费

2. FOB 术语下买卖双方的义务

（1）卖方义务

① 在合同规定的时间或期限内，在装运港，按照习惯方式将货物交到买方指派的船上，并及时通知买方。

② 自负风险和费用，取得出口许可证或其他官方批准证件。在需要办理海关手续时，办理货物出口所需的一切海关手续。

③ 负担货物在装运港越过船舷为止的一切费用和风险。

④ 自付费用提供证明货物已交至船上的通常单据。如果买卖双方约定采用电子通讯，则所有单据均可被具有同等效力的电子数据交换（EDI）信息所代替。

（2）买方义务

① 自负风险和费用取得进口许可证或其他官方批准的证件。在需要办理海关手续时，办理货物进口以及经由他国过境的一切海关手续，并支付有关费用及过境费。

② 负责租船或订舱，支付运费，并给予卖方关于船名、装船地点和要求交货时间的充分的通知。

③ 负担货物在装运港越过船舷后的一切费用和风险。

④ 接受卖方提供的有关单据，受领货物，并按合同规定支付货款。

二、SimTrade 平台中三种术语在操作上的不同

（一）CIF 术语与 FOB 术语在操作上的不同

1. 指定船公司和租船订舱方面。SimTrade 平台中，如果使用的是 CIF 术语，则由出口商指定船公司和办理租船订舱。如本篇中我们所讲解的，如果使用的是 FOB 术语，是由进口商来指定船公司的。但是需要注意的办理租船订舱的仍然是出口商。平台之所以这样处理，是

为了与现实相呼应,这样就体现 FOB 术语下,出口商是以进口商的名义办理运输的。

2. 办理保险方面。SimTrade 平台中在保险办理方面,与术语本身的要求是相符的。如果使用的是 CIF 术语,则由出口商办理保险;如果使用的是 FOB 术语,则由进口商在收到出口商的装船通知后办理。

3. 发送装船通知方面。SimTrade 平台中,虽然在三种术语下都要求在出口商完成租船订舱之后,要向进口商发送装船通知,但是我们应该知道,在使用的术语为 FOB 术语时,装船通知更具有实质性的意义,因为这关系到进口商保险的办理,从而可能会对进口商的利益产生影响。

(二) CFR 术语与 FOB 术语在操作上的不同

1. 指定船公司和租船订舱方面。SimTrade 平台中,如果使用的是 CFR 术语,则与 CIF 术语一样,由出口商指定船公司和办理租船订舱。如果使用的是 FOB 术语,是由进口商来指定船公司的。但是需要注意的办理租船订舱的仍然是出口商。

2. 办理保险方面。SimTrade 平台中,如果使用的是 CFR 术语,则与 FOB 术语一样,由进口商办理保险。

3. 发送装船通知方面。SimTrade 平台中,如前所述,CFR 术语下出口商同样需要发送装船通知,而且与 FOB 术语一样,这里的装船通知也很重要,因为这关系到进口商保险的办理及进口商的利益。

第二节 信用证方式下 CIF 术语与 FOB 术语的操作差异

由于不同贸易术语与结算方式的组合,形成对进出口商双方产生不同影响的交易条件,因而这里为了更好地说明贸易术语的不同,我们选定一种结算方式,对比不同贸易术语在 SimTrade 平台中操作的不同。本书第二篇以大篇幅介绍平台中的 FOB 术语下信用证的操作方式,所以在本章中,我们也将沿用同样的结算方式即信用证(L/C)方式来体现贸易术语的不同。本节介绍信用证方式下 CIF 术语与 FOB 术语在操作上的不同。

一、CIF+L/C 的履约流程表

为了能够清晰的对比 CIF 术语与 FOB 术语的差别,我们先通过表格的形式来看一下,信用证方式下的 CIF 术语的履约流程,如表 13-1。

表 13-1　L/C+CIF 履约流程表

L/C+ CIF 履约流程					
No.	工厂	出口商	出口地银行	进口地银行	进口商
1.		起草外销合同			
2.		添加并填写出口预算表			
3.		合同送进口商			
4.					添加并填写进口预算表

续表

No.	工厂	出口商	出口地银行	进口地银行	进口商
			L/C+ CIF 履约流程		
5.					签字并确认外销合同
6.					到银行领取并填写"进口付汇核销单"
7.					添加并填写开证申请书
8.					发送开证申请
9.				根据申请书填写信用证	
10.				送进口商确认	
11.					对照合同查看信用证
12.					同意信用证
13.				通知出口地行	
14.			审核信用证		
15.			填写信用证通知书		
16.			通知出口商		
17.		对照合同审核信用证			
18.		接受信用证			
19.		起草国内购销合同			
20.		合同送工厂			
21.	签字并确认购销合同				
22.	组织生产				
23.	放货给出口商				
24.	到国税局缴税				
25.		添加并填写"货物出运委托书"			
26.		**指定船公司**			
27.		洽订舱位			
28.		添加并填写"报检单、商业发票、装箱单"			
29.		出口报检			
30.		添加并填写产地证明书			
31.		到相关机构申请产地证			
32.		**添加并填写"投保单"**			
33.		**到保险公司投保**			
34.		到外管局申领并填写			

续表

No.	工厂	出口商	出口地银行	进口地银行	进口商
	L/C+ CIF 履约流程				
		"核销单"			
35.		到海关办理核销单的口岸备案			
36.		添加并填写"报关单"			
37.		送货到海关			
38.		出口报关,货物自动出运			
39.		到船公司取提单			
40.		添加并填写装船通知"Shipping Advice"			
41.		发送装船通知			
42.		添加并填写"汇票"			
43.		向出口地银行交单押汇			
44.			审单		
45.			发送进口地银行		
46.		到银行办理结汇		审单	
47.		添加并填写"出口收回核销单送审登记表"		通知进口商取单	
48.		到外管局办理核销			到银行付款
49.		到国税局办理出口退税			取回单据
50.					到船公司换提货单
51.					添加并填写"报检"
52.					进口报检
53.					添加并填写"报关单"
54.					进口报关
55.					缴税
56.					提货
57.					添加并填写"进口付汇到货核销表"
58.					到外管局办理进口付汇核销
59.					到消费市场销货

二、CIF 术语下操作流程的不同点

结合表中几个粗体标注部分及第一节中对 CIF 术语与 FOB 术语的不同的对比,在 SimTrade 平台的操作中,我们以图片的形式展示其操作过程中的不同点如下:

1. CIF 术语下，由出口商来指定船公司和租船订舱。如图 13-1、图 13-2、图 13-3。

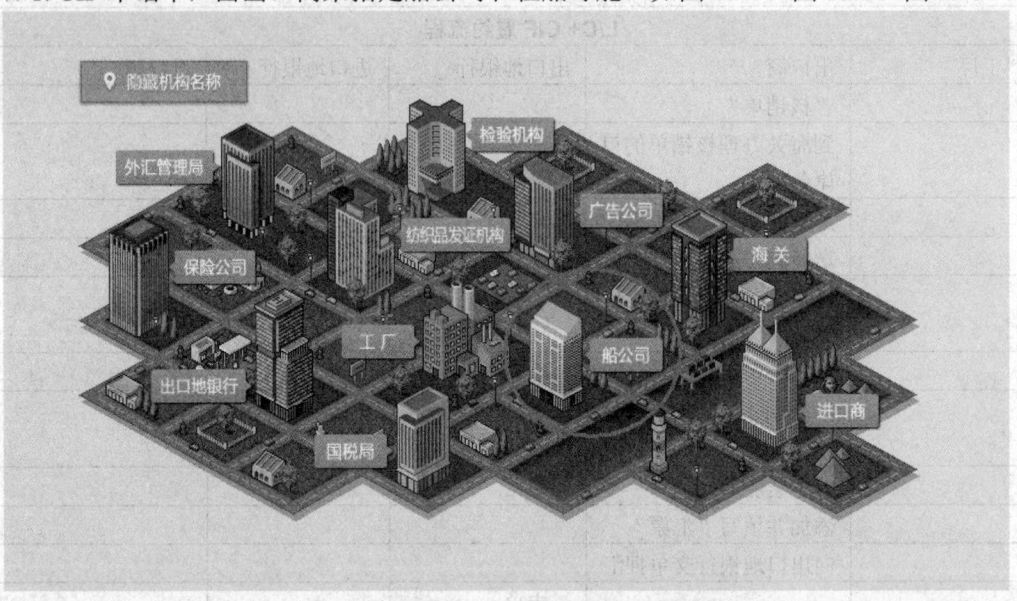

图 13-1　业务中心之船公司

图 13-2　船公司窗口

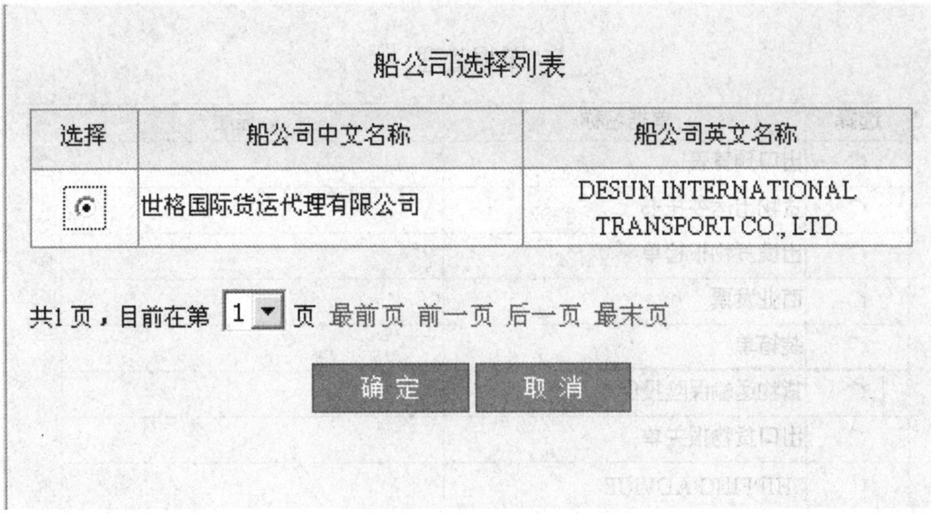

第十三章 不同的贸易术语下操作流程

图 13-3 指定船公司

2. CIF 术语下,由出口商来办理保险。如图 13-4、图 13-5、图 13-6、图 13-7。

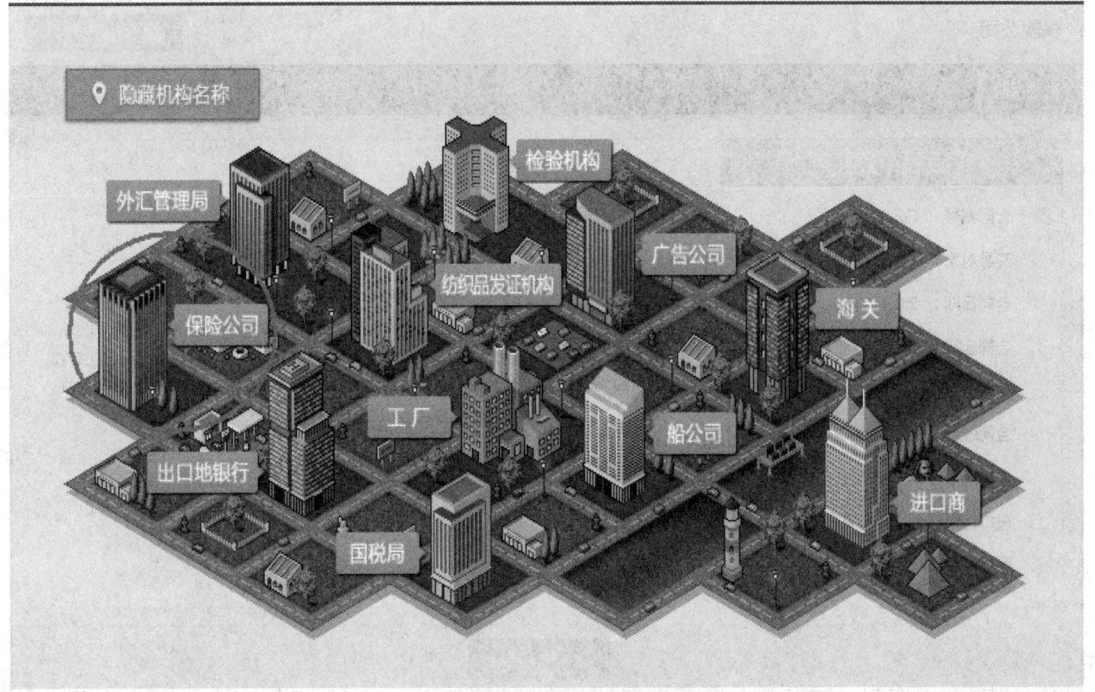

图 13-4 业务中心之保险公司

单据管理

选择	单据名称	描述
○	出口预算表	
○	货物出运委托书	
○	出境货物报检单	
○	商业发票	
○	装箱单	
○	货物运输保险投保单	
○	出口货物报关单	
○	SHIPPING ADVICE	

确定　取消

图 13-5　添加货物运输保险投保单

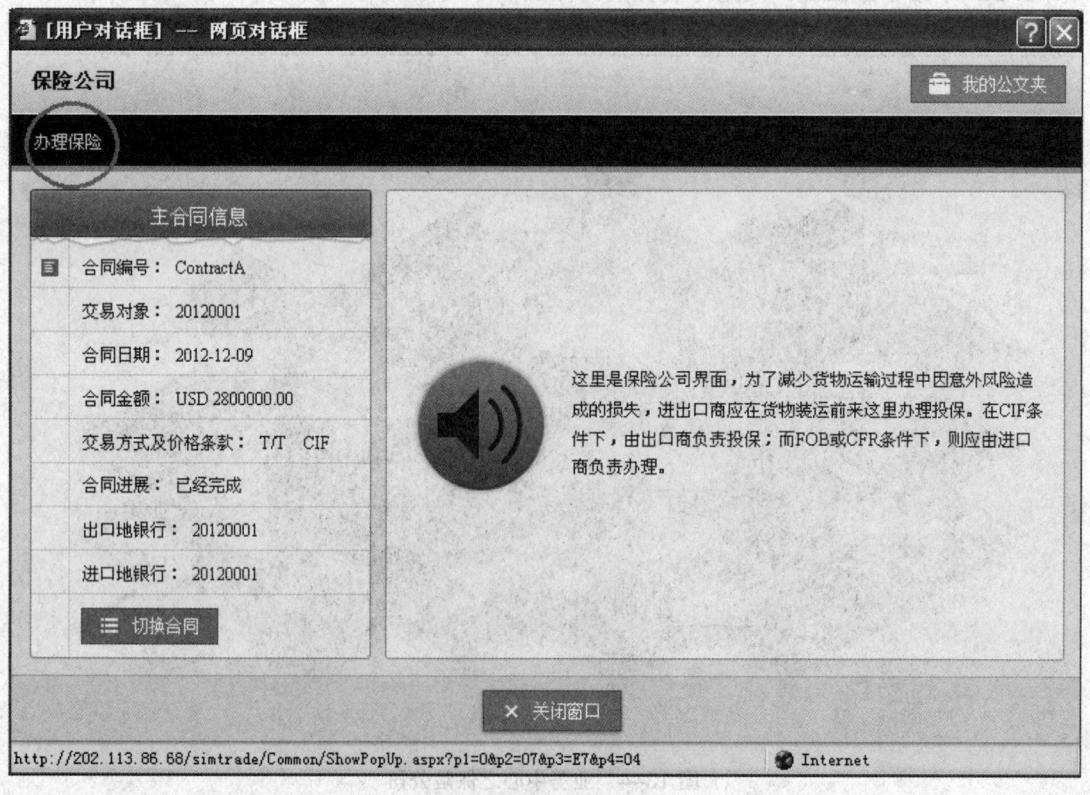

图 13-6　保险公司窗口

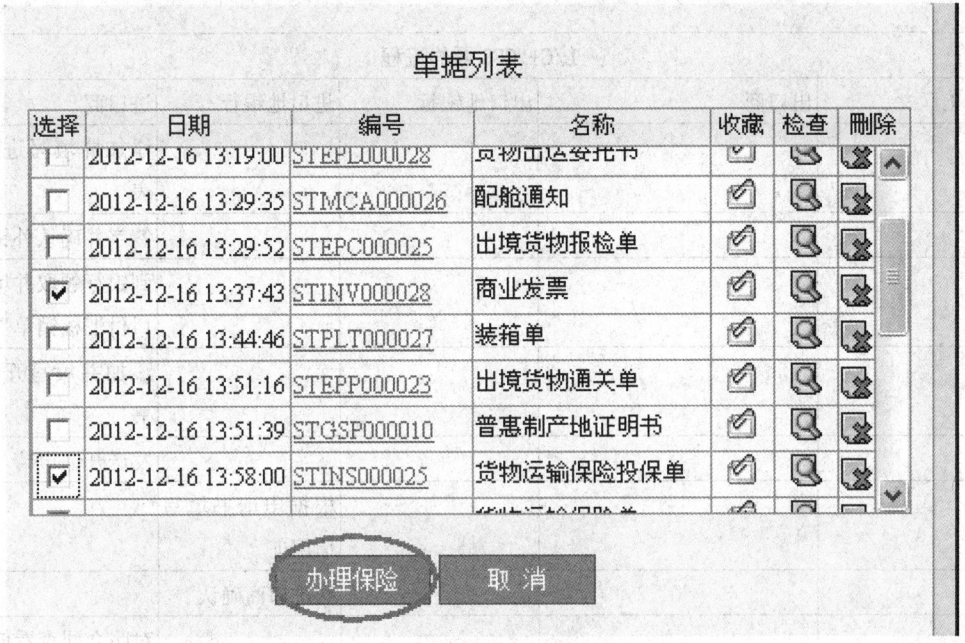

图 13-7 办理保险

3. 关于发送装船通知。CIF 术语下，出口商也需要发送装船通知，但进口商却没有必要根据装船通知办理保险了。出口商发送装船通知的过程与 FOB 术语下一样，学生可参考我们对 FOB 术语下相关内容的讲解。

第三节　信用证方式下 CFR 术语与 FOB 术语的操作差异

本节介绍信用证方式下，CFR 术语与 FOB 术语在操作上的不同。

一、CFR+L/C 的履约流程表

为了能够清晰的对比 CFR 术语与 FOB 术语在操作上的不同，我们先通过表格的形式来看一下，信用证方式下的 CFR 术语的履约流程，如表 13-2。

表 13-2　L/C+CFR 的履约流程表

L/C+ CFR 履约流程					
No.	工厂	出口商	出口地银行	进口地银行	进口商
1.		起草外销合同			
2.		添加并填写出口预算表			
3.		合同送进口商			

续表

No.	工厂	出口商	出口地银行	进口地银行	进口商
					L/C+ CFR 履约流程
4.					添加并填写进口预算表
5.					签字并确认外销合同
6.					到银行领取并填写"进口付汇核销单"
7.					添加并填写开证申请书
8.					发送开证申请
9.				根据申请书填写信用证	
10.				送进口商确认	
11.					对照合同查看信用证
12.					同意信用证
13.				通知出口地银行	
14.			审核信用证		
15.			填写信用证通知书		
16.			通知出口商		
17.		对照合同审核信用证			
18.		接受信用证			
19.		起草国内购销合同			
20.		合同送工厂			
21.	签字并确认购销合同				
22.	组织生产				
23.	放货给出口商				
24.	到国税局缴税				
25.		添加并填写"货物出运委托书"			
26.		**指定船公司**			
27.		洽订舱位			
28.		添加并填写"报检单、商业发票、装箱单"			
29.		出口报检			

续表

No.	工厂	出口商	出口地银行	进口地银行	进口商
		L/C+ CFR 履约流程			
30.		添加并填写产地证明书			
31.		到相关机构申请产地证			
32		到外管局申领并填写"核销单"			
33		到海关办理核销单的口岸备案			
34		添加并填写"报关单"			
35		送货到海关			
36.		出口报关,货物自动出运			
37.		到船公司取提单			
38		添加并填写装船通知"Shipping Advice"			
39		**发送装船通知**			
40		添加并填写"汇票"			查看装船通知
41		向出口地银行交单押汇			添加并填写"投保单"
42			审单		到保险公司投保
43			发送进口地银行		
44.		到银行办理结汇		审单	
45		添加并填写"出口收回核销单送审登记表"		通知进口商取单	
46		到外管局办理核销			到银行付款
47		到国税局办理出口退税			取回单据
48					到船公司换提货单
49					添加并填写"报检单"
50					进口报检
51					添加并填写"报关单"
52.					进口报关
53					缴税
54					提货
55					添加并填写"进口付汇到货核销表"
56					到外管局办理进口付汇核销
57					到消费市场销货

二、CFR 术语下操作流程的不同点

结合表中标出的粗体部分及第一节中我们对 CFR 术语与 FOB 术语的不同的对比，在 SimTrade 平台的操作中，我们同样以图片的形式展示其操作过程中的不同点如下：

1. CFR 术语下，与 CIF 术语一样由出口商来指定船公司和办理租船订舱，这一点是 CFR 术语与 FOB 术语的最大的不同。其操作过程与 CIF 术语时完全一样的，因此这一部分可以参考我们前述对 CIF 术语的介绍，来理解 CFR 术语与 FOB 术语的不同，如图 12-1、图 12-2、图 12-3。

2. CFR 术语下，由出口商发送装船通知给进口商，以便进口商能及时、准确地办理保险。这一点，CFR 术语与 FOB 术语是一样的，CFR 术语下的装船通知更能体现进出口双方的合作。如前所述，FOB 术语下，出口商办理租船订舱是以进口商的名义办理的，而在 CFR 术语下，出口商则是出于自己的义务办理租船订舱的。因此，在 CFR 术语下，出口商发送装船通知显得更为重要和必要。

本章总结

本章主要是介绍不同贸易术语的使用所带来的操作流程的差别。因此，通过学习，我们可以发现贸易术语的不同与结算方式相比要小得多，主要集中在三点即：运输、保险、及联系两者的装船通知。我们先通过理论知识的总结，从总体上认识 CIF 术语、CFR 术语两者与 FOB 术语的不同，然后我们结合信用证方式下两者的履约流程表分析，通过截图的形式，让学生能更清楚的认识不同贸易术语在平台中的操作流程上的不同。希望学生能结合本章对贸易术语的讲解及下一章对结算方式的讲解，并联系第二篇内容，能融会贯通，灵活运用不同的贸易术语和结算方式，在平台中能熟练的操作。

第十四章 不同结算方式下的贸易操作流程

【实验目的】
1. 了解并掌握不同贸易结算方式的特点和相互区别。
2. 掌握 FOB 下不同结算方式在贸易流程上的主要差别。

【实验任务】
1. 做一笔 D/A+FOB 业务。
2. 做一笔 D/P+FOB 业务。
3. 做一笔 T/T+FOB 业务。

【实验步骤与案例讲解】

国际贸易中的常用的支付方式有汇付、托收和信用证。其中，汇付和托收这两种支付方式都是由买卖双方根据合同互相提供信用，所以属于商业信用。信用证由开证行提供付款承诺，属于银行信用。另外，支付方式从资金的流向与支付工具的传递方向，可以分为顺汇与逆汇两种方法。顺汇是指资金的流动方向与支付工具的传递方向相同，逆汇是指资金的流动方向与支付工具的传递方向相反，其中汇付采用的是顺汇方法，托收和信用证都是采用的逆汇方法。上一章中，我们通过对比学习了贸易术语的不同及在 SimTrade 平台中操作的不同，而在本章中，我们先概括汇付、托收、信用证这三种结算方式各自的特点及其差别，然后我们结合这些差别，利用 SimTrade 平台中的操作流程图，来让学生更清晰学会利用不同的结算方式进行国际贸易的操作。

第一节 认识不同的结算方式

鉴于本书中第二篇以大篇幅来详细讲解信用证方式下的操作，我们这里对信用证结算方式的特点不加赘述。

一、托收的特点及与信用证的不同

（一）托收的特点

托收是指由接到委托指示的银行处理金融单据和/或商业单据，以便取得承兑或付款，或凭承兑或付款交出商业单据，或凭其他条件交出单据。在 SimTrade 平台中，我们用到的托收方式有付款交单 D/P 和承兑交单 D/A。

付款交单。付款交单是指出口商的交单是以进口商的付款为条件。即出口商发货后取得装运单据，委托银行办理托收，并在托收委托书中指示银行，只有在进口商付清货款后，才能把商业单据交给进口商。按付款时间的不同，付款交单又可分为即期付款交单和远期付款交单。

承兑交单。承兑交单是指代收行凭进口商承兑的远期汇票而交出商业单据。出口商的交单以进口商在汇票上承兑为条件，进口商只要在汇票上办理承兑手续，即可取得商业单据，凭此提取货物。

托收的基本做法是：出口商根据买卖合同先行发运货物，然后开立汇票（或不开汇票），连同商业单据一起向出口地银行提出托收申请，委托出口地银行（托收行）通过其在进口地的代理行或往来银行（代收行）向进口商收取货款。

托收的特点：

1. 托收是一种商业信用。虽然托收一般通过银行办理，也称为银行托收。但是，银行办理托收业务时，只是按委托人的指示办事，并不承担要求付款人必须付款的义务，因此托收的性质为商业信用。

2. 与信用证相同，托收中资金的流动方向与支付工具的传递方向相反，属于逆汇。

3. 托收中的风险承担问题。托收中，出口商面临的风险较大，而进口商面临的风险要小。由于托收业务操作中，出口商先发货，才能收取到货款。这就容易面临收不到货款的风险。而跟单托收中，承兑交单要比付款交单风险大。托收对于进口商而言，虽然也有风险，但总体来说对其比较有利。

（二）SimTrade 平台中的托收与信用证

在 SimTrade 中，我们所采用的托收方式有两种，分别为 D/A、D/P。因此，这里我们分别说明一下 D/A 与 L/C、D/P 与 L/C 的差别。

> **小贴士**
>
> 本小节中，我们对这三大类结算方式所做的对比，会分别在本章第二、三节中加以具体介绍，因此提醒学生可以结合来看。

1. D/A 与 L/C

（1）在 D/A 方式下，进口商不需向银行申请开立信用证，与信用证部分有关的流程都可省去。

（2）出口商在办完报关等手续后，不再采用"押汇"方式向银行交付单据，而是采用"托收"方式，出口地银行也不需垫付款项。

（3）进口地银行同样不需垫付款项，可直接通知进口商前来赎单；进口商赎单时不需付款，可先承兑，在汇票到期日前付款即可。

（4）进口商付款后，银行才能通知出口商结汇。

2. D/P 与 L/C

（1）在 D/P 方式下，与 D/A 相同，进口商不需向银行申请开立信用证，与信用证部分有关的流程都可省去。

（2）出口商在办完报关等手续后，不再采用"押汇"方式向银行交付单据，而是采用"托收"方式，出口地银行也不需垫付款项。

（3）进口地银行同样不需垫付款项，可直接通知进口商前来付款赎单。

（4）进口商付款后，银行才能通知出口商结汇。

二、汇付的特点及信用证的不同

（一）汇付的特点

汇付（Remittance），又称汇款，指付款人主动通过银行或者其他途径将款项汇交收款人。采用汇付方式结算货款时，卖方将货物发运给买方后，有关货运单据由卖方自行寄送买方；而买方则径自通过银行将货款汇交给卖方。汇付按照使用的支付工具不同，可分为电汇、信汇和票汇三种方式。

在 SimTrade 平台中，我们用到的汇付为电汇 T/T。电汇是指汇款人在汇出行办理完有关汇付的手续后，汇出行采用加押电报、SWIFT（即全球银行金融电讯协会）等的电讯手段通知汇入行，指示解付一定金额给收款人。电汇方式费用较高，但是收款人可迅速收到汇款。

汇付的特点：

1. 手续简便、速度快。汇付是国际贸易中最简便的结汇方式。

2. 汇付的风险大，资金负担不平衡。因为以汇付结算，可以是货到付款，也可以是预付货款。但不论哪一种方式，风险和资金负担都集中在一方。因此实践中，汇付更多的是用于支付定金、预付货款、分期付款、待付货款的尾数、费用差额的支付及佣金支付等项目费用。

（二）SimTrade 平台中的汇付与信用证

如前所述，SimTrade 平台用的汇付为电汇 T/T，因此我们这里简单说明一下 T/T 与 L/C 在操作流程上的差别。

1. 在 T/T 方式下，与 D/A、D/P 一样，进口商不需向银行申请开立信用证，与信用证部分有关的流程都可省去。

2. 出口商在办完报关等手续后，不再采用"押汇"方式向银行交付单据，而是在"单据列表"页面中直接将单据送进口商。

3. 进口商收到单据可直接办理相关手续，可销货收回资金后再付款给出口商。

4. 进口商付款后，银行才能通知出口商结汇。

需要注意的是，在 SimTrade 中，T/T 方式下，仍需到银行选择"付款"业务支付款项，而不能使用"汇款"，汇款业务仅仅用于各用户之间的资金借贷往来，与合同流程无关。

第二节 FOB 术语下托收与信用证的操作

在第二篇中，我们以大篇幅介绍 FOB 术语下的信用证方式的操作流程，而且在上一章中，我们选用信用证结算方式，对比不同贸易术语在 SimTrade 平台中的操作，与这种方法相呼应。因此这里为了让学生能够清晰的对比不同结算方式所带来的操作流程上的差别，我们仍然选用 FOB 术语，分别对比 SimTrade 中的 D/A 与信用证、D/P 与信用证在操作流程上的差别。

一、D/A 与信用证的不同

为了能够清晰的对比 D/A 与信用证的差别，我们先通过表格的形式来看一下，FOB 术语下 D/A 的履约流程，如表 14-1。

表 14-1　D/A+FOB 履约流程

No.	工厂	出口商	出口地银行	进口地银行	进口商
		D/A+ FOB 履约流程			
1.		起草外销合同			
2.		添加并填写出口预算表			
3.		合同送进口商			
4.					添加并填写进口预算表
5.					签字并确认外销合同
6.		起草国内购销合同			指定船公司
7.		合同送工厂			
8.	签字并确认购销合同				
9.	组织生产				
10.	放货给出商				
11.	到国税局缴税				
12.		添加并填写"货物出运委托书"			
13.		洽订舱位			
14.		添加并填写"报检单、商业发票、装箱单"			
15.		出口报检			
16.		添加并填写产地证明书			
17.		到相关机构申请产地证			
18.		到外管局申领并填写"核销单"			
19.		到海关办理核销单的口岸备案			
20.		添加并填写"报关单"			
21.		送货到海关			
22.		出口报关,货物自动出运			
23.		到船公司取提单			

续表

No.	工厂	出口商	出口地银行	进口地银行	进口商
	D/A+ FOB 履约流程				
24.		添加并填写装船通知"Shipping Advice"			
25.		发送装船通知			
26.		添加并填写"汇票"			查看装船通知
27.		**向出口地银行交单托收**			添加并填写"投保单"
28.			审单		到保险公司投保
29.			发送进口地银行		
30.				审单	
31.				通知进口商取单	
32.					**承兑汇票**
33.					取回单据
34.					到船公司换提货单
35.					添加并填写"报检单"
36.					进口报检
37.					添加并填写"报关单"
38.					进口报关
39.					缴税
40.					提货
41.					到消费市场销货
42.					**到银行领取并填写"进口付汇核销单"**
43.					**汇票到期时付款**
44.					添加并填写"进口付汇到货核销表"
45.					到外管局办理进口付汇核销
46.		**到银行办理结汇**			
47.		添加并填写"出口收回核销单送审登记表"			
48.		到外管局办理核销			
49.		到国税局办理出口退税			

结合表中几个粗体标注部分及第一节中对 D/A 与信用证的不同的对比,在 SimTrade 平台的操作中,我们以图片的形式展示其操作过程中的 5 个不同点如下:

1. D/A 方式下,进口商不需向银行申请开立信用证,与信用证部分有关的流程都可以省略(包括进口商申请开立信用证、进口地银行的开立信用证及进出口地银行转递信用证的部分)。从操作的整体性来说,也就是说进口商在签字并确认外销合同后,即可到业务中心指定船公司,如图 14-1、图 14-2、图 14-3。

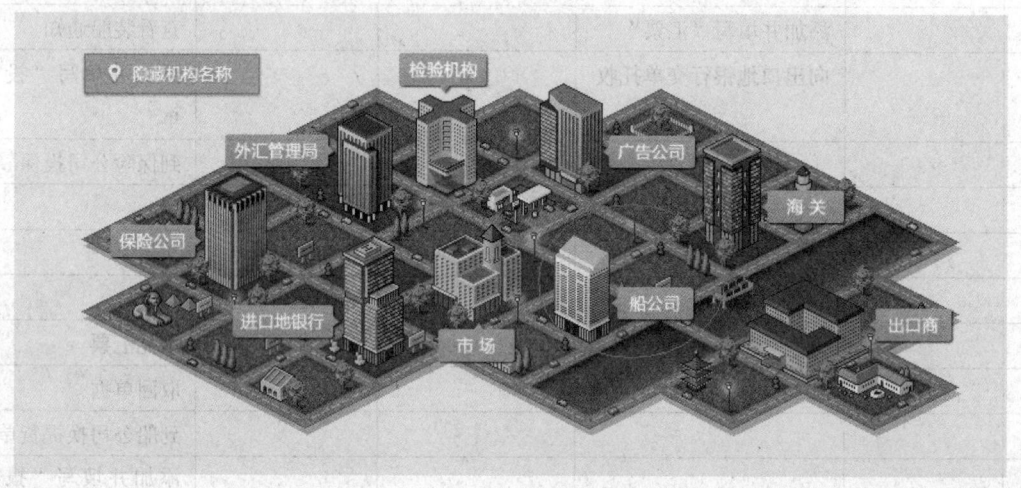

图 14-1 业务中心中的船公司

图 14-2 船公司窗口

图 14-3 指定船公司

2. 出口商在办完报关等手续后，不是采用"押汇"方式向银行交付单据，而是采用向银行交单托收，因此，出口地银行也不需垫付款项，如图14-4、图14-5、图14-6。

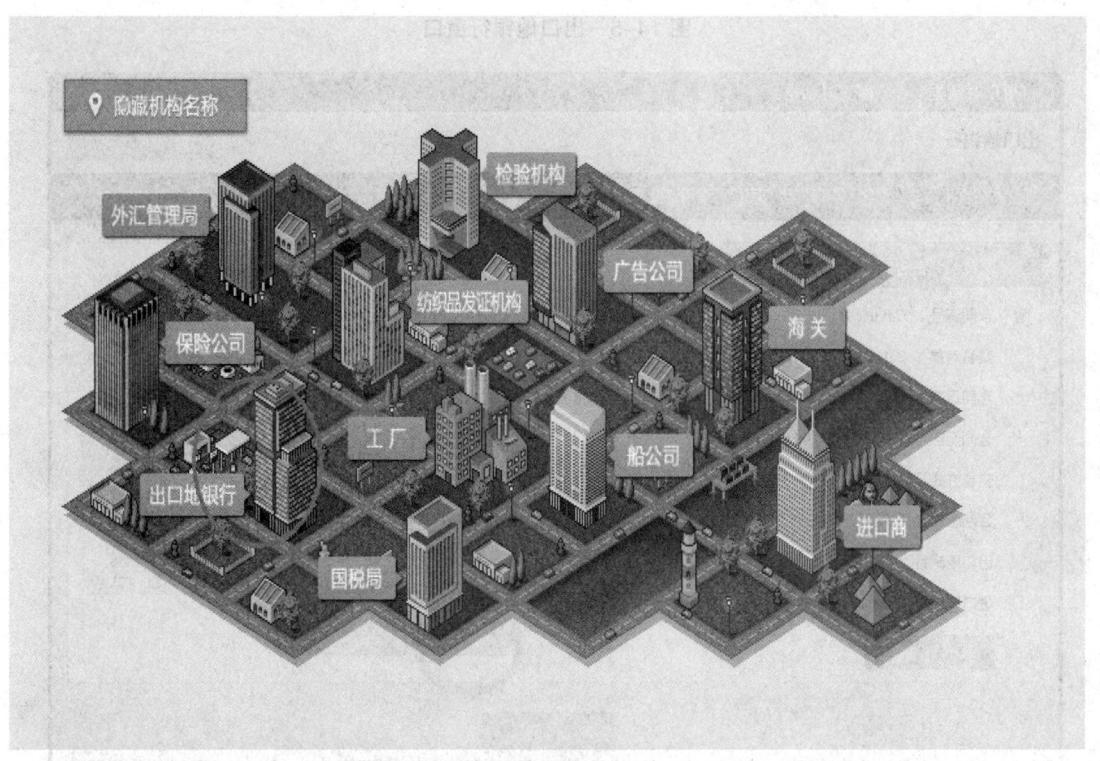

图 14-4 业务中心中的出口地银行

· 228 ·　国际贸易实务综合实验教程

图 14-5　出口地银行窗口

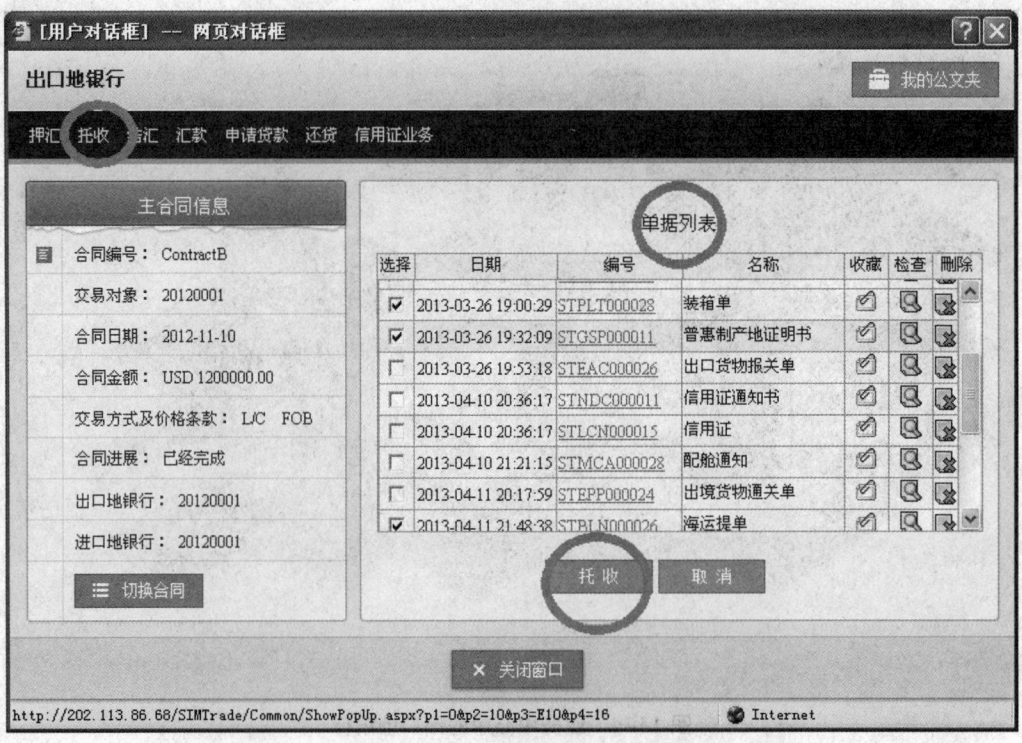

图 14-6　向出口地银行交单托收

3. D/A 方式下，进口地银行同样不需垫付款项，可直接通知进口商前来赎单，即进口商只要做出承兑在汇票到期日前付款即可，如图 14-7。

图 14-7　进口地银行窗口及承兑图标

4. 进口商付款后，银行才能通知出口商结汇。而在信用证方式下，出口商在向出口地银行交单押汇后，即可向银行办理结汇。这一点体现信用证为银行信用，D/A 为商业信用。因为这一点主要体现操作顺序上的不同，我们这里就不再附上截图，学生在操作时，只需按照表 14-1 中的顺序即可。

5. 关于贸易进口付汇核销单的领取。在 SimTrade 平台中，只有在信用证方式中，需要在开证前领取核销单，而在其他方式下，则可以在付款前领取核销单即可。关于这一个不同点，与第 4 点一样，主要体现两种结算方式在操作顺序上的不同，我们这里就不再附上截图，学生在操作时，只需按照表 14-1 中的顺序即可。

二、D/P 与信用证的不同

同样，为了能够清晰地对比 D/P 与信用证的差别，我们先通过表格的形式来看一下，FOB 术语下 D/P 的履约流程，如表 14-2。

表 14-2　D/P+FOB 履约流程

No.	工厂	出口商	出口地银行	进口地银行	进口商
		D/P+ FOB 履约流程			
1.		起草外销合同			
2.		添加并填写出口预算表			
3.		合同送进口商			
4.					添加并填写进口预算表
5.					签字并确认外销合同
6.		起草国内购销合同			指定船公司
7.		合同送工厂			
8.	签字并确认购销合同				
9.	组织生产				
10.	放货给出口商				
11.	到国税局缴税				
12.		添加并填写"货物出运委托书"			
13.		洽订舱位			
14.		添加并填写"报检单、商业发票、装箱单"			
15.		出口报检			
16.		添加并填写产地证明书			
17.		到相关机构申请产地证			
18.		到外管局申领并填写"核销单"			
19.		到海关办理核销单的口岸备案			
20.		添加并填写"报关单"			
21.		送货到海关			
22.		出口报关，货物自动出运			

续表

No.	工厂	出口商	出口地银行	进口地银行	进口商
			D/P+ FOB 履约流程		
23.		到船公司取提单			
24.		添加并填写装船通知"Shipping Advice"			
25.		发送装船通知			
26.		添加并填写"汇票"			查看装船通知
27.		**向出口地银行交单托收**			添加并填写"投保单"
28.			审单		到保险公司投保
29.			发送进口地银行		
30.				审单	
31.				通知进口商取单	
32.					**到银行领取并填写"进口付汇核销单"**
33.					付款
34.		**到银行办理结汇**			取回单据
35.		添加并填写"出口收回核销单送审登记表"			到船公司换提货单
36.		到外管局办理核销			添加并填写"报检单"
37.		到国税局办理出口退税			进口报检
38.					添加并填写"报关单"
39.					进口报关
40.					缴税
41.					提货
42.					添加并填写"进口付汇到货核销表"
43.					到外管局办理进口付汇核销
44.					到消费市场销货

结合表中几个粗体标注部分及第一节中我们对 D/P 与信用证的不同的对比，在 SimTrade 平台的操作中，我们以图片的形式展示其操作过程中的 5 个不同点如下：

1. 与 D/A 方式一样，D/P 方式下，进口商不需向银行申请开立信用证，与信用证部分有关的流程都可以省略（包括进口商申请开立信用证、进口地银行的开立信用证及进出口地银行转递信用证的部分）。从操作的整体性来说，也就是说进口商在签字并确认外销合同后，即可到业务中心指定船公司，如前述图 14-1、图 14-2、图 14-3。

2. 出口商在办完报关等手续后，不是采用"押汇"方式向银行交付单据，而是采用"托收"方式向银行交单托收，因此，出口地银行也不需垫付款项，如图 14-4、图 14-5、图 14-6。

3. 与 D/A 方式相同，D/P 方式下，进口地银行同样不需垫付款项，可直接通知进口商前来付款赎单，如图 14-8。

图 14-8　进口地银行窗口及付款图标

4. 进口商付款后，银行才能通知出口商结汇。而在信用证方式下，出口商在向出口地银行交单押汇后，即可向银行办理结汇。这一点体现信用证为银行信用，D/P 为商业信用。同样的如前所述，因为这一点主要体现操作顺序上的不同，我们这里也不再附上截图，学生在操作时，只需按照表 14-2 中的顺序即可。

5. 关于贸易进口付汇核销单的领取。在 SimTrade 平台中，只有在信用证方式中，需要在开证前领取核销单，而在其他方式下，则可以在付款前领取核销单即可，这一点在 D/P 中也是一样的。与第 4 点一样，主要体现两种结算方式在操作顺序上的不同，我们这里也不再附上截图，学生在操作时，只需按照表 14-2 中的顺序即可。

第三节　FOB 术语下的汇付与信用证的操作

为了能够让学生更为清晰的对比 T/T 与信用证的差别，我们先通过表格的形式来看一下，FOB 术语下的 T/T 方式的履约流程，如表 14-3。

表 14-3　T/T+FOB 的履约流程

No.	工厂	出口商	出口地银行	进口地银行	进口商
		T/T+ FOB 履约流程			
1.		起草外销合同			
2.		添加并填写出口预算表			
3.		合同送进口商			
4.					添加并填写进口预算表
5.					签字并确认外销合同
6.		起草国内购销合同			指定船公司
7.		合同送工厂			
8.	签字并确认购销合同				
9.	组织生产				
10.	放货给出口商				
11.	到国税局缴税				
12.		添加并填写"货物出运委托书"			
13.		洽订舱位			
14.		添加并填写"报检单、商业发票、装箱单"			
15.		出口报检			
16.		添加并填写产地证明书			
17.		到相关机构申请产地证			
18.		到外管局申领并填写"核销单"			

续表

No.	工厂	出口商	出口地银行	进口地银行	进口商
	T/T+ FOB 履约流程
19.		到海关办理核销单的口岸备案			
20.		添加并填写"报关单"			
21.		送货到海关			
22.		出口报关,货物自动出运			
23.		到船公司取提单			
24.		添加并填写装船通知"Shipping Advice"			
25.		发送装船通知			
26.		将货运相关单据送进口商			
27.					查看装船通知
28.					添加并填写"投保单"
29.			审单		到保险公司投保
30.			发送进口地银行		查收单据
31.				审单	到银行领取并填写"进口付汇"核销单
32.				通知进口商取单	付款
33.		到银行办理结汇			取回单据到船公司换提货单
34.		添加并填写"出口收回核销单送审登记表"			添加并填写"报检单"
35.		到外管局办理核销			进口报检
36.		到国税局办理出口退税			添加并填写"报关单"
37.					进口报关
38.					缴税
39.					提货
40.					添加并填写"进口付汇到货核销表"
41.					到外管局办理进口付汇核销
42.					到消费市场销货

与我们前述的两种结算方式一样，这里我们结合表中标注的粗体部分及第一节对 T/T 与信用证的不同的对比，以图片的形式展示其操作过程的几个不同点如下：

1. 与托收方式相同，汇付方式下，进口商不需要向进口地银行申请信用证，因此与信用证有关的流程也都可以省略（包括进口商申请开立信用证、进口地银行的开立信用证及进出口银行的转递信用证的部分）。这样，从操作的整体性来看，进口商依然是在签字确认完外销合同后，即可到业务中心指定船公司，如前述图 14-1、图 14-2、图 14-3。

2. 出口商在办完报关手续后，不是采用"押汇"方式向银行交付单据，而是在"单据列表"页面直接将单据送进口商。如图 14-9、图 14-10、图 14-11。

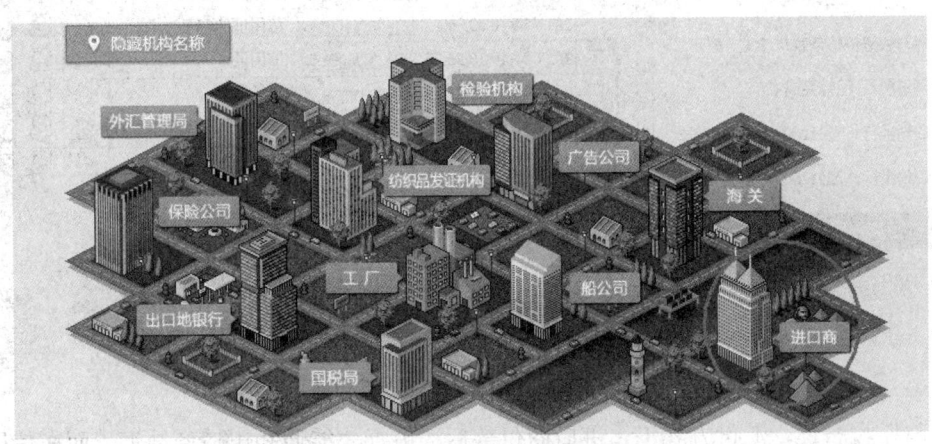

图 14-9　业务中心之进口商

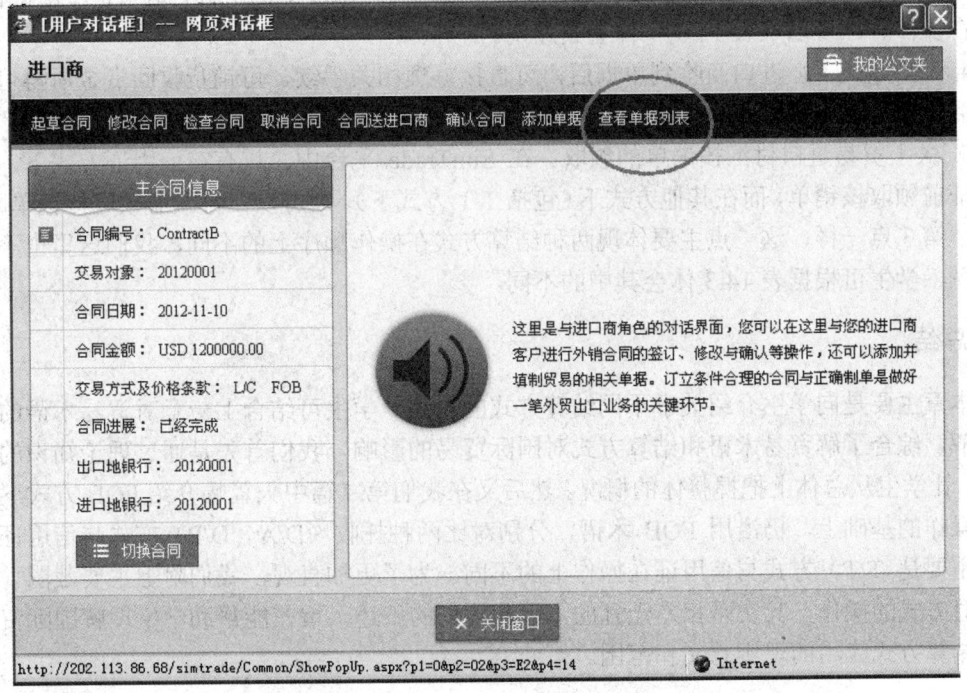

图 14-10　进口商窗口之查看单据列表

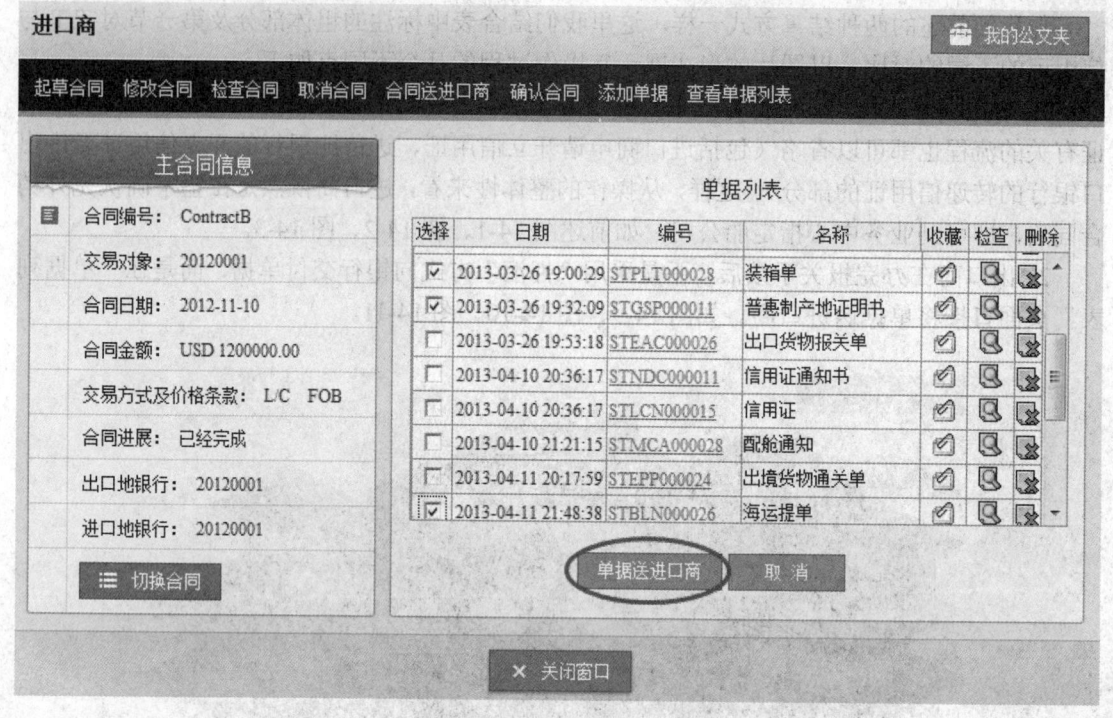

图 14-11　出口商单据送进口商

3. 与托收一样，汇付方式下，进口商付款后，银行才能通知出口商结汇。而在信用证方式下，出口商在向出口地银行交单押汇后，即可向银行办理结汇。这一点同样体现信用证为银行信用，而 T/T 为商业信用。由于这一点主要体现操作顺序上的不同，这里也不附上截图，学生在操作时，可以从表 14-3 中体会其差别。

4. T/T 方式下，进口商收到单据后，可直接办理相关手续，可销货收回资金后再付款给进口商，即可以到银行领取"进口付汇核销单"，然后再付款。

5. 关于贸易进口付汇核销单的领取。在 SimTrade 平台中，只有在信用证方式下，需要在开证前领取核销单，而在其他方式下（包括 T/T 方式下），则可以在付款前领取核销单即可。与前述第 3 点一样，这一点主要体现两种结算方式在操作顺序上的不同，我们这里也不再附上截图，学生可根据表 14-3 体会其中的不同。

本章总结

本章主要是向学生介绍关于不同结算方式的差别，学生可结合上一章对贸易术语的不同的讲解，综合了解贸易术语和结算方式对国际贸易的影响。我们首先是通过理论知识的总结对比，让学生从总体上把握整体的概况。然后又在我们第二篇中大篇幅介绍 FOB 方式下的信用证操作的基础上，仍沿用 FOB 术语，分别对比两种托收（D/A、D/P）方式与信用证、汇付（主要是 T/T）方式与信用证在操作上的不同。为了更加直观，我们附上主要截图。但各种结算方式的操作，其实是相差无几的，因此我们的叙述，旨在能帮助学生理解国际贸易中不同结算方式应用的现实意义和范围。

第十五章 其他贸易方式与结算方式组合下的操作流程

【实验目的】
1. 了解并掌握不同贸易方式和结算方式组合下的贸易操作流程。
2. 进一步深入理解贸易方式和结算方式在贸易操作流程上的差别。

【实验任务】
1. 做一笔 CIF+D/A 业务。
2. 做一笔 CFR+D/A 业务。
3. 做一笔 CIF+D/P 业务。
4. 做一笔 CFR+D/P 业务。
5. 做一笔 CIF+T/T 业务。
6. 做一笔 CFR+T/T 业务。

【实验步骤与案例讲解】
对第二篇的全部内容进行总结如下：首先以 L/C+FOB 为例，详细介绍了国际贸易的操作流程及其在 SimTrade 平台中的履约过程，从而能够让初学者通过参考这一部分内容，掌握基本的知识和操作，进而为本书下一篇多人单角色对抗提供基础。然后分别在第十三章和第十四章中，以对比的形式，让学生从宏观层次把握不同贸易术语之间、不同结算方式之间的主要差别。然而，由于实践中的国际贸易总是我们常用的这三种贸易术语与三大类结算方式的组合，仅仅掌握其理论方面的不同是不够的。同样的，在 SimTrade 平台中，系统实际上为学生提供这些贸易术语与结算方式的 12 种组合。为此，在本章中，我们将在前述两章的基础上罗列剩余的六种组合的履约流程。这里需要提醒的是，本部分内容仍然以结算方式的模块呈现的，即可以与第十四章的学习相结合。

第一节 CIF 和 CFR 与 D/A 组合下的贸易操作流程

因为前面已经介绍过 FOB+D/A 的操作流程，这里重点介绍 CIF 和 CFR 两种贸易方式与 D/A 结算方式组合下的贸易操作流程。履约流程表中的粗体标注的操作环节为该贸易方式与结算方式组合下特别需要注意的环节。

一、CIF+D/A 的履约流程

CIF+D/A 的履约流程如表 15-1。

表 15-1 CIF+D/A 履约流程表

No.	工厂	出口商	出口地银行	进口地银行	进口商
1.		起草外销合同			
2.		添加并填写出口预算表			
3.		合同送进口商			
4.					添加并填写进口预算表
5.					签字并确认外销合同
6.		起草国内购销合同			
7.		合同送工厂			
8.	签字并确认购销合同				
9.	组织生产				
10.	放货给出口商				
11.	到国税局缴税				
12.		添加并填写"货物出运委托书"			
13.		指定船公司			
14.		洽订舱位			
15.		添加并填写"报检单、商业发票、装箱单"			
16.		出口报检			
17.		添加并填写产地证明书			
18.		到相关机构申请产地证			
19.		添加并填写"投保单"			
20.		到保险公司投保			
21.		到外管局申领并填写"核销单"			
22.		到海关办理核销单的口岸备案			
23.		添加并填写"报关单"			
24.		送货到海关			
25.		出口报关,货物自动出运			
26.		到船公司取提单			

续表

No.	工厂	出口商	出口地银行	进口地银行	进口商
					CIF+D/A 履约流程
27.		添加并填写装船通知"Shipping Advice"			
28.		发送装船通知			
29.		**添加并填写"汇票"**			
30.		**向出口地银行交单托收**			
31.			审单		
32.			发送进口地银行		
33.				审单	
34.				通知进口商取单	
35.					承兑汇票
36.					取回单据
37.					到船公司换提货单
38.					添加并填写"报检单"
39.					进口报检
40.					添加并填写"报关单"
41.					进口报关
42.					缴税
43.					提货
44.					到消费市场销货
45.					到银行领取并填写"进口付汇核销单"
46.					**汇票到期时付款**
47.					添加并填写"进口付汇到货核销表"
48.					到外管局办理进口付汇核销
49.		**到银行办理结汇**			
50.		添加并填写"出口收汇核销单送审登记表"			
51.		到外管局办理核销			
52.		到国税局办理出口退税			

二、CFR+D/A 履约流程

CFR+D/A 履约流程如表 15-2。

表 15-2 CFR+D/A 履约流程表

No.	工厂	出口商	出口地银行	进口地银行	进口商
1.		起草外销合同			
2.		添加并填写出口预算表			
3.		合同送进口商			
4.					添加并填写进口预算表
5.					签字并确认外销合同
6.		起草国内购销合同			
7.		合同送工厂			
8.	签字并确认购销合同				
9.	组织生产				
10.	放货给出口商				
11.	到国税局缴税				
12.		添加并填写"货物出运委托书"			
13.		**指定船公司**			
14.		洽订舱位			
15.		添加并填写"报检单、商业发票、装箱单"			
16.		出口报检			
17.		添加并填写产地证明书			
18.		到相关机构申请产地证			
19.		到外管局申领并填写"核销单"			
20.		到海关办理核销单的口岸备案			
21.		添加并填写"报关单"			
22.		送货到海关			
23.		出口报关,货物自动出运			

续表

			CFR+D/A 履约流程		
No.	工厂	出口商	出口地银行	进口地银行	进口商
24.		到船公司取提单			
25.		添加并填写装船通知"Shipping Advice"			
26.		发送装船通知			
27.		添加并填写"汇票"			查看装船通知
28.		向出口地银行交单托收			添加并填写"投保单"
29.			审单		到保险公司投保
30.			发送进口地银行		
31.				审单	
32.				通知进口商取单	
33.					承兑汇票
34.					取回单据
35.					到船公司换提货单
36.					添加并填写"报检单"
37.					进口报检
38.					添加并填写"报关单"
39.					进口报关
40.					缴税
41.					提货
42.					到消费市场销货
43.					到银行领取并填写"进口付汇核销单"
44.					汇票到期时付款
45.					添加并填写"进口付汇到货核销表"
46.					到外管局办理进口付汇核销
47.		到银行办理结汇			
48.		添加并填写"出口收汇核销单送审登记表"			
49.		到外管局办理核销			
50.		到国税局办理出口退税			

第二节　CIF 和 CFR 与 D/P 组合下的贸易操作流程

因为前面已经介绍过 FOB+D/P 的操作流程，这里重点介绍 CIF 和 CFR 两种贸易方式与 D/P 结算方式组合下的贸易操作流程。履约流程表中的粗体标注的操作环节为该贸易方式与结算方式组合下特别需要注意的环节。

一、CIF+D/P 的履约流程

CIF+D/P 的履约流程如表 15-3。

表 15-3　CIF+D/P 履约流程表

No.	工厂	出口商	出口地银行	进口地银行	进口商
		CIF+D/P 履约流程			
1.		起草外销合同			
2.		添加并填写出口预算表			
3.		合同送进口商			
4.					添加并填写进口预算表
5.					签字并确认外销合同
6.		起草国内购销合同			
7.		合同送工厂			
8.	签字并确认购销合同				
9.	组织生产				
10.	放货给出口商				
11.	到国税局缴税				
12.		添加并填写"货物出运委托书"			
13.		指定船公司			
14.		洽订舱位			
15.		添加并填写"报检单、商业发票、装箱单"			
16.		出口报检			
17.		添加并填写产地证明书			
18.		到相关机构申请产地证			
19.		添加并填写"投保单"			

续表

| \multicolumn{6}{c|}{CIF+D/P 履约流程} |
No.	No.	No.	No.	No.	No.
20.		到保险公司投保			
21.		到外管局申领并填写"核销单"			
22.		到海关办理核销单的口岸备案			
23.		添加并填写"报关单"			
24.		送货到海关			
25.		出口报关,货物自动出运			
26.		到船公司取提单			
27.		添加并填写装船通知"Shipping Advice"			
28.		发送装船通知			
29.		添加并填写"汇票"			
30.		向出口地银行交单托收			
31.			审单		
32.			发送进口地银行		
33.				审单	
34.				通知进口商取单	
35.					到银行领取并填写"进口付汇核销单"
36.					付款
37.		到银行办理结汇			取回单据
38.		添加并填写"出口收汇核销单送审登记表"			到船公司换提货单
39.		到外管局办理核销			添加并填写"报检单"
40.		到国税局办理出口退税			进口报检
41.					添加并填写"报关单"
42.					进口报关
43.					缴税
44.					提货
45.					添加并填写"进口付汇到货核销表"
46.					到外管局办理进口付汇核销
47.					到消费市场销货

二、CFR+D/P 履约流程

CFR+D/P 履约流程如表 15-4。

表 15-4 CFR+D/P 履约流程表

No.	工厂	出口商	出口地银行	进口地银行	进口商
1.		起草外销合同			
2.		添加并填写出口预算表			
3.		合同送进口商			
4.					添加并填写进口预算表
5.					签字并确认外销合同
6.		起草国内购销合同			
7.		合同送工厂			
8.	签字并确认购销合同				
9.	组织生产				
10.	放货给出口商				
11.	到国税局缴税				
12.		添加并填写"货物出运委托书"			
13.		指定船公司			
14.		洽定舱位			
15.		添加并填写"报检单、商业发票、装箱单"			
16.		出口报检			
17.		添加并填写产地证明书			
18.		到相关机构申请产地证			
19.		到外管局申领并填写"核销单"			
20.		到海关办理核销单的口岸备案			

续表

No.	工厂	出口商	出口地银行	进口地银行	进口商
			CFR+D/P 履约流程		

No.	工厂	出口商	出口地银行	进口地银行	进口商
21.		添加并填写"报关单"			
22.		送货到海关			
23.		出口报关，货物自动出运			
24.		到船公司取提单			
25.		添加并填写装船通知"Shipping Advice"			
26.		发送装船通知			
27.		添加并填写"汇票"			查看装船通知
28.		向出口地银行交单托收			添加并填写"投保单"
29.			审单		到保险公司投保
30.			发送进口地银行		
31.				审单	
32.				通知进口商取单	
33.					到银行领取并填写"进口付汇核销单"
34.					付款
35.		到银行办理结汇			赎单
36.		添加并填写"出口收汇核销单送审登记表"			到船公司换提货单
37.		到外管局办理核销			添加并填写"报检单"
38.		到国税局办理出口退税			进口报检
39.					添加并填写"报关单"
40.					进口报关
41.					缴税
42.					提货
43.					添加并填写"进口付汇到货核销表"
44.					到外管局办理进口付汇核销
45.					到消费市场销货

第三节 CIF 和 CFR 与 T/T 组合下的贸易操作流程

因为前面已经介绍过 FOB+T/T 的操作流程，这里重点介绍 CIF 和 CFR 两种贸易方式与 T/T 结算方式组合下的贸易操作流程。履约流程表中的粗体标注的操作环节为该贸易方式与结算方式组合下特别需要注意的环节。

一、CIF+T/T 的履约流程

CIF+T/T 的履约流程如表 15-5。

表 15-5 CIF+T/T 履约流程表

CIF+T/T 履约流程					
No.	工厂	出口商	出口地银行	进口地银行	进口商
1.		起草外销合同			
2.		添加并填写出口预算表			
3.		合同送进口商			
4.					添加并填写进口预算表
5.					签字并确认外销合同
6.		起草国内购销合同			
7.		合同送工厂			
8.	签字并确认购销合同				
9.	组织生产				
10.	放货给出口商				
11.	到国税局缴税				
12.		添加并填写"货物出运委托书"			
13.		指定船公司			
14.		洽订舱位			
15.		添加并填写"报检单、商业发票、装箱单"			
16.		出口报检			
17.		添加并填写产地证明书			

续表

No.	工厂	出口商	出口地银行	进口地银行	进口商
		CIF+T/T 履约流程			
18.		到相关机构申请产地证			
19.		添加并填写"投保单"			
20.		到保险公司投保			
21.		到外管局申领并填写"核销单"			
22.		到海关办理核销单的口岸备案			
23.		添加并填写"报关单"			
24.		送货到海关			
25.		出口报关，货物自动出运			
26.		到船公司取提单			
27.		添加并填写装船通知"Shipping Advice"			
28.		发送装船通知			
29.		将货运相关单据送进口商			
30.					查收单据
31.					到银行领取并填写"进口付汇核销单"
32.					付款
33.		到银行办理结汇			到船公司换提货单
34.		添加并填写"出口收汇核销单送审登记表"			添加并填写"报检单"
35.		到外管局办理核销			进口报检
36.		到国税局办理出口退税			添加并填写"报关单"
37.					进口报关
38.					缴税
39.					提货
40.					添加并填写"进口付汇到货核销表"
41.					到外管局办理进口付汇核销
42.					到消费市场销货

二、CFR+T/T 履约流程

CFR+T/T 履约流程如表 15-6。

表 15-6 CFR+T/T 履约流程表

No.	工厂	出口商	出口地银行	进口地银行	进口商
		CFR+T/T 履约流程			
1.		起草外销合同			
2.		添加并填写出口预算表			
3.		合同送进口商			
4.					添加并填写进口预算表
5.					签字并确认外销合同
6.		起草国内购销合同			
7.		合同送工厂			
8.	签字并确认购销合同				
9.	组织生产				
10.	放货给出口商				
11.	到国税局缴税				
12.		添加并填写"货物出运委托书"			
13.		指定船公司			
14.		洽定舱位			
15.		添加并填写"报检单、商业发票、装箱单"			
16.		出口报检			
17.		添加并填写产地证明书			
18.		到相关机构申请产地证			
19.		到外管局申领并填写"核销单"			
20.		到海关办理核销单的口岸备案			
21.		添加并填写"报关单"			
22.		送货到海关			
23.		出口报关,货物自动出运			

续表

No.	工厂	出口商	出口地银行	进口地银行	进口商
全表		CFR+T/T 履约流程			
24.		到船公司取提单			
25.		添加并填写装船通知 "Shipping Advice"			
26.		发送装船通知			
27.		将货运相关单据送进口商			查看装船通知
28.					添加并填写"投保单"
29.			审单		到保险公司投保
30.			发送进口地银行		查收单据
31.				审单	到银行领取并填写"进口付汇核销单"
32.				通知进口商取单	付款
33.		到银行办理结汇			到船公司换提货单
34.		添加并填写"出口收汇核销单送审登记表"			添加并填写"报检单"
35.		到外管局办理核销			进口报检
36.		到国税局办理出口退税			添加并填写"报关单"
37.					进口报关
38.					缴税
39.					提货
40.					添加并填写"进口付汇到货核销表"
41.					到外管局办理进口付汇核销
42.					到消费市场销货

总结

为帮助学生能够熟练根据以上履约流程表进行操作，并清楚不同结算方式与贸易术语组合的差别，我们简单概括如下：

1. 对比表 15-1 与表 15-2 中的粗体标注部分（如"指定船公司"、"添加并填写投保单"、"到保险公司投保"）我们不难发现，在 D/A 方式下，CIF 术语与 CFR 术语的不同就在于：CIF 术语需要由出口商办理保险，CFR 术语中，则由进口商办理保险。

2. 对比表 15-1、表 15-3 与表 15-5 中的粗体标注部分（如"向出口地银行交单托收"、"将货运相关单据送进口商"、"承兑汇票"、"汇票到期时付款"、"付款"、"到银行办理结汇"），我们可以再一次总结不同结算方式的差别如下：

（1）关于向银行办理托收、结汇等。在信用证方式下，在出口商向进口商发送装船通知后，即可向出口地银行办理押汇；而在托收（D/A、D/P）方式下，出口商需要向出口地银行办理托收；在汇付方式下，出口商要做的是将货运相关单据送进口商。

（2）关于使用汇票和付款。在信用证方式和托收方式下，都要使用汇票；而在汇付方式下，则不需要使用汇票。在 D/A 方式下，进口商是对汇票作出承兑即承诺在汇票到期时付款即可，其他方式下，进口商则需要在既定的时间内付款。

（3）关于付款和结汇的顺序。在信用证方式下，出口商在向出口地银行交单押汇后，即可向银行办理结汇。而在托收和汇付方式下，进口商付款后，银行才能通知出口商结汇。这一点体现了信用证是银行信用，而托收和汇付是商业信用。

第三篇　SimTrade 平台下单角色多人贸易对抗

在第二篇学习 SimTrade 平台中不同贸易术语和不同结算方式下各种贸易业务操作流程的基础上，本篇将介绍 SimTrade 平台下单角色多人联合贸易对抗演练实验的主要操作内容及其注意的要点。由于本篇的学习一定要基于上一篇基础贸易业务操作的正确性和熟练度，因此，上一篇的实验练习一定要反复进行，而且尽可能地将上一篇所涉及的十二笔由不同贸易术语和结算方式组合的业务都完整地操作一遍，才更有利于本篇贸易对抗演练实验的顺利完成。上一篇的实验训练是帮助大家掌握各种贸易业务基础操作流程，而本篇的实验训练是帮助大家更多地站在企业经营决策者的角度，以最大限度获取企业利润为目的，进行业务的综合能力演练。在这一过程中，实验的重点将转向国际市场的综合分析与判断、产品获利能力的敏锐度判断、贸易商品的价格核算和预算等综合能力的提升。在单角色多人贸易对抗实验中，可以同时安排一个班、两个班、甚至四个班同时进行贸易对抗，通常可以限定贸易对抗的时间，要求学生在规定时间内以学习能力、业务能力、跟单能力等方面作为对抗的考核标准。所有参与贸易对抗的学生将真正成为贸易活动的参与者、企业经营的决策者，通过淘金网发布的产品和公司信息，将构成一个小型的模拟国际贸易市场。学生必须为自己的经营商品找到合适的买家或者卖家，才能完成一笔贸易业务。通过实践发现：对抗的结果是有很大差别的，部分学生可以在规定的时间内完成多笔交易，但是也有部分学生只能完成较少的交易甚至不能找到恰当的贸易合作伙伴。

本篇将讲述 SimTrade 平台下，多人单角色的联合贸易对抗整个过程中，有哪些需要注意的问题：贸易商品、贸易伙伴的选择；贸易术语、结算方式的使用；进出口商利润的构成及其核算等等。

第十六章 贸易商品的选择

【本章学习目标】
1. 熟悉并掌握国际进出口业务中贸易商品的选择标准和要点。
2. 熟悉并掌握 SimTrade 系统中淘金网上贸易商品的比较与选择。
3. 了解并掌握国际贸易市场调研的途径、方法和实验操作技巧。
4. 熟悉并掌握单位商品利润的计算和税率及监管对贸易商品选择的影响。

第一节 贸易商品选择的意义

在进行国际贸易之初,公司必须首先确定公司的主营业务。主营业务在进出口贸易公司中的具体表现就是主营商品。因此,贸易商品的选择对公司的运行具有重要意义。

一、经营商品的基础

首先,根据系统所分配的国家,考虑该国家的国情、所具备的资源状况、经济状况以及其在全球中的贸易状况。其次,在公司成立时,公司创立者应该具备从事经营某种商品的基础或优势,并以此为基点进行公司的运转。因此一般公司选择经营商品应是有方向的、有针对性的选择,并且公司应具备经营该种商品的基础,主要包括:
1. 经营者具有经营该商品的经验;
2. 公司拥有部分相关行业的优秀人才;
3. 公司管理者掌握低价、高品质商品的采购渠道;
4. 公司拥有一定数量的固定客户或固定市场;
5. 公司经营商品在市场上存在市场空白。

二、贸易商品的产品知识

以出口为例,在产品出口业务操作之前,出口企业应该用几个月的时间来深入生产企业熟悉产品相关情况,如到打样间熟悉产品的种类、规格、成分、性质、包装以及生产企业的生产工艺、生产能力等情况;另外,还应该用一定的时间到相关行业网站查询各种产品的标准。出口公司对自己要出口的产品了解得越清楚、越深刻、越全面,才能越准确定位自己的目标客户。

出口公司需要掌握的产品知识概括为以下几点:
1. 产品及其所属行业名称(具体到中英文名称及其别名)

一般产品都有通用的中英文商业名称,一定要用标准的英文写法,尽可能使用国外客户习惯使用的英文名称,并且产品的别名最好能够收集齐全,以便能够收集更多更深入的市场信息。行业名称也是获取供求信息的重要来源,因此清楚产品所属行业名称,包括中英文名称都是非常必要的,而且行业要具体到大行业中的小类别,越细分越好。

2. 海关商品编码

商品海关编码(HS)是了解产品进口税、出口税、增值税、消费税、出口退税及其税率和监管条件的基本依据。而且,相同产品的不同规格的海关编码有时并不一致,所以一定要确认主营出口商品的海关编码。Simtrade 系统条件下,在"B2B(淘金网)"中可在"税率查询"中查找。如图 16-1 是海关编码为"2003101100"商品的相关信息。

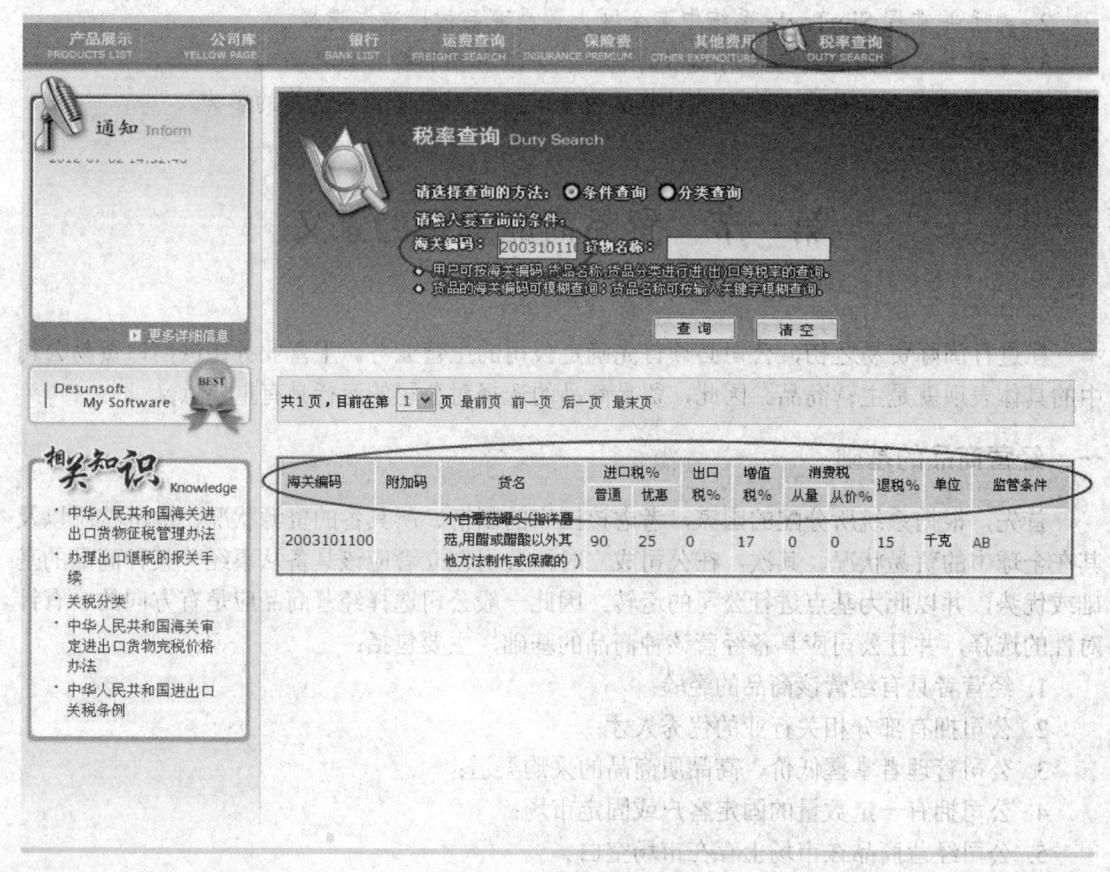

图 16-1 海关编码信息

3. 产品的技术知识

产品的技术知识包括型号描述、技术参数名称、包装描述和生产流程,这些一般生产企业都有现成的资料。出口企业必须了解产品的技术知识,以便向目标客户介绍产品和回答客户疑问,否则不仅会给客户留下不专业的印象,还可能会影响商品的正常交易,引起不必要的争议。因此,与国外进口商进行贸易前要十分熟悉产品的技术知识。

4. 目标市场的技术规定和技术标准

对于贸易产品的技术规定和标准是否是目标市场可接受的,这一点在确定目标市场的时候是非常关键的。大多数国家要求进口产品以某种公认的标准来检验,出口商品能否通过进口国的强制技术规定,是一笔贸易商品最终能否顺利通关的重要保障。

三、对抗实验的具体操作

在单角色多人贸易对抗的实验中,要求每个学生所扮演的单一角色即出口商、进口商或工厂,在填写自己的基本资料时,应确定自己所要经营的商品大类,并将其写进"公司介绍"栏内。由于选择经营商品是进行贸易对抗的前提和基础,学生可以选择自己熟悉并且有获利把握的商品作为自己的主营商品。但是同时也不能完全凭借自己的喜好进行实验,如果自己选择的商品找不到买家或者卖家,这样的商品选择也是失败的。在单角色多人贸易对抗实验中,以规定时间内的学习能力、业务能力、跟单能力等方面作为评价标准。因此,学生必须具备灵活应对市场各种变化的能力,迅速做出反应,调整经营策略。指导教师在前期进行单角色多人贸易对抗实验时,可以让学生们进行指定商品范围内的限时贸易对抗,避免出现商品全部由学生自由选择造成商品过冷而无法找到贸易伙伴的局面。

1. 产品展示

点击"产品展示"即可进入产品列表画面,如图 16-2。在 SimTrade 中的交易商品不仅仅限于其淘金网中所列出的产品,指导教师也可以在淘金网中添加新的产品信息。

图 16-2 产品展示

出口商可以在这些产品中选择一个或几个进行交易,点击选中的产品,即可查看其详细资料,如图 16-3。

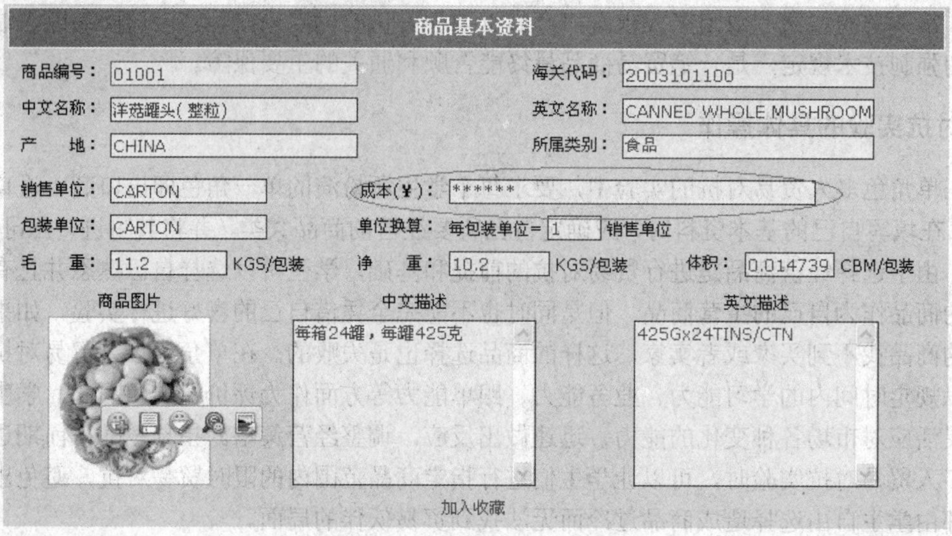

图16-3 洋菇罐头的详细资料

如：以出口商为例，了解在贸易前期商品选择的方法与步骤。

首先，从出口商界面进入"淘金网"页面，查看指导老师所发布的"市场信息"，如图16-4、图16-5 所示。

图16-4 市场信息

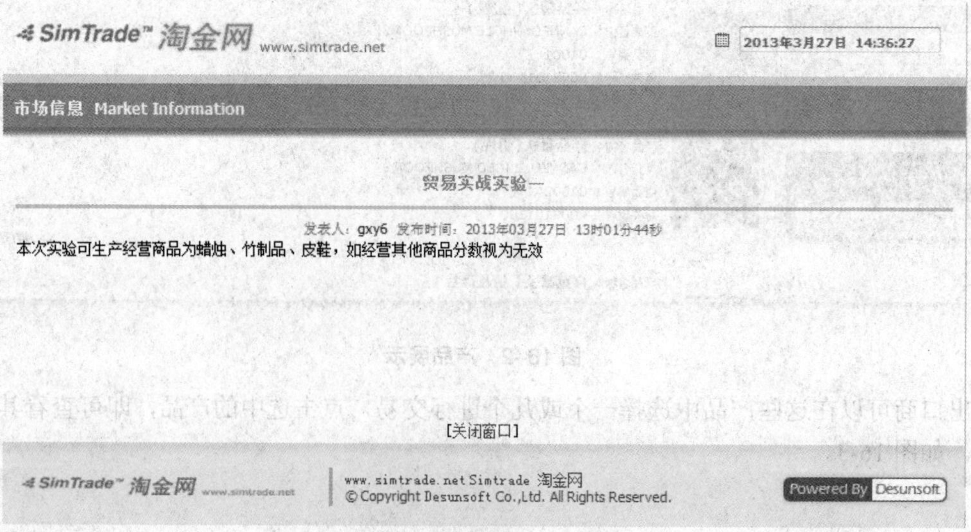

图16-5 市场信息具体内容

第十六章 贸易商品的选择

指导教师对本次实验所有学生生产、经营的商品进行限制,以减少学生选择商品所用时间。学生在选择自己的主营商品时,可以参考指导教师发布的市场信息,从这些商品大类中进行选择,如图16-6、图16-7、图16-8所示。

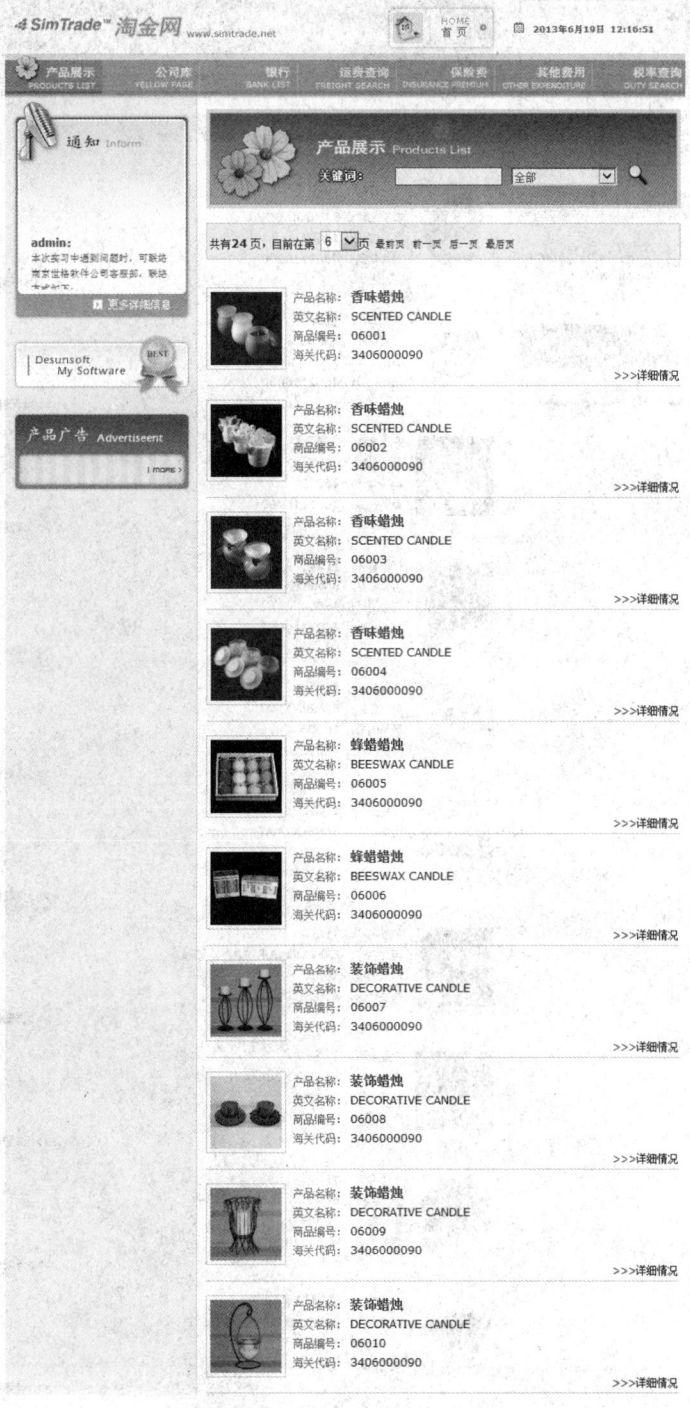

图16-6 商品蜡烛大类列表

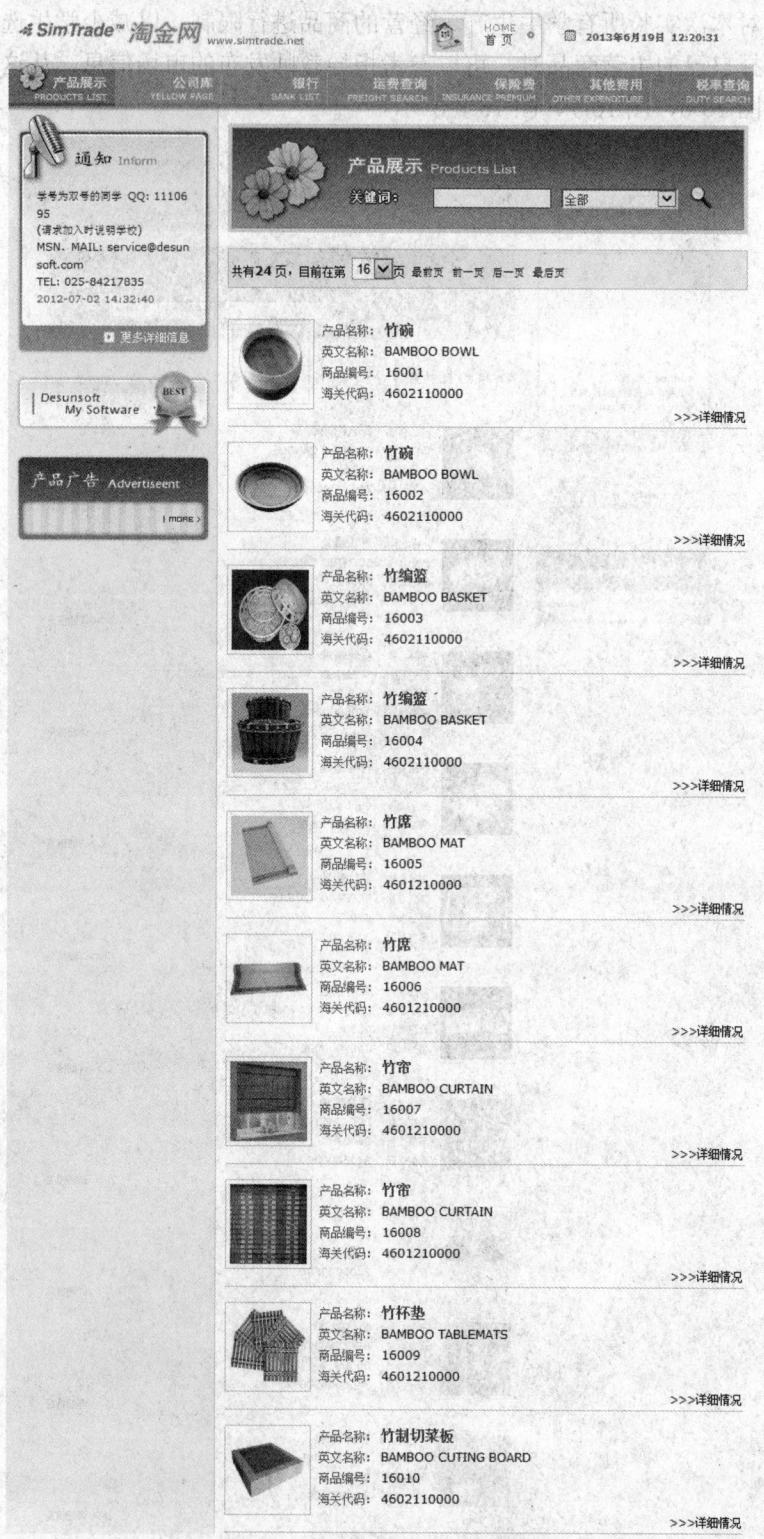

图 16-7 商品竹制品大类列表

图 16-8　商品皮鞋大类列表

查看过三类商品之后，考虑目标客户所处国家，大致了解其税费、监管、国内市场价格等情况，简单预测其市场前景，做出最初的商品选择。这里以皮鞋为例，即该学生认为皮鞋的市场前景比其他两类更好一些，因此选择皮鞋作为己方公司主营商品。在做出选择之后，公司发布公司广告，如图16-9。

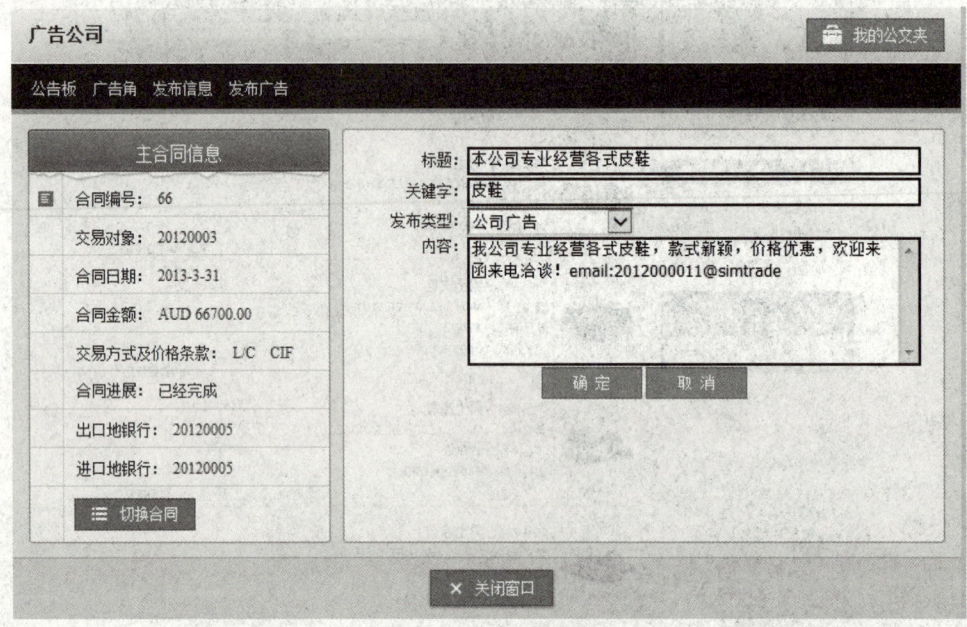

图16-9 发布公司广告

之后，进行市场调研，查看市场状况。在"B2B（淘金网）"页面，点击进入"公司库"，查看"公司广告"（点击广告栏右方"more"字样图标）。如图16-10、图16-11。

图16-10 查看B2B淘金网公司广告

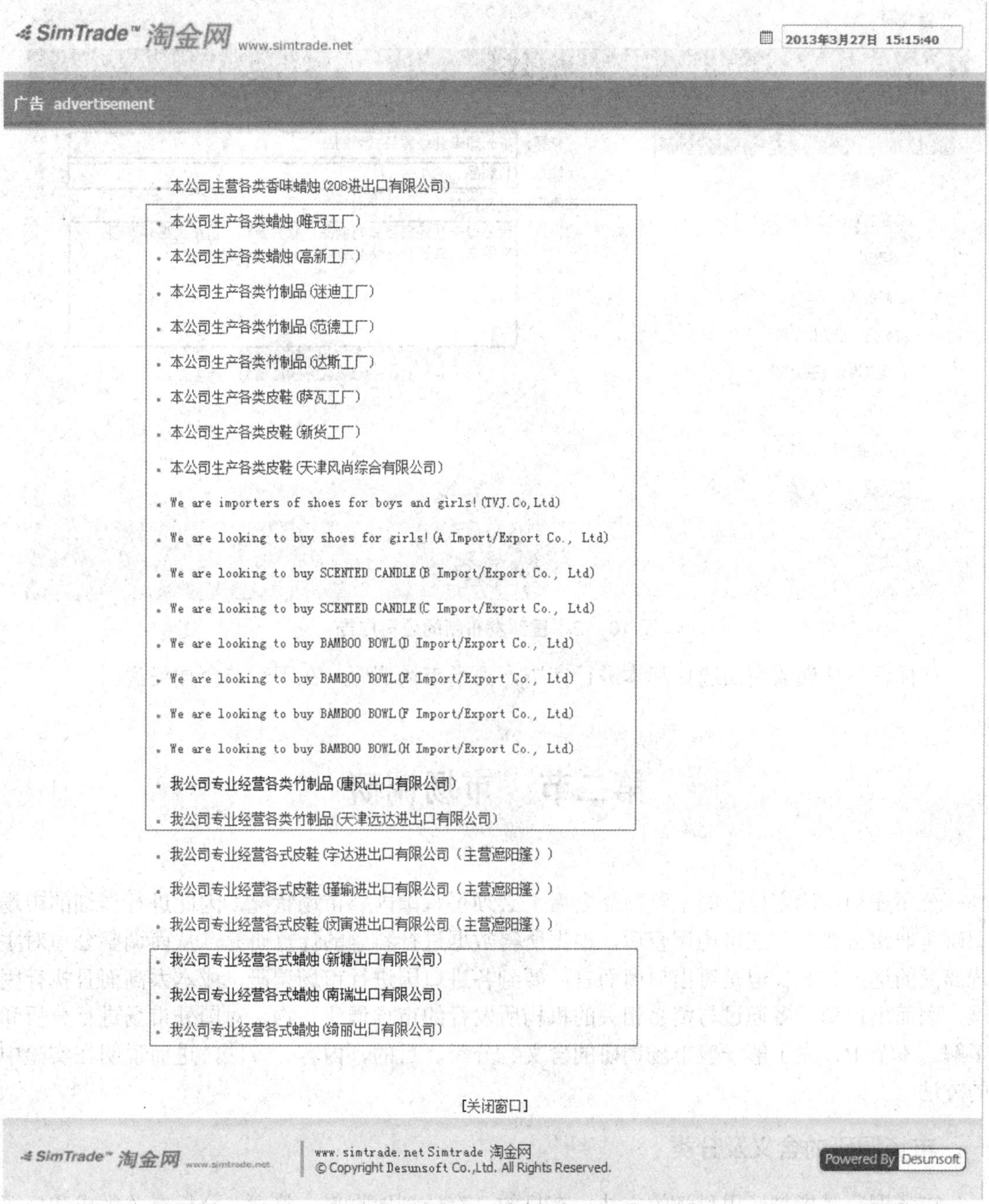
SimTrade 淘金网 www.simtrade.net
2013年3月27日 15:15:40
广告 advertisement
本公司主营各类香味蜡烛(208进出口有限公司)
本公司生产各类蜡烛(唯冠工厂)
本公司生产各类蜡烛(高新工厂)
本公司生产各类竹制品(迷迪工厂)
本公司生产各类竹制品(范德工厂)
本公司生产各类竹制品(达斯工厂)
本公司生产各类皮鞋(萨瓦工厂)
本公司生产各类皮鞋(新货工厂)
本公司生产各类皮鞋(天津风尚综合有限公司)
We are importers of shoes for boys and girls!(TVJ.Co,Ltd)
We are looking to buy shoes for girls!(A Import/Export Co., Ltd)
We are looking to buy SCENTED CANDLE(B Import/Export Co., Ltd)
We are looking to buy SCENTED CANDLE(C Import/Export Co., Ltd)
We are looking to buy BAMBOO BOWL(D Import/Export Co., Ltd)
We are looking to buy BAMBOO BOWL(E Import/Export Co., Ltd)
We are looking to buy BAMBOO BOWL(F Import/Export Co., Ltd)
We are looking to buy BAMBOO BOWL(H Import/Export Co., Ltd)
我公司专业经营各类竹制品(唐风出口有限公司)
我公司专业经营各类竹制品(天津远达进出口有限公司)
我公司专业经营各式皮鞋(宇达进出口有限公司(主营遮阳篷))
我公司专业经营各式皮鞋(瑾瑜进出口有限公司(主营遮阳篷))
我公司专业经营各式皮鞋(闵寅进出口有限公司(主营遮阳篷))
我公司专业经营各式蜡烛(新塘出口有限公司)
我公司专业经营各式蜡烛(南瑞出口有限公司)
我公司专业经营各式蜡烛(绮丽出口有限公司)
[关闭窗口]
SimTrade 淘金网 www.simtrade.net
www.simtrade.net Simtrade 淘金网
© Copyright Desunsoft Co.,Ltd. All Rights Reserved.
Powered By Desunsoft

图 16–11　各类广告列表

经过统计数据，发现竹制品生产厂家较多，进口商需求最高，竞争对手偏少。因此对公司主营商品进行改变（注意：改变主营商品次数不宜过多，否则会影响实验交易效率），重新发布公司广告，改主营商品为竹制品，如图 16-12。

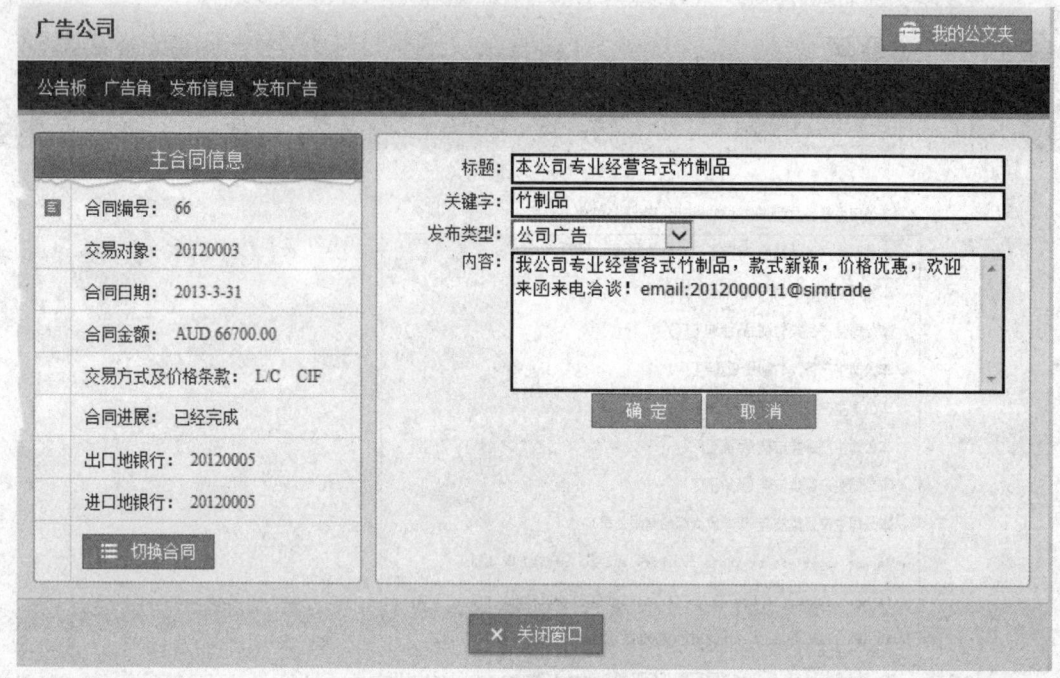

图 16-12 重新发布新的公司广告

这样贸易前期的商品选择基本进行完毕,关于市场调研,在下一节会详细说明。

第二节 市场调研

公司在初步确定自己的主营商品之后,必须了解国内外市场状况,因此进行详细的市场调研是非常必要的。在市场调查后,根据所得数据进行科学的计算研究,从而调整公司对主营商品的选择方案。但是对出口商而言,要到各进口国进行市场调研,成本太高而且执行困难,因而出口商大多通过与贸易相关的机构所发行的市场调研刊物,对国外市场进行分析和了解。本节中,先了解一般市场调研的含义、分类、目的、内容、方法,进而说明在实验中的方法。

一、市场调研的含义及分类

市场调研是指是运用科学的方法,有目的、有计划地收集、整理、分析有关供求和资源的各种情报、信息和资料。它是一系列把握供求现状和发展趋势,为制定营销策略和企业决策提供准确可靠信息的管理活动。

在国际贸易的过程中,市场调研主要分为国内市场调研和国际市场调研。

国内市场调研是指进口商对市场偏好、市场供求以及竞争对手状况进行调查或出口商对商品采购渠道(即工厂、进货渠道)、以及竞争对手状况进行调查,并对所得数据结合自身情况进行分析和研究。

国际市场调研是指进口商或出口商根据己方需求,有针对性地、系统地搜集、整理、分析与国际贸易活动相关的信息,如目标商品进出口贸易渠道分布、目标商品的国际市场状况(供求状况),国际间竞争对手状况等。

二、市场调研的目的

市场调研的目的在于了解市场,以便选择更加具有市场前景的商品,获得更大利润。具体又可细分为下列几项:

1. 了解国内外市场的供求情况:提供有市场需求的商品是企业生存的基本立足点,也就是掌握固定的进货渠道是贸易稳定、公司持续发展的前提。市场调研可以了解国外市场对哪些商品有需求,以便提供适合市场需求的产品;也可以发现采货渠道,并抢先建立稳固的业务关系,有利于公司的可持续发展。

2. 寻找最有利的市场:各个市场的地理、政治、宗教、文化、经济、社会等条件各异,做市场调研恰恰可借此比较评定各国市场的潜力与等级,作为拓展出口的参考,进而认清贸易发展的方向,确立市场目标。

3. 寻求货源和进口商或代理商:市场调研亦可了解国内有哪些工厂可以作为货源、国外市场有哪些进口商可以购买我们的商品,或有哪些代理商可以代理销售。

4. 了解竞争对手:知己知彼方能百战百胜,竞争对手多,市场的产销秩序就有可能因为直接或间接的价格竞争而被破坏。市场调研可以对竞争对手做更多了解,以便制定更好的销售策略。

三、市场调研的内容

市场调研是产品定位的先导,也是整个营销活动的前奏。而市场调研作为产品定位的利器在深度营销看来,广义上市场调研是指运用多种技术对行业、市场、消费者信息进行动态的监控与把握,以期在洞悉市场运行特点与规律的基础上确定营销战略展开营销活动。为了准确进行产品定位,市场调研一般包括以下几方面内容:

1. 市场环境调研

整体行业的信息是任何市场调研所必需掌握的第一项重要信息。进行准确的产品定位就要全面了解所处的行业环境,了解产品在行业中的位置从而更好地把握产品研发、确定产品关键利益点以及在公司产品组合中的位置。一般来说市场宏观信息主要包括市场容量、增长率、盈利率、集中度、行业周期、技术水平、创新能力、主要参与企业及其类型等关键性指标。

政治法律环境、经济环境、科技环境和社会环境调研等。政治法律环境调研主要是对政府的方针、政策和各种法令、条例以及外国有关法规与政局变化、政府人事变动、战争、罢工、暴乱等可能影响本企业的诸因素的调研;经济环境调研主要是对国民生产总值增长、国民收入分配的地区和社会格局、储蓄与投资变化、私人消费构成、政府消费结构等宏观经济指标进行调研;科技环境调研主要是对国际国内新技术、新工艺、新材料的发展速度、变化趋势、应用和推广等情况进行调研;社会环境调研主要是了解一个社会的文化、风气、时尚、爱好、习俗、宗教等。

2. 市场需求调研

市场需求容量、顾客和消费行为调研。市场容量调研主要是指现有和潜在人口变化、收入水平、生活水平、本企业的市场占有率、购买力投向；顾客调研主要是了解购买本企业产品或服务的团体或个人的情况，如民族、年龄、性别、文化、职业、地区等；购买行为调研是调研各阶层顾客的购买欲望、购买动机、习惯爱好、购买习惯、购买时间、购买地点、购买数量、品牌偏好等情况，以及顾客对本企业产品和其他企业提供的同类产品的欢迎程度。

3. 市场供给调研

主要调研产品或服务供给总量、供给变化趋势、市场占有率，另外还包括消费者对本企业产品或服务的质量、性能、价格、交货期、服务、包装的认识和评价。这就要求了解：一方面，本企业产品或服务的市场寿命以及消费者对本企业产品或服务更新的态度，清楚现有产品或服务能继续多长时间以及有无新产品或服务来代替现有的生产资源、技术水平、生产布局。另一方面，则需要了解该产品或服务在当地的生产和输入的发展趋势以及竞争对手的状况，包括他们的产品或服务的质量、数量、成本、价格、交货期、技术水平、潜在能力等。

4. 市场行情调研

主要是了解整个行业市场、地区市场、企业市场的销售状况和销售能力。包括其一，商品供给的充足程度即市场空隙、库存状况；其二，市场竞争程度即竞争对手的策略、手段和实力，相关企业的同类产品的生产、经营、成本、价格、利润的比较，相关地区、企业产品的差别和供求关系及发展趋势，整个市场价格水平的现状和趋势；其三，最适宜于顾客接受的价格性能与定价策略，新产品定价及价格变动幅度等。

5. 市场销售调研

主要是对销售渠道、销售过程和销售趋势的调研。企业产品是自销还是代销，是完全通过自设网点销售还是部分经由代销网点销售；若采取代销就需要了解代销商的经营能力、社会声誉、目前销售和潜在销量，委托代销的运输成本、工具、路线、仓库储存能力等，还要对比人员直销和非人员直销各自的优劣如何；为更引人注目，电视、广播、报纸、杂志、广告牌中这诸多媒体中，采用哪一种；如成套供应配件准备、分期付款、免费维修、价格折扣、技术培训其中哪种方式会更受顾客欢迎。

6. 渠道和终端信息

产品必须与其渠道、终端进行合理的匹配才能快速切入市场。因此渠道与终端调研就成为一项关键的工作。渠道与终端调研能够全面掌握营销渠道以及终端的现状，对于产品寻找准确的定位具有重要的意义。一般来说进行产品定位所需要的渠道与终端信息主要包括渠道与终端结构、类型、分布、质量、管理水平、运作状况、未来发展趋势等。

7. 竞争信息

竞争信息是任何产品定位都需要掌握的关键信息。只有全面而深刻的了解竞争对手的信息，才能在洞悉竞争对手的竞争战略、竞争策略、营销方式、产品特点的基础上，运用综合的定位技术与竞争对手进行有效的区别。从而在消费者心目中建立清晰的品牌形象、准确切入市场。一般来说对竞争对手的调研包括以下几方面内容：竞争对手战略包括发展目标、竞争战略等；竞争对手产品信息包括竞争对手产品线的长度、宽度、新产品研发的实力、新产品推出的频率、产品组合、产品特色、是否有专门针对区域市场的促销品牌等；竞争对手的价格信息包括竞争对手的价格水平、几种主要产品的详细价格、价格策略、价格变动频率等；竞争对手的渠道信息包括竞争对手的渠道数量、渠道的实力，对渠道的管控能力、政策，终端分布、终端管理水平、终端数量等；竞争对手的促销信息包括竞争对手的促销目的、促销手段、促销频率、促销效果、年度促销方案等；竞争对手的品牌信息包括竞争对手的品牌定位、品牌涵义、品牌传播策略、品牌传播手段、品牌推广预算等。

8. 消费者信息

消费者需求是产品的基点与起点，任何成功的产品定位都必须建立在对消费者需求的深刻理解与把握上。因此在产品研发、定位的各个阶段都要深入调查、把握消费者需求特征以及需求的变化，并积极主动的将消费者的意见与建议纳入到产品研发中来。一般来说对消费者的调研包括目标消费者的类别、身份、购买能力、购买欲望、购买动机、购买习惯、心理特征、文化背景等各个方面，以便公司根据消费者的需求设计、开发产品，并进行准确的市场定位满足消费者的需求。

四、市场调研的方法

市场调研是一项复杂细致的工作，须有科学严谨的程序和方法。企业通过市场调研获取的资料，按照获取的途径不同，大致分为以下两类：

1. 获取第一手资料

第一手资料是指通过本公司人员或委托他人直接观察、询问、登记取得的数据资料，又称为原始资料。主要包括：

（1）通信调研：去函国内外团体、机构，委托他们派人调研。

（2）实地调研：派出本公司人员出国或在国内实地考察、调研。

2. 收集第二手资料

第二手资料是指他人搜集到的、整理过的，调查者根据自己的研究需要，将其获取为己所用。主要包括：

（1）各政府机构的定期刊物：指各国政府发行的图书或报告。

（2）各国驻我国办事处的资料。

（3）进出口商会或贸易发展协会的刊物。

（4）金融或征信机构的期刊。

（5）国内外报纸杂志的广告或研究报告。

（6）我国驻外单位的研究报告。

（7）联合国或国际组织的年鉴报告。

五、在实验中的调研方法

在单角色多人贸易对抗的实验中，市场调研是以 SimTrade 平台下"淘金网"页面所反映的商品和企业信息为基础的。打开"淘金网"页面，进入"公司库"的查询页面，可以在"公司库"中进行市场调研，了解各种商品的市场供求情况，从而找到自己认为有发展前景的商品，如图 16-13。另外，也可以通过查看各公司的供求信息，查看自己感兴趣的商品的市场供求情况，如图 16-14。

图 16-13　淘金网公司库页面

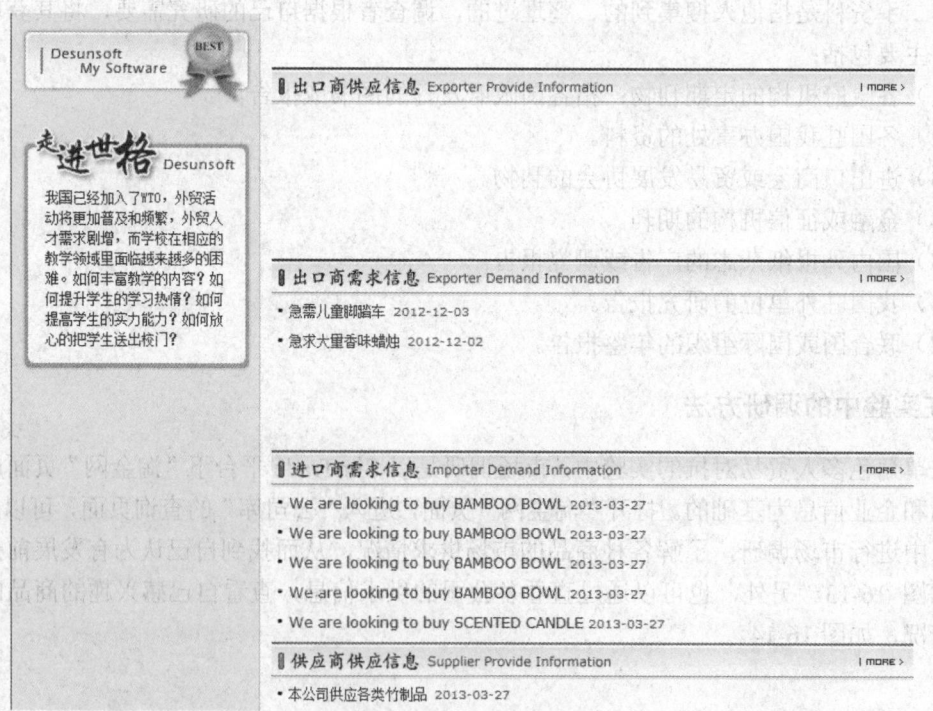

图 16-14　公司供求信息

第三节　单位运费下的商品利润

在选择商品时，我们最先应该注意的是单位运费条件下商品的利润，即同等运费条件下商品的利润（下文统称为"单位利润"）。

一、货物的装运方式

集装箱运输（Pipeline Transport）是现代交通运输快速发展的代表，是兼具有经济性、安全性、可靠性和准时性特征的先进的现代化运输方式。一般说来，由于货物种类繁多、打包情况不同，装运方式也有所差别，所以计算运费的标准也不一样。装运方式主要分为两种：

1. FCL

FCL（Full Container Load，整箱货）被称为整箱货或货柜，凡货主的一批货物数量达到集装箱内容积的85%以上，或重量吨达到集装箱最大载重量的95%以上，即可将集装箱调回工厂或仓库自行装箱，或者将货物送到集装箱装运站装箱即为整箱货。货到目的地港口后，收获人可直接从目的港地集装箱堆场（Container Yard；CY）提走。

2. LCL

LCL（Less than Container Load，拼箱货）被称为拼箱货或拼柜，是指货物不是一整箱的散货或他人的货物拼装于 20'或 40'集装箱内。LCL 需由承运人在指定的集装箱货运站（Container Freight Station；CFS）负责装箱、计数和加封，货物到目的地港口后，由承运人拆箱分别发给收货人。在 LCL 下，货到目的地后，只有每件货物外表状况良好，承运人才可交货。拼箱货物由船方以能收取较高的运价为准，运价表上常注记 M/W 或 R/T，表示船公司将就货品的体积吨或重量吨二者收费较高者计算。

拼箱装时计算运费的单位为：

（1）体积吨（Measurement Ton）：运价表中用"M"表示体积吨。按货物总体积计算，以一立方英尺（1 Cubic Meter；简称 1MTQ 或 1CBM 或 1CUM；即一立方米）为一个运费吨。

（2）重量吨（Weight Ton）：运价表中用"W"表示重量吨。按货物总毛重计算，以一公吨（TNE）（1TNE=1000KG）为一个运费吨。

二、单位利润的计算

在贸易中，单位利润可以直接利用利润除以运费得出，而在实验中由于装运方式选择的单一，所以必须先核算出单位运费货物的数量，之后再加以计算。（整箱装运时，如果货物体积或重量超过限重，SimTrade 环境下会默认超过部分仍用一个单独集装箱装运，之后则会出现预算外成本，因此，之前的货物数量的核算尤为重要。）

首先，查找相应信息，计算出单位利润。需要查找的信息有：商品单位包装体积、单位包装毛重、单位包装货物数、生产成本、销货价格（由于前面已经进行了单人多角色模拟贸易的实习，生产成本以及销货价格等信息可通过查阅原账号获取）。

其次，我们在获得数据之后，应该先计算出单位运费货物数量。货物海运的装箱方式有三种:20英尺集装箱、40英尺集装箱、拼箱。拼箱的装箱方式下,可省去此步骤。在这里我们主要讲述,集装箱装箱方式下的货物数量。因此,我们只需要计算出该商品用20英尺、40英尺集装箱运输出口时的最大包装数量。(注:在 SimTrade 中,每20英尺集装箱的有效容积为 25CBM,限重 17.5TNE,每 40 英尺集装箱的有效容积为 55CBM,限重 26TNE,其中 1TNE=1000KGS。)

由于内陆运费是以商品体积为基础计算所得,所以这里计算出口运输最大包装数量时,运用体积优先原则,先用集装箱的有效体积除以商品单位包装体积。

计算步骤: $Q_1 = 25 \div V$ (Q_1 为 20 英尺集装箱可装最大包装数量,V 为商品单位包装体积)

验证:商品总重量 $= Q_1 \times W$ (W 为商品单位包装毛重)

如果商品总重量>限重(17500KGS),则,

$Q_1 = 17500 \div W$

$q_1 = Q_1 \times$ 单位包装货物数

$Q_2 = 55 \div V$ (Q_2 为 20 英尺集装箱可装最大包装数量,V 为商品单位包装体积)

验证:商品总重量 $= Q_2 \times W$ (W 为商品单位包装毛重)

如果商品总重量>限重(26000KGS),则,

$Q_2 = 26000 \div W$

$q_2 = Q_2 \times$ 单位包装货物数

最后,利用之前得出的数据,计算出单位利润。比较不同商品的单位利润筛选贸易商品。

公式: 单位利润 $= ($销货价格$-$生产成本$) \times$ 单位运费货物数量(q_1 或 q_2)

例1 下面是两种商品的详细信息(如图16-15、图16-16),并且已知商品1销货价为 USD127.26,商品2的销货价为 USD12.73,比较两种商品单位利润,选择最优贸易商品。(默认装箱方式为40英尺集装箱)

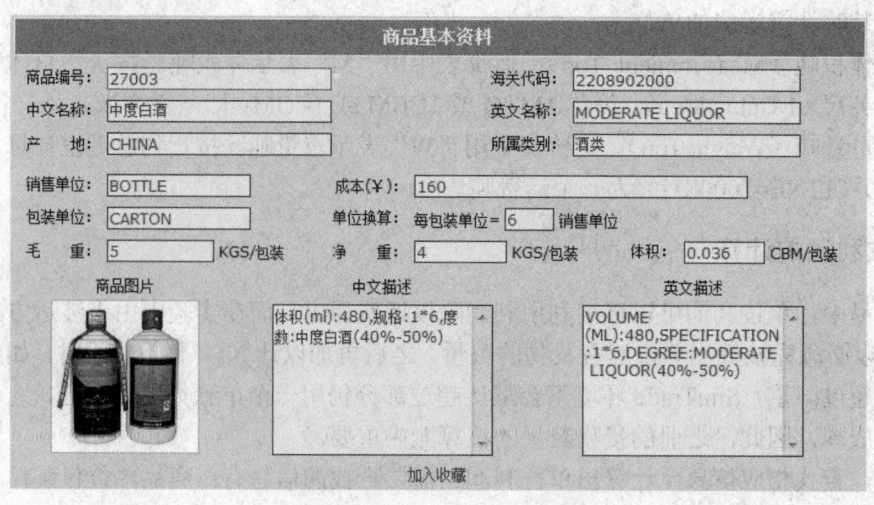

图16-15 商品1的详细信息

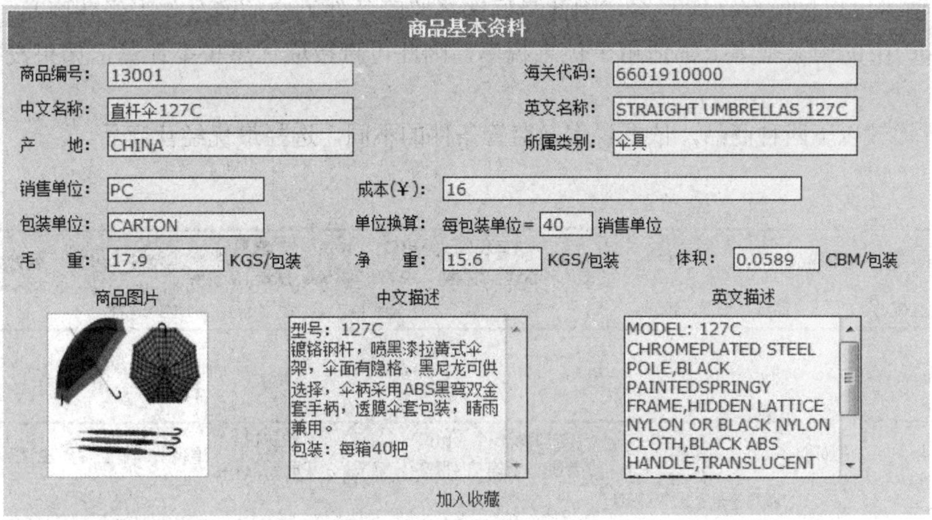

图 16-16 商品 2 的详细信息

商品 1：
40英尺集装箱可装最大包装数 = 55÷0.036 = 1527.78，取整为1527
验证：货物总重量 = 1527×5 = 7635KGS < 26000KGS
40英尺集装箱可装最大货物数 = 1527×6 = 9162
单位利润 = (127.26×6.3146 − 160)×9162 = 5896626.52RMB

商品 2：
40英尺集装箱可装最大包装数 = 55÷0.0589 = 933.79，取整为933
验证：货物总重量 = 933×17.9 = 16700KGS < 26000KGS
40英尺集装箱可装最大货物数 = 933×40 = 37320
单位利润 = (12.73×6.3146 − 16)×37320 = 2402842.90RMB
由于商品 2 的单位利润较小，因此商品 1 为最优贸易商品。

第四节 税率及监管条件

在商品选择中，税率也是一个非常重要的影响因素。商品的各项税费也是商品成本的组成部分，因此也会对利润造成一定影响。监管条件即为出口或进口的货物在交由海关监管前所需准备的资料，关系到商品在报检等方面的成本，所以也应加以考虑。

一、实验中的应用

进入"淘金网"查看商品的税率及监管条件，按照税率及监管条件的不同选择经营商品。选择时，比较税率高低，从利润最大化的角度来看，税率较低的商品更优。由于监管条件与是否需要进出口报检有密切联系,因此最好选择监管条件为空的商品作为经营商品。(注:SimTrade 中的国家基本上都适用于优惠税率,因此可直接取优惠税率计算,如果没有则填"0"。)

例 比较以下四种商品,依据税率及监管条件的不同,选择最优经营商品。

商品 1

海关编码	附加码	货名	进口税%		出口税%	增值税%	消费税		退税%	单位	监管条件
			普通	优惠			从量	从价%			
9506621000		篮球、足球、排球	50	6	0	17	0	0	13	个	

商品 2

海关编码	附加码	货名	进口税%		出口税%	增值税%	消费税		退税%	单位	监管条件
			普通	优惠			从量	从价%			
0402100000		脂肪含量≤1.5%固状乳及奶油(指粉状、粒状或其他固体状态,浓缩,加糖或其他甜物质)	40	10	0	17	0	0	15	千克	7AB

商品 3

海关编码	附加码	货名	进口税%		出口税%	增值税%	消费税		退税%	单位	监管条件
			普通	优惠			从量	从价%			
2208902000		白酒	180	10	0	17	100	20	15	升(千克)	AB

商品 4

海关编码	附加码	货名	进口税%		出口税%	增值税%	消费税		退税%	单位	监管条件
			普通	优惠			从量	从价%			
9506610000		草地网球	50	12	0	17	0	0	13	个	

解析:相比其他商品,商品 3 的消费税率太高,进口商市场较小,因此排除商品 3;比较商品 2 与商品 4,如果选择商品 4,进口商需要多缴纳 2%的关税,出口商将少得到 2%的退税收入,虽然商品 4 监管条件为空,无须报检,但相对于报检费用,税费所占比重更大,因此排除商品 4。比较商品 1 和商品 2,如果选择商品 1,进口商将少缴纳 4%的关税,并且商品 1 无须报检,虽然出口商将少得到 2%的退税,但是可以通过磋商与进口商协调,因此,商品 1 为最优经营商品。

【综合实例】

本例以出口商角度来了解商品选择的基本流程。

首先,从出口商界面进入"淘金网"页面,查看指导老师所发布的"市场信息",如图 16-17、图 16-18 所示。

图 16-17　市场信息

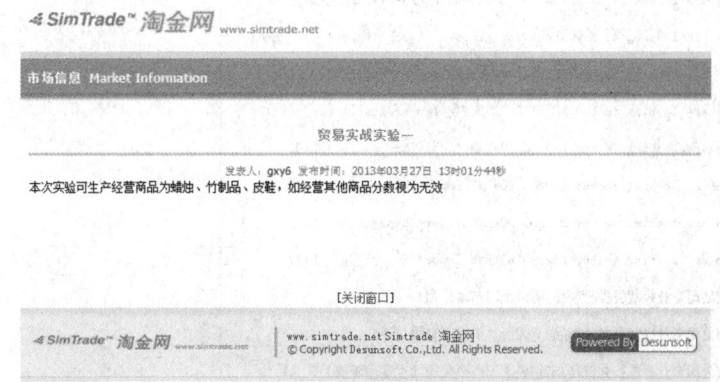

图 16-18　市场信息具体内容

由图可知，本次实验所允许交易的商品为蜡烛、竹制品、皮鞋三大类。因此，之后去看市场状况，即三类商品所涉及的工厂与进口商的数量。在"淘金网"页面，点击进入"公司库"，查看"公司广告"（点击广告栏右方"more"字样图标）。如图 16-19、图 16-20。

图 16-19　公司广告

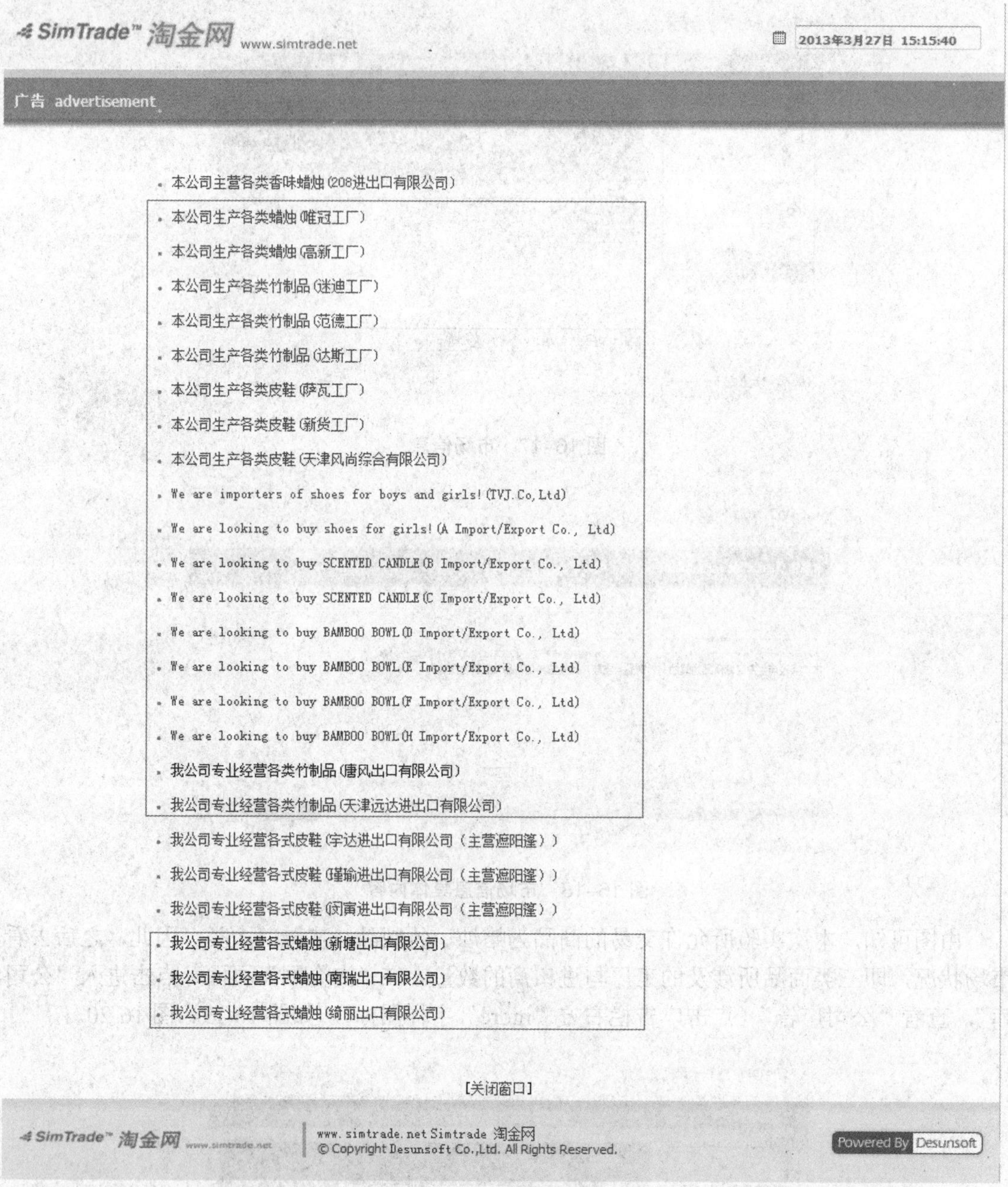
SimTrade™ 淘金网 www.simtrade.net
2013年3月27日 15:15:40
广告 advertisement
本公司主营各类香味蜡烛(208进出口有限公司)
本公司生产各类蜡烛(唯冠工厂)
本公司生产各类蜡烛(高新工厂)
本公司生产各类竹制品(迷迪工厂)
本公司生产各类竹制品(范德工厂)
本公司生产各类竹制品(达斯工厂)
本公司生产各类皮鞋(萨瓦工厂)
本公司生产各类皮鞋(新货工厂)
本公司生产各类皮鞋(天津风尚综合有限公司)
We are importers of shoes for boys and girls!(TVJ.Co,Ltd)
We are looking to buy shoes for girls!(A Import/Export Co., Ltd)
We are looking to buy SCENTED CANDLE(B Import/Export Co., Ltd)
We are looking to buy SCENTED CANDLE(C Import/Export Co., Ltd)
We are looking to buy BAMBOO BOWL(D Import/Export Co., Ltd)
We are looking to buy BAMBOO BOWL(E Import/Export Co., Ltd)
We are looking to buy BAMBOO BOWL(F Import/Export Co., Ltd)
We are looking to buy BAMBOO BOWL(H Import/Export Co., Ltd)
我公司专业经营各类竹制品(唐风出口有限公司)
我公司专业经营各类竹制品(天津远达进出口有限公司)
我公司专业经营各式皮鞋(宇达进出口有限公司(主营遮阳篷))
我公司专业经营各式皮鞋(瑾瑜进出口有限公司(主营遮阳篷))
我公司专业经营各式皮鞋(闵寅进出口有限公司(主营遮阳篷))
我公司专业经营各式蜡烛(新塘出口有限公司)
我公司专业经营各式蜡烛(南瑞出口有限公司)
我公司专业经营各式蜡烛(绮丽出口有限公司)
[关闭窗口]
SimTrade™ 淘金网 www.simtrade.net
www.simtrade.net Simtrade 淘金网
© Copyright Desunsoft Co.,Ltd. All Rights Reserved.
Powered By Desunsoft

图 16–20　市场供求信息

由图可知（红框内的数据），供应商（工厂）方面，2 家生产蜡烛、3 家生产竹制品、3 家生产皮鞋；进口商方面，2 家需求蜡烛、4 家需求竹制品、2 家需求皮鞋；竞争对手方面，3 家经营蜡烛，2 家经营竹制品，3 家经营皮鞋。

并比对三类商品的监管条件，进入“税率查询”页面，输入三类商品的海关代码，查询三类商品的基本税率及监管条件。如图 16-21、图 16-22、图 16-23。

海关编码	附加码	货名	进口税% 普通	进口税% 优惠	出口税%	增值税%	消费税 从量	消费税 从价	退税%	单位	监管条件
3406000090		其他各种蜡烛及类似品	130	10	0	17	0	0	13	千克	

图 16-21 蜡烛的税率

海关编码	附加码	货名	进口税% 普通	进口税% 优惠	出口税%	增值税%	消费税 从量	消费税 从价	退税%	单位	监管条件
4602110000		竹编制的篮筐及其他制品	100	9	0	17	0	0	13	千克	AB

图 16-22 竹制品的税率

海关编码	附加码	货名	进口税% 普通	进口税% 优惠	出口税%	增值税%	消费税 从量	消费税 从价	退税%	单位	监管条件
6403200090		其他皮革条带为鞋面的皮底鞋（皮革条带交叉于脚背并绕大脚趾的）	100	24	0	17	0	0	15	千克（双）	B

图 16-23 皮鞋的税率

相比之下，竹制品市场状况较好，虽然监管条件为 AB（需要进行进出口报检），但是关税最低，因此，应在竹制品大类中选择商品。

小贴士
监管条件代码及含义

代码	含义	代码	含义	代码	含义
A	入境货物通关单	a	请审核预核签章	1	进口许可证
B	出境货物通关单	b	***	2	进口许可证（轿车用）
C	入境货物通关单（民用商品验证）	c	***	3	***
D	出/入境货物通关单(毛坯钻石用)	d	***	4	出口许可证
E	***	e	***	5	定向出口商品许可证
F	濒危物种进出口允许证	f	***	6	旧机电产品禁止进口
G	被动出口配额证	g	***	7	自动进口许可证或重要工业品证明
H	***	h	***	8	禁止出口商品
I	精神药物进(出)口准字证	i	***	9	禁止进口商品
J	金产品出口证或人总行进口批件	j	***		
K	***	k	***		
L	***	l	***		
M	***	m	***		
N	机电产品进口许可证	n	***		
O	自动进口许可证(新旧机电产品)	o	***		
P	进口废物批准证书	p	***		
Q	进口药品通关单	q	***		
R	***	r	预归类标志		
S	进出口农药登记证明	s	适用ITA税率商品用途认定证明		
T	银行调运外币现钞进出境许可证	t	关税配额证明		
U	白银进口准字证	u	进口许可证(加工贸易,保税)		
V	***	v	***		
W	麻醉药品进出口准许证	w	***		
X	有毒化学品环境管理放行通知单	x	***		
Y	***	y	出口许可证(边境小额贸易)		
Z	进口音像制品批准单或节目提单	z	***		

最后在竹制品类的商品中选取商品。首先，获取商品的详细信息，登录工厂与进口商角

色，查询各商品的生产成本和销货价格，如下表 16-1。

表 16-1 竹制品大类下的生产成本和销货价格

货号	单位包装商品数	单位包装毛重	单位包装体积	生产成本 RMB	销货价格 USD
16001	20	7	0.268	3.00	2.33
16002	20	7	0.268	5.00	3.88
16003	20	12	0.488	20.00	15.52
16004	20	14	0.488	18.00	13.97
16005	5	27	0.8	80.00	62.07
16006	5	21.5	0.6	160.00	124.15
16007	10	30	4.1	66.00	51.21
16008	10	28.5	3.8	128.00	99.32
16009	50	3	0.0487	2.00	1.55
16010	10	40	0.257	26.00	20.17

然后以 20'集装箱或 40'集装箱为标准，本例选取 40'集装箱为例，计算过程如表 16-2。

表 16-2 竹制品大类下的不同的单位运费利润

货号	40'可装商品数（体积）	40'可装商品数（重量）	单位运费利润（RMB）
16001	55/0.268×20=4100	26000/7×20=74280	4100×（2.33×6.3146-3）=48023.37
16002	55/0.268×20=4100	26000/7×20=74280	4100×（3.88×6.3146-5）=79952.66
16003	55/0.488×20=2240	26000/12×20=43320	2240×（15.52×6.3146-20）=174725.8
16004	55/0.488×20=2240	26000/14×20=37140	2240×（13.97×6.3146-18）=157281.5
16005	55/0.8×5=340	26000/27×5=4810	340×（62.7×6.3146-80）=107414.6
16006	55/0.6×5=455	26000/21.5×5=6045	455×（124.15×6.3146-160）=283900.7
16007	55/4.1×10=130	26000/30×10=8660	130×（51.21×6.3146-66）=33458.19
16008	55/3.8×10=140	26000/28.5×10=9120	140×（99.32×6.3146-128）=96883.25
16009	55/0.0487×50=56450	26000/3×50=433300	56450×（1.55×6.3146-2）=439611.7
16010	55/0.257×10=2140	26000/40×10=6500	2140×（20.17×6.3146-26）=216922.1

注：计算 **40'或 20'**可装包装数时应取整。

由以上计算可知，16009 号商品——竹杯垫，单位运费的商品利润最高。因此，应选择经营此种商品。

第十七章 贸易方式与结算方式

【本章学习目标】
1. 熟悉并掌握国际进出口业务中不同的贸易方式之间的差别。
2. 熟悉并掌握国际进出口业务中不同的结算方式之间的差别。
3. 了解并掌握 SimTrade 平台中进行贸易方式和结算方式不同组合下的比较和选择。

在国际贸易实战中,每笔交易的贸易方式(由贸易术语决定)和结算方式都将涉及交易双方的权利和义务,并会直接影响到进出口双方的贸易成本、资金周转与融通以及各种金融风险和费用的负担,所以进出口双方在商谈交易时,都力争约定对己方有利的贸易方式以及支付条件。我们在第二篇中以大篇幅介绍贸易操作过程,而且在第十三章到十五章中还进行分类对比,在本章中我们的侧重点是更为宏观的对比以及贸易术语和结算方式的选择方法,主要以列表的形式向读者呈现其区别与联系。

第一节 贸易方式

国际贸易的贸易方式是由交易双方商定的贸易术语决定的。国际贸易术语(Trade Terms, of International trade),又称价格术语,其含义是:"用一个简短的概念或英文缩写字母来表示商品的价格构成、说明交货地点、确定买卖双方的责任、费用、风险划分等问题的专门用语。"

1. 承担的责任。承担的责任主要有办理进出口许可证手续,办理进出口报关手续,装卸运输进出口货物,办理货物运输保险手续等。

2. 承担的费用。办理进出口许可证须支付手续费,办理进出口报关须缴纳关税,装卸运输货物须支付装卸费和运输费,办理保险须支付保险费等。

3. 承担的风险。进出口贸易货物在装、运、卸、贮的整个流转过程中都存在着风险,在一般情况下买方或卖方已向保险公司办理了投保手续,但是有些风险任何保险公司都不予承保;即使投了保也存在着保险责任范围外的风险;即使在保险责任范围以内仍然存在着来不及投保或保险公司破产倒闭不能赔偿的风险。

按照《Incoterms 2010》,十一种国际贸易术语分为两类:第一类是可以适用于任何运输方式或多种运输方式的术语,包含 EXW、FCA、CPT、CIP、DAT、DAP 和 DDP 共七个;第二类是只能适用于海运及内河水运的术语,包括 FAS、FOB、CFR 和 CIF 共四个。(如表17-1)

表 17-1　十一种贸易术语

组别	术语缩写	术语英文名称	术语中文名称
第一组七种适用于任何运输方式的术语	EXW	Ex Works	工厂交货
	FCA	Free Carrier	货交承运人
	CPT	Carriage Paid To	运费付至目的地
	CIP	Carriage and Insurance Paid	运费、保险费付至目的地
	DAT	Delivered At Terminal	目的地或目的港的集散站交货
	DAP	Delivered At Place	目的地交货
	DDP	Delivered Duty Paid	完税后交货
第二组四种适用于水上运输方式的术语	FAS	Free Alongside Ship	装运港船边交货
	FOB	Free On Board	装运港船上交货
	CFR	Cost and Freight	成本加运费
	CIF	Cost, Insurance and Freight	成本、保险费加运费

第二节　结算方式

在国际贸易结算中，很少使用现金，大多使用票据作为流通手段，或者用信贷工具代替现金作为国际间债权债务的结算工具，主要分为汇付、托收、信用证支付三种方式。

一、汇付

汇付（Remittance）又称汇款，是指在交易双方签订合同后，付款人主动委托银行将款项汇交给收款人，是最简单的国际货款结算方式。汇付的优点在于手续简便、费用低廉，但无论是预付货款或者是货到付款都存在着经营风险大和资金负担不平衡的问题。

1. 汇付的当事人

在汇付方式中，通常涉及以下当事人：

汇款人（Remitter）又称付款人，是委托银行向国外债权人支付款项的人。在进出口交易中通常是进口商。

收款人（Payee or Beneficiary）指接受汇款收取款项的人，又称受益人。在进出口交易中，收款人通常是出口商。

汇出行（Remitting Bank）受汇款人委托，利用某种汇付工具办理汇出款项业务的银行。该银行通常为汇款人所在地银行，即进口地银行。

汇入行（Paying Bank）受汇出行委托，向收款人解付款项的银行。汇入行通常是出口地银行。

2. 汇付的种类

在国际贸易中，按照汇付工具不同，汇付主要包括电汇、信汇和票汇三种形式。

（1）电汇

电汇（Telegraphic Transfer，T/T）是汇出行应汇款人的委托，加押电报或拍发电传给国外汇入行，指令其解付一定金额给收款人的汇款方式。

电汇方式具有交款迅速、安全可靠、费用较高等特点。目前电汇大部分采用电传 SWIFT 系统发出。它们是银行之间的直接通讯手段，减少了邮递环节，产生差错的可能性很小。

（2）信汇

信汇（Mail Transfer，M/T）是汇出行应汇款人的申请，通过航空信函的方式指示汇入行解付一定金额给收款人的汇款方式。

信汇的特点有：费用低廉、速度较慢、银行可短期占用客户资金等。信汇的程序与电汇程序基本相同，所不同的是汇出行应汇款人的申请，以信汇委托书（M/T Advice）或支付委托书（Payment Order）作为结算工具、通过航空邮寄汇入行，委托其解付。

（3）票汇

票汇（Remittance by Banker's Demand Draft，D/D），是汇出行应汇款人的申请，代其开立以汇入行为付款人的银行即期汇票，并交还汇款人，由汇款人自行邮寄或自带给国外收款人，再由收款人到汇入行凭票取款的汇款方式。

票汇以银行即期汇票作为结算工具，其传送方向与资金流向相同，因此票汇也属于顺汇结算；票汇取款灵活性强，汇款人可以要求汇出行在汇票或支票上指定自己或他人为收款人，因此，汇款人既可将汇票或支票带到国外亲自去取款，也可由汇款人将汇票寄给国外收款人取款。

二、托收

托收（Collection）也是国际贸易中常用的一种结算方式，它是出口人委托银行向进口人收款的一种支付方式。在我国为了把它和信用证方式区别开来，习惯上把托收称为无证托收，连同汇款结算业务统称为无证结算业务，而把信用证结算业务则称为有证结算业务。

按照《托收统一规则》（国际商会第 522 号出版物）第二条，可定义：托收是指自接到委托指示的银行处理金融单据或商业单据以便取得承兑或付款，或凭承兑或付款交出商业单据，或凭其他条件交出商业单据。

1. 托收的当事人

托收业务的基本当事人有四个，分别为：委托人、托收行、代收行、付款人。

委托人（Principal）是委托银行向国外付款人收款的出票人，在买卖合同中通常为卖方，即出口商。

托收行（Remitting Bank）是委托人的代理人，通常为出口地银行，接受委托人的委托转托国外银行向国外付款人代为收款的银行。

代收行（Collecting Bank）是托收行的代理人，通常为进口地银行，接受代收行的委托代向付款人收款的银行。

付款人（Payer）通常为进口商，即买卖合同中的买方，汇票的受票人。

2. 托收的种类

按照所使用汇票种类的不同，托收一般分为光票托收和跟单托收。

（1）光票托收

光票托收（Clean Collection）是指不附带有商业单据而仅凭金融单据的托收。光票托收主要使用在国际贸易的小额交易、部分预付货款、分期支付货款以及贸易从属费用的收取、非贸易结算和私人托收业务中。

（2）跟单托收

跟单托收（Documentary Bill for Collection）是指附有商业单据的金融单据的托收或纯粹商业单据的托收。按照向进口商交付货运单据的条件不同，跟单托收可分为付款交单和承兑交单。

①付款交单（Documents against Payment，D/P），又称 D/P 托收，指代收行向出口商交单以进口商的付款为条件。它意味着：只有在进口商付清货款后才能得到货运单据，是一方交款，一方交单。

②承兑交单（Documents against Acceptance，D/A），又称 D/A 托收，指代收行向进口商交单以进口商的承兑为条件。它意味着：只要进口商对汇票承兑，确认到期付款的责任，就能拿到代表物权的货运单据。就是到货以后，待汇票承兑到期付款之日再履行付款责任。

相比之下，显然，对于出口商来说，D/A 托收的风险要大于 D/P 托收，而进口商则在 D/A 托收的环境下有更大的利润空间，且资金周转压力较小。

三、信用证

根据《跟单信用证统一惯例》第 600 号第 2 条规定，定义信用证：信用证（Letter of Credit，L/C）是开证行应开证申请人的要求或申请，向受益人开立在规定时间内凭规定单据，在相符交单的条件下予以兑付的一种不可撤销的确定承诺。所谓相符交单，是指信用证条款、跟单信用证统一惯例的相关适用条款及国际标准银行实务相一致的交单。

简单地说，跟单信用证是开证行根据申请人的要求和指示向受益人开立的，在一定金额内，在一定期限里，凭规定单据付款的书面承诺，即信用证是银行信用。是建立在商业信用基础上的。与汇付、托收相比，特点有：以银行信用为基础；有条件有限度的付款承诺；独立于基础交易的自足性契约。

1. 信用证的当事人

信用证的当事人有基本当事人和非基本当事人之分。基本当事人有三个，即开证申请人、开证行和受益人。其他属于非基本当事人，包括通知行、保兑行、付款行、偿付行、议付行等。

开证申请人（Applicant）又称开证人（Opener），是指向开证行提出申请开立信用证的当事人，通常为进口商，即买卖合同的买方。

开证行（Issuing Bank or Opening Bank）适应开证申请人的申请开立信用证的银行，在进出口贸易中通常为进口地银行。

受益人（Beneficiary）是指接受信用证并享受其利益的一方，通常为出口商，即买卖合同的卖方。

通知行（Advising Bank）是受开证行委托，向受益人通知信用证的银行，一般是开证行在出口地银行的代理行或分行。

议付行（Negotiating Bank）又称押汇银行、购票银行、贴现银行，是议付信用证项下，开证行授权或邀请其为受益人议付信用证项下单据的银行。所谓议付，是指指定银行在其应获得偿付的银行日或在此之前，向受益人预付或者同意向受益人预付款项的方式购买相符交单项下的汇票（汇票付款人为被指定银行以外的银行）或单据。

付款行（Paying Bank）是开证行授权进行信用证项下汇票的付款银行，或代开证行执行付款责任的银行。

保兑行（Confirming Bank）是应开证行请求或授权，对开证行开立的不可撤销信用证加具保兑的银行。

偿付行（Reimbursing Bank）又称信用证清算银行（Clearing Bank），是指开证行指定其代理信用证项下款项偿付责任的银行。

寄单行（Document's Sending Bank）是指没有得到开证行的授权，而以受益人的代理人的身份向开证行或其指定的银行寄送单据的银行。

承兑行（Accepting Bank）是指对承兑信用证项下的汇票，经审单确认与信用证规定相符时，在汇票正面签字承诺到期付款的银行。

转让行（Transferring Bank）是应受益人（在转让信用证时又称第一受益人）的委托，将可转让信用证转让给信用证的受让人（即第二受益人）的银行。

第二受益人（Second Beneficiary）是接受转让的可转让信用证的受益人，又称信用证的受让人或被转让人（Transferee），一般为提供货物的生产者或供应商。

此外，信用证还可能出现一些其他的当事人，如转开行、局外议付行等。

2. 信用证的种类

从不同的角度信用证有不同的分类，最常见的有以下几种分法：

（1）根据是否附有货运单据可分为光票信用证（Clean L/C）和跟单信用证（Documentary L/C），和托收相似。光票信用证的付款条件中没有货运单据的要求；而跟单信用证则需要凭跟单汇票或规定的单据进行付款。在现今的国际贸易结算中大多使用跟单信用证以保护出口商的利益。

（2）根据开证行对开出的信用证所承担的责任可分为不可撤销的信用证（Irrevocable L/C）和可撤销的信用证（Revocable L/C）。前者是指信用证一经开出，在有效期内，未经相关当事人的同意，不能单方面撤销或修改信用证的条款；后者则是指开证行有权在开出信用证后，在议付行议付之前，随时可以修改信用证的有关条款，而无须事先通知受益人或征得受益人的同意。目前的结算中多使用不可撤销的信用证。

（3）根据信用证有无开证行以外的其他银行加以保证兑付可分为保兑信用证（Confirmed L/C）和非保兑信用证（Unconfirmed L/C）。前者是指证行开出后有另外一家银行（保兑行）加以保兑的信用证；后者则没有另外一家银行加以保兑。在实际的结算中信用证是否需要保兑则需要视开证行的资信而定。

（4）根据受益人使用信用证的权利可分为可转让的信用证（Transferable L/C）和不可转让的信用证（Non-transferable L/C）。前者是指开证行授权出口商银行在受益人申请后，可将信用证全部或部分权利转让给第二受益人；而后者受益人则不能将其权利转让给他人。

（5）根据付款时间的不同信用证可分为即期信用证（Demand L/C）和远期信用证（Usance L/C）。前者是开证行或付款行在收到符合信用证要求的单据后需要立即付款的信用证；而后者则不需要立即付款，先办理承兑手续，然后根据汇票规定的期限于到期日付款就行。出口商一般希望使用即期信用证进行结算。

第三节 不同贸易方式及结算方式的选择使用

在国际贸易中,买卖双方要根据各种贸易方式以及结算方式的特点,选择使用不同的贸易方式与结算方式。

一、三种常用的贸易方式特点的综合比较

FOB、CFR、CIF 是目前较常用的三种贸易术语,对于进出口双方来说,这三种贸易术语的选择,双方所承担的风险不同,所负担的费用也不同。

以下是《INCOTERMS 2010》对三种贸易术语的规定:

《INCOTERMS 2010》对 FOB 的规定:"船上交货(……指定装运港)",是指货物在指定的装运港装上买方指派的船上,卖方即完成交货或者获取如此交付的货物。风险在货物装上船舶时由卖方转移至买方,并在此时刻开始时买方承担所用费用。

《INCOTERMS 2010》对 CFR 的规定:"成本加运费(……指定目的港)",是指卖方将货物装上船完成交付或获取已如此交付的货物。风险或损失在货物装上船时转移至买方。卖方必须订立将货物运至指定目的港的运输合同并支付相关费用和运费。

《INCOTERMS 2010》对 CIF 的规定:"成本加保险费、运费(……指定目的港)",是指卖方将货物装上船完成交付或获取已如此交付的货物。风险或损失在货物装上船时转移至买方。卖方必须订立将货物运至指定目的港的运输合同并支付相关费用和运费。卖方还要为买方因货物在运输中损坏或灭失而办理保险,支付保险费用。

由以上规定可知,FOB、CFR、CIF 三种贸易术语下,交货地点、风险转移界限、进出口报关、费用负担者、适用的运输方式都是相同的。而其不同点在于,进出口商所负担运费及保险费的划分。其具体划分可参考表 17-2:

表 17-2 三种术语下的运费与保险费的划分

	FOB	CFR	CIF
出口商负担费用		海运费	海运费 保险费
进口商负担费用	海运费 保险费	保险费	

由上表可知,FOB 方式下,对出口商最有利,而 CIF 方式下,对进口商最有利。因此,贸易术语的选择既是商业洽谈中,也是单角色多人贸易对抗实验中,交易双方争论的焦点之一。

> **小贴士**
> 在 SimTrade 中,在签订合同时,进口商应注意,出口商在合同中注明的贸易方式是否与洽谈时一致,以免造成利润损失。

二、三种基本支付方式特点的综合比较

汇付、托收、信用证这三种支付方式对于进出口贸易双方来说，承担风险有所不同（如表 17-3）。

表 17-3 不同结算方式下的买卖双方承担的风险

结算方式		买方风险	卖方风险
汇付（实验中主要为电汇，T/T）	预付货款	卖方不按时交货或不交货 货物与合同规定不符	买方不按时汇款
	货到付款	卖方不按规定发货	买方不收货 买方收货后不付款 买方拖延付款 买方找借口要求降价
跟单托收	付款交单（D/P）	卖方不按时交货或不交货 单据与合同规定不符 收到的货物与单据不符	买方不付款赎单 买方要求降价后再付款赎单 进口国政治、经济局势恶化 远期 D/P 被按 D/A 处理
	承兑交单（D/A）	卖方不按时交货或不交货 收到货物与单据不符	买方不承兑 买方要求降价后再承兑 买方承兑或收货后不付款 买方承兑或收货后要求降价后再付款
信用证（L/C）		付押金后，开证行倒闭 卖方伪造单据 收到货物与单据不符	买方不开证或不按期开证 开证行失去偿付能力 收到的信用证含有软条款 开证行对单据无理挑剔借口拒付 伪造信用证

汇付、托收、信用证这三种基本的结算方式比较来说，除交易双方所承担的风险不同以外，无论现实中，还是单角色多人贸易对抗实验中，在资金占用、费用负担、手续简繁等方面也有明显的不同（见表 17-4）。

表 17-4 不同结算方式的其他不同

结算方式		资金占用	费用负担	手续简繁	买方风险	卖方风险
汇付（实验中为电汇，T/T）		不平衡	最少	简单	最小	最大
托收	付款交单（D/P）	不平衡	稍多	稍繁	较小	较大
	承兑交单（D/A）	不平衡	稍多	较繁	极小	极大
信用证（L/C）		较平衡	最多	最繁	稍大	较小

在 SimTrade 中，进出口银行各项业务的费率如表 17-5 所示。

表 17-5　不同结算方式的银行费用的不同

收费项目	出口地银行	进口地银行
信用证开证手续费		每笔业务成交金额 0.15%，最低人民币 200 元
信用证通知费	每次 200 元	
信用证修改通知费	每次 100 元	每次 200 元
信用证议付费	每笔业务成交金额 0.13%，最低人民币 200 元	
信用证付款手续费		每笔业务成交金额 0.13%，最低人民币 200 元
托收手续费	每笔业务成交金额 0.10%，最低人民币 100 元，最高人民币 2000 元	每笔业务成交金额 0.10%，最低人民币 100 元，最高人民币 2000 元
电汇手续费		笔业务成交金额 0.08%，最低 50 元，最高 1000 元

由上表知，在实验中，对进出口双方来说，在电汇的结算方式下，所花费的成本最低，且手续简单。但是，在实际的国际贸易的过程中，交易双方在选择支付方式时要根据具体情况，综合考虑多种因素。一般来说，无论进口商，还是出口商，都必须考虑以下因素：

1. 交易对象的资信

由于客户风险是对企业构成信用威胁的直接风险源，并且频率高、形式多样是客户风险发生的主要特征，防范难度较大，所以在选择结算方式时，交易双方首先要考虑的是交易对象的资信。买方能否安全收货、卖方能否安全收汇，对于买卖双方来说都是至关重要的。对此，无论是进口商还是出口商都应当事先了解或调查对方的资信情况。若对方的资信不是很好或者对于对方的资信情况不是特别了解，应当尽量选择对自己来说风险较小的结算方式；如果对方的资信很好或者对方是自己的长期贸易伙伴，则可以选择对双方都有利的、手续简单的、费用少的结算方式。

2. 市场倾向

市场的倾向也是交易双方在选择结算方式时需要考虑的一个重要因素。在卖方市场条件下，出口商除了提高售价外，可以选择对自己有利，特别是在资金占用方面对自己有利的结算方式，如即期付款信用证有助于其快速安全地收回出口销售货款，而进口商则不得不做出相应让步；而在买方市场条件下，进口商除了压低买价外，可以选择对自己有利，特别是在资金占用方面对自己有利的结算方式，如托收、O/A（赊销）、汇款等作为成交的前提条件，从而获取延期付款和融资便利，而出口商则不得不在这方面做出相应让步。

3. 交易条件

国际贸易买卖合同中采用的贸易条件（Trade terms）不同，其实买卖双方使用的交货方式和运输方式也不同。贸易条件的性质对于结算方式的选择有非常重要的影响。一般来说，在使用推定性交货（Constructive delivery）或称象征性交货（Symbolic delivery）条件时，卖方交货与买方收货是不同时间发生的，货物所有权的转移以单据为媒介，此类交易可选择使用跟单托收或跟单信用证结算货款。但有些推定性交货条件如 FOB、CFR 等，不太适合采用托收结算方式，因为 FOB、CFR 等贸易条件下卖方不负责办理保险，一旦货物在海运途中遭遇风险，如果买方未及时投保，则有可能会拒绝付款赎单，卖方就很有可能出现钱货两空的风险。但是，在使用实际交货（Actual delivery）条件时，卖方直接或通过承运人向买方交货，卖方交货与买方收货同时发生，卖方无法通过控制单据来控制物权，一般只能使用汇付结算方式，而不能使用跟单托收和跟单信用证方式结算货款。

4. 运输单据的性质

运输单据的性质对于结算方式的选择也有影响，因为有些单据是物权凭证，而有些单据则非物权凭证。如果货物通过海上运输，海洋运输承运人签发的运输单据为海运提单，海运提单是物权凭证，只要控制了提单就等于控制了货物，卖方可以大胆采用跟单信用证乃至跟单托收方式结算货物。但是如果货物通过航空、铁路或邮政速递等运输方式，则其签发的运输单据航空运单、铁路运单或邮包收据等都不是物权凭证，收货人提取货物也不需要这些单据，即使通过海上运输，如果运输单据为不可转让海运单，它也不是物权凭证。在运输单据并非物权凭证时，买方都不宜采用跟单信用证方式结算，更不能采用跟单托收。

5. 其他因素

进出口商在选择结算方式时，除了要考虑以上因素外，还要考虑贸易方式、融资途径、融资成本及规模、国别差异、国际惯例、法律规定等因素。在综合考虑各种因素的情况下，选择对自己来说风险较小、较为有利，而双方又能接受的结算方式。

经过本章的学习，已经了解了贸易方式的不同和结算方式的不同对贸易的影响。在 SimTrade 中，贸易方式的区别比较直观，主要是海运费和保险费的负担角色不同，而结算方式对利润的影响，以下面的一个例子来理解不同结算方式的区别。由于 D/P 与 D/A 只有操作过程的不同，在成本费率上相同，因此统称为托收。

三、实例

设定甲公司向乙公司出口 2900PC 壁钟（商品编号 03001），售价为 AUD 23，汇率为 RMB 645.73，进口商所在地为澳大利亚，分别以 CIF L/C、CIF 托收（D/P 或 D/A）、CIF T/T 进行，表 17-6 为三笔交易的实际发生额（以出口预算表所列支项目为例）。

表 17-6 三笔交易的实际发生额

项目	实际发生金额（L/C）	实际发生金额（托收）	实际发生金额（T/T）
合同金额	430701.91	430701.91	430701.91
采购成本	162400.00	162400.00	162400.00
FOB 总价	407967.79	407967.79	407967.79
内陆运费	3288.60	3288.60	3288.60
报检费	0.00	0.00	0.00
报关费	200.00	200.00	200.00
海运费	18564.92	18564.92	18564.92
保险费	4169.19	4169.19	4169.19
核销费	10.00	10.00	10.00
银行费用	**759.91**	**430.70**	**0.00**
其他费用	**21735.10**	**21735.10**	**21911.90**
退税收入	18044.44	18044.44	18044.44
利润	237618.63	237947.84	238201.73

注：粗体边框所划出的是三种结算方式在出口商费用上的差异之处。具体计算过程如下：

1. L/C 结算方式如下：

在 L/C 结算方式下出口地银行需要通知出口商，即发送信用证通知书，出口商要对照合同审核信用证，如遇差错申请修改，修改完毕后，确认无误，进行相应贸易流程，最后填写汇票，向银行进行交单押汇，之后进行结汇。汇票、信用证通知书如图 17-1、图 17-2 所示。

```
                        BILL OF EXCHANGE

No. STDFT000018                              Dated 2013-3-31
Exchange for  AUD   66700
           At  ----                Sight of this  FIRST  of Exchange
(Second of exchange being unpaid)
Pay to the Order of  Bank of China
the sum of  Australian Dollars SIXTY SIX THOUSAND SEVEN HUNDRED ONLY
Drawn under L/C No. STLCN000014              Dated 2013-3-31
Issued by  Bank of China
To  Bank of China

                                         208 Import/Export Co., Ltd
                                           (Authorized Signature)
```

图 17-1　信用证结算方式的汇票

信用证通知费每次 RMB 200
信用证修改通知费每次 RMB 100
信用证议付费每笔业务费率 0.13%，最低 RMB 200
证明书费每份 RMB 200
公司综合费用每笔业务费率 5%

在实验中，信用证通常是不用修改的，因此这里计算在信用证不修改情况下的费用。
银行费用 = 200 + 430701.91 × 0.13% = 759.91
其他费用 = 200 + 430701.91 × 5% = 21735.10

2. 托收结算方式如下：

在托收方式下，出口商要填写汇票向出口地银行交单托收，在进口商付款后进行结汇。汇票如图 17-3 所示。

中国银行
Bank of China

80 Jiefang North Road, Tianjin 300040, China BKCH CN BJ 200
FAX: 022-26660001

信 用 证 通 知 书
NOTIFICATION OF DOCUMENTARY CREDIT

日期: 2013-03-31

TO 致: 208 Import/Export Co., Ltd NO.2 Jinba Road, Beichen District, Tianjin, China	WHEN CORRESPOND NG. PLEASE QUOTE OUT REF NO.	AD94001A40576
ISSUING BANK 开证行 Bank Of China	TRANSMITTED TO US THROUGH 转递行 REF NO.	

L/C NO. 信用证号 STLCN000014	DATED 开证日期 130331	AMOUNT 金额 [AUD] [66700]	EXPIRY PLACE 有效地 FOREIGN
EXPIRY DATE 有效期 130416 in the beneficiary's coun	TENOR 期限 SIGHT	CHARGE 未付费用 RMB0.00	CHARGE BY 费用承担人 BENE
RECEIVED VIA 来证方式 SWIFT	AVAILABLE 是否生效 VALID	TEST/SIGN 印押是否相符 YES	CONFIRM 我行是否保兑 NO

DEAR SIRS 敬启者:
WE HAVE PLEASURE IN ADVISING YOU THAT WE HAVE RECEIVED FROM THE A/M BANK A(N) **LETTER OF CREDIT**. CONTENTS OF WHICH ARE AS PER ATTACHED SHEET(S).
THIS ADVICE AND THE ATTACHED SHEET(S) MUST ACCOMPANY THE RELATIVE DOCUMENTS WHEN PRESENTED FOR NEGOTIATION.
兹通知贵公司,我行收自上述银行信用证一份,现随附通知、贵司交单时,请将本通知书及信用证一并提示。

REMARK 备注:
PLEASE NOTE THAT THIS ADVICE DOES NOT CONSTITUTE OUR CONFIRMATION OF THE ABOVE L/C NOR DOES IT CONVEY ANY ENGAGEMENT OR OBLIGATION ON OUT PART.

THIS L/C CONSISTS OF   SHEET(S), INCLUDING THE COVERING LETTER AND ATTACHMENT(S).
本信用证连同面函及附件共   纸。

IF YOU FIND ANY TERMS AND CONDITIONS IN THE L/C WHICH YOU ARE UNABLE TO COMPLY WITH AND OR ANY ERROR(S), IT IS SUGGESTED THAT YOU CONTACT APPLICANT DIRECTLY FOR NECESSARY AMENDMENT(S) SO AS TO AVOID AND DIFFICULTIES WHICH MAY ARISE WHEN DOCUMENTS ARE PRESENED.
如本信用证中有无法办到的条款及/或错误,请与开证申请人联系,进行必要的修改,以免掉交单时可能发生的问题。

THIS L/C IS ADVISED SUBJECT TO ICC UCP PUBLICATION NO.500.
本信用证之通知系遵循国际商会跟单信用证统一惯例第500号出版物办理。

此证如有任何问题及疑虑,请与结算业务部审证料联络,电话: 26660001

YOURS FAITHFULL
FOR   *Bank of China*

[打印预览] [保存] [退出]

图 17-2 信用证通知书

BILL OF EXCHANGE

No. STDFT000020   Dated 2013-05-15

Exchange for   AUD   66700

At   ----   ▼   Sight of this   FIRST   of Exchange
(Second of exchange being unpaid)

Pay to the Order of   Bank of China

the sum of Australian Dollars SIXTY SIX THOUSAND SEVEN HUNDRED ONLY

Drawn under L/C No.   Dated

Issued by TVJ.Co,Ltd

To TVJ.Co,Ltd
Soguk cesme sk 7, sultanahmet, 34400 İstanbul, Turkey

Tianjin Yuanda Import and Export Co,Ltd

(Authorized Signature)

图 17-3 托收结算方式的汇票

托收手续费每笔业务费率 0.1%

证明书费每份 RMB 200

公司综合费用每笔业务费率 5%

银行费用 = 430701.91×0.1% = 430.70

其他费用 = 200 + 430701.91×5% = 21735.10

3. T/T 结算方式如下：

在 T/T 方式下，出口商直接把相关单据寄送给进口商，进口商查收单据后直接付款，不需要开立信用证、填写汇票。

出口商向进口商邮寄单据所需邮费每次 USD 28，美元汇率为 RMB 631.46（注意：该邮费算作其他费用，不在银行费用中）。

证明书费每份 RMB 200

公司综合费用每笔业务费率 5%

其他费用 = 200 + 430701.91×5% + 28×631.46÷100 = 21911.90

因此可看出 T/T 结算方式下，出口商没有银行费用。

从表 17-6 中，明显观察出 L/C（信用证）结算方式下，利润最小，托收利润居中，T/T（电汇）利润最大，而值得关注的是 T/T 没有产生银行费用，而其他费用方面却增加了，这是由于，在 SimTrade 中，T/T 相对于出口商方面不产生银行费用，只收取出口商向进口商邮寄单据时所产生的邮费。

第十八章 价格核算

【本章学习目标】
1. 熟悉并掌握进出口业务的利润构成和预算表的计算。
2. 熟悉并掌握出口价格的报价及还价核算。
3. 熟悉并掌握进口价格的报价及还价核算。

在进出口贸易中,进出口的价格核算是最重要的环节之一,它贯穿于交易磋商的整个过程中,是每次磋商的基础。因此,价格核算也是单角色多人贸易对抗的重要步骤。与上篇所讲内容不同,上篇主要熟悉贸易流程,而本篇主要目的是增强贸易实战能力。对于贸易实战能力,在实验中主要根据综合贸易流程所最终获取的利润指标进行测评。价格核算就是取得更高利润的必要环节。

价格核算,主要以出口商和进口商为主要对象,因此分为出口价格核算和进口价格核算。在进出口价格核算中,包括报价核算、还价核算、成交核算三个步骤。

企业贸易的根本目的是达到利润的最大化,而价格核算就是要通过对数据的计算分析,为己方在谈判前制定目标(预期利润),通过商业谈判磋商,与对方进行博弈,使自己达到预期目标,甚至得到超额利润。

第一节 利润构成

多人单角色贸易对战的主要目的就是在类似实战的环境下,运作自己的"公司"赚取利润,目标就是使自己的"公司"的每笔交易都达到利润的最大化。因此,应该先了解作为进口商和出口商这两个角色的利润构成。

进口商利润是由商品出口总价(外销合同金额)、商品销货总价、内陆运费、报检费、报关费、关税、增值税、消费税、海运费、保险费、银行费用以及其他费用构成。

计算公式为:进口商利润＝商品销货总价－商品出口总价－内陆运费－报检费－报关费－关税－增值税－消费税－海运费－保险费－银行费用－其他费用

出口商利润是由商品出口总价(外销合同金额)、采购成本、内陆运费、报检费、报关费、海运费、保险费、核销费、银行费用、其他费用以及退税收入构成。

计算公式为:出口商利润＝合同金额＋退税收入－采购成本－内陆运费－报检费－报关费－海运费－保险费－核销费－银行费用－其他费用

进出口商的利润构成揭示了贸易对战的关键点,也是贸易磋商的基本内容,其中包括:

贸易商品的选择、商品出口价、海运费、结算方式以及贸易术语等方面。进口商与出口商的磋商焦点也正体现在这些方面。因此做好每一步的核算，准确把握公司利润，是每一笔交易的基础。另外，这也为贸易进行过程中的进口预算（如图 18-1）和出口预算（如图 18-2）的准确性做了铺垫。

进口预算表

合同号：Contract613
预算表编号：STIBG000656

（注：本预算表填入的位数全部为本位币）

项目	预算金额	实际发生金额
合同金额	91630.00	91630.00
CIF总价	91630.00	91630.00
内陆运费	239.51	239.51
报检费	31.95	31.95
报关费	31.95	31.95
关税	9163.00	9163.00
增值税	17134.81	17134.81
消费税	0.00	0.00
海运费	0.00	0.00
保险费	0.00	0.00
银行费用	256.56	256.56
其他费用	4581.50	4581.50

[打印] [保存] [退出]

图 18-1　进口预算表

出口预算表

合同号：Contract613
预算表编号：STEBG000680

（注：本预算表填入的位数全部为本位币）

项目	预算金额	实际发生金额
合同金额	573631.29	573631.29
采购成本	249900.00	249900.00
FOB总价	556556.08	556556.08
内陆运费	1499.40	1499.40
报检费	200.00	200.00
报关费	200.00	200.00
海运费	11522.46	11522.46
保险费	5552.75	5552.75
核销费	10.00	10.00
银行费用	945.72	945.72
其他费用	28881.56	28881.56
退税收入	27766.67	27766.67
利润	302686.06	302686.06

[打印] [保存] [退出]

图 18-2　出口预算表

第二节　出口价格核算

在 SimTrade 中，出口商的交易对象有两个，主要交易对象是进口商，其次是工厂。因此，在出口价格核算的过程中，还价核算环节，出口商是与两个不同的交易对象进行还价，并争取达到预期利润。

一、报价核算

商品的价格（或称售价）由成本、费用和利润三要素合并而成。

1. 成本核算

出口价格的成本可以是生产成本、加工成本或是采购成本，而在 SimTrade 中，出口价格成本特指采购成本，而生产成本、加工成本则应该是工厂角色的主要成本。从出口商的角度看，出口的成本就是其从工厂（供货商）手中买进货物时所支付的金额，即采购成本。一般而言，国内供货价格除了货物价值外，还包含增值税，所以采购成本又常常被称为"含税采购成本"或者"税前成本"。增值税是以商品进入流通环节所发生的增值额为课征对象的一种流转税。由于出口商品通常是进入国外的流通领域，因此，国家为鼓励出口，对出口商品根据不同类别，采取增值税款全额或按一定比例退还的政策。这样，就产生了"退税收入"和"实际成本"（又称为"不含税成本"或"税后成本"）的概念。

由于增值税的征收及返还是根据货物本身的价格（即货价），而不是含税采购成本，因此我们必须先明确采购成本与货价之间的关系：

　　　　采购成本＝货价＋增值税
　　　　增值税额＝货价×增值税率
　　　　退税收入＝货价×退税率

这样，采购成本＝货价＋货价×增值税率
　　　　　　　＝货价×（1＋增值税率）

则　　货　　价＝采购成本/（1＋增值税）

又因为实际成本＝采购成本－退税额
　　　　　　　＝货价×（1＋增值税）－货价×退税率
　　　　　　　＝货价×（1＋增值税-退税率）
　　　　　　　＝采购成本/（1＋增值税）×（1＋增值税－退税率）

因此，实际成本＝采购成本/（1＋增值税率－退税率）×（1＋增值税率）

由此得出如下公式：

　　　　采购成本＝实际成本×（1＋增值税率）/（1＋增值税率－退税率）
　　　　实际成本＝采购成本×（1＋增值税率－退税率）/（1＋增值税率）
　　　　退税收入＝采购成本/（1＋增值税率）×退税率

而在 SimTrade 中，货价与采购成本的概念相同，所以采购成本与实际成本之间的关系为：

　　　　增值税额＝采购成本×增值税率

退税收入＝应退增值税＋应退消费税
　　　　＝采购成本/（1＋增值税率）×出口退税率＋采购成本/（1＋增值税率）×消费税税率

因为实际成本＝采购成本－退税额
　　　　＝采购成本－采购成本/（1＋增值税率）×出口退税率－采购成本/（1＋增值税率）×消费税税率
　　　　＝采购成本×［1－（退税率＋消费税率）/（1＋增值税率）］

因此，得出公式：
实际成本＝采购成本×［1－（退税率＋消费税率）/（1＋增值税率）］

2．费用核算

在 SimTrade 中，一笔贸易中出口商所涉及的费用有内陆运费、海运费、保险费、银行费用、其他费用、报检费、报关费、核销费。

（1）内陆运费

内陆运费是指由内陆的集装箱公路运输公司（拖车公司）将出口货物从发货人的工厂或仓库运至集装箱码头的堆场或货运站（拼箱货）之间的运输费用，或将进口货从集装箱码头的堆场或货运站运至收货人的工厂或仓库之间的运输费用。

内陆运费的计算公式是：

内陆运费=商品的单位体积×商品数量×单位体积应收运费

注：在 SimTrade 中单位体积应收运费为 RMB60/立方米。

（2）海运费

海运费是指出口商将货物经海运运输给进口商所需支付的费用。海运费的计算，分为拼箱装海运费和整箱装海运费两种。如果货物较少，用整个集装箱成本过高，可选用拼箱装运的方法。在 SimTrade 中，每个港口都有特定的拼箱装费率和整箱装费率，整箱装分为 20'集装箱和 40'集装箱（20'集装箱的有效容积为 25CBM，限重 17.5TNE，40'集装箱的有效容积为 55CBM，限重 26TNE，其中 1TNE＝1000KGS）。

例1　费率的具体查询方法

这里以进口商所在国家是瑞典为例，点击进入"淘金网"，进入"运费查询页面"，如图18-3。

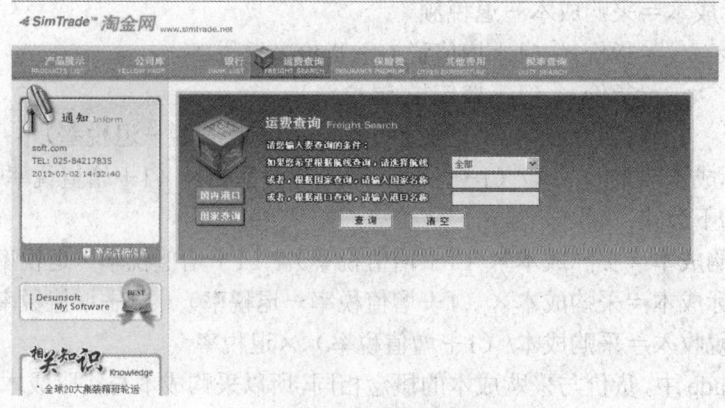

图18-3　运费查询页面

按照要求，在空白处键入"瑞典"，点击"查询"按钮，如图18-4。

图18-4 瑞典运费信息

这样能查看到多个进口商所在国家的港口，依次点击"查看"按钮，查看各港口海运费用，如图18-5至图18-10。

港口信息			
港埠代码：SEGOT	*	所属航线：欧洲	
港口(英文)：GOTHENBURG	*	国家(英文)：Sweden	
港口(中文)：哥德堡		国家(中文)：瑞典	

港口费用				
	LCL M(MTQ)	LCL M(TNE)	20'	40'
Basic Freight 基本运费(USD)：	79	113	1715	3300
THC 港口附加费(USD)：	NULL	NULL	69	132
BAF/BAC/EBS/FAF 燃油附加费(USD)：	NULL	NULL	84	161

图18-5 瑞典港口信息1

港口信息

港埠代码:	SEHEL	*	所属航线:	欧洲
港口(英文):	HELSINGBORG	*	国家(英文):	Sweden
港口(中文):	赫尔辛堡		国家(中文):	瑞典

港口费用

	LCL M(MTQ)	LCL M(TNE)	20'	40'
Basic Freight 基本运费(USD):	83	118	1800	3500
THC 港口附加费(USD):	NULL	NULL	72	140
BAF/BAC/EBS/FAF 燃油附加费(USD):	NULL	NULL	88	171

图 18-6 瑞典港口信息 2

港口信息

港埠代码:	SEHSD	*	所属航线:	欧洲
港口(英文):	HALMSTAD	*	国家(英文):	Sweden
港口(中文):	哈尔姆斯塔德		国家(中文):	瑞典

港口费用

	LCL M(MTQ)	LCL M(TNE)	20'	40'
Basic Freight 基本运费(USD):	83	119	1810	3550
THC 港口附加费(USD):	NULL	NULL	72	142
BAF/BAC/EBS/FAF 燃油附加费(USD):	NULL	NULL	88	173

图 18-7 瑞典港口信息 3

港口信息

港埠代码:	SEMAL	*	所属航线:	欧洲
港口(英文):	MALMO	*	国家(英文):	Sweden
港口(中文):	马尔默		国家(中文):	瑞典

港口费用

	LCL M(MTQ)	LCL M(TNE)	20'	40'
Basic Freight 基本运费(USD):	85	122	1850	3620
THC 港口附加费(USD):	NULL	NULL	74	145
BAF/BAC/EBS/FAF 燃油附加费(USD):	NULL	NULL	90	177

图 18-8 瑞典港口信息 4

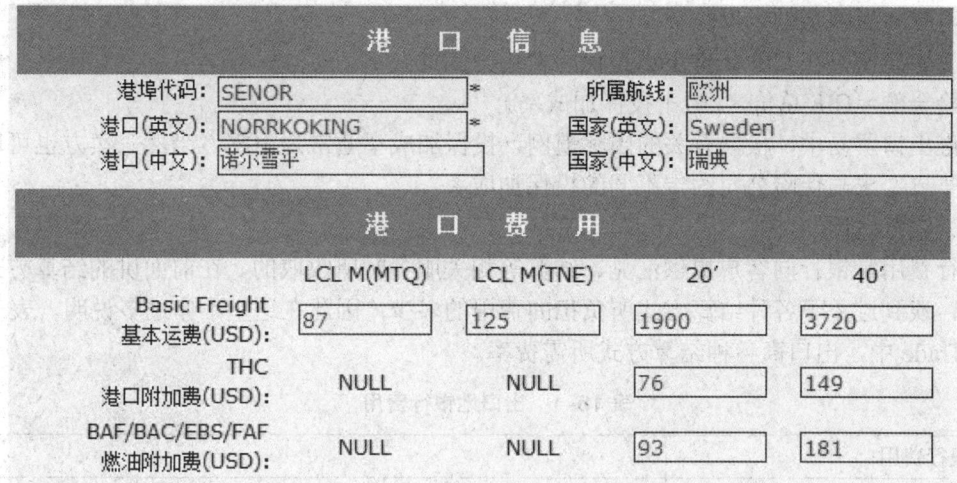

图 18-9　瑞典港口信息 5

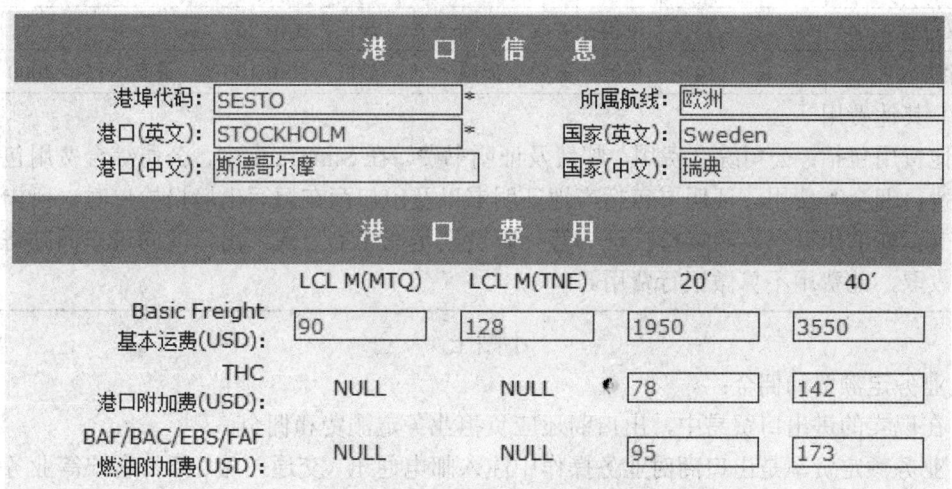

图 18-10　瑞典港口信息 6

通过对比，我们发现哥德堡港口各项运费最低，因此选择哥德堡作为运输目的港口。

注：图中各种运费的数值是以美元计算的，在核算时应转换成人民币。

小贴士

海运费由基本运费、港口附加费、燃油附加费三个部分构成。计算时，应把三个数值相加。以图 18-10 为例，每 20'集装箱运费=1950＋78＋95=2123 美元。

而拼箱装运费则用商品的总体积和总毛重分别乘以相应数值，即

MTQ 运费=基本单位运费（MTQ）×商品总体积

TNE 运费=基本单位运费（TNE）×商品总毛重

拼箱装运费取 MTQ 运费、TNE 运费两者较大值。

（3）保险费

保险费是按照货物保险金额乘以一定的百分比（保险费率）来计算的。

保险费＝保险金额×保险费率

因为出口商只在 CIF 条件下承担保险费用，因此

保险金额＝CIF 总价×（1＋投保加成率）

在进出口贸易中，根据有关的国际惯例，投保加成率通常为 10%。当然，卖方也可以根据买方要求与保险公司约定不同的投保加成率。

（4）银行费用

银行费用是银行向客户提供汇兑、结算等相关服务时所收取的。在前面讲的结算方式的比较中，谈到过关于各种结算方式所负担的费用的多少，因此在这里不作过多说明。表 18-1 为 SimTrade 中，出口商各种结算方式所需费率。

表 18-1　出口地银行费用

出口地银行费用		
信用证通知费	RMB 200.00	每次？元
信用证修改通知费	RMB 100.00	每次？元
信用证议付费	0.13%	每笔业务成交金额 * ?%，最低人民币 200 元
托收手续费	0.10%	每笔业务成交金额 * ?%，最低人民币 100 元，最高人民币 2000 元

（5）其他费用

其他费用包括：公司综合费用、邮费及证明书费。在 SimTrade 中，公司综合费用包括业务定额费、佣金等费用。证明书包括产地证明书以及出口商在填写出境报检单时，所申请的检验证书，如健康证书、植物检疫证书等。邮费则是在 T/T 方式下出口商向进口商邮寄单据时按次收取，此费用不算做银行费用。

> **小贴士**
>
> 业务定额费和佣金：
>
> 在现实的进出口贸易中，出口商还应负担业务定额费和佣金。
>
> 业务额定费率是出口商对业务操作中注入邮电通讯、交通差旅、招待客户等业务费用，按例年实际支出状况规定一个百分比，以方便估算出口业务费用。它的计算基数通常是指出口商的采购成本。有时，该项费用也被称为经营管理费。
>
> 定额费＝采购成本×定额费率
>
> 佣金是买方或卖方付给中间商的报酬。包含佣金的价格即为含佣价，价格中不包括佣金的则称为净价。实际业务中佣金的计算往往是以出口报价或成交价格为基数的。
>
> 佣金＝出口报价（成交价格）×佣金率

（6）报检费、报关费与核销费

报检费是指出口商经营商品经监管条件要求需经过检验机构检验，并出具出境货物报检单所产生的固定费用。

报关费是指出口商出口报关时所需缴纳的费用。

核销费是指出口商在收到进口商的货款后，到外管局办理收汇核销所产生的费用。

在 SimTrade 中，报检费与报关费均为 RMB200，核销费为 RMB10。

3．利润核算

利润是价格构成的三要素之一，也是出口商最为关注的要素。计算利润的方法不尽相同，有的以某一固定的数额作为单位商品的利润，有的用一定的百分比作为经营的利润率。在用利润率核算利润额时，应当注意明确利润率的计算依据：用采购成本作为计算依据的，称为成本利润率；用销售价格作为利润计算依据的，则称为销售利润率；另外，以己方本金（公司资金总额）作为利润计算依据的，称为公司本金利润率。计算公式为：

成本利润率＝利润总额/采购成本

销售利润率＝利润总额/销售收入

公司本金利润率＝利润总额/公司资金总额

二、还价核算和成交核算

出口报价由成本、费用和利润三要素构成，如果报价被改变，即遭到了对方的还价，就意味着构成价格的各要素之间可能会发生变化。在实际的贸易过程中，面对进口商的还价，出口商可以采取的对策有：

1. 努力说服对方接受原报价，不作让步。出口商采取这种策略的最大风险是可能会失去成交的机会，甚至会失去客户。

2. 减少公司的利润，以满足对方降价的要求。这虽然是最直接和最简便的方法，但它牺牲了出口商自身的经济利益，因而往往是出口商最不愿意采取的对策。

3. 压缩费用开支。如果出口商希望缩小公司业务费用以外的费用，例如运费等，则必须和有关方面进行新的价格磋商。

4. 降低采购成本。出口商要降低采购成本，通常需要与供货商（工厂）进行讨价还价。

出口价格核算有顺算法和逆算法之分：顺算法主要用于成本、费用和利润的叠加，以得出正确的报价；逆算法则是在报价产生后，用收入减去支出和利润的原理来验算报价是否正确无误。

在进行出口还价核算时，出口商通常首先要考虑对方的还价，自己是否还有利润，利润额是多少；计算利润额时，可能是单一商品的利润额（"单价法"），或是一个品种、一个集装箱或整个订单的利润额（"总价法"）。在实际贸易中，总价法比较直观，而且比较精确，所以在计算经还价后的利润以及成交核算时，一般宜用总价法。

除了计算利润额以外，有时出口商还会进行利润率的核算。在进行利润率的核算时，应当特别注意明确利润率的计算依据，即是成本利润率还是销售利润率。

如果客户的还价使得出口商无法承受，由此带来利润的缩水，出口商往往会努力降低采购成本，以期达成交易。计算经还价后的采购成本应采用单价法，即推算单位商品的采购成本。

还价及成交核算的计算原理可以用下面的通用公式来表达：

利润＝收入（销售收入＋退税收入）－支出（采购成本＋各项费用）

成本＝收入（销售收入＋退税收入）－各项费用－利润

下面我们以"48头餐茶具"为例，来了解出口价格核算的基本流程。这是一个非常典型的出口价格核算综合操作实例。它由三段式核算构成：报价核算、还价核算、成交核算，展现了出口交易中价格磋商的基本过程，同时也汇集了出口价格核算的基本要素。

例2 出口价格核算

假定一公司主营商品为"48头餐茶具",首先应该了解该商品的基本信息,并把主要信息和核算信息提取出来(以进口商所在地为美国为例)。

在"淘金网"上查找产品的基本信息,如图18-11。

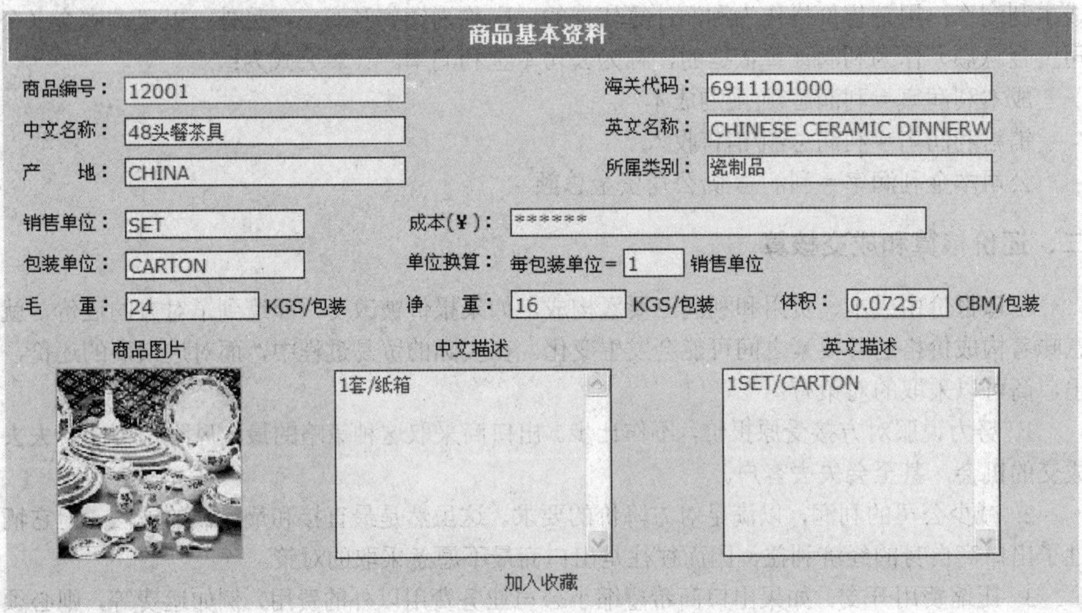

商品基本资料

商品编号:	12001	海关代码:	6911101000
中文名称:	48头餐茶具	英文名称:	CHINESE CERAMIC DINNERW
产　地:	CHINA	所属类别:	瓷制品
销售单位:	SET	成本(¥):	******
包装单位:	CARTON	单位换算:每包装单位= 1 销售单位	
毛　重:	24 KGS/包装	净　重: 16 KGS/包装	体积: 0.0725 CBM/包装

商品图片　　　中文描述：1套/纸箱　　　英文描述：1SET/CARTON

加入收藏

图18-11　48头餐茶具的信息

主要信息有：

商品编号：12001

商品名称：48头餐具 CHINESE CERAMIC DINNERWARE 48-Piece Dinnerware and Tea Set

产地：China

所属类别：瓷制品

销售单位：SET

包装单位：CARTON（每包装货物数：1CARTON=1SET）

毛重：24KGS/包装

净重：16KGS/包装

体积：0.0725CBM/包装

核算数据

采购成本：RMB 720/SET

出口费用：内陆运费为：　　　　　　　　　　　RMB 60/立方米

　　　　20英尺集装箱的海运包箱费率：　　　USD 2257/箱

　　　　40英尺集装箱的海运包箱费率：　　　USD 3027/箱

　　　　拼箱海运费率：　　　　　　　　　　USD 95/体积吨

USD 136/重量吨

报检费： RMB 20
报关费： RMB 20
保险费率： 0.88%
核销费： RMB 10
银行手续费率： 0.1%
出口退税税率： 13%
其他费用费率： 5%
增值税率： 17%
汇率： 1USD=6.3146RMB

公司资金总额：RMB 1000000
预期利润率：50%
核算流程：
可采购货物数：$1000000 \div 720 \approx 1388$
每 20 英尺集装箱可装货物数：$25 \div 0.0725 \times 1 \approx 344$
因此设定货物起订量为 300 SET

注：从"淘金网"页面中，"其他费用"界面可查询到相应信息，如表 18-2、表 18-3。

表 18-2 出口商费用

出口商费用		
内陆运费	RMB 60.00	每立方米？元
检验费	RMB 200.00	每次？元
证明书费	RMB 200.00	产地证、检验证，每份？元
报关费	RMB 200.00	每次？元
核销费	RMB 10.00	每次？元
公司综合费用	5.00%	每笔业务成交金额 * ?%

表 18-3 出口地银行费用

出口地银行费用		
信用证通知费	RMB 200.00	每次？元
信用证修改通知费	RMB 100.00	每次？元
信用证议付费	0.13%	每笔业务成交金额 * ?%，最低人民币 200 元
托收手续费	0.10%	每笔业务成交金额 * ?%，最低人民币 100 元，最高人民币 2000 元

核算要求

（1）填写核算表时，用数字列出计算过程并将计算结果填入规定的栏目内，如表 18-4。

表 18-4 计算过程列表

计算过程	计算结果
$((68323.65+2257)/(1-1.1\times 0.0088))$	71270.55

（2）计算时应务必保留两位小数。

1. 报价核算

进行报价核算：（结算方式以托收为例），如表 18-5。

表 18-5 报价核算过程（以托收为例）

	计算过程	计算结果	
货物总体积	300×0.0725	21.75	立方米
货物总毛重	300×24	7200	千克
实际成本	$720\times 300\times (1-13\%/(1+17\%))$	192000	人民币
退税收入	$720\times 300\times 13\%/(1+17\%)$	24000	人民币
内陆运费	$300\times 0.0725\times 60$	1305	人民币
海运费	2257×6.3146	14252.05	人民币
保险费	$69048.65\times 6.3146\times 1.1\times 0.0088$	4220.62	人民币
银行费用（FOB）	$68323.65\times 6.31463\times 0.1\%$	431.88	人民币
银行费用（CFR）	$70580.65\times 6.3146\times 0.1\%$	446.13	人民币
银行费用（CIF）	$71270.65\times 6.3146\times 0.1\%$	450.49	人民币
其他费用（FOB）	$68323.65\times 6.3146\times 5\%$	21794.10	人民币
其他费用（CFR）	$70580.65\times 6.3146\times 5\%$	22506.70	人民币
其他费用（CIF）	$71270.65\times 6.3146\times 5\%$	22724.74	人民币
报检费	200	200	人民币
报关费	200	200	人民币
核销费	10	10	人民币
FOB 报价	$((192000+1305+200+200+200+10)/(1-0.1\%-5\%-50\%))/6.3146$	68323.65	美元
CFR 报价	$68323.65+2257$	70580.65	美元
CIF 报价	$((68323.65+2257)/(1-1.1\times 0.0088))$	71270.55	美元
FOB 单价	$68323.65/300$	227.75	美元
CFR 单价	$70580.65/300$	235.27	美元
CIF 单价	$71270.55/300$	237.57	美元

小贴士

实际贸易中的出口核算，出口商还应缴纳相应的增值税，而实际成本的计算公式则变为：

实际成本 = 采购成本×(1+增值税率-退税税率)/(1+增值税率)

另外，在贸易过程中如果有向银行贷款，则应把贷款所产生的利息也考虑进去。

2. 还价核算

将报价送交进口商后，得到进口商的还价，表示其能够接受的单价为 USD230 CIF，订购数量为 450SET。试根据进口商还价进行利润核算，如表 18-6。

表 18-6 利润核算

	计算过程	计算结果	
销售收入	$450 \times 230 \times 6.3146$	653561.1	人民币
退税收入	$450 \times 720 \times 13\% / (1+17\%)$	36000	人民币
实际成本	$450 \times 720 - 36000$	288000	人民币
海运费	3027×6.3146	19114.29	人民币
保险费	$653561.1 \times 1.1 \times 0.88\%$	6326.47	人民币
银行费用	653561.1×0.001	653.56	人民币
其他费用	$653561.1 \times 0.05 + 200$	32878.06	人民币
内陆运费	$450 \times 0.0725 \times 60$	1957.50	人民币
核销费	10	10	人民币
报检费	200	200	人民币
报关费	200	200	人民币
利润总额	$653561.1 - 288000 - 19114.29 - 6326.47 - 653.56 - 32878.06 - 1957.50 - 10 - 200 - 200$	304221.22	人民币
销售利润率	$304221.22 / 653561.1$	46.55%	（百分比）
成本利润率	$304221.22 / (720 \times 450)$	93.90%	（百分比）
公司本金利润率	$304221.22 / 1000000$	30.42%	（百分比）

如果接受进口商还价，同时我方出口商又必须保持 50%的销售利润率，在其他费用和订购数量不变的情况下，进行与工厂的还价成本核算，如表 18-7。

表 18-7 成本核算

	计算过程	计算结果	
销售收入	$450 \times 230 \times 6.3146$	653561.1	人民币
实际成本	$288000 - 653561.1 \times (50\% - 46.55\%)$	265452.14	人民币
采购成本	$265452.14 / (1 - 13\% / (1+17\%))$	298633.66	人民币
单位还价	$298633.66 / 450$	663.63	人民币

3. 成交核算

经过出口商与工厂、出口商与进口商的磋商，最终采购单价以 RMB 700 达成交易，出口单价以 USD232 达成交易，成交量为 700SET。根据成交价格进行利润核算，如表 18-8。

表 18-8　出口商利润核算

	计算过程	计算结果	
销售收入	700×232×6.3146	1025491.04	人民币
退税收入	700×700×13%/(1+17%)	54444.44	人民币
实际成本	700×700－54444.44	435555.56	人民币
海运费	3027×6.3146	19114.29	人民币
保险费	1025491.04×1.1×0.88%	9926.75	人民币
银行费用	1025491.04×0.001	1025.49	人民币
其他费用	1025491.04×0.05＋200	51474.55	人民币
内陆运费	700×0.0725×60	3045	人民币
核销费	10	10	人民币
报关费	200	200	人民币
报检费	200	200	人民币
利润总额	1025491.04－435555.56－19114.29－9926.75 1025.49－51474.55－3045－10－200－200	507284.40	人民币
销售利润率	507284.40/1025491.04	49.47%	（百分数）
成本利润率	507284.40/(700×700)	103.53%	（百分数）
公司本金利润率	507284.40/1000000	50.73%	（百分数）

到这里，这笔贸易的核算内容就结束了，可以依照之前的核算内容，填写"出口预算表"，但值得注意的是，以上核算内容中，实际成本＝采购成本－退税收入，因此，在填写"出口预算表"时，应直接填入采购成本。

第三节　进口价格核算

在 SimTrade 中，进口商的交易对象只有出口商，从出口商处采购到货物后，直接销往市场，因此，市场的销货价格是固定的，进口商在还价流程，只能与出口商进行博弈。而整个核算环节与出口商一样，也分为报价核算、还价核算、成交核算三个部分。

一、进出口价格核算的区别

进口价格核算与出口价格核算的区别，主要有以下几个方面：

1. 进口价格核算中的采购成本是国外出口商的报价。该成本没有含税和去税的区别，有的仅仅是包含某些费用与不包含某些费用的区别，例如 FOB 采购成本、CFR 采购成本、CIF 采购成本。

2. 进口价格核算还涉及关税的计算（征收出口关税的商品较少，所以一般出口核算较少涉及关税的计算，而征收进口关税的商品较多，进口价格核算大多都包含关税计算。在 SimTrade 中，所有的商品都只征收进口关税)、增值税、消费税的计算，以及国内销售时实际缴纳增值税的计算等。

3. 进口报价核算是根据国外出口商的报价，加上进口的各项税费以及进口商的利润，然后向国内买家（消费者）报出的销售价格。

二、关税、增值税与消费税的计算

进口价格核算项目中比较复杂的是进口关税和代征税（增值税和消费税）的计算。

我们来看进口关税及代征税（增值税和消费税）的计算

关税税额=关税完税价格×关税税率，

而进口关税的完税价格是以海关审定的成交价格为基础到岸价格，即 CIF 价格，所以，进口关税税额=CIF 价格×进口关税率。

进口消费税的完税价格是：（进口关税的完税价格+进口关税）/（1-消费税税率），所以，进口消费税税额=（关税完税价格+关税税额）/（1-消费税税率）×消费税税率，又因为进口关税的完税价格为 CIF 价格，因此，进口消费税税额=（CIF 价格+关税税额）/（1-消费税税率）×消费税税率。

进口增值税的完税价格是：进口关税的完税价格+进口关税税额+消费税税额，所以，进口增值税税额=（关税完税价格+关税税额+消费税税额）×增值税税率，又因为进口关税的完税价格为 CIF 价格，因此，进口增值税税额=（CIF 价格+关税税额+消费税税额）×增值税税率。

综上所述，我们能得出公式如下：

进口关税税额=CIF 价格×进口关税率

进口消费税税额=（CIF 价格+关税税额）/（1-消费税税率）×消费税税率

进口增值税税额=（CIF 价格+关税税额+消费税税额）×增值税税率

由此我们可以看出，比起出口报价核算和利润核算，根据己方预期利润去推算进口成本（即出口商报价），也就是进口成本核算，是相当复杂的。因为在进口时，进口关税、消费税、增值税等一系列费用均是以 CIF 价格为计算基数的，在进口成本未知的情况下，这些费用都变成了未知数额而无法直接从价格中扣除。

下面我们以"名牌手提包"为例，来了解进口价格核算的基本内容。进口价格核算与出口价格核算的原理基本相同，构成进口价格的三个要素也是进口成本、进口费用和进口利润，而核算过程也是我们通常所面对的进口报价核算、还价后的利润核算以及成交核算。

例 3 进口价格核算

假定美国一进口公司主营商品为"名牌手提包"，首先，获取关于本产品相对于进口商所需要的信息。

在"淘金网"上，查找产品的基本信息，如图 18-12。

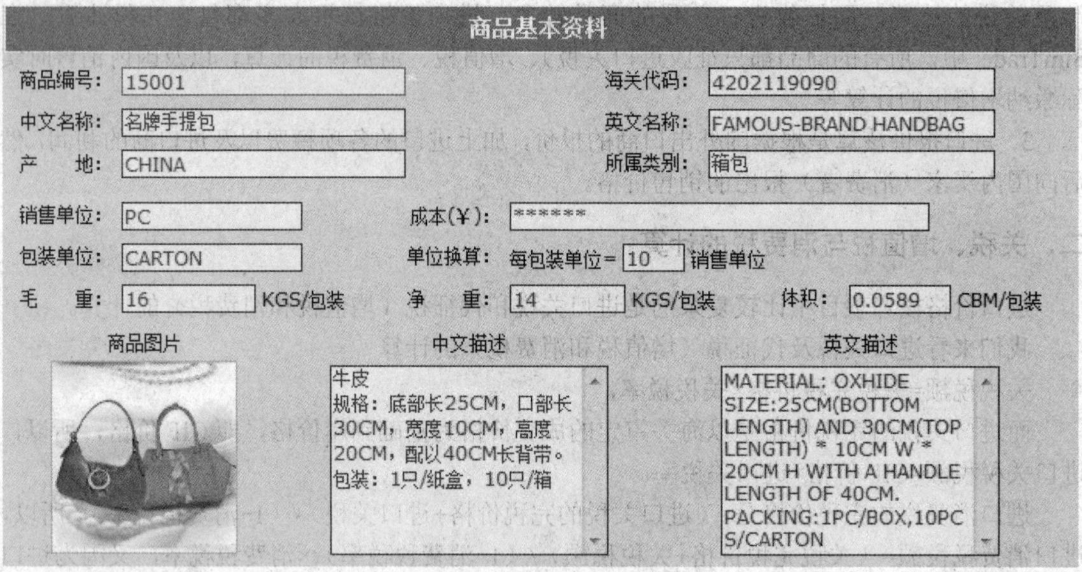

商品基本资料

商品编号：15001		海关代码：4202119090	
中文名称：名牌手提包		英文名称：FAMOUS-BRAND HANDBAG	
产　　地：CHINA		所属类别：箱包	
销售单位：PC		成本(¥)：******	
包装单位：CARTON		单位换算：每包装单位=10 销售单位	
毛　　重：16 KGS/包装	净　　重：14 KGS/包装	体积：0.0589 CBM/包装	

商品图片　　　中文描述

牛皮
规格：底部长25CM，口部长30CM，宽度10CM，高度20CM，配以40CM长背带。
包装：1只/纸盒，10只/箱

英文描述

MATERIAL: OXHIDE
SIZE:25CM(BOTTOM LENGTH) AND 30CM(TOP LENGTH) * 10CM W * 20CM H WITH A HANDLE LENGTH OF 40CM.
PACKING:1PC/BOX,10PCS/CARTON

图 18-12　名牌手提包的信息

主要信息有：

商品编号：15001

商品名称：名牌手提包 FAMOUS-BRAND HANDBAG

产地：China

所属类别：箱包

销售单位：PC

包装单位：CARTON（每包装货物数：1CARTON=10PC）

毛重：16KGS/包装

净重：14KGS/包装

体积：0.0589CBM/包装

核算数据

销货价格：USD121.21

进口费用：内陆运费为：　　　　　　　　　　　　　　　　　　RMB 60/立方米

　　　　　20 英尺集装箱的海运包箱费率：　　　　　　　　　USD 2257/箱

　　　　　40 英尺集装箱的海运包箱费率：　　　　　　　　　USD 3027/箱

　　　　　拼箱海运费率：　　　　　　　　　　　　　　　　　USD 95/体积吨

USD 136/重量吨

　　　　　报检费：　　　　　　　　　　　　　　　　　　　　按照监管条件本商品无需报检

　　　　　报关费：　　　　　　　　　　　　　　　　　　　　RMB 20

　　　　　保险费率：　　　　　　　　　　　　　　　　　　　0.88%

　　　　　银行手续费率：　　　　　　　　　　　　　　　　　0.1%

关税税率：　　　　　　　　　　　　　　　　　　　　　　　　10%

　　　　　消费税率：　　　　　　　　　　　　　　　　　　　0%

增值税率：17%
其他费率：5%
汇率：1USD=6.3146RMB
公司资金总额：USD 292993.07
预期利润率：50%

核算流程：
每 20 英尺集装箱可装货物包装数：25÷0.0589≈424
每 20 英尺集装箱可装货物数：424×10=4240
预计购进货物数量为 4000PC，即包装数为 400CARTON

注：从"淘金网"页面中，"其他费用"界面可查询到相应信息，如表 18-9、表 18-10。

表 18-9 进口商费用

进口商费用		
检验费	RMB 200.00	每次 ? 元
报关费	RMB 200.00	每次 ? 元
内陆运费	RMB 60.00	每立方米 ? 元
公司综合费用	5.00%	每笔业务成交金额 * ?%

表 18-10 进口地银行费用

进口地银行费用		
信用证开证手续费	0.15%	每笔业务成交金额 * ?%，最低人民币 200 元
信用证修改手续费	RMB 200.00	每次 ? 元
信用证付款手续费	0.13%	每笔业务成交金额 * ?%，最低人民币 200 元
托收手续费	0.10%	每笔业务成交金额 * ?%，最低人民币 100 元，最高人民币 2000 元
电汇手续费	0.08%	每笔业务成交金额 * ?% 最低 50 元，最高 1000 元

核算要求

（1）填写核算表时，用数字列出计算过程并将计算结果填入规定的栏目内，如表 18-11。

表 18-11 核算过程

计算过程	计算结果
400×0.0589×60/6.3146	233.86

（2）计算时应务必保留两位小数。

1. 报价核算

进行报价核算：（结算方式以托收为例），如表 18-12。

表 18-12　进口报价核算（以托收为例）

	计算过程	计算结果	
销售收入	4000×121.21	484840	美元
海运费	2257	2257	美元
内陆运费	400×0.0589×60/6.3146	223.86	美元
关税	179455.29×10%	17945.53	美元
消费税	(179455.29+17945.53)×0%/(1−0%)	0	美元
增值税	(179455.29+17945.53+0)×17%	33558.14	美元
报检费	0	0	美元
报关费	200/6.3146	31.67	美元
保险费	179455.29×1.1×0.88%	1737.13	美元
银行费用	177169.29×0.1%	175.46	美元
其他费用	177169.29×5%	8773.06	美元
CIF总价	(177169.29+2257)/(1−1.1×0.88%)	179455.29	美元
预期采购价格（FOB）	(484840×(1−50%)−(1+(10%+(1+10%)×0%/(1−0%)+(1+10%+(1+10%)×0%/(1−0%))×17%+1)/(1−1.1×0.88%))×2257−223.86−31.67)/(1/(1−1.1×0.88%)+0.1%+0%×(1+10%)/((1−1.1×0.88%)×(1−0%))+5%+(1/(1−1.1×0.88%))×10%+(1/(1−1.1×0.88%))×(1+10%)×(1+0%/(1−0%))×17%)	175461.16	美元
预期采购价格（CFR）	(484840×(1−50%)−223.86−31.67)/(1/(1−1.1×0.88%)+0.1%+0%×(1+10%)×(1/(1−1.1×0.88%))/(1−0%)+5%+(1/(1−1.1×0.88%))×10%+(1/(1−1.1×0.88%))×(1+10%)×(1+0%/(1−0%))×17%)	179635.57	美元
预期采购价格（CIF）	(484840×(1−50%)−223.86−31.67)/(1+0.1%+0%×(1+10%)/(1−0%)+5%+10%+(1+10%)×(1+0%/(1−0%))×17%)	181234.51	美元
预期采购单价（FOB）	175461.16/4000	43.87	美元
预期采购单价（CFR）	179635.57/4000	44.91	美元
预期采购单价（CIF）	181234.51/4000	45.33	美元

> **小贴士**
>
> 由于各项税费和保险费未知，所以采购价格的核算是非常复杂的，在这里我们解析一下预期采购价格的核算。
>
> 因为预期利润和销货价格已知，我们可以得出：
>
> 采购成本＋海运费＋保险费＋报检费＋报关费＋银行费用＋其他费用＋增值税＋消费税＋增值税＝销货价格×（1－预期利润率）
>
> 又因为银行费用＝银行费率×采购成本
>
> 其他费用＝其他费率×采购成本
>
> 保险费用＝CIF 价格×（1＋保险加成率）×保险费率
>
> 在 FOB 条件下，
>
> CIF 价格＝（采购价格＋海运费）/（1－（1＋保险加成率）×保险费率）
>
> 在 CFR 条件下。
>
> CIF 价格＝采购价格/（1－（1＋保险加成率）×保险费率）
>
> 又因为进口关税税额＝CIF×进口关税率
>
> 进口消费税税额＝（CIF＋关税税额）/（1－消费税税率）×消费税税率
>
> 进口增值税税额＝（CIF＋关税税额＋消费税税额）×增值税税率
>
> 由此可以推算出
>
> FOB 条件下，
>
> 预期采购总价＝（销货总价×（1－预期利润率）－(1＋（关税税率＋（1＋关税税率）×消费税税率/（1－消费税税率）＋(1＋关税税率＋（1＋关税税率）×消费税税率/（1－消费税税率））×增值税税率＋1）/（1－（1＋保险加成率）×保险费率）×海运费－内陆运费－报关费－报检费）/（1/（1－（1＋保险加成率）×保险费率）＋银行手续费率＋消费税税率×（1＋关税税率）/（(1－（1＋保险加成率）×保险费率）×（1－消费税税率））＋其他费率＋关税税率/（1－（1＋保险加成率）×保险费率）＋（1＋关税税率）×（1＋消费税税率/（1－消费税税率））×增值税税率/（(1－（1＋保险加成率）×保险费率））
>
> CFR 条件下，
>
> 预期采购总价＝（销货总价×（1－预期利润率）－内陆运费－报关费－报检费）/（1/（1－（1＋保险加成率）×保险费率）＋银行手续费率＋消费税税率×（1＋关税税率）/（(1－（1＋保险加成率）×保险费率）×（1－消费税税率））＋其他费率＋关税税率/（1－（1＋保险加成率）×保险费率）＋（1＋关税税率）×（1＋消费税税率/（1－消费税税率））×增值税税率/（(1－（1＋保险加成率）×保险费率））
>
> CIF 条件下，
>
> 预期采购总价＝（销货总价×（1－预期利润率）－内陆运费－报关费－报检费）/（1＋银行手续费率＋消费税税率×（1＋关税税率）/（1－消费税税率）＋其他费率＋关税税率＋（1＋关税税率）×（1＋消费税税率/（1－消费税税率））×增值税税率）

2. 还价核算

将报价送交出口商后，得到出口商的还价，表示其能够接受的单价为 USD65，FOB，供货数量为 4000PC。试根据进口商还价进行以下利润核算：

	计算过程	计算结果	
销售收入	4000×121.21	484840	美元
采购成本	4000×65	260000	美元
CIF 总价	(260000+2257)/(1−1.1×0.88%)	264820.46	美元
海运费	2257	2257	美元
内陆运费	400×0.0589×60/6.3146	223.86	美元
关税	264820.46×10%	26482.05	美元
消费税	(264820.46+2682.05)×0%/(1−0%)	0	美元
增值税	(264820.46+26482.05+0)×17%	49521.23	美元
报检费	0	0	美元
报关费	200/6.3146	31.67	美元
保险费	264820.46×1.1×0.88%	2563.26	美元
银行费用	260000×0.1%	260	美元
其他费用	260000×5%	13000	美元
利润总额	484840−260000−2257−223.86−26482.05−0 −49521.23−31.67−2563.26−260−13000	130500.54	美元
销售利润率	130500.54/484840	26.92%	（百分比）
成本利润率	130500.54/260000	50.19%	（百分比）

3. 成交核算

经过进口商与出口商的多次谈判，最终采购单价 USD55 达成交易，成交量为 4000PC。根据成交价格进行利润核算，如表 18-13。

表 18-13　进口商利润核算

	计算过程	计算结果	
销售收入	4000×121.21	484840	美元
采购成本	4000×55	220000	美元
CIF 总价	(220000+2257)/(1−1.1×0.88%)	224429.48	美元
海运费	2257	2257	美元
内陆运费	400×0.0589×60/6.3146	223.86	美元
关税	224429.48×10%	22442.95	美元
消费税	(224429.48+22442.95)×0%/(1−0%)	0	美元
增值税	(224429.48+22442.95+0)×17%	41968.31	美元
报检费	0	0	美元
报关费	200/6.3146	31.67	美元
保险费	224429.48×1.1×0.88%	2172.48	美元
银行费用	220000×0.1%	220	美元
其他费用	220000×5%	11000	美元
利润总额	484840−220000−2257−223.86−22442.95−0 −41968.31−0−31.67−2172.48−220−11000	184523.73	美元
销售利润率	184523.73/484840	38.06%	（百分比）
成本利润率	184523.73/260000	83.87%	（百分比）

到这里，这笔贸易的核算内容就结束了，可以依照之前的核算内容，填写"进口预算表"，然后按照贸易流程完成这笔交易。

注：在 **SimTrade** 中，"进口预算表"没有列支"利润"项目，但应注意，利润及利润率对进口商来说是衡量一笔贸易是否成功的重要指标。